日本オリエント学会 編

古代オリエント事典

1

総論・付編

岩波書店

目 次

『古代オリエント事典』発刊に寄せて ……… i
はじめに ……………………………… iii
執筆者 ………………………………… v
凡例 …………………………………… vii

総論
- Ⅰ 環境と適応 ……… 3
- Ⅱ 民族と言語 ……… 17
- Ⅲ 歴史 ……………… 28
- Ⅳ 国家と社会 ……… 67
- Ⅴ 女性 ……………… 89
- Ⅵ 宗教と科学 …… 104
- Ⅶ 生業 …………… 127
- Ⅷ 経済 …………… 134
- Ⅸ 生活 …………… 151
- Ⅹ 建築と土木 …… 174
- Ⅺ 技術と工芸 …… 198
- Ⅻ 文字と文学 …… 218
- ⅩⅢ 美術 …………… 242

付編
- Ⅰ 日本隊によるオリエント地域発掘概観 …… 263
  - 日本隊による主なオリエント地域発掘調査 … 267
- Ⅱ 古代オリエントと東洋 ……………… 276

事典 …………………………………… 283

王名一覧 ……………………………… 823
オリエント関係地図 ………………… 839
参考文献 ……………………………… 859
和文索引 ……………………………… 949
欧文索引 ……………………………… 984

ウルのジックラト （撮影：三笠宮崇仁殿下．1956年）

ラーメス（ラモーゼ）の墓のレリーフ　テーベ西岸　（撮影：近藤二郎）

上 ペルセポリス（撮影：上岡弘二）
下 **葦の家** イラク湖沼地帯（写真提供：国士舘大学イラク古代文化研究所）

『古代オリエント事典』発刊に寄せて

三笠宮崇仁

　日本オリエント学会が創立50周年を迎えた．つまり，半世紀を生きてきたことになる．同学会の創立に関与した一人として，感慨無量なものがある．

　創立時に，わずか77人の会員で出発した日本オリエント学会は，50周年を迎えた2004年3月31日現在で790人の会員を擁する学会に成長した．しかし，日本オリエント学会の成長は，会員数の増加にとどまらない．会員の研究レベルの向上や研究分野の多様化にも目を見張るものがある．この間の日本人一般のオリエント地域に対する知識も大いに変化しているが，これは日本オリエント学会の功績だと誇ってよいと思う．

　ここで忘れてはならないのは，日本オリエント学会創立に関与し，学会運営が軌道に乗るまで役員として尽力された方々や学会を財政面で支えてくださった維持会員のことである．これらの方々のほとんどは既に鬼籍に入られ，この慶事を一緒に祝えないのはかえすがえすも残念である．改めて衷心より感謝を捧げるとともに，ご冥福をお祈りしたい．

　さて，『古代オリエント事典』であるが，時代的には先史時代からサーサーン朝時代まで，地域的にはインダス川・オクソス川の辺りからエジプトまでを対象とし，扱っている項目は1900を優に越える．総論の部を読むだけでも古代オリエント文明の全体を鳥瞰できるよう工夫されている．これは，日本人研究者による最初の古代オリエント事典であるばかりでなく，その構成は世界的にも類を見ない．創立50周年を記念するのには誠に相応しい企画であり，快挙と言える．

　日本オリエント学会創立50周年を記念する事典に，イスラーム時代が含まれていないことをいぶかる方がいるかもしれないが，既に同じ岩波書店で『イスラーム辞典』の編集作業が進行中で，多くの日本オリエント学会会員がこれにかかわっていた．そのため，学会創立50周年を記念する事典は時代をイスラーム以前に限定した『古代オリエント事典』とすることになったのである．

　日本オリエント学会が総力を挙げて編集した『古代オリエント事典』が，今後の古代オリエント理解に多大の貢献をすることを確信し，この大事業を完成させた編集委員，執筆者の方々，および本事典の出版を引受けてくださった岩波書店に感謝の意を表する次第である．

2004年10月

はじめに

　日本オリエント学会は1954年に創立され，本年で創立50周年を迎えた．この50年間に日本の古代オリエント学は長足の進歩を遂げ，それに携わる研究者の数も飛躍的に増えた．そこで，日本オリエント学会は，創立50周年記念事業として，『古代オリエント事典』を編集・刊行し，現在の日本の古代オリエント学を総括し，次の半世紀における斯学の更なる発展に寄与したいと考えた．

　そのような事典は，現在の古代オリエント研究の水準を示すと同時に，できるだけ多くの項目を拾い，専門家・学生のみならず古代オリエントに関心を持つ人々が広く利用できるような内容のものでなければならない．また，これまでの地域と領域を限定した通時的な概説書では軽視されてきた比較文化的観点を重視し，民族や歴史のみならず，社会と経済，女性や生活，技術と工芸，文学や美術など，古代オリエント文明のあらゆる領域を視野に入れた事典を目指す必要があった．こうしてでき上がったのが本事典である．

　時代的には，先史時代からイスラーム以前まで，地域的には，イラン，メソポタミア，アナトリア，シリア・パレスティナ，アラビア，エジプトを扱い，文字通り『古代オリエント事典』の名に相応しい内容となっている．

　本事典は，各領域を概観した総論の部と小項目を中心とした事典の部にわかれている．総論の部では，読者に古代オリエント諸領域の鳥瞰図を提供し，読者が事典の部を渉猟する際の地図の機能をも持たせた．事典の部で立項されている語には＊印をつけておいたので，総論の部で軽く触れられている事項を事典の部で更に詳しく調べることができる．事典の部では，「何でも出ている」事典を実現するよう努力した．巻末の索引を活用することによって，本事典の有用性は更に増すことになろう．

　本事典が，日本における古代オリエント学の更なる発展とそのすそ野を拡げることに寄与することができれば，編集委員一同望外の喜びとするところである．

　最後に，日本オリエント学会編『古代オリエント事典』の意義を認めてその出版を引受けてくださった岩波書店に敬意を表するとともに，本事典編集に多大の忍耐をもって協力してくださった同書店の佐岡末雄氏に心より感謝したい．

2004年11月

社団法人　日本オリエント学会
『古代オリエント事典』編集委員会

編集委員会委員

大村幸弘　岡田保良　小川英雄　上岡弘二　近藤二郎　高宮いづみ
月本昭男　津村俊夫　*中田一郎　春田晴郎　堀　　晄　前川和也
前田　徹　松本　健　山我哲雄　吉田大輔　渡辺和子　渡辺千香子

（以上五十音順　*は委員長）

編集委員会スタッフ　山田雅道

執筆者

青木　健	秋山慎一	足立拓朗	足立広明	新井佑造	飯　　謙
飯島章仁	池田　潤	池田　裕	石川耕一郎	石木田美貴	石田恵子
石田友雄	市川　裕	井上洋一	井本英一	内田杉彦	鵜木元尋
大江節子	大城光正	大城道則	大津忠彦	大戸千之	大貫　隆
大村幸弘	大村正子	岡田明子	岡田明憲	岡田保良	小川英雄
小口和美	小口裕通	奥西峻介	小野　哲	小野山節	影山悦子
柏木裕之	片岸直美	勝村弘也	加藤久美子	金澤良樹	上岡弘二
禿　仁志	唐橋　文	河合　望	川崎康司	川瀬豊子	川床睦夫
川又正智	菊地敬夫	北　　博	北川誠一	木下光子	黒川哲朗
小泉龍人	小板橋又久	小玉新次郎	後藤　健	小林登志子	古谷野晃
小山雅人	紺谷亮一	近藤二郎	近藤英夫	西藤清秀	齋藤久美子
齋藤正憲	坂本和子	佐久間保彦	佐々木純子	佐藤育子	佐藤　研
蔀　勇造	清水和裕	白井則行	白井弥生	吹田　浩	杉本智俊
杉山　剛	鈴木まどか	関谷定夫	高井啓介	高橋正男	高橋龍三郎
高浜　秀	高宮いづみ	竹内茂夫	巽　善信	田中穂積	田辺勝美
谷一　尚	田淵　結	田村　孝	千代延恵正	月本昭男	柘植洋一
辻村純代	常木　晃	津村俊夫	津村眞輝子	手島勲矢	戸田　聡
豊田和二	永井正勝	長﨑由美子	中田一郎	中野暁雄	中野智章
中村信博	中村光男	西秋良宏	西村洋子	西本真一	西本直子
新田一郎	沼本宏俊	萩生田憲昭	長谷川修一	長谷川　奏	畑守泰子
林　俊雄	春田晴郎	柊　暁生	廣田吉三郎	深見奈緒子	藤井純夫
藤井信之	藤田礼子	藤本啓助	藤原達也	堀　　晄	堀岡晴美
前川和也	前島礼子	前田たつひこ	前田　徹	牧野久実	益田朋幸
松島英子	松谷敏雄	松原俊文	松村一男	松村公仁	松本　健
峯　正志	三宅　裕	宮崎修二	宮下佐江子	宮本純二	三好　迪
鞭木由行	村治笙子	室井和男	森　茂男	森　雅子	森際眞知子
森谷公俊	守屋彰夫	屋形禎亮	山内和也	山我哲雄	山下　守
山田恵子	山田重郎	山田雅道	山中由里子	山花京子	山本　茂
山本弘道	山本由美子	横張和子	吉田和彦	吉田大輔	吉田　豊
吉成　薫	吉成美登里	依田　泉	脇田重雄	和田浩一郎	和田久彦
渡井葉子	渡辺和子	渡辺千香子			

凡　例

　本事典は，総論の部と事典の部からなり，巻末に王名一覧，地図，参考文献，索引などを付す．

I　見出し

項目名

　人名，地名，神名などの固有名詞の他，重要な事物，文学作品，概念などもできるだけ広く取り上げるように努めた．

　解説に出てくる語で立項されているものは，原則として，初出のところでその語の冒頭に＊印を付した．

　現代の研究者は，本事典の対象外としたが，項目の解説文中で言及される発掘調査代表者などの名前は，巻末の索引で見ることができる．

　古代語を含む外国語の片仮名表記は，教科書などで用いられる表記法から逸脱しないように努めた．したがって，「スィ」と「ズィ」は使わず，それぞれ「シ」と「ジ」で表記した．また，長音を逐一音引き記号で表記することは原則として避けた．例：ナラム・シン Narām-Sîn（ナラーム・スィーンではない）；ジムリ・リム Zimrī-Lim（ズィムリー・リムではない）．

　ただし，ペルシア・イラン関係の用語表記はこのかぎりではない．また，既に慣用となっている表記は一部そのまま残した．例：シュメール（シュメルではない）．

　聖書に出てくる固有名詞の片仮名表記は，原則として，『聖書 新共同訳』（日本聖書協会）に拠った．例：メロダク・バルアダン（マルドゥク・アプラ・イッディナではない）．

　項目名に続けて，対応する標準的な英語表記とその他の外国語綴を付し，その言語名を明記した．

　地名は古代名を項目名とし，その現代名（あるいは現地名）は解説文中で触れることとしたが，その逆の場合もある（アケト・アテンではなくアマルナ，テル・エル＝）．古代名の同定が困難な遺跡はその遺跡名（現代名あるいは現地名）を立項語とした．例：アブ・ツァラビーフ．

　ダム建設に伴い緊急発掘調査が行われた遺跡は「○○（ダム）地域」と一括して解説した．したがって，若干の例外を除き，個々の遺跡は立項していないが，索

凡　例

引を利用することで多くの水没遺跡についてなんらかの情報が得られるよう配慮した．

　原語の片仮名表記または訳語に二つ以上の表記がある場合は，検索の便宜を考えて，一つを見出しに立てて解説し，他を「見よ項目」とし，どの項目を見るべきかを示した．例：ツロ→ティルス，銅石器時代→金石併用時代．

　同名の人物については，一つの項目の中で〔　〕を付して区別し，個々に解説した．

　個々の名前で立項してはいないが，「母神」「出産の神」「天候神」「冥界の神」「死んで甦る神」「エラムの神々」あるいは「カッシートの神々」などの項目で触れている神々は少なくない．索引の活用をお願いする次第である．

　書名または作品名は，『　』で括った．ただし，『旧約聖書』あるいは『新約聖書』中の個々の書は「　」で括った．また，一般に書物あるいは作品であるかのごとくに扱われていてもそれが通称に過ぎない場合は「　」で括った．例：「死者の書」．

　解説文中で聖書中の書の特定の箇所に言及する場合は，『聖書 新共同訳』の目次に掲げられている略語を使用した．例：創 10：2（創世記 10 章 2 節）；王下 13：25（列王記下 13 章 25 節）．

II　言語ごとの片仮名表記

(1) ペルシア・イラン諸語の片仮名表記について

1. イランの遺跡名ならびに現代の地名は，『イスラーム辞典』（岩波書店）や現在刊行中のイラン学百科事典 E. Yarshater (ed.), *Encyclopaedia Iranica* のそれに従った．例：ナクシェ・ロスタム Naqsh-e Rostam（ナクシュ・イ・ルスタム Naqsh-i Rustam としない）．

   　ただし，歴史的地名で慣用となっているものは，このかぎりではない．この場合その現代音を別に記した．例：イスタフル Istakhr（現代音のエスタフル Estakhr とはしない）；ベヒストゥーン Behistūn（現代音のビーソトゥーン Bīsotūn とはしない）．

2. 人名については，その初出時期の音を写すことを原則としたが，教科書・マスコミに通用している人名については，見出しにそれをあげ，解説中で原音を示した．例：ダレイオス（古代ペルシア語ダーラヤワウ Dārayavau-を見出し語としない）；アルダシール（パフラヴィー語アルダフシェール Ardaxšēr を見出し語としない）．

3. アヴェスター語のローマ字転記は，読者の読みやすさを考慮して，従来通

りの方式に従った．例：フラワシ fravasi-(frauuasi-とは表記しない)；ルワン urvan-(uruuan-とは表記しない)．

(2) セム語の片仮名表記について

1. 長母音を音引きで表記することはできるだけ避けた．特に子音 r, l, m, n の前後では長母音を表記しない．例：アダド・ネラリ Adad-nērārī（アダド・ネーラーリーとはしない）．ただし，この原則に反して Bit-Adini をビート・アディニ，Bēl-ibni をベール・イブニとした場合などもある．
2. 促音は，閉止音 (p, t, k, b, d, g) および歯擦音 (s, z, š, j) が重複した場合のみとした．例：アッシュル Aššur, ハッジ・ムハンマド Ḥajji Muḥammad, しかしフリ Ḫurri（フッリとはしない）．
3. m, n の重なりは，初めの子音を「ン」と表記した．例：ハンムラビ Hammurabi.
4. 音節を閉じる子音はウ列で表記する．ただし，t/d の場合はオ列とする．例：サルゴン Sargon, ウガリト Ugarit. なお，h/ḫ(kh) で終わる閉音節は，先行する母音が a の場合，原則としてハと表記する．例：アララハ Alalakh, ヤハウェ Yahweh, ヤハドゥン・リム Yaḫdun-Lim など．
5. セム語の子音 ṣ は「ツァ，ツィ，ツ，ツェ，ツォ」を用いた．例：アンミ・ツァドゥカ Ammī-ṣaduqa.
6. 「ティ」(ti) と「ディ」(di) および「トゥ」(tu) と「ドゥ」(du) は用いた．例：ビート・アディニ Bīt-Adini；ドゥムジ Dumuzi.
7. ヘブル語地名の中の閉止音のうち p, b, k は，摩擦音化した場合次のように表記した．p→パ行，p̄→ファ行，b→バ行，ḇ→ヴァ行；k→カ行；ḵ→ハ行．ただし，t, d, g は，摩擦音化した場合でも，閉止音と同じように表記する．例：ṯ/t→タ行，ḏ/d→ダ行，ḡ/g→ガ行.

(3) アナトリア関係の項目の片仮名表記について

1. ヒッタイト時代の地名，人名の š は従来のシュ sh の読みを採用した．例：ハットゥシャ Ḫattuša（ハットゥサとはしない）．したがって za, zi, zu もツァ (tsa), ツィ (tsi), ツ (tsu) ではなく，ザ，ジ，ズとした．
2. トルコ語の人名，地名については，原則として『イスラーム辞典』（岩波書店）の表記法に準じた．ただし，一部既に慣用化しているものはこのかぎりではない．

(4) エジプト関係の項目の片仮名表記および原綴について

1. 地名における慣用の使用．アラビア語に由来するエジプトの地名表記では，長母音を音引きで表記することは極力避けた．またアラビア語の定冠詞 al-

ix

凡　例

(アル=)は慣用に従いel-(エル=)で表記した．アラビア語の翻字はD. Cowan方式に従った．

2. 古代エジプト語では，子音だけしか表記されないため，それらで表記される単語を仮名表記することが困難である．それゆえ便宜的に子音と子音との間に-e-の文字を挿入し，仮名表記を可能とする方法を採用した．ただし，3, i, y, c, w の5種類の音は母音に準ずるものと見なし，これらの文字記号の前後には，基本的にeを挿入することはしないが，例外的に慣用表記を採用したものもある(例：ウェンアメンなど)．例：pr→p＋e＋r ペル；nfr→n＋e＋f＋e＋r ネフェル；wn→w＋n ウン．

3. また，古代エジプト語の名詞の複数形は，男性名詞の複数語尾-wを単数形と区別するために仮名表記でも語尾にゥを付加した．また女性名詞の複数形やそれに準ずる形の語尾が-wtとなる語も基本的にはウトと表記することを原則とした．例：nṯr→単数形ネチェル，複数形 nṯrw→ネチェルゥ，mwt→ムウト．ただし，神名の表記に関しては，古代エジプト語の仮名表記ではなく，慣用名で表記する．人名や地名に含まれる神名もこれに準ずることとする．例：3st(アセトではなくイシスと表記)．

Ⅲ　年代について

(1) 古代オリエントの年代，なかでも前3千年紀最後の四半期および前2千年紀の絶対年代はメソポタミアとエジプトの絶対年代との関連で論じられる場合が多い．しかし，総論Ⅲ-1で述べたように，メソポタミアとエジプトの絶対年代決定の根拠がそれぞれ異なるばかりでなく，両地域の「絶対年代」自体が学問的仮説であり，研究者の間で必ずしも意見の一致があるわけではない．

(2) 特に前2千年紀後半は，アッシリア，バビロニア，ミタンニ，ヒッタイトおよびエジプトの王たちが，書簡を交換したり，戦いを交えたりした「国際的な」時代で，何人かの王が同時代人であったことがわかっているが，この間の出来事をそれぞれの地域の専門家全てを満足させうるような絶対年代を用いて記述することは，現在のところ，不可能といってよい．

(3) したがって，読者におかれてはこの点を十分考慮に入れたうえで総論や事典項目の解説を読み，巻末の王名一覧を利用していただきたい．

Ⅳ　参考文献について

総論の部では執筆者ごとに参考文献を付した．また，事典の部では主要項目のあとに簡略なかたちで若干の参考文献を付し，巻末の「事典項目参考文献」で論

文のタイトルや書名を見ることができるようにした．これらの参考文献は，すこしでも読者の役に立てばと願って付したものである．なお，主要な事典類については，巻末の「参考事典類」をご覧いただきたい．

総論・付編

総論

- Ⅰ 環境と適応 …………………………… 3
- Ⅱ 民族と言語 …………………………… 17
- Ⅲ 歴史 …………………………………… 28
- Ⅳ 国家と社会 …………………………… 67
- Ⅴ 女性 …………………………………… 89
- Ⅵ 宗教と科学 …………………………… 104
- Ⅶ 生業 …………………………………… 127
- Ⅷ 経済 …………………………………… 134
- Ⅸ 生活 …………………………………… 151
- Ⅹ 建築と土木 …………………………… 174
- Ⅺ 技術と工芸 …………………………… 198
- Ⅻ 文字と文学 …………………………… 218
- ⅩⅢ 美術 ………………………………… 242

付編

- Ⅰ 日本隊によるオリエント地域発掘概観 … 263
  - 日本隊による主なオリエント地域発掘調査 ………………………… 267
- Ⅱ 古代オリエントと東洋 ………………… 276

I 環境と適応

I-1 オリエントの自然環境

　オリエントの気候を最も特徴付けているのが，冬雨型の降水パターンである．そのため，主要な農作物(コムギ・オオムギなど)(→麦)の多くは冬作物であり，主要家畜(*ヤギ・*ヒツジなど)の繁殖もやはり春季に集中している．このこととも関連するが，強い季節性もオリエントの気候の特徴である．暑く乾燥した夏と，温暖(ただし北部山岳地では冷涼)かつ湿潤な冬とが鋭く対立し，しかもその中間の春・秋が短い．このことが，オリエントの風土を決定付けている．ただし，アラビア半島南端のイエメン付近は，モンスーンの影響がおよぶ夏雨地帯となっており，オリエント全般とはやや異質な風土を形成している．このほか，黒海・カスピ海沿岸域ではやや湿潤かつ冷涼な気候が認められる．

　こうした気候環境をさらに複雑にしているのが，地形である．オリエントの地形は，南北二つに大別できる．北側の山岳・高原地帯では，ポントス，アルボルズ(エルブルズ)，タウルス，ザグロスの4大山脈が東西に連なり，中央にアルメニア高地，その東西にアナトリア・イランの高原地帯を形成している．一方，南側の丘陵・平原地帯は，アラビア台地や河川の沖積平野などで構成されている．ただし，その西端(つまり，地中海寄りの地域)には，北はアマヌス山地から，レバノン山脈，アンチ=レバノン山脈を経由して，南はシナイ半島やエジプト東部山地へと至る山地群が，南北に連なっている．これとほぼ並行して，アフリカの大地溝帯から連続する*ヨルダン渓谷が，南はアカバ湾から北はアフリン渓谷までを貫いている．地中海東岸地帯におけるこの二つの凹凸が，南北方向で大きく異なるオリエントの地形に東西方向の多様性を付加している．

　北側の山岳・高原地帯と南側の丘陵・平原地帯の中間領域が，いわゆる「*肥沃な三日月地帯(Fertile Crescent)」である．年平均降水量が200-500 mmのこの地域では，*灌漑に依存しない*天水農耕が可能であった．野生の動植物にすべてを依存した*旧石器時代の遺跡も，ムギ作農耕を基盤とした*新石器時代の初期農耕集落も，やはりこの地域に集中している．それよりも北側は，降雨量こそ多いが冬の気温がやや低く，山岳農耕牧畜民の点在する後背地となっている．一方，これよりも南側は降雨が決定的に不足しており，典型的な*遊牧民の大地(バーディア)となっている．メソポタミアやエジプトもバーディアの延長線上にあり，気候区分上は砂漠(またはステップ)である．ただし，河川の流れている砂漠であり，*灌漑農耕が可能であった．

I-2 人類の登場：旧石器文化

　最古のヒト科動物である猿人(アウストラロピテクス属)が東アフリカに現れたのが，約400-500万年前のことである．しかし，猿人も，そこから進化した初期のホモ属で

あるホモ・ハビリスも，アフリカを出ることはなかった．アフリカを初めて出たのは，*原人(ホモ・エレクトゥス)である．ホモ＝エレクトゥスによる「出アフリカ」は，今からおよそ150-180万年前のことと考えられている．

　東アフリカの大地溝帯を北上した原人ホモ＝エレクトゥスは，ユーラシア大陸への入り口として，まずヨルダン渓谷周辺にその姿を現した．この時点から農耕牧畜が始まるまでの百数十万年間が，西アジアの旧石器時代である．旧石器時代は，前期・中期・後期そして続旧石器の四つに時期区分されている．（なお，エジプトにおける人類の登場はこれよりも早いと考えられるが，まだ明確な形では捉えられていない）．

　旧石器時代の前期は，人類の到来から約25万年前までの百数十万年間に相当する．前期前半の遺跡としては，ヨルダン渓谷のウベイディヤやゲシェル・ベノト・ヤアコブが知られている．前者の遺跡ではオルドゥバイ系統の礫石器が，後者の遺跡からはコンベア技法によるクリーバー(多くは玄武岩製)などの特異な石器群がそれぞれ出土している．このほか，ゾウやカバなどの動物骨が出土しており，当時の気候が温暖であったことが窺われる．しかし，この時期の遺跡はまだ多くは確認されておらず，詳細は不明である．遺跡が増加するのは，前期の後半(約40万年前以後)になってからである(エジプトで確認されている最古の遺跡も，この頃の遺跡である)．この時代の遺跡分布は，内陸のオアシス地帯(例えばシリアのエル＝コウム盆地やヨルダンのアズラック盆地など)にまでおよんでおり，人類の適応範囲が拡大したことが窺われる．そこでは，アシュール文化系統の万能型打製石器(とくに，握斧＝*ハンド・アックス)やさまざまな剝片石器などが出土している．

　次の中期は，約25万年前から5万年前までのおよそ20万年間である．中期を代表するのが，ルヴァロア技法による剝片石器(とくに尖頭器，搔器など)である．この時代の代表的な遺跡としては，ネゲブ砂漠のアイン・アケブ，カルメル山系のタブーン洞窟，ガリラヤ丘陵の*アムッド洞窟，シリア南部のヤブルド洞窟，パルミラ盆地の*ドゥアラ洞窟，エル＝コウム盆地のフンマル，アフリン渓谷の*デデリエ洞窟，トルコのカライン洞窟，イラクの*シャニダール洞窟などがある．ホモ・サピエンス・サピエンスによる新たな「出アフリカ」があったのも，この時代である．したがって，この時代の西アジアには二つのタイプの人類が共存していたことになる．*ネアンデルタール人(ホモ・サピエンス・ネアンデルターレンシス)は，タブーン洞窟・ケバラ洞窟・アムド洞窟などから出土しており，その一方では，現代人の直接の祖先である*新人(ホモ・サピエンス・サピエンス)がスフール洞窟・カフゼー洞窟などで出土している．

　旧石器時代の後期は，約5万年前から1.8万年前までのおよそ3万年間に相当する．この時代の代表的な遺物は各種の石刃石器である．代表的な遺跡としては，イラクのシャニダール洞窟，レバノン海岸のクサル・アキル洞窟・アンテリアス洞窟，シリア南部のヤブルド洞窟，カルメル山系のケバラ洞窟・エル＝ワド洞窟，ユダヤ砂漠のイラク・エル＝アハマル，ネゲブ砂漠のボケール・ラマト・マトレッド，カデシュ・バルネアなどがある．この時代の人類は，小規模のバンド組織にもとづく遊動的なセト

ルメントパターンを営んでいたと考えられている.

　オリエントの「ヒト化」は,結局,前後二回の「出アフリカ」によって進行したことになろう.最初は,約150-180万年前の原人ホモ＝エレクトゥスによる「出アフリカ」,二度目は約20万年前の新人ホモ・サピエンス・サピエンスによる「出アフリカ」である.アフリカ大陸とユーラシア大陸の結節点に位置するオリエントは,この二回の「出アフリカ」にとって最も主要な回廊となった.ユーラシア東西への更なる拡散を準備したのも,オリエントにおける新たな適応の経験であった.オリエントの旧石器文化研究が重視されているのは,一つにはそのためである.

I-3　氷期への適応:続旧石器文化

　東アフリカに人類が出現してから,少なくとも4回の氷期があったと考えられている.このうち最初の3回は前期旧石器時代の間あるいはそれ以前に起こっており,ここでの記述には関係しない.問題は,最後のビュルム氷期である.ビュルム氷期は,中期旧石器時代から続旧石器時代までの間にまたがっており,オリエントの先史文化にも大きな影響を与えた.

　最終氷期の最寒冷期(ビュルム・マクシマム)は,続旧石器文化の前半にあたる.レヴァント地方の編年でいえば*ケバラ文化(紀元前18000-13000年頃)が,一方,ザグロス方面の編年では*ザルジ文化がそうである.この時期の平均気温は現在よりも約6-7度低く,全体として冷涼かつ乾燥した気候であったといわれている.そのため,ケバラ文化やザルジ文化の遺跡はいずれも小規模(約200 m² 程度)かつ短期的であり,そこに残された遺物の量も乏しい.これらのことから,この時代の人類は小型バンド組織による回遊的なセトルメントパターンを営んでいたと推定されている.なお,この時代の標準遺物は各種の細石器(とくに背付き細石刃 backed bladelets)である.代表的な遺跡としては,レバノン海岸のジッタ洞窟,イスラエル北部のハヨニム洞窟,カルメル山系のケバラ洞窟,ナハル・オーレン洞窟,ヨルダン渓谷のファザエル,ヨルダン東部砂漠のハラーネ4,イラクのザルジ洞窟などがある.同時代のエジプトでは,ワディ・クッバーニヤなどの遺跡が知られている.

　さて,こうした寒冷期に終止符を打ったのが,紀元前13000年頃から急速に進行した温暖化・湿潤化である.この時期を代表する文化の一つが,レヴァント地方のジオメトリック・ケバラ文化(紀元前13000-10500年頃)である.気候の回復を受けて,この文化の遺跡はシリアやヨルダンの内陸部にまで分布を拡大している.指標遺物は,各種の幾何学形細石器である.代表的な遺跡は,シリア内陸部のウンム・エル＝トレル2/III,ナダウィイェ2,イスラエル海岸部のネヴェ・ダビド,ヨルダン渓谷のアイン・ゲブIII,ファザエルVIII,ユダヤ砂漠のエル＝キアム洞窟,ネゲブ砂漠のムシャビXXI,ラガマ北VIII,ヨルダン東部砂漠のハラーネ4などである.

　ビュムル＝マクシマムの間,低地部に逼塞していた野生ムギの分布域も,徐々に拡大し始めたと考えられている.事実,ジオメトリック・ケバラ文化の遺跡では石臼や鎌刃などがしばしば出土しており,野生ムギが利用されていたことがわかる.低地部

にやや大型のベースキャンプが営まれるようになったのも、この時期のことである。その延長線上に成立したのが、次に述べるナトゥーフ文化の定住的集落である。なお、これとほぼ同時期のエジプトでは、*カダン文化のトゥシュカ(8905)遺跡、エスナ文化のマハドゥマ遺跡などが知られている。これらの遺跡でも、野生ムギの利用を示す証拠がいくつか確認されている。

I-4　定住的な狩猟採集民：ナトゥーフ文化

　レヴァント地方における続旧石器文化の最終段階に位置するのが、*ナトゥーフ文化（紀元前10500-8300年頃）である。この文化は、前期・後期・晩期の三つに時期区分されている。ナトゥーフ文化では野生ムギの利用が拡大したため、鎌や石臼などの農耕関連用具が普及すると同時に、小規模な貯蔵施設なども造られるようになった。集団の規模もやや大型化し、数十人単位の定住的な生活が営まれるようになった。このように、小型バンド組織を超えた規模での定住的な生活が営まれるようになったことが、ナトゥーフ前期文化の最大の特徴である。ただし、こうした野生ムギの利用と平行して、旧石器文化伝統の*ガゼルの*追い込み猟も盛んに行われていた。したがって、ナトゥーフ前期文化は、定住的狩猟採集民の文化であったと要約できよう。この時期の代表的な遺跡としては、地中海沿岸のハヨニム洞窟、カルメル山系のナハル・オーレン洞窟、エル＝ワド洞窟、ケバラ洞窟、ユダヤ丘陵のハトゥラ、シュクバ洞窟、ヨルダン渓谷の*アイン・マラハ、*エリコ、ワディ・ハメ27などがある。なお、こうした定住的狩猟採集民の文化は、やや後のザグロス地方でも確認されている。イラク北東部のザヴィ・チェミ・シャニダール（*ザヴィ・チェミ）は、そうした集落遺跡の好例である。

　さて、こうした定住化の流れを阻害したのが、*ヤンガー・ドリアス期における再寒冷化である。その影響で、ナトゥーフ後期・晩期文化の遺跡では、定住的集落の放棄や縮小などの現象が起こっている。一方、ステップ地帯への拡散が進んだのも、この時期であった。ユーフラテス川中流域のテル・アブ・フレイラやテル・ムレイビトは、この時期に築かれた集落遺跡である。

　ヤンガードリアス期の再寒冷化の中で、西アジアの先史住民はさまざまな適応を示した。一つは、遊動的なセトルメントパターンへの回帰である。ネゲブ砂漠のハリフ文化に、その典型をみることができる。一方、植物性食物への依存を高めて定住を強化する集団もあった。その延長線上に結実したのが、後述する先土器新石器文化Aの初期農耕である。しかし、この段階では前者の方が圧倒的に多かった。したがってムギ作農耕は数ある適応の中の一つの選択肢として、しかも西アジア全域からみればきわめて局地的に始まったといえる。

I-5　農耕村落の成立：先土器新石器文化

　野生コムギ・オオムギの利用は、少なくとも続旧石器文化の初頭からすでに始まっている。例えばガリラヤ湖西岸のオハローⅡ遺跡（前18000年頃）では、野生オオム

ギの炭化種子が住居址内外から多量に出土している．続旧石器文化の後半になるとその利用はさらに増加し，ナトゥーフ文化のアイン・マラハやワディ・ハメ 27 では，コムギ・オオムギの炭化種子に加えて，鎌刃や石臼などの農耕関連用具も多数出土している．先述したように，定住的な小集落が形成され始めたのもこの時期であった．しかし，この段階でのムギの利用は，あくまでも定住的狩猟採集民による野生ムギの採集に留まっていた．

コムギ・オオムギが実際に栽培化されたのは，先土器新石器文化 A の後半（紀元前 8000-7500 年頃）においてであった．ただし，この時期における初期農耕集落の分布はまだ狭く，ヨルダン渓谷からユーフラテス川中流域にかけての「レヴァント回廊」に集中していた．その中でも最も古い様相を示すのが，ヨルダン渓谷周辺のスルタン文化である．エリコ，ネティブ・ハグドゥド，ギルガルなど，スルタン文化の遺跡では，最古の栽培コムギ・オオムギが出土している．

先土器新石器文化 A の初期農耕集落は低湿地に集中していた．したがって，この段階の初期農耕は，いわゆる粗放天水農耕ではなく，むしろ湧水・滞水に多くを依存する小規模園耕のようなものであったと考えられる．当然，集落の規模もまだ小さく，最大クラスのエリコですら約 2-3 ha であった（とはいえ，それはナトゥーフ文化の定住的集落の約 10 倍の規模である）．また，集落の人口も少なく，エリコですら 200-300 人程度，その他の集落では数十人程度であったと推定されている．しかも，家畜はまだ成立しておらず，青壮年男子は依然として狩猟に力点を置いていたようである．したがって，先土器新石器文化 A の初期農耕は，主として女性による，採集活動の延長としての，季節消費レベルの，低湿地小規模園耕であったと要約できる．

農耕が本格化したのは，次の先土器新石器文化 B（紀元前 7500-6000 年頃）になってからである．とくにその中・後期には，低湿地小規模園耕から丘陵部粗放天水農耕へのシフトが進行する一方で，ヤギ・ヒツジ，やや遅れて*ウシ・*ブタの家畜化も進行した．この段階でようやく，西アジア型の混合農業が成立したのである．集落も大型化し，500 人以上の人口をもつものも現れた．石器技術の退化などの点からみて，青壮年男子も狩猟から徐々に手を引き，農耕や牧畜の実労働に参加するようになったと考えられる．こうした流れの中で，旧石器文化の残影ともいうべきバンド組織的な輪郭が解消され，経済の基本単位としての家族が成立していった．と同時に，こうした家族を単位とする本格的な農耕集落が形成されていったのである．オリエント世界が本当の意味での農業社会へとシフトし始めたのが，まさにこの時期であった．

先土器新石器文化 B の混合農業社会を代表するのが，イラン南西部デヘ・ルーラン平原の*アリコシュ，ザグロス山麓のガンジュ・ダッレ，*ジャルモ，イラク北部シンジャール平原のテル・マグザリーヤ，ユーフラテス川中流域のテル・アブ・フレイラ，テル・ハルーラ，同上流域のチャヨニュ，ジャフェル・ホユック，ヨルダン高原の*アイン・ガザル，*ベイダ，ヨルダン渓谷のムンハッタ，エリコなどの遺跡である．

なお，この時期に成立した混合農業の作物には，コムギやオオムギなどの*穀物だけではなく，豆類（レンズマメ，エンドウマメ，ソラマメ，ヒヨコマメ），堅果類（ピ

スタチオ，アーモンド，クルミなど)，液果類(イチジク，*ブドウ，*ナツメヤシ)，油脂作物(*オリーヴ)，繊維作物(*亜麻)などの多様なオプションが含まれていた．都市文明の礎となる農作物は，この段階でほぼ出揃っていたことになろう．家畜も同様である．ヤギ，ヒツジ，ウシおよびブタの四大家畜は，先土器新石器文化Bの末までには，ほぼ出現していたのである．

I-6 都市化への胎動：土器新石器文化

　コムギ・オオムギを基幹作物とし，ヒツジ・ヤギ・ウシ・ブタを主要家畜とするオリエント型の混合農業に，やがて土器が加わり始めた．紀元前6000-5500年頃のことである．この時点から都市形成期までの約3000年間が，西アジアの土器新石器文化である(ただし，その後半を*金石併用時代と別称することもある)．

　この間，例えばメソポタミアの北部では，プロト・ハッスーナ，ハッスーナ，ハラフ，ウバイド，ガウラの各文化が展開した．メソポタミア中・南部の低湿地に初めて集落が進出したのも，土器新石器文化の初頭である．中部では*サマッラ文化，南部ではウバイド0期の文化が，それに相当する．メソポタミア中南部は，これ以降，ウバイド1-4期をへて，都市形成期のウルク文化に至った．なお，レヴァント地方やアナトリア高原，あるいはイラン高原などでも，さまざまな土器新石器文化が確認されている．例えば*ヤルムーク文化は，レヴァント地方の最も代表的な土器新石器文化である．アナトリアでは*チャタル・フユュックの文化が，イラン高原ではテペ・*シアルクの文化が，それぞれ代表的である．

　さて，新石器時代以後のオリエント社会の基本的骨格を定めたのが，先土器新石器文化B中・後期のシリア北部で成立した混合農業であるとするならば，オリエント古代文明の基礎を形成したのは，土器新石器文化のメソポタミア中・南部で成立した灌漑農業(→灌漑農耕)であろう．灌漑農業の痕跡は，少なくともサマッラ文化の段階にまで遡る．マンダリ平原の*チョガー・マミーでは灌漑用水路の痕跡が確認されている．またテル・エス＝サワンでは，周濠をともなう集落が形成されている．これ以後，ウバイド・ウルク期を通して，徐々に灌漑農業が発達していった．これと並行して進んでいたのが，集落間・集落内での階層化，農業の動力化(とくにウシによる犂耕)，農産物の商品化(例えばオオムギの支給財化)，家畜の委託管理，運送手段の発達(*船の利用と*車輪の発明)，物資管理システムの整備(*トークン，ブッラから絵文字・楔形文字粘土板文書への展開)などの，現象である．ウルク後期における都市化の動きは，これらすべての現象の結実でもある．オリエント世界は，この段階から原史・古代社会へと移行していったのである．

　これとほぼ同じ頃，エジプトも都市化への道を辿っていた．ところで，エジプトに西アジア型の混合農業が拡散してきたのは，紀元前5500-5000年頃のことである．下エジプトの*メリムデ文化や*ファイユーム文化が，現在確認されているエジプト最古の農耕文化である(上エジプトまたは西方砂漠では，ナブタ遺跡に代表されるような独自の農耕文化があったといわれているが，その評価はまだ定まっていない)．した

がって，エジプトでの都市化は，先土器新石器文化の段階を経ずに，きわめて急速に進行したことになろう．その間の経緯を最も端的に表しているのが，上エジプトの*ナカダ文化である．この文化では，先王朝期から第1王朝直前までの文化的な連続性が確認されている（エジプトにおける都市化の動きについては，I-10を参照）．

I-7 もう一つの次元：バーディア世界の形成

「肥沃な三日月地帯」内部の動きとならんで忘れてはならないのが，ステップの動向である．ステップ地帯に家畜ヒツジが導入されたのは，地中海性気候帯の定農定牧社会よりも約500-1000年遅く，紀元前5500-5000年頃のことであった．ステップのヒツジ化，つまりバーディア世界の形成過程は，例えばシリア中央部のエル=コウム盆地（クディール1）やヨルダン東部のアズラック盆地（ジラート25），アル=ジャフル盆地（*カア・アブ・トレイハ西）などで追うことができる．これらの地域では，ガゼルを中心とする狩猟型の動物相からヒツジ・ヤギ中心の家畜型動物相への急変，あるいは初期遊牧民に固有の葬制の成立などを，みることができる（ちなみに，エジプトにヒツジやヤギが伝わったのも，この時期におけるシナイ・ネゲブ地方のヒツジ化が原因であった）．

しかしこの段階でのヒツジ化は，あくまでも遊牧的適応の範囲を超えるものではなかった．本格的な遊牧文化が成立するには，*乳製品の利用，*役畜の成立，テントの発明は無論のこと，家畜の消費地および委託元としての都市の興隆をも待たねばならなかった．これらの諸条件が整い始めたのが，レヴァント編年でいう前期青銅器時代（前3500-2200年頃）の前後頃である．そのタイミングは，メソポタミアやエジプトの都市形成過程ともほぼ一致している．その意味で，メソポタミア・エジプトにおける都市化の過程とは，「肥沃な三日月地帯」内部での伝統的な南北関係に，バーディアとの新たな東西関係がクロスし始めた過程でもある．メソポタミアの場合，灌漑農耕によるムギの生産と周辺バーディア世界におけるヒツジの生産が，北側の伝統的新石器文化世界を凌駕し始めたときに，都市化が進行し始めたことになろう．このように，バーディアの遊牧化は「肥沃な三日月地帯」の都市化とも密接にリンクしていたのである．

都市・農村世界に対峙する新しい次元，バーディアの遊牧民世界が創設されたことの意義は大きい．これによって初めて，原史・古代以後の西アジア史の基本的骨格が定まったのである．　　　　　　　　　　　　　　　　　　　　　　　　　　　　［藤井純夫］

【参考文献】
大津忠彦・常木晃・西秋良宏『西アジアの考古学』同成社，1998年．
常木晃「肥大化する集落：西アジア・レヴァントにおける集落の発生と展開」古代オリエント博物館編『文明学原論』山川出版社，1995年，79-98頁．
藤井純夫「肥沃な三日月地帯の外側：ヒツジ以前・ヒツジ以後の内陸部乾燥地帯」『岩波講座世界歴史2 オリエント世界』岩波書店，1998年，97-124頁．
藤井純夫「西アジア初期農耕の土地選択：低湿地園耕の成立と展開」常木晃編『現代の考古学：食料生産社会の考古学』朝倉書店，1999年，22-49頁．
藤井純夫『ムギとヒツジの考古学』同成社，2001年．

松本健・常木晃編『文明の原点を探る―新石器時代の西アジア』同成社, 1995 年.
O. Aurenche and S. K. Kozlowski, *La naissance du néolithique au Proche Orient*, Paris, 1999.
O. Bar-Yosef and A. Belfer-Cohen, "The origins of sedentism and farming communities in the Levant", *Journal of World Prehistory* 3, 1989, 447-498.
O. Bar-Yosef and A. Khazanov (eds.) *Pastralism in the Levant*, Madison, 1992.
O. Bar-Yosef and R. Meadow, "The origins of agriculture in the Near East", in T. D. Price and A. B. Gebauer (eds.), *Last Hunters First Farmers*, Santa Fe, 1995.
O. Bar-Yosef and F. R. Valla (eds.), *The Natufian Culture in the Levant*, Ann Arbor, 1991.
J. Cauvin, *Naissance des divinités, naissance de l'agriculture*, Paris, 1994.
R. O. Fellner, *Cultural Change and the Epipalaeolithic of Palestine*, Oxford, 1995.
J-D. Forest, *Mésopotamie : L'apparition de l'état VIIIe-IIIe millénaires*, Paris, 1996.
N. Goring-Morris and A. Belfer-Cohen, "The articulation of cultural processes and late quarternary environmental changes in Cisjordan", *Paléorient* 23/2, 1997, 71-93.
D. R. Harris (ed.), *The Origins and Spread of Agriculture and Pastralism in Eurasia*, London, 1996.
D. O. Henry, *From Foraging to Agriculture*, Philadelphia, 1989.
F. Hole, *The Archaeology of Western Iran*, Washington D. C., 1987.
J-L. Huot, *Les premiers villageois de Mésopotamie*, Paris, 1994.
T. E. Levy (ed.), *The Archaeology of Society in the Holy Land*, London, 1995.
S. K. Kozlowski, The *Eastern Wing of the Fertile Crescent*, Oxford, 1999.
J. Mellaart, *The Neolithic of the Near East*, New York, 1975.
A. M. T Moore, "The development of Neolithic societies of the Near East", *Advances in World Archaeology* 4, 1985, 1-70.
D. Oates and J. Oates, *The Rise of Civilization*, New York, 1976.
D. I. Olszewski and H. L. Dibble (eds.), *The Paleolithic Prehistory of the Zagros-Taurus*, Philadelphia, 1993.
S. Pollock, *Ancient Mesopotamia*, Cambridge, 1999.
C. A. Redman, *The Rise of Civilization*, San Francisco, 1978.

I-8　イランの場合

　イランは西アジアのほぼ中央に位置しており，西側はイラクやトルコ，東側はトルクメニア，アフガニスタン，パキスタンと境界を接し，北側にはカスピ海，南側にはペルシア湾が横たわっている．イラクの44万 km^2，アフガニスタンの65万 km^2 に対しイランは約165万 km^2 に達する．国土の大部分は平均高度1000 m を越える広大なイラン高原で占められており，その周囲はアルボルズ(エルブルス)，ザグロス，ヒンドゥクシュなどの山脈で囲まれている．

　イランの旧石器文化(→旧石器時代)については十分な研究の蓄積はない．前期については少数の遺物が報告されているが，これらは表面採集によるものであり評価は定まっていない．中期についてはベヒストゥーン洞窟などで*ムスティエ文化の石器と人骨の一部が報告されている．動物相もガゼルやヤギなど現在とほぼ同じであったことが明らかにされている．後期についてはザグロス山地の洞窟遺跡が発掘され，類オーリニャック文化，類*ザルジ文化などが報告されている．

　かつてはザグロス山地も西アジア型農耕文化の起源地として集中的な調査が行われた．しかし，最近では*レヴァントを中心とする東地中海地域で農耕が始められたことが明らかになり，むしろヤギ・ヒツジの家畜化を進展させた地域とみなされている．小規模な定住的農耕村落がザグロス山地に営まれるようになったのは前7千年紀に入

ってからで，レヴァントに比べると1000年ほど遅れている．

　イラン高原一帯に農耕村落が広がるのは前6千年紀後半からで，西アジアの新石器時代後期から金石併用期にあたる．南ではタレ・*ムシュキ，タレ・*ジャリ，中央ではテペ・*シアルク，テペ・ザゲー，東北のタペ・*サンゲ・チャハマックなどが著名である．

　前4千年紀後半にはメソポタミアにおける都市文化の発展に従って，イラン高原は鉱物や木材などの資源を供給するネットワークに組み込まれ，交易拠点としての都市が生まれ，青銅器時代に顕著に発展していく．これらの交易ネットワークの窓口になったのはフーゼスターンからザグロス山地にいた*エラム人のグループであった．

　フーゼスターンでは*アリコシュ，テペ・ムシアンなど前6500-5000年頃の新石器時代に農耕牧畜村落が営まれていた．その東南のスシアーナ地方は前5000年以降に人々が住みつき始めたことがジャファラバードや*スーサの調査によって明らかにされている．

　エラムに関してはスーサ遺跡で長い時間幅にわたって発展の様相が明らかにされている．最下層のスーサⅠ期は前4000-3500年頃のもので，この時期の美術表現の中心は彩文土器であり，スーサからも見事な彩文土器が出土している．

　スーサⅡ期(前3500-3000年頃)になると様相はがらりと変わっていく．彩文土器は作られなくなり，赤色の磨研土器や*ロクロ製の無文土器が主流となる．土器は美術表現の対象では最早なくなり，石製容器や石製人物像の製作が盛んとなるのである．この時期はメソポタミアの中心的都市である*ウルクの影響が直接的に現れており，この地方がウルクの支配下にあったことを示してくれる．

　スーサⅢ期(前3000-2700年頃)に入ると，ウルクの直接的な支配から脱して土着の勢力が交易を担うようになり，独自の文化が形成されていく．これを原エラム文化とよび，イラン高原とメソポタミアの仲介者としての役割を果たした．文字もウルクのものとは異なる絵文字が発明され，原エラム文字の粘土板文書は広範な交易活動を証明するかのようにイラン高原一帯で出土している．

　前2700-1500年にかけては古エラム時代とよばれ，*ルリスターン地方やファールス地方などイラン高原の土着の勢力が力を伸ばし，スーサに次々と王権を打ち立てていった(アワン王朝，シマシュキ王朝，スッカルマハ王朝)．この時代にはイラン高原に産出する資源を大消費地であるメソポタミアやシリアに供給する遠隔地交易システムが作り上げられ，その路に沿って拠点となる交易都市が発展していった．その代表がテペ・ヒッサール，シャハダード，テペ・ヤヒヤー，*シャフレ・ソフタ，*アンシャン(タレ・マリヤーン)などであった．

　前1500年から1000年にかけてはエラム中王国時代とされ，イゲ・ハルキ朝，シュトルク王朝などが栄えた．*ウンタシュ・ナピリシャ王による新都*チョガー・ザンビールの建設などが行われた．中期エラム時代のイラン高原の文化については不明な部分が多い．古エラム時代に栄えた交易拠点都市はほとんどが滅んでしまった．従来は，この現象をインド・イラン系民族の侵入と結びつけて説明されてきた．しかし，トル

クメニスタンでは青銅器時代の都市が滅ぶ過程で，東方のオアシス地帯に人々が移住していった様相が明らかにされ，社会経済的な変化がこのような都市の廃絶をもたらしたという仮説が提唱されている．*アッシリアの勃興にともなってメソポタミアを中心とする主要交易圏が地中海地域や*アナトリア方面にシフトしていき，イラン高原は遠隔地交易の幹線ではなくなってしまったこと，アラビア海を中心とした海上ルートの発展などが要因と考えられよう．

　*バビロニアの*ネブカドネツァル1世によって征服されたスーサにエラム人の王国が再建されたのは前8世紀に入ってからである（新エラム王国）．しかし，その王朝も激しいアッシリアとの戦いの後，*アッシュルバニパル王によって滅ぼされてしまう．

　この初期鉄器時代はイラン高原に新しい文化が次々と生まれてきたことが重要であり，やがてそれは*メディアによる政治的統一に結実していくのである．アッシリアや*ウラルトゥなどの強国に絶えず脅かされていたイラン北西部の山岳地帯の人々は，交易や戦争という接触を通じて軍事的にも経済的にも成長し，次第に規模は小さいながらも部族国家といえる社会を形成していったらしい．アッシリアの影響，ウラルトゥ王国やこの頃盛んに南下して略奪を繰り返した*スキタイ人や*キンメリア人などの騎馬*遊牧民の文化の影響も受けている．

　この時代の代表的な遺跡としては西北イランの初期*鉄器時代編年の基準とされる*ハサンルー遺跡のほか，*ルリスターン青銅器文化の諸遺跡，*シアルクA，B墓地，*マールリーク墓地，シャーテペなどがある．　　　　　　　　　　　　　〔堀　晄〕

【参考文献】
堀晄「イランの土器」『世界陶磁全集20 古代オリエント』小学館，1985年．
堀晄「イラン1, 2」『世界美術大全集東洋編16 西アジア』小学館，2000年．
堀晄「バクトリアの先史美術」『世界美術大全集東洋編15 中央アジア』小学館，2000年．
F. Hole (ed.), *The Archaeology of Western Iran*, Washington D. C., 1987.
D. T. Potts, *The Archaeology of Elam*, Cambridge, U. K. and New York, 1999.

I-9　*アナトリアの場合（初期鉄器時代まで）

　アナトリアは，険峻な数千m級の山々が連なるタウルス山脈を境としてその背後に広がる高原部と北メソポタミア平原へと連なっていく南東部とに大まかに区分することができる．ともにタウルス山脈に源を発するティグリス川とユーフラテス川が流れるアナトリア南東部は，早くからメソポタミアとの文化的関連が顕著で，その世界の一部を構成していたと捉えることができる．これに対して，山岳地帯は，アナトリアを特徴付ける金属や*黒曜石などの鉱物資源を産出する一方で，文化的な障壁として立ちはだかる場合もあった．

　第一次「出アフリカ」を果たした人類ホモ・エレクトゥスは，*ハンド・アックスに代表される石器群という形で前期旧石器時代に数多くの足跡を残している．次の中期旧石器時代にカライン洞窟などで石器を残したのは，今のところ*ネアンデルタール人であったと考えられている．しかし，第二次「出アフリカ」を果たした現生人類の祖先古代型ホモ・サピエンスとの間でいつ頃どのような交代劇が起こったのかは，

I 環境と適応

まだ明らかになっていない．後期旧石器時代には石刃を中心とする石器群が登場し，次いで続旧石器時代に比定できる細石器群がみられるようになる．最終氷期後の森林回復は，海岸部を除くとアナトリアでは*レヴァントよりも時期的に大きく遅れたことが明らかになっている．そうした中にあって南東アナトリアではハラン・チェミなどの定住的な集落が出現する．しかし，穀物利用の証拠は乏しく，野生ムギ利用への傾斜を強めていったレヴァントの*ナトゥーフ文化とは内容を異にしている．レヴァントとは異なった適応戦略が採られていたことを窺わせる．その他の地域では，基本的に遊動的な狩猟採集社会が引き続き営まれていたものと思われる．

アナトリアにおける新石器化，すなわち生産経済への移行は，アナトリア南東部においていち早く進行し，次いでアナトリア中央部，そしてアナトリア北西部という順を辿っている．アナトリア南東部のチャヨニュ，ネヴァルチョリ，ギョベックリテペに代表される先土器新石器時代遺跡は，レヴァントとの共通点も多く，大枠ではレヴァント型の農耕文化の枠組みの中で捉えることができる．集落内に特異な公共的建築物が認められるのは，今のところアナトリア独特のものであるが，こうした社会を支えていたのが，牧畜をともなわない農耕狩猟社会であったことは，注目に値する．やがて家畜も導入されるようになるが，その時点では集落の規模や密度に顕著な減少が認められるようになる．アナトリアの高原部では，*先土器新石器文化期中頃に農耕村落が成立する．アシュクル・ホユックのような規模の大きい集落を生み出したのも農耕狩猟社会であった．森林環境が徐々に回復しつつあったとはいえ，草原環境の広がる地域を中心に遺跡が認められることも特徴的である．レヴァント型の農耕文化が導入されやすかったとも考えられる．家畜飼養も加わって西アジア型農業が確立されると，*チャタル・フユックのような西アジア最大級の大集落も出現する．しかし，これ以降大型集落の存在はみられなくなり，ある種の社会システムの転換が起こったものと考えられる．アナトリア北西部では，農耕村落が出現するのは，土器新石器時代になってからである．森林環境への農耕文化の浸透には時間を要したようであり，またマルマラ海の環境変化を背景とした海産資源への適応なども新たな要素である．

金石併用時代になると一部アナトリア東部を含めアナトリア南東部では，メソポタミア北部と連動するような形でハラフ・*ウバイド・*ウルク土器をともなう遺跡が認められるようになる．都市化への動きを加速させていったメソポタミア世界から大きな影響を受けていたことを示している．こうした中で土器の大量生産化が進み，銅生産が本格化し，物資管理システムの整備が行われた．こうしたことは，遠隔地交易を基調としたメソポタミアとの結びつきが強かったことを示している．

一方アナトリア高原では，こうした土器はほとんど出土せず，タウルス山脈が文化的にも大きな障壁となっていたことを示している．土器は*ハジュラルに代表される彩文土器が一般化する時期が認められるが，それにしてもハンドメイドの土器である．*ロクロや*土器焼成窯など専業化や大量生産化を示す証拠はほとんどみられない．集落の規模も概して小さく，農耕牧畜村落が中心で，都市化への動きとは無縁であったようである．こうした状況は，青銅器時代前期になっても継続する．

大きな変化がみられるようになるのは，青銅器時代前期も後半になってからである．*アラジャ・ホユックに代表されるように特定の墓に金や銀も含めた金属器を大量に副葬する例がみられるようになり，*トロイやノルシュンテペで知られるように城壁で囲まれた集落の中に規模の大きな建築物が建造されるようになる．各地に拠点的な集落ないしは都市が出現し，その内部では階層化が進みエリート層ともよべるグループが誕生してきたことを物語っている．このような変化の背景には，良好な鉱物資源の存在を背景とする冶金術の発達や遠隔地交易の進展があったことは見逃せない．この時期はメソポタミア北部からの搬入土器が認められるようになる時期ともほぼ一致し，メソポタミア世界との本格的な交流が開始されたものと考えられる．タウルス山脈は，もはや文化的な障壁ではなくなったようである．

メソポタミア世界との関係は，次の青銅器時代中期になるとさらに強化され，*アッシリア商人たちがアナトリア各地に居留区を設け，盛んに商業活動を行っていた記録が残されている．しかし，あくまでも統治の実権はアナトリア側の都市が握っており，決してアッシリアの植民地ではなかった．物資の流通，文字記録システムとの遭遇などアナトリアが受けた刺激は大きかったようで，都市国家ないしその連合体はやがて国家の形成へと向かうことになる．こうして誕生したアナトリア初の統一国家が，ヒッタイトであった．国家の形成ではメソポタミアに遅れをとったものの，ヒッタイトは盛んに対外遠征を行い，エジプトと対峙する強国の地位を築くに至る．しかし，「*海の民」によるものとされる混乱の中でヒッタイト帝国が瓦解すると，西アジア世界は*鉄器時代を迎えることになる． ［三宅裕］

【参考文献】
三宅裕「アナトリアの美術」『世界美術大全集東洋編 16 西アジア』小学館，2000 年，157-200 頁.
M. Özdoğan and N. Basgelen (eds.), *Neolithic in Turkey : the Cradle of Civilization, New Discoveries*, Istanbul, 1999.
G. J. Stein, *Rethinking World-Systems : Diasporas, Colonies, and Interaction in Uruk Mesopotamia*, Tucson, 1999.
J. Yakar, *The Later Prehistory of Anatolia : The Late Chalcolithic and the Early Bronze Age*, Oxford, 1985.
J. Yakar, *Prehistoric Anatolia : The Neolithic Transformation and Early Chalcotithic Period*, Jerusalem, 1991.

I-10 エジプトの場合（先王朝時代まで）

エジプトを含むアフリカ大陸北東部の地理的環境は，*ナイル川とそれを取り巻く砂漠という二つの部分に大別される．ナイル川流域が比較的安定して豊富な水と動植物に恵まれた環境であったのに対して，砂漠地帯の環境は長期的な気候変化に大きく左右された．当該地域に人類が現れて以来，何度も乾燥と湿潤の時期が訪れる中で，湿潤期の砂漠は，しばしばオアシス周辺の水が豊富になり，季節的な降雨の後には低地に水たまりが出現するため，人間の居住適地になり得た．一方，ナイル川は，水源が東アフリカの高原地帯にあり，夏に降雨が集中するモンスーンの影響を受けて毎年定期的な水量の増減を繰り返していたが，その水が涸れることはなく，乾燥期にはこ

こに人口が集中することになった.

　アフリカ大陸北東部最古の人類の足跡は，50万年前以降に年代付けられる前期旧石器時代アシュール後期の握斧に求められ，20万年前頃に中期旧石器時代が始まる．これらの時期は，乾燥期の間に何度か湿潤期を挟み，ナイル川流域と，西方砂漠中のオアシスおよび湿潤期には低地に遺跡が形成された．中期旧石器時代には，牛，ハーテビースト，ガゼル，カバなどの大型ほ乳類のほかに，魚類が食糧とされた．

　数万年前に始まる後期旧石器時代になると，気候の乾燥化にともなって，ナイル川下流域に遺跡が集中する（*エスナ，*エドフ，*ワディ・ハルファ，*ワディ・クッバーニヤ）．当時の生業は，ナイル川周辺に生育する多様な動植物を開発して行われていた．ナマズやティラピアを主体とする魚類，貝類，鳥類，牛，ハーテビースト，ガゼルを含むほ乳類のほかに，ナットグラスなどの湿地に自生する植物の根茎や種子を中心とする植物質食糧が重要な食糧源であった．

　12000年前頃から続旧石器時代が始まり，この時期から初期新石器時代にかけては，「第4紀湿潤期」とよばれる湿潤化した時期であった．夏雨の降雨帯が北上して，エジプト南部とスーダン一帯に夏期に雨が降るようになり，それより北部の湿度や地下水位にも影響を与えた．当時の遺跡（*ナブタ・プラヤ，*カルトゥーム）はナイル川西方の砂漠地域とナイル川中流域に多数分布し，ナイル川下流域ではほとんど遺跡が検出されていない．アフリカ大陸最古の土器は，この時期の砂漠地帯とナイル川中流域で出現した（→XI-3）．ナイル川流域では後期旧石器時代と同じく，河川付近の多様な資源を利用した生業が行われたが，ソルガムやミレットなどの雑穀類が頻繁に利用されるようになった．この頃，アフリカで独自に牛の家畜化が始まった可能性があるが，穀物栽培については今のところ確証がない．

　前7千年紀の終わり頃から一時的に気候が乾燥化し，砂漠地帯の遺跡が激減する代わりに，ナイル川最下流域に新石器時代の遺跡が出現する．*ファイユーム文化の遺跡群とナイル川西岸にある*メリムデ文化の遺跡が，前6千年紀末頃に年代付けられる．これらの遺跡からは，大麦と小麦の栽培穀物と，牛，羊，山羊，豚の家畜動物が出土しており，前者はアフリカ大陸最古の農耕を示す確実な証拠を提供する．また，これらの栽培穀物と家畜動物はすでに西アジアにおいて栽培・家畜化が確立しており，西アジアから伝播したと考えられる．さらに，メリムデは，安定した定住集落が形成された最古の例であるとともに，後の王朝時代まで引き継がれる*ナイル川の増水システムと沖積低地を利用して麦栽培が行われた最初の例でもある．

　前6千年紀の終わりから前5千年紀の中葉にかけて形成されたナイル川下流域の遺跡（*オマリ文化，*ターリフ文化）が少ないため，この間にどのように農耕・牧畜が普及したのかは明らかではないが，前5千年紀の終わりになると，上エジプト中部に*バダリ文化とよばれる農耕・牧畜文化が登場する．この文化ではすでに銅が用いられているため，考古学的時期区分では金石併用期に属し，これ以降の時期は「先王朝時代」とも呼称される．低位砂漠に形成された集団墓地に埋葬を行う習慣が定着しており，王朝時代まで継続する厚葬（手厚く葬ること）の風習の初原的な形態が認められ

る.

　前4千年紀前半には,生産経済がナイル川下流域にいっそう普及・定着して,下エジプトに*マアディ文化,上エジプト中部から北部にかけて*ナカダ文化,下ヌビアに*Aグループ文化という三つの地域文化が併存する状況になっていた.そのうちナカダ文化が次第に分布領域を広げて,前4千年紀の最終四半世紀までには,第1急灘以北のエジプトが概ね文化的に統一された.この頃にナカダ文化の影響は,南は第2急灘付近から北はパレスティナ南部にまで達した.

　初期国家形成に向けての急速な文化的・社会的・政治的変化は,この3文化併存の状況の中で,とくにナカダ文化を中心に進行した.当初は小さな政体に分かれていた前4千年紀の社会の中で,次第に政体が地域的な統合を遂げて,政体の数が減るとともに大型の政体が出現する.ナカダ文化の後期,すなわち王朝開闢直前頃には,大型の政体のうちでもとくに有力な*ヒエラコンポリス,*ナカダ,*アビュドスに中心を置く政体が「王国」とよんでもよいような規模に成長し,周囲に覇権をおよぼすまでになっていたと推測されている.最終的にこうした王国が政治的に統一された結果,前3100年頃に歴史記録に残る初の統一王朝,すなわち第1王朝が出現した.

［高宮いづみ］

【参考文献】
川村喜一「古代オリエントにおける灌漑文明の成立」『岩波講座世界歴史1』岩波書店,1969年.
高宮いづみ『エジプト文明の誕生』同成社,2003年.
S. Hendrickx and P. Vermeersch, "Prehistory : From the Palaeolithic to the Badarian Culture (c. 700,000-4000 BC)", in I. Shaw (ed.), *The Oxford History of Ancient Egypt*, Oxford, 2000, 17-43.
M. A. Hoffman, *Egypt before the Pharaohs*, London & Henley, 1980.
F. Klees and R. Kuper (eds.), *New Light on the Northeast African Past : Current Prehistoric Research*, Köln, 1992.
B. Midant-Reynes, *The Prehistory of Egypt from the First Egyptians to the First Pharaohs*, Oxford, 1992.
B. Midan-Reynes, *Aux origins de l'Égypte : Du Néolithique à l'émergence de l'état*, Paris, 2003.
A. J. Spencer, *Early Egypt : The Rise of Civilisation in the Nile Valley*, London, 1993.

II 民族と言語

II-1 古代オリエント諸語

II-1-(1) はじめに

　古代オリエント文明は，そこで用いられた言語の数が非常に多いことが知られている点で他の古代文明に類をみない．そのことは，それらの言語の解読に，複数の言語で書かれた文献資料が深く関わっていたことからもいえる．例えば，シャンポリオンによる*エジプト語の解読には，*ヒエログリフエジプト語，*デモティックエジプト語，ギリシア語という2言語3文字併用碑文である*ロゼッタ・ストーンが鍵になったし，ローリンソンによる*楔形文字の解読は，*古代ペルシア語，*エラム語，*アッカド語の3言語で書かれた*ベヒストゥーン碑文がその糸口になったのである．

　そこで使用された言語数が多いとわかるのは，オリエントが文字の発祥地であることによるが，文字を書き記すのに用いた素材がたまたま腐敗しないものであったことにもよる(XII-1-(1)を参照)．エジプトに比べて，メソポタミアで古くからはるかに多くの言語が知られているのは，言語資料のほとんどが粘土板文書に書かれたからである．

II-1-(2) 文字，言語，民族

　文字と言語を区別し，両者の関係を理解することは重要である．文字がなくても言語は存在するが，文字がなくては言語の存在は後代まで伝わらない．しかし特定の言語に文字がなければその言語の表記ができないわけではない．当初から表記するための文字をもたなかった言語もあるし(*フェニキア文字で書かれた古代*ヘブル語)，同じ言語であっても時代が変わると異なる文字形態を採用することがあり(例えば，楔形文字*ルウィ語と象形文字ルウィ語)，1つの言語が同時代の2つの異なる文字体系で記されることもあった(例えば，*ウガリト語は，*アルファベットで記されるだけでなく，音節文字の楔形文字で記される場合もあった)．

　文字は*シュメール人が発明したが，baḫar「陶工」のような専門用語や地名の多くは*シュメール語以前(例えば，ウバイド語)にまで遡りうる．このように，その言語の話者が自分の言語を文字で記録していなくても，そのような言語とその言語を使用した民族が存在していたことがわかっている．

　もともと表意文字(または表語文字)としてでき上がった楔形文字は，その後音節文字としても利用可能となって，シュメール語のほかに，アッカド語の諸方言(バビロニア語，アッシリア語，その他の周辺アッカド語)，*ヒッタイト語，エラム語，*フリ語，*ウラルトゥ語，また楔形文字アルファベットによるウガリト語等，必ずしも互いに言語的姻戚関係をもたない多くの言語を粘土板に書き記すのに用いられた．この言語の多様性は，とりもなおさず民族の多様性を意味しており，それだけ多くの民族がシュメール人により発明された楔形文字の伝統を継承していったことを示してい

17

る．

　一方，エジプト語ヒエログリフ(象形文字)の流れを汲む*カナンのアルファベット文字(例えば，*原カナン文字やフェニキア文字)は，北西セム語の諸言語(例えば，フェニキア語・古代ヘブル語・*アラム語)を記すために用いられた．そして，この文字体系は前2千年紀の終りには，エーゲ海文明にも伝わり，*ギリシア文字に採用された．アルファベット文字が書かれた素材が，ほとんどの場合，腐敗しやすいものであったために，残存している文字資料の量は非常に限られている．

　文字記録の多さや内容は各言語によって異なる．中には，アッカド語のように2500年以上にわたってオリエント各地で書き記された言語や，ウガリト語のように限られた時代(前14-13世紀)の資料しかない場合や，*モアブ語のように1つの碑文(*メシャ石碑)しか残っていない場合がある．このように，文字で残されている言語資料の性格は，互いに異なっているし，ほとんどの現存データは，王宮や神殿等の公文書であるために，言語情報としては偏りがあり，それらの言語の比較にも自ずと限界をともなう．

II-1-(3)　ことば－国際交流の手段としての機能

　平和時に，民族と民族が交流するのは，主として外交と交易によってであるが，いずれの場合も言語がコミュニケーションの重要な手段となった．古代オリエントでは，いくつかの国際共通語(リンガフランカ)が登場した．前2千年紀後半にはアッカド語が，前8世紀にはすでにアラム語が，そして前300年以降はギリシア語が国際共通語として用いられた．*ヘレニズム時代にギリシア語がオリエント世界の共通語となったことは注目に値する．この時代に，ヘブル語(旧約)聖書が*アレクサンドリアでギリシア語に翻訳され，新約聖書がこの言語(コイネー［共通］・ギリシア語)で書かれ，古代世界に広く普及した．アラム語もギリシア語も文字数が30以下のアルファベット文字で書き記されたので識字率は相当高かった．

II-1-(4)　古代オリエントの諸言語

　古代オリエントには，セム諸語とエジプト語等を含むアフロ・アジア諸語(かつては聖書の用語を用いて「ハム・セム語族」とよばれた)のほかに，ヒッタイト語等の*アナトリア諸語，古代ペルシア語を含む*イラン諸語があったが，そのほかに，シュメール語，エラム語，*ハッティ語，カッシート語のような他の言語との姻戚関係が明らかでない諸言語(孤立語)があった．また，前2000年頃の*ビブロス文字，前18世紀から15世紀までのミノア文字(線文字A)のように解読が終っていない文字もある．また，*ミタンニ王国やその他の地域(ヌジ，*アララハ，*ウガリト等)で用いられた*フリ語と北方の*ウラルトゥ語は共通の起源に遡る．

　古代オリエントで知られている言語の内，セム語族に属する言語が最も多い．それらは，前3千年紀半ばの*エブラ語，アッカド語に始まり，現代も使用されているヘブル語，*アラビア語に至る．エジプト語は，象形文字のヒエログリフ，*ヒエラティック，デモティックで書かれたが，ギリシア時代以降はコプト文字で書かれた*コプト語が用いられるようになった．インド・ヨーロッパ語には，ギリシア語・ラテン語

のほかに，ヒッタイト語・*ルウィ語・*リュディア語・*リュキア語等のアナトリア諸語，*古代ペルシア語・*アヴェスター語等を含むイラン諸語が含まれる．後期青銅器時代のミケーネ文字(線文字B)は，言語としては，ギリシア語である．〔津村俊夫〕

【参考文献】
サイラス・H・ゴードン(津村俊夫訳)『古代文字の謎―オリエント諸語の解読』(現代教養文庫)社会思想社，1978年．
矢島文夫編『アフロアジアの民族と文化』(民族の世界史11)山川出版社，1985年．
D. J. ワイズマン編(池田裕監訳)『旧約聖書時代の諸民族』日本基督教団出版局，1995年．
P. ビエンコウスキ・A. ミラード編(池田裕・山田重郎翻訳監修，池田潤・山田恵子・山田雅道訳)『大英博物館版・図説古代オリエント事典』東洋書林，2004年．
J. Huehnergard, "Languages-Introductory Survey", in *ABD*, IV, 155-70.

II-2 セム諸語

II-2-(1) セム諸語の分類

「セム」の名称は，旧約聖書の創世記10章の「*民族表」にあるノアの3人の息子(セム・ハム・ヤペテ)の1人の名に由来する．セム諸語の分類は，伝統的には，その地理的分布に従って，まず東方と西方の*セム語族に分け，西方のセム語を更に南北に分ける仕方でなされた．即ち，セム諸語を東セム語，北西セム語，南(西)セム語の三つに分類した．最近では，西セム語を中央と南に分け，前者にシリア・パレスチナ諸語(北西セム語)と*アラビア語，後者に*古代南アラビア語と*エチオピア語を位置づける立場もある．

しかし，これらの分類方法では，個々のセム語の年代がみえてこない．前3千年紀から知られているセム語は，前2600年頃以降の古アッカド語(メソポタミア南部)と前24世紀頃の*エブラ語(シリア)である．後者には，後代から知られる西セム語の特徴がすでにいくつか表れているが，古アッカド語の一つと考えることもできる．前2千年紀のセム語には，*アッカド語(南部の*バビロニア方言と北部のアッシリア方言)のほかに，周辺アッカド語(例えば，*アマルナ文書，*エマル文書のアッカド語)や西セム語の*アムル(アモリ)語(*マリ文書等に表れる人名から知られる)，*ウガリト語，*カナン語(アマルナ文書から知られる)があるが，ほとんどが粘土板や石に*楔形文字で書かれている．

アッカド語は，前1千年紀にも，引き続き新*アッシリア語，新バビロニア語として使用され，その最終段階の後期バビロニア語は，少なくとも書き言葉として，紀元後1世紀まで用いられた．それ以外の前1千年紀のセム語は，ほとんどすべて*アルファベット文字で書かれている．その中で最も多く，よく知られているのは北西セム語である．これは大別してカナン語系とアラム語系に分れる．前者には，フェニキア語とその後継のポエニ語(*カルタゴ語)のほかに，*モアブ語(*メシャ碑文)，アンモン語，*ヘブル語(ヘブライ語)等がある．古代ヘブル語にはイスラエル方言とエルサレムを中心とする標準語(ユダヤ方言)とがある．アラム語系には，*アラム語とその諸方言，*パルミラ語，ナバテア語，*シリア語，マンデ語等がある．現在でもマアラ等で現代アラム語が使用されている．

アラビア語は，前8-6世紀のメソポタミア南部から出土した碑文や，後3世紀のナバテア文字碑文の中に挿入されたアラビア語テキストなどから知られるが，「*アラブ」という名称は，すでに前9世紀のアッシリアの王*シャルマネセル3世の碑文に認められる．アラビア半島の南西では，古代南アラビア語が前8世紀から後6世紀の間に書かれた碑文から知られている．エチオピア文字は，*古代南アラビア文字から徐々に発達したが，その言語と文字は現代まで継続使用されている．

II-2-(2)　国際共通語としてのアッカド語とアラム語

アッカド語は，前2千年紀半ば以降の国際共通語（リンガフランカ）であった．とくに前14世紀は，オリエントの全域にわたって文化的・政治的・経済的交流が盛んに行われた時代で，エジプトの王*アクエンアテンが首都としたアケトアテンの遺跡名アマルナに因んで「アマルナ時代」とよばれている．アマルナから発見された380余りの手紙(*アマルナ文書)は，キプロスを含むオリエント，とくに*カッシート王朝下のバビロニアや，アッシリア，*ミタンニ王国，*ヒッタイト王国，カナンの小都市の王達がエジプトの王に宛てたものであるが，エジプト語ではなく，当時の国際共通語のアッカド語で書かれていた．

アラム語が前8世紀のオリエントで国際共通語になっていたことは，列王記下18：26の記事からわかる．そこには，ユダ国の高官がアッシリアの将軍に，「しもべどもはアラム語がわかります．どうぞアラム語でお話しください．城壁の上にいる民が聞いているところで，わたしどもにユダの言葉で話さないでください．」と願う場面がある．外交交渉に当時の国際共通語であったアラム語を使うことを要求したのである．にもかかわらず，アッシリアの将軍は，一般民衆がわかる「ユダの言葉」を用いて，人々の心を彼らの王から引き離そうと陽動作戦を展開した．

この時代のアッシリアの宮殿の浮彫り（レリーフ）に，ロウ引きの書板に楔形文字（アッシリア語）を書いている*書記と巻物に筆でおそらくアラム語を書いている書記とがならんで描かれているが，このことも，当時アラム語がアッシリア帝国の公用語であったことを示している．前6世紀以降の*アケメネス朝ペルシア帝国でも，*古代ペルシア語ではなく，アラム語が帝国の公用語になった．前4世紀には，ギリシア語がヘレニズム時代のオリエント世界の国際共通語になったが，シリア・パレスチナの一般民衆は，アラム語を日常生活で使い続けた．

II-2-(3)　多言語社会の国際性

古代オリエントには，多言語社会を構成する諸民族が多くいた．前3千年紀前半からセム人が初期王朝時代の*シュメール人社会に浸透し，ついにはセム人*サルゴンによる*アッカド王国が樹立されたが，*シュメール語話者とアッカド語話者はすでに長い共存の歴史をもっていた．*『シュメール王朝表』の洪水後の王名リストに，シュメール語とアッカド語の名前が混在することもそのことを示している．

前2500年頃には，すでにアッカド語の名前をもつ書記がシュメール語テキストを書写していた．そのような中で，それまでの古典的なシュメール語と自分たちの言語との対照文字表あるいは*語彙集が書記の教育上必要になり，作成された．同時代の

西方のシリアのエブラから出土したエブラ語・シュメール語の2言語併用語彙集は，そのようなものの一つであるが，これはシュメール初期王朝時代の都市*アブ・ツァラビーフで使われていたものと同じである．このことは，約1000 km離れた二つの都市で，当時，同じ教科書が使用されていたことを示している．

さらに，アマルナ時代に栄えた都市国家*ウガリトからは，シュメール語・アッカド語・フリ語・ウガリト語の4言語対照語彙集が複数みつかっている．これは，当時のシリアの港湾都市が如何に国際的で多言語社会であったかを示している．これらの言語のほかに，ウガリトでは，エジプト語，キプロス・ミノア語，ヒッタイト語等が使用されていた．30文字からなる楔形アルファベットのウガリト文字は，ウガリト語だけでなく，フリ語やアッカド語の表記にも用いられた．そのシンプルな文字体系は，ウガリト都市だけでなく，近郊のラス・イブン・ハニや数10 km離れたテル・スカス等，さらにははるか南のカナン(タボル山やベト・シェメシュ)でも利用されていたことがわかっている．

II-2-(4) 文化接触：人的交流

一般に他民族との接触・交流は，強制されたり任意であったりと，その理由は異なるが，集団移住によって行われる場合や，商人や芸人等の個人的・個別的・一時的な移動によってなされる場合がある．前1900年頃に，最古のアルファベット文字碑文(*原カナン文字や*原シナイ文字より数百年遡る)を，ナイル川上流のテーベ付近のワディ・エル＝ホルの洞窟に書き残したカナン人は，強制労働者であったらしい．同じ前1900年頃に，アナトリアの*カニシュに*アッシリア商人の居留地があったことは，そこからアッカド語の文書が数多く出土していることからわかる．このように，人的交流が文化の接触をもたらし，言語の接触をもたらす．

*クレタ島を中心とするエーゲ海域からパレスチナ(ペリシテ人の地)に住みついた*ペリシテ人(*海の民の一グループ)の場合は，カナンに定住後間もなくカナン文化(言語，宗教)に同化した．彼らは西セム人の神ダゴン(ウガリト，エマル，マリの*ダガン神)を信奉し，その王がセム語名でよばれていた．

前1千年紀，とくに前745年に*ティグラト・ピレセル3世が即位してからは，アッシリア帝国の対外政策が大きく変わり，被征服民を*強制移住させる方針が採られた．その結果，強制的な人的交流が促進され，古代オリエントの文化接触はさらに大規模となった．イスラエル民族も，北は前722年にアッシリアによって，南は前587年にバビロニアによって強制移住させられた(→バビロニア捕囚)．バビロニアに強制移住させられなかった民はエレミヤとともにエジプトに逃れた．アラム語オストラカがみつかったナイル上流の*エレファンティネは，このような離散した(*ディアスポラの)ユダヤ人たちの共同体を形成していた．

II-2-(5) 言語接触の諸問題

古代オリエントで，アッカド語で記録を残していても，記録者が，それとはまったく異なる言語を母語としている場合と，それと同族の言語を母語としている場合とがある．前者の場合が，ティグリス川支流のキルクーク近郊で発見された*ヌジ文書に

みられる．これは前14世紀に国際共通語のアッカド語で書かれたフリ人社会の記録である．そのことはその文書に出てくる人名の分析からわかるが，そのアッカド語にもフリ語の文法的特徴が反映している．ここに，非セム語であるフリ語を基層語として，その上にアッカド語がかぶさるというバイリンガリズムの現象がみられる．フリ人は，前15・14世紀を通じて＊ミタンニ王国領内のみならず，東はヌジもその一部であったアラプハ王国から西は新王国時代のヒッタイトに至るまでウガリトやアララハも含めて広範な地域に分布していた．

一方，ユーフラテス中流の，前18世紀のアッカド語で書かれた＊マリ文書は，西セム人による同族言語（東セム語）使用の例である．都市国家マリが旧住民のアッカド人のほかに西方から来た＊アムル人によって構成された社会であったことが，マリ文書の人名の多くが北西セム語のアムル語の文法を反映していることからわかるからである．同じ西セム人によるアッカド語使用の例であっても，マリ文書のように，民族の西から東への移動による言語接触ではなく，言語の東から西への「移動」による例がウガリトおよびエマル出土のアッカド語文書に認められる．これらの文書のアッカド語は，シリア・アッカド語または「ペリフェラル・アッカド語」（周辺アッカド語）といわれているが，西セム語を基層語とする話者によるアッカド語の使用の例である．これは一種のピジン（混成語）を形成していて，アマルナ文書のアッカド語は「アマルナ語」といわれることもある．しかし，カナン語を基層語としていた手紙の発信者は，アッカド語本文中にカナン語の注釈を付けていることから，そこに使用しているアッカド語を外国語として意識していたようである．

言語接触は，言語共同体全体においてだけではなく，個人的レベルにおいても起こる．例えば，ウガリト文書の書記が非セム系のフリ人であるか，それとも南方のカナン的背景をもっているカナン人（セム人）であるかによって，その人の書くウガリト語に言語的変種が存在する．また，創世記のヤコブはカナンの言葉であるヘブル語の話者であったが，アラム人ラバンのもとに滞在した14年間はアラム語を話したと考えられる．ヤコブがカナンの地への帰途についた折りに，ラバンがエガル・サハドタとアラム語でよんだ同じ場所を，ヤコブがヘブル語でガルエドとよんだ（創31：47）という記事は，両者の言語の違いを示している．

II-2-(6) 借用語

言語接触の結果は，ある言語における他言語からの借用語によっても知られる．例えば，アッカド語はシュメール文字（表語文字）を受け継いだことにより多くのシュメール語を借用することになった．例えば，アッカド語の ekallu（神殿・宮殿）はシュメール語の E_2.GAL からの借用語であるが，ウガリト語の hkl とヘブル語の hekal もシュメール語からの直接の借用語であることが明らかである．もし，アッカド語を媒介としていたのであったら，アッカド語の ekallu は，ウガリト語では 'kl，ヘブル語では 'ekal という形態として借入されたはずである．北西セム語の両言語が /h/ を保持しているということは，前3千年紀の古アッカド語やエブラ語にみられるように，シュメール文字 E_2 が /ha/ という音価をもち得たことを示唆し，シュメール語 E_2.

GAL は西セム語に相当初期の時代に直接借用されたのではないかと考えられる．また，印欧語の*マリヤンヌ(mariyannu 戦車の御者)は，ウガリト語文献に頻繁に出てくるが，それは専門用語として北西セム語に前2千年紀半ばにはすでに借入されていたことを示している．　　　　　　　　　　　　　　　　　　　　　　［津村俊夫］

【参考文献】
G. Bergsträsser, *Introduction to the Semitic Languages : Text Specimens and Grammatical Sketches*, Winona Lake, 1983 (original 1928).
S. Kaye (ed.), *Semitic Studies in Honor of Wolf Leslau on the Occasion of his Eighty-fifth Birthday*, 1-2, Wiesbaden, 1991.
E. Lipiński, *Semitic Languages : Outline of a Comparative Grammar*, Leuven, 1997.
S. Moscati et al., *An Introduction to the Comparative Grammar of the Semitic Languages*, Wiesbaden, 1964.

II-3　アナトリア

II-3-(1)　ハッティ語

言語資料が残されているアナトリアで最も古い言語は*ハッティ語である．ハッティ語はヒッタイトなど印欧語族がアナトリアに移動してきたとき，*クズルウルマック川に囲まれた中央アナトリア北部から黒海沿岸にかけての地域で話されていた言語で，実用語としては前2千年紀中頃までにはすでに死語になっていたと考えられる．ハッティ語に関する資料のほとんどはヒッタイトの都*ハットゥシャから出土した粘土板文書に拠っている．ヒッタイトは中央アナトリアの先住民から文化的に強い影響を受けるが，ハッティ語も主に宗教儀礼用として保持された．また*ヒッタイト語にはハッティ語からの借用語も少なくない(例えば ḫapalki-"鉄"など)．ハッティ語の文書は儀礼，神話など宗教的内容のもので，しばしばヒッタイト語の訳が付けられている．ハッティ語は語根と接辞(とくに接頭辞)の結合によって文法的機能を示すいわゆる膠着語に属するが，文法，語彙ともにまだ不明な点が多く，他言語との類似関係も明確ではない．

II-3-(2)　印欧語族

印欧語を話す人々がいつ頃，どのような経路をへてアナトリアに移動してきたかについては，定説がない．ただ遅くとも前3千年紀末頃迄にはアナトリアに居住していたものと推定され，すでに前19, 18世紀の古アッシリア商業文書(*キュルテペ文書)に印欧語系の単語や人名を見出すことができる．前2千年紀，前1千年紀にアナトリアで話されていた一連の印欧語(*フリュギア語を除く)は他の印欧語にはみられない言語的特徴を共有し，印欧語の重要な一分派として一般にアナトリア語派とよばれている．これら*アナトリア諸語の前段階，共通の基語に「アナトリア祖語」が想定されるが，「アナトリア祖語」から個々の言語への分化がアナトリアに移動してくる以前のことか，移動後に分化したのかははっきりしない．いずれにしても古アッシリア商業文書の時代には，アナトリア諸語の分化はすでに進行していたと考えられる．

アナトリア諸語のなかで最も言語資料が豊富なのはヒッタイト語である．ヒッタイト語は*ヒッタイト王国の公用語で，都ハットゥシャの文書庫から出土した大量の粘

土板文書の大半がこの言語で書かれている．資料の年代によって古ヒッタイト語（前16-15 世紀半頃），中期ヒッタイト語（前 15 世紀中頃-14 世紀前半），後期（新）ヒッタイト語（前 14 世紀後半-13 世紀）と三つの時期に区分するのが現在一般的であるが，量的には後期ヒッタイト語の資料が圧倒的に多い．ヒッタイト語の使用されていた地域は，主にクズルウルマック川流域から，それに囲まれた中央アナトリア北部で，ほぼヒッタイト王国の中心部と重なり，前 1200 年頃のヒッタイト王国の滅亡とともにヒッタイト語の使用も途絶えた．ヒッタイト語には当時のアナトリアの多様な言語環境を反映してハッティ語，*フリ語，*アッカド語など非印欧語系の言語からの借用語が少なくない．

　*パラ語は北西アナトリア，古典時代のパフラゴニア地方で話されていたとされる印欧語で，その語彙にはヒッタイト語と同様にハッティ語の影響が認められる．パラ語の資料はハットゥシャ出土の粘土板文書に拠るが，資料が乏しくパラ語に関する知識はまだ限られたものにすぎない．パラ語はかなり早い時期，遅くとも前 14 世紀頃までには実用語としてはすでに使用されなくなったものと考えられる．

　一方アナトリアの南部，西部の広い地域で話されていた印欧語が*ルウィ語である．ルウィ語の資料には，ハットゥシャ出土の粘土板文書に残されていたものと，アナトリア固有の象形文字で記された碑文資料の二種類が知られている．前者を「楔形文字ルウィ語」，後者を「象形文字ルウィ語」と一般によんでいるが，両者は文法，語彙ともにほとんど同一の言語といっていいほど近い関係にある．ヒッタイト王国の崩壊とともに消滅したヒッタイト語とは異なり，ルウィ語は前 1 千年紀まで命脈を保ち，北シリアや南東アナトリアの*新ヒッタイト時代の象形文字碑文にはルウィ語が使用されている．またアナトリア南西部の*リュキア語，ミリア語，カリア語などもルウィ系の言語に含まれる．

II-3-(3)　*フリ語

　*フリ人とフリ語の存在が資料的に確認できるのは前 3 千年紀後半以降のことである．主に北東メソポタミアを本拠としていたフリ人はやがて西のシリア，アナトリアにまで拡がり，ヒッタイトにも多大な影響を及ぼした．前 16-14 世紀にハブル川流域，シリアで勢力を誇った*ミタンニ王国はフリ人を中心とした国家として知られる．その地理的，時代的拡がりのゆえにフリ語の資料はさまざまな地域，時代に分散しているが，多くはハットゥシャ出土の文書に拠っている（*オルタキョイ［ヒッタイト時代のシャピヌワ］の最近の発掘でフリ語の文書が新たに出土している）．フリ語は膠着語で（接尾辞のみをもつ），いわゆる能格構文が発達しており，前 1 千年紀アナトリア東部の*ウラルトゥ語ときわめて近い関係にある．　　　　　　　　　　［吉田大輔］

【参考文献】

大城光正・吉田和彦『印欧アナトリア諸語概説』大学書林，1990 年．

J. Friedrich, *et al.*, *Altkleinasiatische Sprachen*, Handbuch der Orientalistik I. 2. 1/2. 2, Leiden, 1969.

A. Goetze, *Kleinasien*, München, 1957.

Ph. H. J. Houwink ten Cate, "Ethnic Diversity and Population Movement in Anatolia", in *CANE*, I,

259-270.
B. Rosenkranz, *Vergleichende Untersuchung der altanatolischen Sprachen*, The Hague, 1978.
I. Wegner, *Einführung in die hurritische Sprache*, Wiesbaden, 2000.

II-4　イラン・ペルシア語

　イラン学においては，言語学における言語分類をもって「民族」名にそのままあてることがままある．これはむろん厳密な用法とはいえないが，共時的な認識を示す史料が少ない中ではやむを得ないことでもある．このような事情から，ここでは言語を中心に述べることとする．まず初めに，＊エラム語について簡単に述べ，次いでイラン系諸語を扱い，最後に「民族」に触れる．

II-4-(1)　エラム語

　エラム語の言語系統は不明である．ドラヴィダ諸語との関係を複数の研究者が主張しているが広い支持は受けていない．エラム語は前3千年紀末から＊アケメネス朝期まで，＊スーサを中心とする＊エラムの地やペルシア本土で用いられた．

　主な史料として，エラム王国時代では＊チョガー・ザンビールの建立碑文などがあり，アケメネス朝時代初期では＊ベヒストゥーン碑文や＊ペルセポリス碑文の多くは古代ペルシア語版，アッカド語版を併せた3言語版である．とくにベヒストゥーン碑文ではエラム語版が最初に刻されたことが判明している．また，エラム語史料で量的に最も多いのはペルセポリス城砦文書である．

　エラム語は楔形文字で記されているが，表音表記が比較的多く，限定符の用法などにも独自の工夫がみられる．現代ペルシア語 dabīr「書記」は，エラム語 tuppira に由来すると考えられる．なお，エラムの地では，前4千年紀末から前3千年紀末にかけて，原エラム文字（エラム絵文字とエラム線文字）が用いられていた．原エラム文字は，史料数も多く，地域も東イラン地域までかなり広範囲に出土しているが，まだ解読には至っていない．

II-4-(2)　イラン系諸語

　イラン系諸語とは，インド・ヨーロッパ語族インド・イラン語派を，インド語派，ヌーリスターン語派―かつてはカーフィル語派とも称された―とともに形成するイラン語派諸言語をいう．これは，西部方言と東部方言に大別され，また時期によって古期，中期，新期に分類される（新期は本事典の対象外）．

　イラン語派に所属する主な言語を上記の区分に従って示す．古期イラン語西部方言：＊古代ペルシア語，メディア語．古期イラン語東部方言：＊アヴェスター語，＊スキタイの言語．中期イラン語西部方言：中世ペルシア語（＊パフラヴィー語），＊パルティア語．中期イラン語東部方言：＊ソグド語，＊コータン語，＊バクトリア語，ホラズム語．新期イラン語西部方言：現代ペルシア語，クルド諸語．新期イラン語東部方言：オセット語，ワヒー語，ヤグノービー語．

　代表的な史料として，アケメネス朝王碑文（古代ペルシア語），＊アヴェスター（アヴェスター語），＊サーサーン朝初期の王碑文（中世ペルシア語，パルティア語）をあげて

おく．なお，日本にも中世ペルシア語による人名が刻されソグド銘の焼印が捺された香木が2点招来され法隆寺に保管されていた．

　前1千年紀以降イラン・中央アジア西部のほか，中央アジア東部(東トルキスタン)や黒海の北岸にもイラン語派の言語を話す人々が存在していたことに注意する必要がある．

　文法的な特徴として，古期イラン語の段階ではインド・ヨーロッパ祖語の曲用屈折をかなり保っており，また対応するインド語派のヴェーダ語やサンスクリット語と強い類似をみせるが，中期イラン語段階に至ると，とくに西部方言で動詞の活用が単純化し，名詞・代名詞の格変化もほとんど消失してしまう．過去時制では能格表現をとる言語も現れる．

　イラン語派諸言語を記す文字はさまざまである．古代ペルシア語は古代ペルシア楔形文字で記される．パルティア語，中世ペルシア語，ソグド語，ホラズム語は*アラム文字に由来する各々の文字で書かれたが，その際アラム語単語を訓読する記法が一部用いられた．さらに中世ペルシア文字を基にアヴェスター転写用のアヴェスター文字が作られた．なお，マニ教徒はアラム文字系ではあるが独自に発明された*マニ教文字でパルティア語，中世ペルシア語，ソグド語等の作品を残し，*ネストリウス派キリスト教徒はシリア文字でソグド語等を記した．バクトリア語にはギリシア文字を基にした文字，コータン語にはインドのブラーフミー系の文字が用いられる．

　古代ペルシア語はアケメネス朝ペルシアの，パルティア語はアルサケス朝*パルティアの，中世ペルシア語はサーサーン朝ペルシアの主要言語であり，近隣の言語にも影響を与えている．たとえば，*アルメニア語にはパルティア語(および中世ペルシア語)からの借用語彙が非常に多い．また「パラダイス」という語は，究極的には古期イラン語に由来する．

II-4-(3) 「民族」について

　この項の最初に述べたように，「民族」を語るだけの史料は揃っていない．アケメネス朝ペルシア王碑文でのダフユ表は，「～人(の地)」と考えれば統治「民族」表とみられなくもないが，これはあくまで王朝側の呼称であり，よばれた側の自己認識であったかどうかはわからない．また，イラン語派の人々は，自らを「アルヤ」arya-(古期イラン語)とよび，これは後の「エーラーン」Ērān(中世ペルシア語；現代ペルシア語の「イーラーン」)や「アラン」Alan(サルマタイの一派で現在のオセット人の祖と考えられる)という呼称に繋がっている．*クシャーン朝カニシュカ王のバクトリア語碑文でもバクトリア語のことを「アルヤ人の言語」と呼んでおり，このような認識が広く存在したことはわかるが，ではサーサーン朝ペルシアのペルシア人が同時代のアラン人をどうみていたのかはわからない．

　最後に，「イラン」と「ペルシア」は言語名，民族名どちらからみても別概念であり，混同は避けなければならない．イスラーム以前の中央アジア西部ではイラン系諸言語は話されていてもペルシア語は浸透しておらず，むしろイスラーム化の進展とともにこの地は「ペルシア語」化していった．

［春田晴郎］

【参考文献】
上岡弘二「エラム語」『言語学大辞典』第1巻, 三省堂, 1988年, 955-959頁.
上岡弘二「イラン語派」『言語学大辞典』第1巻, 三省堂, 1988年, 669-689頁.
R. Schmitt (ed.), *Compendium Linguarum Iranicarum*, Wiesbaden, 1989.
Nicholas Sims-Williams (ed.), *Indo-Iranian Languages and Peoples*, Proceedings of the British Academy 116, Oxford, 2003.

III 歴史

III-1 古代オリエントの年代問題

III-1-(1) メソポタミア

アッシリアとバビロニアの絶対年代確定は相対年代，すなわち各王の即位順と統治年数が確立されていることが前提となる．*アッシュル・ウバリト1世(在位前1363-28年)以降のアッシリアおよび*ウル第3王朝時代以降のバビロニアの相対年代は*王名表のおかげで，*バビロン第1王朝滅亡(前1595年)後の「暗黒時代」を除いて，おおむね確立されていると考えてよい．問題は，異民族の流入による混乱と情報不足のため「暗黒時代」とよばれている約200年間(中年代説による)である．したがって，以下では，通常の歴史記述にみられる古い時代から新しい時代へという順序ではなく，「暗黒時代」の後，「暗黒時代」，そしてそれより前の年代という順序で年代問題を概観する．なお，文中の年代はとくに断らないかぎり中年代説(後述)による．

III-1-(1)-① 「暗黒時代」より後の年代

アッシリアに関しては，*「アッシリア王名表」と*リンム表のおかげで，アッシュル・ウバリト1世以降の王達の即位順と治世年数がほぼ確立されている．「暗黒時代」が明けた前14・13世紀は，国際交流の盛んな時代で当時のオリエントの王達の中には同時代性が確認されている王もあり，この時代の相対年代確立に役立っている．

この時代の絶対年代確定に関しては，A. ミラードがBタイプとよぶリンム表にブル・サガレ(またはブル・サッギレ)という人物がリンムであった年に日蝕があったと記されていることが決め手となった．この日蝕が今日使用されている西暦の前763年6月15/16日に起こった皆既日蝕であったことが明らかにされたからである．その結果，アッシリアの絶対年代は，*アダド・ネラリ2世(在位前911-891年)以降は誤差1年の範囲で，またアッシュル・ウバリト1世からアダド・ネラリ2世までは誤差数年の範囲でほぼ確立された．

バビロニアに関しては，*「バビロニア王名表」や「ウルク王名表」からこの間の王名とその即位順および統治年数がある程度わかっているが，絶対年代を確定する独自の手掛りはなく，*『アッシリア・バビロニア関係史』などを頼りにアッシリアの絶対年代に関連させながら年代推定の作業が行われる．

III-1-(1)-② 「暗黒時代」の年代

アッシュル・ウバリト1世より前のアッシリアに関しては，相対年代の基となる「アッシリア王名表」の情報がきわめて不完全である．他方バビロン第1王朝滅亡後に登場する*カッシート王朝の王名と治世年を伝えるのは「バビロニア王名表」Aのみであるが，欠損部分が多く，王名と治世年の両方が残っているのはシャガラクティ・シュリアシュ(在位前1245-33年)以後である．したがって，「暗黒時代」に関しては，相対年代さえ確定されていない．

III 歴史

Ⅲ-1-(1)-③ 「暗黒時代」より前の年代
　ウル第3王朝からバビロン第1王朝までの王名と治世年数は,「ウル・イシン王名表」(ウル第3王朝の*ウルナムから*イシン[第1]王朝最後の王までの王名と統治年数を伝える)や「ラルサ王名表」(ラルサ王朝の王名と治世年数および*ラルサを滅ぼした*ハンムラビとその後継者*サムス・イルナの統治年数を伝える)などから復元することができる. さらに*『シュメール王朝表』も*アッカド王朝とウル第3王朝以後の部分は信憑性が高いので,補足的に利用することができる. したがって,ウル第3王朝からバビロン第1王朝末までのバビロニアの相対年代はほぼ確立されているといえる.
　問題は,アッカド王朝時代とウル第3王朝の間にある*グティ人支配の期間である. アッカド王国の事実上最後の王*シャル・カリ・シャリからウル第3王朝の創始者ウルナムの統治開始までを何年とみるかで,アッカド王朝およびそれ以前の年代に数十年の違いが出てくる. なお,アッカド王朝成立以前の*初期王朝時代については,都市国家*ラガシュの場合を除いて相対年代も不明な場合が多い.
　アッカド王朝あるいはウル第3王朝時代からバビロン第1王朝滅亡までの絶対年代確定の要とされてきたのが,天体占い文書集『エヌマ・アヌ・エンリル』第63書板(いわゆる「アンミ・ツァドゥカのヴィーナス・タブレット」)である. この書板には21年間にわたる金星(ヴィーナス)の「観測記録」が記されている. 1912年S. K. クグラーは,たまたまそこに記されていた年名から,この「観測記録」が,バビロン第1王朝の*アンミ・ツァドゥカ治世の金星観測記録であると考え,同治世21年間にわたる金星の観測記録に合致する絶対年代を天文学の立場から明らかにしようとした. クグラーはいくつかの可能性のなかから同王治世1年を前1977年であったと提案した(後に前1801年に変更). その後いくつかの年が提案されたが,同王治世1年に相当する可能性のある年として,前1702年(P. シデルスキーほか),前1646年(S. スミス, A. ウングナートほか),および前1582年(F. コルネリウス, W. F. オルブライトほか)の三つが残った. それぞれ高年代説,中年代説,低年代説とよばれているものである(ちなみに,この低年代説は*ラメセス2世の即位年を前1279年とするエジプト学における「低年代説」とは区別する必要がある). これらの説によるとバビロン第1王朝滅亡の年はそれぞれ前1651年,前1595年,前1531年となる. 現在,メソポタミア史の分野では大多数の研究者が中年代説に従う. 本事典でもメソポタミアに関しては便宜上中年代説に従っている. しかし,アナトリア史,シリア・パレスティナ史の分野では,エジプトの年代との整合性をもたせる必要性もあって,中年代説に拠らない研究者もいる.

Ⅲ-1-(1)-④ 年代研究の最近の動向
　最近になって,天文学と考古学の分野からバビロン第1王朝滅亡の絶対年代を見直す動きが出てきた. たとえばP. J. フーバーは1982年以来,天文学の立場から「ヴィーナス・タブレット」の再検討を行い,併せて絶対年代確定の手掛りとして『エヌマ・アヌ・エンリル』第20書板と第21書板に言及されている二つの月蝕(それぞれ,

＊シュルギの治世最後の年と＊イッビ・シン治世最後の年の前年末にみられた現象で，それぞれシュルギの死とウル第3王朝の滅亡を予兆したものと解釈されている）に注目する．そして，これらが起こりえた年代をも考慮して，高年代説が最も確度が高いと主張した．

　他方，1998年になって，H. ガッシェ等の考古学者は，バビロニア北部で大量に出土する3タイプの土器の形態変遷を調べた結果，バビロン第1王朝の滅亡からカッシート時代後期（前1400年頃以降）が始まるまでの「暗黒時代」に生じた程度の土器の形態変化は100年あれば十分であるとし，中年代説のごとく「暗黒時代」に約200年の時の経過を想定する必要はないと論じた．かれらは，1) シャムシ・アダド1世の子＊イシュメ・ダガン1世が父王の死後在位した年を40年ではなく11年と想定し，2) アッシリア王名表に在位年数ではなく「トゥッピシュ(tuppišu)」と記されている10人の王たちに関しては，それぞれ前王の最後の在位年の残存期間に短期間在位したと理解し，それぞれの在位年数を0年とみなし，さらに3) 在位年数が欠落しているアッシュル・ラビ1世と次のアッシュル・ナディン・アッヘ1世の在位期間を合計29年と計算することによって，シャムシ・アダド1世の想定在位期間として前1737-05年を得た．かれらは，次に，＊ティグラト・ピレセル1世（在位前1114-1076年）より前のアッシリアでは「閏月」による調整なしの太陰暦（1年＝354日）が使われていたとの理解にもとづき，バビロニアで使用された暦に合わせる場合は，前1114年以前の時代に関し33年ごとに1年減じる必要があるとして先のシャムシ・アダド1世推定在位期間をさらに18年下げ，同王の在位期間を前1719-1688年とした．最後に，かれらは，シャムシ・アダド1世の没年とバビロンのハンムラビ王とのシンクロニズムから，バビロン第1王朝滅亡の年を約100年下げ，前1507年から前1491年の間とした．しかも，この新しい年代は「暗黒時代」とその前後を通じて土器形態の変遷を追うことができる＊ディヤラ地域の土器編年とも矛盾しないと，ガッシェたちは主張した．その後，かれらは，バビロン第1王朝滅亡の推定年を前1499年と修正し，この超低年代説を「新年代説(New Chronology)」とよんだ．2000年7月かれらはベルギーのヘントで文献学や天文学の専門家も招いて「新年代説」をめぐるコロキウムを開催したが，「新年代説」には異論もあり，まだ一般に受け入れられてはいない．

[中田一郎]

【参考文献】
H. Gasche et al., *Dating the Fall of Babylon. A Reappraisal of Second Millennium Chronology*, MHEM 4, Ghent, 1998.
P. J. Huber, *Astronomical Dating of Babylon I and Ur III*, Occasional Papers on the Near East I/4, Malibu, 1982.
W. D. Jones, *Venus and Sothis*, Chicago, 1982.
J. Koch, "Neues von den Ur III-Mondeklipsen", *NABU*, 1998/4, 126-129.
A. Millard, *The Eponyms of the Assyrian Empire 910-612 BC*, SAAS 2, Helsinki, 1994.
M. B. Rowton, "Chronology-Ancient Western Asia", *CAH* I/1, Cambridge, 1970 (3rd ed.), 193-239.
M. Tarnet et al., *Just in Time, Proceedings for the International Colloquium on Ancient Near Eastern Chronology (2nd Millennium BC)*, Akkadica, 119-120, 2000.

III-1-(2) エジプト

古代エジプト史の絶対年代の決定に，エジプトの暦の特性が利用されたことは，よく知られている．古代エジプトの「民衆暦」は，1ヵ月が30日，1年が12ヵ月と5日の付加日(エパゴメン)すなわち365日からなる．閏年の原理は用いられていなかったために，民衆暦は4年に1日ずつ，実際の時の流れより前にずれていった．この性格を利用して，この暦で記録されたある自然現象に注目して，その暦の年代を計算から割り出し，絶対年代を決定することが行われてきた．この自然現象というのが，毎年のナイル川増水の開始と同時に起こるとされた「ソティス星のヘリアカル・ライジング」(→ソティス周期)すなわち，おおいぬ座のα星シリウスが日の出の直前の東の空に久しぶりに出現する現象である．この現象は，ナイル川増水の先ぶれとして，大祭で祝われ，その準備のための指示が前もってなされた．

第12王朝の*センウセレト3世の治世第7年に出されたこうした指示の記録である「ソティス星のヘリアカルライジング」の*エル=ラフーン・パピルスの記事をもとに，この年が前1871年プラス・マイナス3年と計算され，それから120年さかのぼる第12王朝の開始が前1991年と確定された．

これに類する記録は，エーベルス・パピルスの*アメンヘテプ1世の第9年，*エレファンティネ島の*トトメス3世の碑文(治世年不明)，*メディネト・ハブの*ラメセス2世(あるいは3世)時代の暦の記述があり，それぞれに計算がなされ，年代決定の手段とされている．

末期王朝時代の絶対年代については，他のオリエント地域の年代にもとづいて決定されるが，第25王朝以降の年代はほぼ確実視されているようである．

一方，歴史時代の初期については，例えば第1王朝開始が，前3100年から前2850年の幅で記述されるように，用いる史料で異なってくる．第12王朝開始を基点に，それ以前の王朝の統治年数を*マネトン(マネト)の『エジプト史』，*トリノ王名表などを用いて決定し，上乗せして年代を求める方法と，他のオリエント地域，とくにメソポタミアとの比較から考古学的に年代を求める方法があり，前2850年というのは，メソポタミアの*ジェムデト・ナスル期との比較から，また前3100年というのは，トリノ王名表にある第1王朝開始から第8王朝末までが955年であるという記事にもとづいた計算から求められた数値である．

個々の王の治世年代を決定するには，その治世年数を知らねばならないが，マネトンの『エジプト史』やトリノ王名表を利用するほかに，それらの数値が信用できないと判断された場合は，個々の王の治世年で残された記録の最大の値を尊重することが多いようである．

第12王朝のように，*共同統治により，2王の年代の重なりが確定される場合，個々の王の死亡年の記事が残されている場合は，統治年数の値は確実なものとされるが，とくに中間期とよばれる時代は，王の記録自体がほとんど残されていないため，治世年代の決定が困難になることは，容易に想像できよう．

とくに最近では，絶対年代の根拠となる暦のデータに再検討を加え，別の数値を提

31

示する研究がみられる．例えば，エル=ラフーン・パピルスのデータについて，観察地点によって「ソティス星のヘリアカルライジング」の時期に幅が生じるとし，同時代の太陰暦を利用して数値を修正するなどの動きがあり，第12王朝開始が前1991年という定説も，不動のものではなくなっている．

　古代エジプト年表・王一覧などに示される絶対年代はその意味で，絶対のものではなく，また時代によって蓋然性に大きな開きがあるといえる．年代は一応の目安として認識するほうが実情に合致するといえそうである．　　　　　　　　　　［吉成薫］

【参考文献】
近藤二郎『エジプトの考古学』(世界の考古学4)同成社, 1997年.
Rolf Krauss, *Sothis- und Monddaten, Studien zur astronomischen und technischen Chronologie Altägyptens*, Hildesheimer Ägyptologische Beiträge 20, Hildesheim, 1985.

III-2　古代オリエントの歴史記述

III-2-(1)　メソポタミア・シリア・パレスティナ

　特定の王朝あるいは政権が自己を正当化するために過去の経緯を述べること，隣国または従属国との特定の関係を正当化するために当該国間の経緯を記すこと，神と後世に「名」を残すために自分の業績を書き残すこと，そして知的興味から過去の経緯を記述することは，メソポタミア・アナトリア・シリアなどでみられた．また，イスラエルでは歴史を誦することによって信仰を告白し，歴史に神意を読み取ろうとした．これらの営みが文書の形をとったものも広い意味での「歴史記述」と理解することができる．

　王朝なり政権なりを正当化するために作成された文書としてまずあげられるのが，*『シュメール王朝表』(シュメール語)である．作成された時代と意図については議論があるが，その中心部分はウル第3王朝の支配権を正当化するために同王朝成立期に作成された可能性が高い．シュメール全土に同時に一つの王権しか存在しないこと，その王権は都市から都市へ移り，現在はウルにあることを，王権がシュメールに天下って以来の経緯をたどることによって正当化した．また，*「アッシリア王名表」(アッカド語)も，もともと*シャムシ・アダド1世の*アッシュル支配を正当化するために同王によって編纂された可能性が高い．彼は，アッシュルに伝わっていた歴代の王の系譜に同王の先祖の系譜を組み込むことによってその正統性を主張したものと考えられている．

　時代は下るが，*エサルハドンが年上の兄弟たちがいたにもかかわらず父王*センナケリブの後継者となった経緯を彼の年代記(アッカド語)の冒頭で詳しく述べている．これは王の「弁明」ではあるが，この種の文書は，長い亡命生活の後父祖の王座を回復する経緯を述べた*アララハの*イドリミ碑文(アッカド語)，イスラエルの*ソロモンの王位継承物語(サム下9-20章，王上1-2章)(ヘブル語)，新バビロニア王朝の*ナボニドスの*ハラン出土碑文(アッカド語)や*アケメネス朝の*ダレイオス1世の*ベヒストゥーン碑文(エラム語・アッカド語・古代ペルシア語の3語併用)などにもみられる．

32

隣国または従属国との関係を正当化する目的で当該国間の関係史を回顧した文書としては、まず*エアンナトゥムの「禿鷹碑文」（シュメール語）をあげることができる．シュメールの都市国家*ラガシュの支配者エアンナトゥムは隣国*ウンマとの国境争いを祖父の代に遡って回顧した（→ラガシュとウンマの国境争い）．その甥*エンメテナ（エンテメナ）も同様の碑文（シュメール語）を残している．また，ヒッタイトの*シュッピルリウマが属国*ウガリトの*ニクマドと結んだ宗主権条約（アッカド語）が示すように，ヒッタイトがシリアやアナトリアの小国あるいは*ミタンニの王と結んだ宗主権条約には，当該国間の関係を宗主国の観点から回顧し，*宗主権条約を正当化する文章が含まれている場合が多い．

シュメールやバビロニアの王碑文（シュメール語またはアッカド語）やアッシリアの*年代記（アッカド語）は，王が作成させた神への業績報告であり，また同時に後世に「名」を残すために書かれた文書でもあった．

知的興味から過去の経緯を記述したのではないかと思われる例が，*「バビロニア歴代記シリーズ」（アッカド語）である．そこにはバビロニアにとって不名誉な事件も隠すことなく記されており，史料としての信憑性は高い．A. K. グレイソンのいうエポニム歴代記（＝A. ミラードのBタイプの*リンム表）（アッカド語）もこれに加えることができるかもしれない．

イスラエルの人々は，「信仰告白（?）」（申命記 26 : 5-10）にみられるように，歴史を誦することによって信仰の告白を行ったが，*『旧約聖書』の最初の五つの書物，すなわち「五書」（冒頭の神話的部分と法集を除く）（ヘブル語）は，一言でいうならば，信仰告白としての歴史（救済史）であった．また，「ヨシュア記」から*「列王記」に至る一連の歴史書（ヘブル語）は申命記的史書とよばれ，独特の歴史観の下にまとめられた歴史書である．もちろんこれには古い史料や物語が利用され，複数の著者／編集者が関わったと思われるが，前587/6年のユダ王国の滅亡と*バビロニア捕囚に至るまで，イスラエルがカナンの地で経験した災難の意味（神意）を問うた歴史書といえる．他方，「歴代誌」は，*アケメネス朝ペルシアの支配下で，バビロニアから帰還したユダヤ人がこれからの共同体再建の指針（神意）を得ようとして試みた歴史記述といえよう． ［中田一郎］

【参考文献】
R. C. Dentan (ed.), *The Idea of History in the Ancient Near East*, New Haven and London, 1955.
D. O. Edzard, "Königslisten und Chroniken, A. Sumerisch", *RlA* 6/1-2, 77-86.
A. K. Grayson, "Königslisten und Chroniken, B. Akkadisch", *RlA* 6/1-2, 86-135.
A. K. Grayson, *Assyrian and Babylonian Chronicles*, TCS 5, Locust Valley, N. Y., 1975.
Th. Jacobsen, *The Sumerian King List*, AS 11, Chicago, 1939.
H. Tadmor and M. Weinfeld (eds.), *History, Historiography and Interpretation. Studies in biblical and cuneiform literatures*, Jerusalem, 1983.
J. van Seters, *In Search of History*, New Haven, 1983.

III-2-(2) アナトリア

アナトリアが文字記録をもつようになるのは前2千年紀初頭のことである．アナトリア最古の文字記録である古アッシリア商業文書（*キュルテペ文書，前 19, 18 世紀）

は，文書の性格上ほとんどが商人たちの商い行為に関するもので，歴史的内容をもつ文書は皆無に等しい．一方前16世紀以降のヒッタイト王国時代の文書には歴史文書が少なくなく，その多様な歴史記述は古代オリエントの歴史記述のなかでも独自な位置を占めている．

　古王国時代の歴史文書の数は比較的限られているが，すでに王の治績を年代順に記録した文書がみられる．ヒッタイトの最も早期の歴史文書，「アニッタ文書」は*カニシュの王*アニッタが中央アナトリアの有力都市を次々に征服し次第に覇権を確立していく過程を主に記したもので，その歴史記述はすでにある程度発展した段階を示している．また*ハットゥシリ1世によるアナトリアや北シリアへの遠征を記録した文書(アッカド語版とヒッタイト語版がある)や同王が*ムルシリ(1世)を後継者に定めた勅令(アッカド語とヒッタイト語の二言語併用文書)なども，ヒッタイト王国の初期の歴史を知る上で貴重な史料となっている．王位継承の順位を定めたことで知られる*テリピヌの勅令(アッカド語版とヒッタイト語版がある)は，冒頭の部分にテリピヌ以前の王たちの治績が簡潔にまとめられており，古王国時代の歴史の流れをある程度把握できるのはこの史料に拠るところが大きい．また「ザルパをめぐる物語」のように歴史的伝承を寓話，神話化したと思われるものもある．

　年ごとに記述を進めていくいわゆる年代記の形式はすでにハットゥシリ1世の文書などにも認められるが，'中王国'，新王国時代にはヒッタイトの歴史記述の中心的な役割を担うようになる．ヒッタイトの年代記のうち最も保存がよく，その頂点に立つともいえるのが*ムルシリ2世(前14世紀後半)の年代記である．ムルシリ2世にはその治世の最初の10年間についての「10年年代記」と治世全般にわたる「詳細な年代記」の二種類の年代記があり，さらに父*シュッピルリウマ1世の治績に関する文書も残している．このほかにも自らの王位簒奪の正当化を目的としたと思われる*ハットゥシリ3世の自叙伝(「ハットゥシリの弁明」)，近年発見された*シュッピルリウマ2世の象形文字碑文など，多くの史料が知られている．*条約の前文に記される条約締結に至る歴史的背景も史料としての価値は高い．　　　　　　　　　　［吉田大輔］

【参考文献】
- H. Cancik, *Grundzüge der hethitischen und alttestamentlichen Geschichtsschreibug*, Wiesbaden, 1976.
- H. G. Güterbock, "Die historische Tradition und ihre literarische Gestaltung", *ZA* 42, 1934, 1-91 ; *ZA* 44, 1938, 45-149.
- H. G. Güterbock, "Hittite Historiography : A Survey", in H. Tadmor and M. Weinfeld (eds.), *History, Historiography and Interpretation*, Jerusalem, 1984, 21-35.
- H. A. Hoffner, "Histories and Historians of the Ancient Near East : The Hittites", *Or* 49, 1980, 283-332.
- A. Kammenhuber, "Die hethitische Geschichtsschreibung", *Saeculum* 9, 1958, 136-155.
- E. von Schuler, "Literatur bei den Hethitern", *RlA* 7, 66-75.

III-2-(3)　エジプト

　歴代の王名を一覧表化した，いわゆる*王名表は，その製作時の王が自分に連なる祖先の王たちの名を示す意図で作らせたものであろうが，*トリノ王名表のように，歴代の王たちを王都の所在地によってグループ分けし，それぞれの王の治世期間を

年・月・日数で記録したものと，アビュドス王名表，カルナク王名表のように，単に祖先崇拝の対象となる王たちの名を列挙したものとの2種類に分類されよう．*マネトン（マネト）の『エジプト史』は前者に連なるもので，さらに各王の事績が添えられていることでは，*パレルモ・ストーンとの類似性も認められる．

　*カルナク大神殿に残された，*トトメス3世のアジア遠征の記録は，従軍日誌というようなものにもとづいて，おもだったエピソードを綴った記録とされるが，そうした記録でも王の歴史遂行者としての役割が意識された場合は，特定のパターンが現れ，一般に「王の物語」とよばれるものになる．その典型は，王が物事を計画し，家臣の反対を押し切り，実行し，大成功を収めるというストーリーを示す．

　歴史遂行者としての一定の役割を越えて，王の個性が記録に反映される程度はまちまちであるが，これとは別に，王の立場を擁護するための歴史偽造が行われたことが注目されよう．*ハトシェプスト女王の即位の経緯の「偽記録」が代表であるが，第12王朝初期の「偽予言」や「政治文学」とよばれる一連の文学作品も，そうした意識にもとづくといえよう． 　　　　　　　　　　　　　　　　　　　　　　　　　　　［吉成薫］

【参考文献】
Donald B. Redford, *Pharaonic King-Lists, Annals and Day-Books. A Contribution to the Study of the Egyptian Sense of History*, SSEA Publication IV, Mississauga, 1986.
Alfred Hermann, *Die ägyptische Königsnovelle*, Leipziger ägyptologische Studien 10, Glückstadt, Hamburg und New York, 1938.
G. Posener, *Littérature et Politique dans l'Égypte de la XIIe Dynastie*, Paris, 1969.

III-3　古代オリエントの歴史概観

III-3-(1)　イラン

　イラン高原に文明化の兆しが現れるのは，最古の文明を生みだしたメソポタミア平原南部，*シュメール人社会に隣接するイラン高原南西部であった．とくにイラン高原南西部のエラム人は，すでに前4千年紀末メソポタミアの影響を強く受けつつ，独自の文字を考案した．エラム人の帰属あるいは歴史に関しては，いまだ不明な点が少なくないが，前3千年紀にはエラムの影響力はイラン高原東部までおよぶようになっていたと推定される．前3千年紀後半*アッカド王朝第4代*ナラム・シンはエラムを征圧，エラム主導下に闘われた反アッカド闘争も鎮圧されてしまう．しかし前3千年紀末の混乱期をのりきったエラム人は，ふたたびイラン高原における交易路の支配権を掌握，さらにイラン高原南西部*アンシャンを核とする新たな勢力基盤を確保することにより，ついには*ウルを征服，シュメールにとって最初にして最後の統一国家*ウル第3王朝を滅亡に至らしめた．

　前2千年紀から前1千年紀のエラムの支配者は，「アンシャンとスーサの王」と称するようになる．バビロニアや*カッシートの攻撃をこうむることもあったが，前2千年紀後半エラムは最盛期を迎える．前12世紀はじめ成立した新王朝の*シュトルク・ナフンテ1世は，アッシリアの内紛に乗じバビロニアに進出，エラムはアッシリアとならぶオリエントの大国とみなされるようになる．しかしエラムの国力は，前

35

総　論

12世紀末バビロニアの*ネブカドネツァル1世による攻撃に屈した後，しだいに衰退，ついに前640年アッシリアの*アッシュルバニバルの侵攻により壊滅的な打撃を受け，王国は滅亡した．

アッシュルバニバルは，メソポタミアとエジプトの2大文明地域を支配するのに成功したが，その支配は半世紀ももたず，前612年新バビロニア・*メディア同盟軍の攻撃を受け，アッシリアは滅亡した．アッシリア滅亡後，オリエント世界は，エジプト，新バビロニア，*リュディア，メディアの4大勢力圏に分割されることになる．

イラン高原を支配したメディアは，前2千年紀末から前1千年紀初めにかけてイラン高原に進入したイラン系の人々の一派を支配者とするが，前7世紀後半から前6世紀前半*キャクサレスの下で，軍隊を槍兵，弓兵，騎馬兵の三隊に再編成し軍事力の強化を図ると同時に，新バビロニアやリュディアとの婚姻政策によってオリエントの覇権闘争の一角に食い込むことに成功，最盛期を迎える．

一方前7世紀にはイラン高原南西部パールサ（現ファールス）地方に定着したと推定されるペルシア人は，彼ら自身の言葉を借りるならば，「良き馬と良き人に恵まれたパールサ」にあって軍事力の増強に努め，やがて騎馬弓兵の突撃隊を組織化，ついに前550年最有力部族に属するアケメネス家の*キュロス（2世）の指導下に，宗主国メディアを倒し独立，イラン高原の支配権を掌握する．その後キュロスは前547年にリュディア，前539年に新バビロニアを征服．キュロスの死後王位を継承した長子*カンビュセスは，前525年エジプトを征服したが，前522年エジプトを発ちペルシアに帰還途上，死亡した．

「第3代」王となったのは，アケメネス家の中では傍系に属する*ダレイオス1世であった．ダレイオス1世即位に関する詳細は，必ずしも明らかではない．しかしダレイオス1世の即位が，アケメネス朝王家内部および初期征服戦争の主要な担い手であったペルシア人貴族間の利害対立，あるいは初期アケメネス朝の統治方針の脆弱さが顕在化した結果であったことは確かである．ダレイオス1世即位後，諸州で反乱が続発，この反乱鎮圧のためダレイオス1世は約1年を要することになる．この危機を克服したダレイオス1世は，黒海北岸・インドに行軍，その結果西はエーゲ海東部・エジプトから東はインダス川流域に至る広大なオリエント世界のほぼ全域を，史上初めて支配するに至る．

以後ダレイオス1世は，その治世を通じ，言語・宗教・社会／経済生活の程度を異にする多様な地域を支配するあらたな秩序を構築するため，帝国再編成を企図する諸改革に取り組むことになる．ダレイオス1世の諸改革の中で最も有名で最も重要な改革は，税制改革をともなった*サトラプ制を帝国全土に適用・制度化したことである．徴税と地方行政の単位を統一，恒常的に支配領域全体に施行するシステムを実現した，画期的な政策である．ダレイオス1世は，サトラプ制の円滑な運営を確実なものにするため，あわせて宿駅制度の確立など，コミュニケーション・システムの整備・拡充を図り，中央集権体制を確立した．ただし被征服地の人々が納税・軍役の義務を遵守する限り，原則として被征服地内部の問題に介入することは避ける「寛容政策」を是

としたので，比較的緩やかな中央集権体制であったといってよい．ダレイオス1世の方針は，以後歴代の諸王によって踏襲されることになる．ダレイオス1世の治世は，アケメネス朝史全体の中で，まさに「征服から統一」「戦争から"平和"」への転換期と位置づけることができる．

　ダレイオス1世は，アケメネス朝服属下の小アジア西岸イオニアの反乱（前500-494年）を支援した「アテネ・エレトリアに対する懲罰」を名目に，前492年ギリシア本土侵攻を決定した．ダレイオス治下の第1回（前492年）・第2回（前490年）侵攻は，目的を達することができず撤退．帝国内部の混乱もあり，第3回侵攻（前480-479年）は，ダレイオス1世の後継者クセルクセス1世治世まで先送りされた．この間，10年．クセルクセス1世麾下のアケメネス朝陸軍は，アテネ北部のテルモピュライを突破，アテネを占領した．しかし同時期に行われたサラミスの海戦で，アケメネス朝海軍は予想外の敗北を喫した．しかし海上での敗戦は否めないとしても，戦況全般からみれば，アケメネス朝の優位は揺らぎうるものではなかったはずである．にもかかわらずクセルクセス1世は全軍の撤退を命令した．この事件の後遺症は，その後の影響を考えるならば，「オリエントの専制に対するギリシアの自由・独立」の勝利，と謳歌したギリシアにとってより深刻であったことは，デロス同盟の結成，およびデロス同盟解体後のギリシアの動向が如実に物語っている（*ペルシア戦争）．

　クセルクセス1世の治世末期以降，アケメネス朝ではふたたび王位継承をめぐる対立が激化．この宮廷内の混乱こそ，アケメネス朝衰退の原因であったと断罪する見解は，同時代のギリシア人「史家」から今日に至るまで後を絶たない．しかしそれならば，クセルクセス1世死後，100年以上にわたってアケメネス朝が存続しえたのは何故か？

　前334年，父王*フィリッポスの意志を継ぎ，マケドニアの*アレクサンドロスは「ペルシアに対する報復」を旗印にオリエント侵攻を開始する．小アジア，シリア，エジプト，メソポタミアを相ついで征服したアレクサンドロスは，前331年アケメネス朝の本拠地パールサの*ペルセポリスを占拠，放火し灰燼に帰せしめた．翌前330年敗走中のダレイオス3世が殺害されると，アケメネス朝の正統な後継者であることを表明，オリエントにおけるアケメネス朝の領土と支配権を掌握するのに成功した．アレクサンドロスが優れた軍事指導者であったことは，おそらく間違いない．しかし彼の帝国統治者としての能力を正しく評価することは，容易ではない．生存中に採用された行政組織は基本的にダレイオス1世以降踏襲されてきたアケメネス朝のシステムであり，行軍中のあらたな指令は占領地の治安維持の域をでるものではなかった．アレクサンドロス死後の「後継者戦争」による混乱は，ようやく前270年代，*アンティゴノス朝マケドニア，*プトレマイオス朝エジプト，*セレウコス朝シリアによる勢力範囲が確定し，一応の終息をみる．
〔川瀬豊子〕

【参考文献】
　川瀬豊子「古代オリエント世界」永田雄三編『世界各国史9西アジアII』山川出版社，2002年，16-59頁．
　川瀬豊子「ハカーマニシュ朝ペルシアの交通・通信システム」『岩波講座世界歴史2オリエント世界』岩波書店，1998年，301-318頁．

M. ローフ(松谷敏雄監訳)『古代のメソポタミア』朝倉書店，1994年．
P. Briant, *Histoire de L'empire Perse*, Paris, 1996.
J. M. Cook, *The Persian Empire*, London, 1983.
A. Kuhrt, *The Ancient Near East c.3000-330 B.C.*, London, 1995.
J. Wiesehofer, *Ancient Persia*, London, 1996.

III-3-(2) メソポタミア

III-3-(2)-① ウルク期(前4千年紀)

西アジアに都市文明が出現するのが*ウルク期である．ウルク期については，最終期の第V-IV期を除いて何もわかっていないが，この最終期に*ウルクは飛躍的な発展を遂げた．

何をもって*都市文明の成立とみるかについては議論があるが，一つは巨大建築物の出現である．例えば，先行するウバイド期(→ウバイド文化)末の*エリドゥの神殿(Temple 7, 約18.5×13 m)に比べて約9倍の規模の「石灰岩神殿」(約76×30 m)がウルク第V-IVb期のエアンナ地区に出現した．次の第IVa期(前3200年あるいは前3100年頃)の「D神殿」(約80×45 m)は更に大きく，先のエリドゥの神殿の約15倍もある．また，最古の粘土板文書が出土したのはこの第IVa期および次の第III期(*ジェムデト・ナスル期)(前3200/3100-2900年頃)のウルクからであった．これらの粘土板文書は物品名とその数量の記録がほとんどで，すでに物品の文字記録による出納管理が始まっていたことを示す．保管物の封印や文書の押印に用いる*円筒印章の出現もこの頃であった．さらに，ウルク期の土器はロクロ形成による量産で，これは分業化・専業化を示す．これとは別に，この時期のウルクから規格化された型を使って粗製乱造された碗形土器(beveled-rim bowls)が多数出土する．これは労働者への穀物支給に使用された容器であったと考えられており，組織労働の存在を示唆する．遠隔地交易も重要であった．交易路を確保するためにウルクの「植民地」がシリアのテル・*ブラクや*ハブバ・カビーラなどに設けられていた．これらが全体として複雑な都市文明の成立を裏付けている．

ウルク文化は*シュメール人が生みだした文化であった．一般には先行する*ウバイド文化とウルク文化との間に断絶を認めず，シュメール人を「ウバイド人」の子孫であったとみなすが，異論を唱える研究者もいる．

III-3-(2)-② ジェムデト・ナスル期と初期王朝時代(前3200/3100-2335年頃)

ウルク期の後にジェムデト・ナスル期(前3200/3100-2900年頃)と*初期王朝時代(前2900-2335年頃)が続く．後者はI-III期に区分されるが，文書史料にもとづき歴史を語ることができるのは第III期(前2500-2335年頃)も後半になってからである．この頃，*シュメールのウルク，*ウル，*ウンマ，*ラガシュなどの都市国家のほか，*バビロニア北部の都市国家*キシュなどが分立していた．バビロニアのほぼ中央に位置する*ニップルはシュメールの最高神*エンリルを祀る都市として重きをなし，覇王は競ってニップル祭司団の承認を得ようとした．

シュメールの富と繁栄は*ウルの王墓の出土品で確認できるが，その源は*灌漑による麦類の生産性の高さと余剰の*ムギの輸出にあった．初期王朝時代III期末には都市

国家の枠を越えてシュメール全域を支配しようとする王が現れた．ウルクの*エンシャクシュアンナやウンマ出身のウルク王*ルガルザゲシがその例である．しかし，メソポタミアの沖積平野に本格的な領域国家が成立したのは*アッカド王朝時代になってからであった．

III-3-(2)-③　アッカド王朝時代（前2334-2154？年）

最初の本格的な領域国家であるアッカド王国（前2334-2193年頃）を建てたのはセム系の*アッカド人*サルゴン（在位前2334-2279年頃）であった．ちなみに，アッカド人とシュメール人はすでに長い共生の歴史をもっていた．サルゴンはシュメールの諸都市に知事を派遣して，中央集権的支配を目指した．シュメール諸都市は機会あるごとに独立を求めて反乱したが，そのたびに鎮圧されアッカド王権が強化された．

第4代目の王となったサルゴンの孫*ナラム・シン（在位前2254-18年）は，東西南北全域の統一を達成したことを誇示し，「四方世界の王」を称した．実際，彼は東はペルシア湾地域，西はアナトリアや東地中海沿岸まで遠征し，「シュメールとアッカド」のみならず，メソポタミア北部の一部にまで支配域を拡げた．彼はまた，生存中に神格化された最初の王であった．

ナラム・シンの後，さしものアッカド王国も傾き始め，第5代王シャル・カリ・シャリの代（在位前2217-2193年）で事実上終わった．通説では，王国滅亡を北東の山岳民族*グティ人の侵入に帰す．ただし，王国滅亡の原因として，シュメール諸都市の離反やエラム人の進攻なども考える必要がある．また，シュメールがグティ人から解放される前，ラガシュが遠隔地交易などで2世代以上にわたって繁栄した事実もあり（→グデア），シュメールにはグティ人の侵入を免れた地域も存在したと思われる．

III-3-(2)-④　ウル第3王朝時代（前2112-2004年）

シュメールをグティ人から解放したのはウルクの王*ウトゥヘガルであったが，シュメールの再建者は，ウトゥヘガルの元家臣で*ウル第3王朝を興した*ウルナンム（在位前2112-2095年）と彼の後継者*シュルギ（在位前2094-41年）であった．とくにシュルギは長い治世の後半に財政基盤の確立，中央集権的な行政組織の整備，常備軍の創設，犠牲用家畜の貢納システムの確立，簿記制度の整備などを行ってウル第3王朝繁栄の基礎を作った．シュルギは，ナラム・シンにならい王号「四方世界の王」を使用，生存中に自らを神格化した．彼の没後，*アマルシン（在位前2046-38年），ついで*シュ・シン（在位前2037-29年）が続く．2人は兄弟で，後者はクーデタにより王権を奪ったといわれるが，王朝の繁栄はシュ・シンまで続いた．第5代王*イッビ・シン（在位前2028-04年）が即位すると間もなく，支配下の都市がつぎつぎと独立した．同王はそれでも24年間在位したが，エラム軍の侵略を受け，*エラムに連行された．こうしてウル第3王朝が終わった．

ウル第3王朝は，シュメールの再建とはいえ，バビロニアのみならずティグリス川とザグロス山脈の間の緩衝地帯を含む広大な地域を知事（*エンシ）や軍政官（シャギナ）を任じて支配した統一国家であって，支配の形態や生存中の王の神格化など，アッカド王国の遺産をも受け継ぐものであった．

ウル第3王朝滅亡の直接の原因はエラム人の進攻にあったが，間接的な原因としては西セム系の*アムル(アモリ)人の侵入をあげることができる．最初は労働者や傭兵として平和的に侵入してきたアムル人も，大挙して王国内に侵入し始めるにおよんで，シュ・シンはアモリ人侵入阻止のための長城を築かざるを得なかったほどである．それでも，次のイッビ・シンの治世には，「マルトゥ(=アムル人)は全員シュメールのただ中に入り，強大な要塞をつぎつぎに攻略してしまいました」と報告されるような状況になっていた．

Ⅲ-3-(2)-⑤　古バビロニア時代(前2003-1595年)

ウル第3王朝を継いだのは，ウル王の元家臣*イシュビ・エラ(在位前2017-1985年)であった．彼は*イシンに拠ってイシン王国(前2017-1794年)を建てた．同王国成立後の約60年間は大きな変化はなかったが，第4代王*イシュメ・ダガン(在位前1953-35年)の頃から社会に変化が現れ始めた．更に，バビロニア南部にアムル人の*ラルサ王国が出現した．イシンとラルサは約100年間覇を競ったが，前1794年イシンはラルサに滅ぼされ，その31年後にラルサは*バビロン第1王朝の*ハンムラビに滅ぼされた．一般に，古バビロニア時代の前半，すなわちラルサの滅亡までを*イシン・ラルサ時代とよぶ．

バビロン第1王朝はラルサ王朝と同じ頃に成立したアムル人の王朝であった．第6代王ハンムラビが即位した頃，ラルサと*バビロンのほかに，メソポタミア北部に*シャムシ・アダド1世の王国，ユーフラテス川中流域にマリ，ディヤラ川下流域に*エシュヌンナ，シリアの*ハラブ(アレッポ)を中心として*ヤムハド，その南に*カトナなどのアムル人王国があったが，シャムシ・アダド1世の王国は彼の死後崩壊した．やがてハンムラビは，ラルサ，エシュヌンナ，それにマリを滅ぼし，全バビロニアとメソポタミア北部の一部を統一した．

ハンムラビの死後，*サムス・イルナ(在位前1749-12年)が即位するが，バビロニア南部に*「海の国」とよばれる王朝が成立し，一時ニップルを支配するほどの勢いであったほか，東方山岳地帯からカッシート(カッシュウ)人が進攻してきたこともあって，バビロンの支配領域は縮小した．サムス・イルナの後4人の王がバビロン王として統治するが，第11代王*サムス・ディタナの治世(在位前1625-1595年)にヒッタイトの*ムルシリ1世の進攻を受けてバビロン第1王朝が滅び(前1595年)，古バビロニア時代が終わった．

Ⅲ-3-(2)-⑥　カッシート時代(中バビロニア時代)(前2千年紀後半)

バビロン第1王朝滅亡後にカッシート人がザグロス山地からバビロニアに流入，バビロンに*カッシート王朝を建てた．支配域は最初バビロニア北部に限られていたが，前15世紀後半には南部にもおよび，前12世紀半ば頃まで全バビロニアを支配した．ただし，カッシート王朝時代の前半についてはほとんど何もわかっていない．

前14世紀に入ると，カッシート王朝の*カダシュマン・エンリル1世(在位前1374?-60年)とその子*ブルナブリアシュ2世(在位前1359-33年)がエジプトと交渉をもっていたことが*アマルナ文書から知られる．同文書によると，エジプトとの関

係は*クリガルズ1世の代にまで遡り，同王が*ラピスラズリ，*馬，*戦車などを贈り，エジプトからは大量の金を得ていたことがわかる．活発な経済活動を示す同時代文書がバビロニアから出土し始めるのは*クリガルズ2世(在位前1322-08年)の頃からである．カッシート王朝は前12世紀中頃にエラム王*シュトルク・ナフンテ1世とその子で後継者*クティル・ナフンテの相つぐ攻撃を受けて滅び，同王朝最後の王は*マルドゥクの神像とともにエラムに連行された．

カッシート王朝滅亡前後に，イシン第2王朝(→イシン)が成立，後に首都をバビロンに移してバビロニアを支配した．しかし，カッシート人が引き続きイシン第2王朝の要職に留まったので，一般に両王朝時代を合わせてカッシート時代とよぶ．この王朝では，*ネブカドネツァル1世(在位前1125-04年)のエラム遠征とマルドゥク神像の奪回が有名．

イシン第2王朝滅亡後，政治の中心は南部に移り，短命の「海の国」第2王朝と*バジ王朝が興亡した．この後，バビロニアは2回の大飢饉のほか，西セム系部族民の*アラム人と*カルデア人の流入が原因となり前8世紀半ば頃まで無政府状態に陥った．

III-3-(2)-⑦　ミタンニ王国(前16世紀?-13世紀)

ウル第3王朝滅亡後のメソポタミア北部では，*フリ人がコーカサス方面から移住し，前1500年頃までには，ハブル川上流域に*ミタンニ王国を建てた．そして，*サウシュタタル王の頃，東はアラプハから西は*キズワトナまでを支配した．

アマルナ時代の王*トゥシュラッタがエジプト王に書き送った手紙(→アマルナ文書)から，ミタンニは彼の祖父*アルタタマ1世以来エジプトと外交関係をもっていたことがわかる．しばらくシリアから撤退していたヒッタイトは，*トゥトハリヤ2世の治世にふたたびシリアに進出を開始．ミタンニとエジプトは，ヒッタイト牽制のためにも緊密な関係を保持する必要があった．トゥシュラッタの即位と前後して，ヒッタイトでは*シュッピルリウマ1世が即位した．彼は，約50年ぶりにシリア進出を試み，トゥシュラッタと何度か戦いを交えた．トゥシュラッタは遂にヒッタイト軍に敗北し，ユーフラテス川以西の地から撤退，その後暗殺された．その子*シャッティワザは最終的にヒッタイトに亡命し，後にその傀儡王としてミタンニに復帰した．しかし，アッシリアの度重なる介入もあり，ミタンニ王国はその後しばらくして壊滅した．

III-3-(2)-⑧　領域国家アッシリアの出現(中アッシリア時代)(前2千年紀後半)

都市国家*アッシュルは前20世紀中頃から前19世紀末頃まで中継貿易に携わる商人たちの母国として栄えた．同市は前19世紀末頃から前18世紀にかけてシャムシ・アダド1世の王国に，また前1500年頃以降はミタンニ王国の支配下に組み込まれながらも，かろうじて王室を維持した．*アッシュル・ウバリト1世(在位前1363-28年)は，トゥシュラッタ暗殺とそれに続くミタンニの弱体化に乗じてアッシリアの地をミタンニから解放し，領域国家アッシリアの建設者となった．

約20年の不振の時代の後，続いて登場した*アダド・ネラリ1世，*シャルマネセル1世，*トゥクルティ・ニヌルタ1世の3王(在位前1305-1207年)は，ミタンニ王

国とその残存勢力を*ハニガルバトから一掃し，ここにアッシリアの支配権を確立した．その結果，ハニガルバトがアッシリア固有の領土であるとの観念が生まれた．トゥクルティ・ニヌルタ1世は暗殺され，その後約270年間停滞と混沌の時代が続く．一時，*ティグラト・ピレセル1世(在位前1114-1076年)が新都*ニネヴェを建設し，国勢挽回に努めたが，*アフラム(アラム)人の大量流入と2回にわたりメソポタミアを襲った大飢饉に抗することができなかった．

Ⅲ-3-(2)-⑨　回復するアッシリア(新アッシリア時代　その1：前934-745年)

停滞と混沌から最初に抜け出したのは，アッシリアであったが，この間にアラム人がメソポタミア北部と南部の一部に，またカルデア人が南部に移住して，メソポタミア全体の住民構成が大きく変わった．とくに北部のアラム化には著しいものがあった．アッシリアの回復は*アッシュル・ダン2世(在位前934-912年)の治世に始まったが，とくに彼に続いた*アダド・ネラリ2世(在位前911-891年)と*トゥクルティ・ニヌルタ2世(在位前890-884年)はナイリやユーフラテス川中流域に遠征し，バリフ川以東のハニガルバト奪回に成功した．彼らは遠征先に戦勝碑を建てアッシリアの支配がおよぶ範囲を誇示したほか，同じ地域に何度も遠征を繰り返して貢物を徴収するなど，これまでにない遠征の特徴がみられた．

続く60年間はアッシリアにとって栄光の時代の一つであった．*アッシュル・ナツィルパル2世(在位前883-859年)は当時の西アジアのほぼ全域に遠征し，各地に地方行政の拠点を作った．彼はまた強制連行した被征服民を使い，*カルフに壮大な新都を造営した．*シャルマネセル3世(在位前858-824年)も父王同様各地に遠征したが，とくに上ザブ川源流域と*ダマスクスを中心とした反アッシリア軍事同盟に対して何度も遠征を行った．晩年に王子の1人が反乱を起こしたが鎮圧できず，王位を継いだ*シャムシ・アダド5世(在位前823-811年)が治世4年目にようやく鎮圧した．つぎの*アダド・ネラリ3世(在位前810-783年)に続く3王の時代(前782-745年)はまったく振るわなかった．北の敵国ウラルトゥが最盛期にあったほか，国内では*シャムシ・イルや*ネルガル・エレシュのような有力者が権勢を振るった．

バビロニアは，この頃になって，ようやく回復に向かった．アッシリアが不振であったことも幸いした．とくにナブ・ナーツィル(在位前747-734年)の治世は，経済文書の出土数が増加し始めるほか，天体観察や諸事件の記録が始まるなど前1千年紀バビロニアの重要な画期となった．(→歴代記)

Ⅲ-3-(2)-⑩　大国アッシリアの出現(新アッシリア時代　その2：前744-722年)

アッシリアが大帝国への一歩を踏み出したのは*ティグラト・ピレセル3世(在位前744-727年)の時代であった．彼は東と西からウラルトゥを攻め，西方ではダマスクスとその周辺域を属州に組み込んだ．彼はまた個々の属州の規模を縮小するなどの改革を行った．ティグラト・ピレセル3世は*ガザに遠征し，*アラブ人首長を「エジプト国境の門番」に任じるなどしたが，これはエジプト遠征を考えての布石であったと思われる．ティグラト・ピレセル3世はまた自らバビロニア王となり(在位前728-727年)，バビロニアに対して本格的に介入する最初のアッシリア王となったが，こ

のことは逆にバビロニアの諸住民が反アッシリアの旗印の下にまとまるきっかけとなった．バビロニア王名表Aに彼の名がプルと記されているが，これは正式名ではない．

その子*シャルマネセル5世（在位前726-722年）は*サマリアを陥落させたこと（前722年）で知られるが，彼もまたバビロニア王位も継承した．しかし，彼は身内の反乱に倒れ，王位継承権のない*サルゴン2世（在位前721-705年）がアッシリア王となった．支配下の諸都市はアッシリアでの内紛を好機と考え，一斉に反旗をひるがえしたが鎮圧された．サマリアの住民（イスラエル人）が強制移住させられたのはこの時（前721年）のことである．バビロニアではサルゴン2世即位時の混乱に乗じて*カルデア人*メロダク・バルアダン2世（在位前721-710年）がバビロニアの王位をアッシリアから奪回し，11年間その王位を維持した．サルゴン2世は前709年になってようやく彼を追い払い，バビロニア王に就任することができた．

III-3-(2)-⑪　アッシリア帝国の時代（新アッシリア時代　その3：前704-627年）

サルゴン2世は遠征先で倒れ，皇太子*センナケリブが後を継いだ（在位前704-681年）．彼が前701年に行ったシリア・パレスティナ遠征の際ユダ王国の首都*エルサレムを包囲したことは，彼の年代記にもユダ王国側の史料（王下18：13以下ほか）にも伝えられている．彼を最も悩ませたのがバビロニアであった．バビロニア文化はアッシリア人の憧れの的であったが，エラムの全面的支援を受けてカルデア人が繰り広げる反アッシリア闘争にセンナケリブは頭を悩ませた．彼は自分の王子をバビロニア王位に就け，鎮静化を期待したが，王子は6年後にエラム軍の捕虜となり，捕囚先で死亡した．万策尽きた王は，マルドゥク神殿もろとも首都バビロンを破壊し，*マルドゥクほかの神々の神像をアッシリアにもち去った（前689年）．センナケリブはニネヴェにおける王宮の造営，水道の建設，*植物園の建設など，軍事面以外でも才能を発揮したが，前681年に暗殺された．

皇太子*エサルハドンは，身の危険を感じて亡命していた先で父王の訃報を聞き，ニネヴェに向かった．そして王位を狙った兄たちとの戦いの末，王として即位することができた．エサルハドン（在位前680-669年）は，即位後2年をへてバビロンの再建にとりかかったが，約9年後の*アッシュルバニパルの即位の年にその事業が完成し，マルドゥク神ほかの神像も返還された．彼は統治期間中バビロニアの政治的・経済的復興を支援したこともあって，反アッシリア闘争は下火になっていた．ここでエサルハドンは懸案のエジプト遠征を実行した．アッシリアの王たちは，シリア・パレスティナの騒擾の背後に常にエジプトがあることを知っていた．エサルハドンは，エジプトの首都*メンフィスを陥落させたが（前671年），2年で奪回された．前669年彼は再度エジプト遠征に出たが，途中*ハランで病死した．

エサルハドンは生前，2人の王子のうちアッシュルバニパル（弟）をアッシリア王に定め，国内外の人々をよんでこの王位継承を守るよう誓約させていた．また*シャマシュ・シュマ・ウキン（兄）にはバビロンの王位を継がせるよう定めていた．これが幸いして，アッシュルバニパル（前668-627年）は直ぐに即位し，大将軍をハランに派遣，

43

エジプト遠征を継続させることができた．今回は首尾よくメンフィスを再征服したばかりでなく，王*タハルカを捕えることができた．アッシュルバニパルは10年以上アッシリアの軍隊をエジプトに駐屯させることができた(Ⅲ-3-(5)-⑧を参照)．

シャマシュ・シュマ・ウキン(在位前667-648年)は，やや遅れてバビロニアの王位に就いたが，アッシリア王に従属する立場にあった．約16年間アッシリアとバビロニアの関係は比較的平穏であったが，やがてシャマシュ・シュマ・ウキンはバビロニア独立運動に巻き込まれ，アラブ人諸部族やエラムの支援を受け，前652年アッシリアに対して「大反乱」(「兄弟戦争」ともよばれる)を起こした．しかし，バビロンは包囲され，前648年に陥落した．この後，アッシュルバニパルは*カンダラヌ(在位前647-627年)をバビロニア王に任命，大反乱を助けたアラブ諸部族やエラムに遠征を行った．アッシュルバニパルは前627年に死亡し，カンダラヌも同じ頃死去した．この後アッシリアではなお4人の王が即位したとみられるが，アッシュルバニパルの死をもって新アッシリア帝国が事実上崩壊したとみることができる．

Ⅲ-3-(2)-⑫　新バビロニア王朝時代(前625-539年)

これを好機とみた*ナボポラッサル(在位前625-605年)は，カンダラヌの死後約1年をへてバビロンに入城して王位に就き，新バビロニア王朝(カルデア王朝とよばれることもある)を打ち立てた．彼がバビロニアの有力都市とその神殿からアッシリア勢力を追放し，完全な独立を達成するのに約10年を要した．この頃イラン高原北部に興った*メディアが*キャクサレスの下で勢力を伸ばしていた．ナボポラッサルもアッシリアの首都ニネヴェの陥落には貢献したが，これに重要な役割を果たしたのはむしろメディア軍であった．アッシリア帝国はこうして崩壊した(前612年)．*ハランにあったアッシリア亡命政権も前609年には滅亡した．

*ネブカドネツァル2世(在位前604-562年)は，軍を率いて遠征中に父王ナボポラッサルの訃報を聞き，急遽バビロンに戻り，王位を継いだ．メディア王国との間に友好関係が続いていたことを幸いに，示威と貢物徴収を主たる目的とした彼の遠征は，もっぱら西方に向けられた．なかでもエルサレム陥落とユダ王国の滅亡(前587/6年)，および大量のユダ国民の*強制移住(*バビロニア捕囚)は彼の治世中の出来事として有名．彼は遠征で得た財宝で，バビロンを再建し，経済的繁栄をもたらした．その支配領域はメソポタミア全域のほか西は*ガザ，南はペルシア湾にまでおよんだ．しかし，彼の死後，6年間に3人の王が交替するなど政治的不振が続き，時の王家と結びつきのない*ナボニドス(在位前555-539年)が第6代王として登場した．彼は王権の強化を試みたが，10年におよぶ*テマ滞在や月神重視の政策がマルドゥク祭司団の反感を買い，彼らが解放者として迎え入れた*アケメネス朝ペルシアの王*キュロス2世(バビロニア王としての在位期間は前538-530年)によって王位を奪われた．こうして栄華を極めた新バビロニア王朝も80年余りで終わった．

Ⅲ-3-(2)-⑬　アケメネス朝ペルシア支配の時代(後期バビロニア時代)(前538-330年)

この後メソポタミア全域がペルシアの支配下に入った．キュロス2世とその子*カ

ンビュセス2世(在位前529-522年)の2代はとくに社会的・経済的混乱はなかった．第3代*ダレイオス1世(在位前521-486年)が即位すると，ペルシア本土やバビロニアで反乱が勃発した．ダレイオス1世はこれらの反乱を鎮圧したが，これを契機に属州制度や税制等の分野で各種の改革を行った．バビロニアに関していえば，これまで一つの属州(サトラピー)を構成していた元の新バビロニア帝国領がバビロニアとユーフラテス川以西(「川向こうの地」)に2分され，知事(サトラブ)の権限が縮小される等の大きな変化がみられた．彼を継いだ*クセルクセス1世(在位前485-465年)は父王の治世に始まった*ペルシア戦争の費用をまかなうために過酷な税を課したほか，灌漑施設の荒廃も進み，バビロニアの貧困化をもたらした．アケメネス朝支配はその後も約130年続いたが，前330年*アレクサンドロス大王によって終止符が打たれた．

〔中田一郎〕

【参考文献】
J. A. Brinkman, *A Political History of Post-Kassite Babylonia, 1158-722 B.C.*, AnOr 43, Rome, 1968.
J. A. Brinkman, *Materials and Studies for Kassite History* 1, Chicago, 1976.
J. A. Brinkman, "Babylonia c. 1000-748 B. C.", *CAH* Ⅲ/1, Cambridge, 1982 (2nd ed.), 282-313.
J. A. Brinkman, *Prelude to Empire. Babylonian Society and Politics, 747-626 B.C.* Occasional Publications of the Babylonian Fund 7, Philadelphia, 1984.
J. A. Brinkman, A. K. Grayson, J. Oates, D. J. Wiseman and M. A. Dandamaev, "Assyria and Babylonia", *CAH* Ⅲ/2, Cambridge, 1991 (2nd ed.), 1-275.
C. J. Gadd, "Hammurabi and the End of his Dynasty", *CAH* Ⅱ/1, Cambridge, 1973 (3rd ed.), 176-227.
A. K. Grayson, "Ashur-dan Ⅱ to Ashur-Nirari Ⅴ (934-745 B. C.)", *CAH* Ⅲ/1, Cambridge, 1982 (2nd ed.), 238-281.
A. Harrak, *Assyria and Hanigalbat*, Hildesheim, Zürich and New York, 1987.
David and Joan Oates, *The Rise of Civilization*, The Making of the Past, Oxford, 1976.
J. N. Postgate, *The First Empires*, The Making of the Past, Oxford, 1977.
J. N. Postgate, *Early Mesopotamia*, London and New York, 1992.

Ⅲ-3-(3) アナトリア
Ⅲ-3-(3)-① 前期青銅器時代
アナトリアでは*チャタル・フユックの発掘でも明らかなように，すでに新石器時代に農耕，牧畜を生業とするかなりの規模の定住集落が営まれるようになった．新石器時代，続く銅石器時代をへて前4千年紀末頃アナトリアは青銅器時代に入るが，この頃になると'都市化'が進行し，次第に社会組織の複層化，分化が顕著となっていった．前期青銅器時代の代表的な遺跡，中央アナトリア北部の*アラジャ・ホユックの'王墓'(前3千年紀末)から出土した多数の副葬品，とりわけ金，青銅製品は当時の発達した金属加工技術，また地方領主の豊かな経済力を物語っている．

Ⅲ-3-(3)-② アッシリア商人居留地時代
前2千年紀の初頭，メソポタミア北部のアッシュルからアナトリアにやってきた*アッシリア商人たちは，*カニシュ(今日のキュルテペ)を拠点としてアナトリアの各地で交易を行うようになった．彼らの書き残した多数の粘土板文書はこれ迄確認されているアナトリア最古の文字記録であり，この時をもってアナトリアは文字で書かれた記録をもつ歴史時代を迎えることになる．当時のアナトリアは主要な都市に拠る小

王国が併立する時代であった．有力な都市としては黒海沿岸の*ザルパ，後にヒッタイトの都となるハットゥシュ（ヒッタイト時代の*ハットゥシャ），トゥズギョリュ（塩の湖）の付近にあったと推定される*プルシュハンダ，そしてアッシリア商人の本拠のあったカニシュなどが知られており，アッシリア商人たちは，地方領主の保護のもと各地に*カールムあるいはワバルトゥムとよばれる居留地を築き交易に従事した．アッシリア商人がアナトリアへ運んできた主な交易品は*錫と織物で，その代価として彼らは銀や金を得た．アッシリア商人の交易は概して円滑に行われたようで，小王国が互いに勢力を争う時代にあって当時のアナトリアは政治的に比較的安定していたのではないかと考えられる．しかし*クシャラの王であった*ピトハナがカニシュを攻略し，さらに息子の*アニッタが中央アナトリアの有力都市をつぎつぎに征服，アナトリアは小王国分立の時代から一躍統一国家への道を歩み始める．ただこのアニッタの王朝のその後の運命については定かではなく，後のヒッタイトの王朝との関係も明らかではない．前18世紀後半から17世紀初頭中央アナトリアの多くの都市は破壊を受けているが，この頃約200年間にわたったアッシリア商人の活動も終息する．

Ⅲ-3-(3)-③　ヒッタイト王国の成立と古王国時代

ヒッタイトをはじめとする印欧語族がいつ頃，どのような経路をへてアナトリアへ移動してきたかについては明確なことはわかっていない．前19, 18世紀のアッシリア商人居留地時代の文書には印欧語系の人名や語彙が少なからず認められ，この時期には印欧語族がアナトリアに移動，定着してすでにかなり時をへていたものと推定される．印欧語族にはヒッタイトのほかにルウィ，パラなどが知られており，ルウィはアナトリア西部および南部，パラはアナトリア北西部，そしてヒッタイトは主にアナトリア中央部に分布していたと考えられている．

ヒッタイト王国の成立の詳細は不明であるが，その初期の段階においてカニシュ／ネシャにヒッタイト勢力の一つの中心があったことは確かなようで，ヒッタイト文書ではヒッタイト語はネシャ語とよばれている．前17世紀を通じて次第に中央アナトリアの覇権を確立していったと思われるヒッタイトは，前17世紀後半（もしくは前16世紀前半）*ハットゥシリ1世の時に中央アナトリア北部のハットゥシャ（今日のボアズキョイ／ボアズカレ）に都を置いた．事実上のヒッタイト王国の始まりである．ハットゥシリ1世は以後ヒッタイトの対外遠征の主たる目標となるシリア北部に初めて遠征を行っており，*アララハ（テル・アチャナ）を征服している．その跡を継いだ孫の*ムルシリ1世はシリア北部の要衝*ハラブ（アレッポ）を攻略，さらにはるかバビロンにまで兵を進め，バビロン第1王朝を崩壊させた（前1595年．低年代説によれば前1531年）（Ⅲ-1-(1)-③；Ⅲ-3-(2)-⑤参照）．しかし都に戻って間もなくムルシリ1世は暗殺され，以来ヒッタイトでは王家の内紛が続きヒッタイトの勢力は大きく後退する．やがて王位に即いた*テリピヌは王位継承の順位を成文化し王権の安定をはかるとともに失地の回復に努めたが，ヒッタイトはその後もしばらくはアナトリアの地方勢力としての域を大きくでることはなかった．シリア北部におけるエジプトあるいは新興の*ミタンニの勢力が強大な上に，黒海沿岸地方の*カシュカ族が王国の北辺を

脅かし始めたからである．

III-3-(3)-④　ヒッタイト新王国時代

ヒッタイト王国が大きな転機を迎えるのは前15世紀後半のことである．この頃からフリの強い影響が認められ，王名や王妃名に*フリ語名が用いられるようになり（王の即位名は従来のアナトリア系），またフリの文化的影響も顕著となった．この時期にフリ系の王朝へ，王朝の交替があったともいわれるが，詳しいことはわかっていない．この頃即位した*トゥトハリヤ1/2世はシリア北部への遠征を再開，西はエーゲ海沿岸にまで進出するなどヒッタイトの勢力は拡大した．しかし続く*アルヌワンダ1世，トゥトハリヤ2/3世の時代王国は北方のカシュカ族の度重なる侵入に遭い，一転して存亡の危機に直面することになった．

前14世紀中頃即位した*シュッピルリウマ1世はこのような危機的状況を脱し，ヒッタイトが古代オリエント世界の強国へと台頭していく礎を築いた王として知られる．事実上新王国時代（あるいは帝国時代）はこの王をもって始まるといってよい．シュッピルリウマ1世は数次にわたってシリア北部に遠征を行い，*カルケミシュなど重要な拠点を攻略，ヒッタイトのシリア支配を確固としたものにした．長年ヒッタイトに敵対していたミタンニもこの時ヒッタイトの勢力下に入っている（III-3-(2)-⑦およびIII-3-(4)-②参照）．*アルヌワンダ2世のごく短い治世をへて若くして王位についた*ムルシリ2世は当初こそ周辺諸国の反乱や疫病に悩まされるが，アナトリア西南部の強国*アルザワを分割，属国化するなど王国の勢力維持と拡大につとめた．続く*ムワタリ2世の時代，エジプトがシリアに対して積極策をとるようになり，シリアの領有をめぐって両国の関係は一挙に緊迫したものになった．*アムルのヒッタイトからの離反を機にムワタリ2世率いるヒッタイト軍とラメセス2世のエジプト軍はシリア中部のカデシュで会戦した（前1285/75年頃）．（→カデシュの戦い）その後のシリア情勢をみると古代オリエント最大の会戦といわれるこの戦いはヒッタイト側にやや有利に展開したものと思われる．ムワタリ2世の時ヒッタイトの版図は最大に達した．ムワタリ2世の息子*ウルヒ・テシュブ（即位名ムルシリ3世）を廃して即位した*ハットゥシリ3世は対外的に，とくにエジプトとの関係改善につとめ，両国の間に和平条約が締結された（前1259年頃）（III-3-(4)-②およびIII-3-(5)-⑦参照）．この時代は大きな戦闘もなく，また王国北辺を脅かしていたカシュカ族の活動も鎮静し，ヒッタイトの国情が最も安定していた時期といえるだろう．しかし次の*トゥトハリヤ4世の時代，王国を取り巻く状況は次第に悪化していった．メソポタミア北部のアッシリアが強盛となり，アナトリア南部および西部でも不穏な動きがみられ，また内政的にも乱れが生じるようになった．このようななかトゥトハリヤ4世は精力的に建築事業を行い，都ハットゥシャも大幅に拡張された．その後*アルヌワンダ3世の短い治世をへて*シュッピルリウマ2世が即位する．これまで知られているヒッタイト最後の王である．シュッピルリウマ2世はアラシヤ（今日の*キプロス）に，また近年発見された象形文字碑文によればアナトリア西部および南部の諸国にも遠征している．しかしこの一連の遠征もごく一時的な効果にとどまったようである．対外情勢の悪化，内政の

乱れ，さらに飢饉も加わって王国は急速に衰退していった．前1200年頃都ハットゥシャは破壊され，そして放棄された．都の喪失とともに中央アナトリアのヒッタイト王国はその約400年にわたる歴史の幕を閉じた．

III-3-(3)-⑤　前1千年紀のアナトリア

　ヒッタイト王国崩壊後のアナトリアは考古，文字資料のきわめて乏しいいわゆる'暗黒時代'を迎える．近年の調査，研究はこの'暗黒時代'にも新たな光を当てつつあるが，アナトリアの歴史がふたたびある程度把握できるようになるのは前1千年紀に入ってからのことである．南東アナトリア，キリキア，シリア北部の一帯では*新ヒッタイト(あるいは後期ヒッタイト)と総称される小王国が分立，前8世紀後半に新アッシリアに併合されるまで存続した(III-3-(4)-③～⑤参照)．新ヒッタイトの主要な王国としては*カルケミシュ，*メリド(マラティア)，*クムフ，グルグム，*サムアルなどが知られている．ヒッタイト象形文字が使用されていたことからもわかるように，新ヒッタイトはヒッタイト王国時代の文化的伝統をなお強く受け継いでいる．ヴァン湖周辺の東アナトリアでは前9世紀に*ウラルトゥ王国が台頭し，前7世紀後半ないしは6世紀初頭まで勢力を保った．一方アナトリア西部からアナトリア中央部にかけての地域には*ゴルディオンを都とする*フリュギア王国が勃興，前8世紀にかなりの勢力を誇るが，前7世紀の初頭*キンメリア人の侵入を受けて滅亡した．フリュギア王として名高いミダスはアッシリアの史料にでてくるムシュキの*ミタと同一人物とされる．アナトリア西部ではその後*サルディスに都を置く*リュディア王国，またアナトリア南西部の*リュキア王国などが有力となった．しかし前546年頃リュディア王国はペルシアの*キュロスによって滅ぼされ，ほぼ時を同じくしてリュキア王国もペルシアの支配下に入っている(III-3-(1)参照)．前4世紀後半の*アレクサンドロス大王の東征によってペルシアが滅亡，アナトリアはセレウコス後継王朝の領有するところとなった．*セレウコス朝の弱体化とともにアナトリアには*ペルガモン，ビテュニア，*ポントス，*コマゲネなどの小王国が興るが，やがてローマに併合されていくことになる．
　　　　　　　　　　　　　　　　　　　　　　　　　　　　　　　　　　　　[吉田大輔]

【参考文献】

R. D. Barnett, "Phrygia and the Peoples of Anatolia in the Iron Age", *CAH* II/2, Cambridge, 1975 (2nd ed.), 417-442.
K. Bittel, *Die Hethiter*, München, 1976.
T. Bryce, *The Kingdom of Hittites*, Oxford, 1998.
O. R. Gurney, *The Hittites*, London, 1990.
D. Hawkins, "The Neo-Hittite States in Syria and Anatolia", *CAH* III/12, Cambridge, 1982 (2nd ed.), 372-441.
H. Klengel, *Geschichte des hethitischen Reiches*, Leiden, Boston, Köln, 1999.
H. Otten, "Hethiter, Hurriter und Mitanni", in *Fischer Weltgeschichte. Die altorientalischen Reiche* II, Frankfurt am Main, 1966, 102-176.
G. Wilhelm, *The Hurrians*, Warminster, 1989.

III-3-(4)　シリア・パレスティナ

III-3-(4)-①　初期青銅器時代における都市の形成(前2000年以前)

　前3500-3000年頃(先史時代・*ウルク期後期併行)には，*ウルクを中心とする南メ

ソポタミア都市の影響下,ユーフラテス川中流域に商業コロニーとしての大規模集落(*ハブバ・カビーラなど)が形成される一方,ハブル川上流域の*テル・ブラク,ユーフラテス川流域のサムサト,*カルケミシュなどにも主要な集落が営まれた.

前3千年紀に入ると,河川沿いや水源に恵まれた地域と交易路の周辺を中心にシリア・パレスティナ各地に新しいタイプの集落が形成された(テル・ハムカル,テル・レイラン,テル・モザン,テル・ブラク,*テル・ベイダル,テル・フエラ,*ビブロス,ホムス,*エブラ,*カトナ,*ハツォル,*タアナク,ベイト・イェラ,*ベト・シェアン,*メギド,テル・エル=ファラ[北],アイ,*エリコ,ヤルムト,*アラドなど).(→ハブル地域)主として天水農業と牧畜の中心として栄えたこうした集落の多くは,*城壁を備えた都市であり,地域的な政治・経済の中心として機能したとみられる.

当時のシリア北部の状況について主要なデータを提供する文書庫(前2300年頃)が発掘されたエブラ(現在名:テル・マルディク)は,シリア北部を通る交易路を支配して,最盛期には西はアマヌス山やレバノン山から東はユーフラテス川の東岸に至るまで,北はタウルスの南麓から南はホムスまでの広い地域に影響力を行使した.その後エブラは,おそらくメソポタミアの*アッカド王朝により征服され,シリア全域は一時的にアッカド王朝の支配を受けたとみられる.

Ⅲ-3-(4)-② 中期・後期青銅器時代(前2000-1200年頃)

前2000年以降に関しては,ユーフラテス川大湾曲部以西を中心にシリア・パレスティナ史を概観する(ユーフラテス川以東に関しては,Ⅲ-3-(2)を参照).

前3千年紀末,初期青銅器時代の諸都市の多くが衰退する一方で,セム系の*アムル人諸部族が,シリア砂漠周辺のステップからシリア・パレスティナの農耕地域へしだいに浸透した.前2千年紀に入ると,アムル人は*ハラブ(アレッポ),カルケミシュ,カトナなどの都市で支配的になった.とくにハラブを首都とする*ヤムハド王国は,前1800年から前1600年頃まで強勢を誇り,西は地中海から東はユーフラテス川まで勢力を広げて近隣の諸都市(*エマル,*ウガリト,*アララハ,カルケミシュなど)や部族集団を従える政治的中心となった.

前2千年紀にシリアに現れたもう一つの有力な民族集団は*フリ人であった.アナトリア東部とザグロスの山岳地からシリアとメソポタミア北部に浸透すると―アララハやウガリト出土の文書に端的に認められるように―フリ人諸部族はしだいにシリア各地で重要な人口構成要素となった.フリ人はいくつかの都市でセム系住民をおさえて支配的になったが,わけても重要なのはハブル川流域に興ったフリ系国家*ミタンニである.ミタンニは前15世紀半ばには,ハブル川流域のその中心からシリア全域の諸都市を属国として支配し,外部勢力のシリアへの侵入を許さなかった.

一方パレスティナでは,多数の都市国家が連合と抗争を繰り返していたが,外来民族*ヒクソスの支配を脱した*エジプト(新王国)が前15世紀から軍事遠征を行ってパレスティナ(エジプトの文書および旧約聖書ではカナンとよばれている)に覇権を確立した.その後エジプトはさらに北進し,シリアに対する覇権をめぐってミタンニと対

峙するようになった．

　前14世紀になると，アナトリアからシリアに進出した*ヒッタイトがミタンニを服属させ，カルケミシュに副王を置いてシリア支配の拠点とした．こうして，ミタンニに代わってヒッタイトがシリアの覇権をめぐりエジプトと争うようになり，両国の戦いは前13世紀前半，*ムワタリ2世と*ラメセス2世の間で戦われた*カデシュの戦いで最高潮に達した．その後まもなく，ミタンニの衰退を受けて東方から*アッシリアがシリア進出をうかがう情勢になると，ヒッタイトとエジプトは一転して和解し，両国はシリア・パレスティナにおける勢力圏を二分した．しかし前13世紀末からヒッタイトは急速に衰退して前12世紀には滅亡し，エジプトもまもなくパレスティナの支配を失った．

III-3-(4)-③　鉄器時代初期における混乱と新秩序(前1200-900年頃)

　前1200年前後，アナトリアと*レヴァントを中心とする広域において既成の秩序が突如として崩壊した．混乱の一因として注目されてきたのは，アナトリア南部とエーゲ海地方からレヴァントへ大挙して移動した「*海の民」の活動である．先述したヒッタイトの滅亡をはじめ，*ウガリトの破壊，また*ツムル等フェニキア海岸北部の諸都市に確認される居住の中断は，一般に「海の民」来襲によるものとされる．この時期にシリア・パレスティナに混乱をもたらしたもう一つの要因はセム系の*アラム人の移動である．アラム諸部族はシリア砂漠の外縁からシリア中心部とメソポタミア北部に拡散，浸透していったとみられ，各地に混乱を引き起こして，シリア・パレスティナの政治的再編成に大きな影響をおよぼした．

　前2千年紀末の不透明な混乱の時代をへて，前1千年紀に入ると政治的・地理的再編成が一通り完結し―フェニキア語・*アラム語・象形文字*ルウィ語碑文，アッシリアの遠征記録，*『旧約聖書』の歴史記述などが示すように―シリア・パレスティナには，政治的・社会的構造と文化的ルーツを異にする多数の国家が，周囲の大国に従属することなく並存する多極化の状況が生まれた．

　シリア内陸部では，アラム系ないしルウィ系(新ヒッタイト系)のリーダーが統治する多くの国家が成立した．ユーフラテス川大湾曲部両岸のカルケミシュ，*クムフ，*ビート・アディニ，*アルパドを中心とする*ビート・アグシ，アマヌス山脈の東側の*サムアル，グルグム，*オロンテス川下流域の渓谷地域の*パッティン(ウンキ)，現在のハマを中心とする*ハマト王国，オロンテス川上流域からアンティ・レバノン周辺を勢力下においた*ツォバ，*ダマスクスなどがそれである．

　フェニキア海岸北部ではかつてのウガリトに匹敵するような政治的中心は生まれなかったが，南部ではグバル(*ビブロス)，*シドン，*ティルスなどのフェニキア諸都市が交易活動を復活させ，経済的繁栄を背景に重要な政治的要素となった．またパレスティナの海岸平野では「海の民」の一派である*ペリシテ人が*アシュドド，ガト，*エクロン，*アシュケロン，*ガザの5都市を中心に都市国家連合を形成した．

　パレスティナ内陸部には*イスラエル王国，トランスヨルダンには*モアブ，*アンモン，*エドムの西セム系の新しい諸王国が形成された．イスラエル王国は前10世紀

末，南北に分裂し，北はイスラエル王国，南は*ユダ王国となった．

Ⅲ-3-(4)-④　アッシリアの進出(前900頃-745年)

　前9世紀になると，メソポタミアの大国アッシリアの軍事遠征はユーフラテス川を越え，シリア北部におよぶようになった．以後，軍事標的となったシリア・パレスティナの国々が頻繁にアッシリアの遠征記録に言及されるようになる．前870年頃アッシリア王*アッシュル・ナツィルパル2世は，ユーフラテス川を渡りシリア北部に侵攻，地中海に達した．この遠征の際，アッシュル・ナツィルパルは北シリア諸国から貢物を取り，パッティン領内の都市アリブアにアッシリア人を入植させて地中海へのルートを確保する拠点を築いた．アッシュル・ナツィルパルの子*シャルマネセル3世は，父の西方拡張政策を継承し20回におよぶ西方遠征を行った．シャルマネセルはまず北シリアの国々を服属させ，前856年までにビート・アディニが支配していたユーフラテス川両岸の領土を一行政州として併合した．これによってアッシリアの固有領土はアッシリアが伝統的に「ハッティ（ヒッタイト）の地」とよんだユーフラテス川の西側に達した．その後，前853年の*カルカルの戦いを皮切りに，ダマスクスとハマトを中心とするシリア連合軍はシリア南部に侵攻を試みるアッシリア軍の進軍を繰り返し阻んだが，その後，連合が瓦解すると，ダマスクス以北のシリア全域の国々がアッシリアの覇権を認めて朝貢国となった．

　大規模な内乱で終わったシャルマネセル3世の治世後，アッシリアは王国内で地方分権化が進み，前9世紀末から前8世紀半ばまでの間，一時的に弱体化したとみられる．それでもアッシリア軍は，アルパド，*ハタリッカ，ダマスクスなどに対して遠征を行い，軍事遠征と外交を通じて北シリアにおける宗主国としての地位を堅持しようと努めた．この時点において，シリアの諸王国はなお独立を保持していたが，前745年アッシリアで*ティグラト・ピレセル3世が即位し，斬新な拡張政策を開始すると状況は大きく変化した．

Ⅲ-3-(4)-⑤　アッシリア支配時代(前745-626年)

　前743年，ティグラト・ピレセル3世は北方からシリアに勢力を拡大してきた*ウラルトゥと北シリアの有力国家ビート・アグシの連合軍を打ち破ると，ビート・アグシの首都アルパドを3年間包囲して占領した．ビート・アグシは滅び，アッシリアの新行政州アルパドが形成された．これに続いてティグラト・ピレセルは反抗する北シリアの国々を攻撃するとパッティン（ウンキ）を滅ぼし，ハマト王国の北方の領土を奪って，クラニ，ハタリッカ，ツムルを州都とする三つのアッシリアの新行政州を形成した(前738年)．さらに前733-732年，アッシリアはシリア・パレスティナで起こった内紛に介入し，ダマスクスとガリラヤに侵攻した．これによって南シリアで最も強力な王国であったアラム・ダマスクスは滅ぼされ，おそらくディマシュカ（ダマスクス），ハウラン，カルニニ，マンツワテ，ツビテの五つの新行政州に分割再編された．イスラエル王国の北部領土も占領されて新行政州ギレアド，*メギド，*ドルとしてアッシリアに併合された．こうしてシリアの大部分とパレスティナ北部がアッシリアの行政管理下に置かれた．

新行政州の形成にあたって，アッシリアは旧住民を大量に遠方の土地に捕らえ移して反乱の芽を摘み，その後の占領地の荒廃を防ぐため別の地域の被征服民やアッシリア人を代わりに入植させた(*強制移住政策)．こうしてアッシリアの行政官の管理下に置かれた州は，行政上アッシリア中央と直結するアッシリアの領土であった．アッシリアに併合された地域に隣接するシリア北部のカルケミシュ，サムアル，グルグム，クムフ，フェニキア海岸のティルス，ビブロス，*アルワド，パレスティナ南部のイスラエル，ユダ，モアブ，アンモン，エドムおよびペリシテ諸国はアッシリアの宗主権を認めて朝貢国となることで独立を保った．ペリシテのガザには，アッシリアの交易センターが建設され，ティグラト・ピレセルはエジプトとの国境を*アラブの首長に管理させた．

ティグラト・ピレセルの後継者*シャルマネセル5世の治世(前726-722年)については，ほとんど史料がないが，『バビロニア歴代記』と『旧約聖書』が示すように，この時代アッシリアはイスラエル王国の首都*サマリアを陥落させて行政州サマリアとして併合した．*サルゴン2世の治世中にアッシリアの領土となっていたことが確認されるサムアルもシャルマネセル5世によって併合された可能性が高い．

サルゴン2世の治世(前721-705年)に入ると，まだ独立を保持していたハマトのヤウビディがガザ，エジプトと共謀し，アッシリアに併合されて間もない近隣地域を巻き込んでアッシリアに反乱した．サルゴンはこの反乱を鎮圧するとハマトを滅ぼしてアッシリアの行政州に併合し，ガザを再征服した．その後サルゴンは，カルケミシュ，グルグム，クムフ等，シリア北部でなお独立を維持していた新ヒッタイト系国家をつぎつぎと併合し，シリア全土とパレスティナ北部をことごとくアッシリアの領土とした．また反乱したペリシテ都市アシュドドとガトを屈服させてエジプトとの緩衝地域に対する影響力を強化し，アッシリアのシリア・パレスティナ支配を完成させた．

前705年アナトリアにおいてサルゴン2世が戦死するとシリア・パレスティナにおいてアッシリアに対する反乱が勃発したが，サルゴンの子*センナケリブは，前701年フェニキア，ペリシテ，ユダに対して出兵し，反乱を鎮圧した．以後，約70年間，センナケリブ，*エサルハドン，*アッシュルバニパルの治世下で，シリア・パレスティナはアッシリアによって直接支配地あるいは朝貢国としてほぼ完璧に支配された．地中海の海洋交易の利権にしだいに深く介入するようになったアッシリアに反発するシドン，ティルス，アルワド等フェニキア海岸諸都市はなお反乱したものの，反乱は鎮圧され，さらに強化されたアッシリアの支配は一時エジプトにおよんだ．

Ⅲ-3-(4)-⑥　新バビロニア支配時代(前626-539年)

前7世紀末*メディアと*バビロニアの攻撃によって*ニネヴェが陥落し(前612年)アッシリア帝国が滅ぶと，それまで同帝国の支配下にあったシリア・パレスティナの支配をめぐってエジプト(第26王朝)と新バビロニアが争った．この状況は『バビロニア歴代記』と『旧約聖書』にみて取ることができる．バビロニア王*ネブカドネツァル2世の治世(前608-562年)後半になると，ようやくバビロニアの優位が明確になった．ネブカドネツァルは，エジプトの支援を受けて反乱を繰り返したユダ王国を滅

ぼし(前586年)，その後ティルスを長期間の包囲の後に屈服させて，前570年頃にはシリア・パレスティナとフェニキア海岸地域におけるバビロニア支配を決定づけた．アッシリアの強制移住政策と動乱の結果，異なる民族集団が入り混じった複雑な人口構成地域となったシリア・パレスティナは，「ハッティの地」あるいは「川向こう(*エベル・ナーリ)」とよばれバビロニア帝国の一部として統治された．

Ⅲ-3-(4)-⑦　アケメネス朝ペルシア支配時代(前539-331年)

前539年，*キュロス2世のバビロン入城とともに新バビロニア帝国が滅び，*アケメネス朝ペルシアが西アジア全域に支配を確立したことにより，シリア・パレスティナもまたペルシア帝国の一部となった．ユーフラテス川以西の国々は引き続き「川向こう(エベル・ナーリ)」とよばれ，当初はバビロニアとともに行政長官グバル(ゴブリヤス)の管理に委ねられたが，*ダレイオス1世(在位前521-486年)の時代から単独で一つの行政州(サトラッピー)を形成した．

アケメネス朝ペルシアの王碑文はペルシアのシリア支配についてのデータをほとんど提供せず，この時代のシリア・パレスティナに関する資料は*ヨセフス，*ヘロドトス等の西欧古典の歴史記述，旧約聖書およびわずかな碑文史料と考古学的データに限定される．こうした制約のもとで200年間におよぶ期間についてバランスのとれたシリア・パレスティナ史の復元は困難だが，知られている際立った事件は以下のように整理することができる．

*カンビュセス2世のエジプト遠征(前526-525年)が成功し，アケメネス朝はエジプトを帝国の版図に加えたが，この際フェニキア諸都市はペルシア帝国に従順な態度を示し，抵抗したガザを除きシリア・パレスティナに大きな混乱は起こらなかった．フェニキア海岸では，遅くとも前4世紀にはシドンがティルスをおさえて最も有力な商業国家としてペルシア支配のもとで王国として自治を許され，繁栄を享受した．前4世紀に入ってエジプトが自治を回復し，西方の行政州はしばしば反乱した．前345年，シドンを中心とするフェニキア諸都市は，ペルシアのエジプト遠征の失敗を受け，より大きな自治を求めて反乱したが，シドンは破壊され西方での反乱は鎮圧された．前343-342年にはペルシアはエジプトを再征服するが，これはペルシア帝国最後の軍事的勝利となった．前334年*アレクサンドロスの大遠征が開始されると，シリア・パレスティナ各地はつぎつぎとこの新たな勝利者を受け入れ，*ヘレニズム時代が幕を開けた．

[山田重郎]

【参考文献】

A. マザール(杉本智俊・牧野久実訳)『聖書の世界の考古学』リトン，2003年(原著：A. Mazar, *Archaeology of the Land of the Bible 11,000-586 B.C.E.*, New York, 1990).

M. W. Chavalas, "Ancient Syria : A Historical Sketch", in M. E. Chavalas and J. L. Hayes (eds.), *New Horizons in the Study of Ancient Syria*, Bibliotheca Mesopotamica 25, Malibu, 1992, 1-21.

P.-E. Dion, *Les Araméens à l'âge du fer : histoire politique et structures sociales*, Paris, 1997.

J. D. Hawkins, "The Neo-Hittite States in Syria and Anatolia", *CAH* Ⅲ/1, Cambridge (2nd ed.), 1982, 372-435.

H. Klengel, *Syria 3000 to 300 B.C. : A Handbook of Political History*, Berlin, 1992.

J. K. Kuan, *Neo-Assyrian Historical Inscriptions and Syria-Palestine*, Jian Dao Dissertation Series 1, Bible and Literature 1, Hong Kong, 1995.

N. P. Lemche, "The History of Ancient Syria and Palestine : An Overview", in *CANE*, II, 1195-1218.
W. T. Pitard, *Ancient Damascus : A Historical Study of the Syrian City-State from Earliest Times until Its Fall to the Assyrians in 732 B.C.E.*, Winona Lake, 1987.

III-3-(5)　エジプト
III-3-(5)-①　先史時代・先王朝時代

「エジプトはナイルの賜物」という*ヘロドトスの言葉の一般的解釈を引くまでもなく，古代エジプト文明は*ナイル川の増水に頼る農耕によって，経済的に支えられた文明であった．その農耕，それとならぶ経済的活動である牧畜とがいつ，どのようにエジプトで開始されたかは，現在も論争中である．

問題にされるのは，エジプトでの旧石器文化の最終段階にあたる続旧石器時代（終末期旧石器時代ともいう）と初期新石器時代（→新石器時代）との関係である．19世紀前半以来，エジプト北部での最古の新石器文化とされて来たファイユームA文化（→ファイユーム文化）は，それに先行する続旧石器文化，すなわちファイユームB（カルーン）文化（→カルーン文化）とは断絶しており，そこには約1000年におよぶ隔たりが存在するとされた．ファイユームA文化は西アジア的新石器文化の要素をもつために，この文化段階で西アジア方面から農耕が伝播したと考えられて来た．その後，1970年代に，*アブ・シンベル西方100kmの*ナブタ（・プラヤ）遺跡とその周辺の発掘で，続旧石器文化から初期新石器文化への移行が連続して行われた証拠が発見され，エジプト国内の新石器文化が，最初にナイル川西方のオアシスおよび低地で生まれ，それがナイル川流域に伝播した可能性が指摘されている．

新石器時代文化相互の関係もさまざまに議論されている．エジプト北部の*メリムデ文化が最近の調査でファイユームA文化より古いとされ，また*オマリ文化の位置づけにも再検討の必要が生じた．

王朝文化との関連で最も注目されるのは，エジプト南部に生まれた*ナカダ文化である．この文化は副葬品を多数ともなう埋葬の風習をもっていて，それが王朝文化へと引き継がれ，古代エジプト文化最大の特徴となったと考えられる．

エジプト南部ではナカダ文化に先行すると思われる新石器文化がデル・タサやエル＝*バダリでも発見されているが，それらの関係やナカダ文化との関係についても，いくつかの考え方が示されている．

ナカダ文化は古くは，典型的な様相を示す遺跡に因んでアムラ期とゲルゼ期およびセマイネ期に区分されたが，最近ではI-III期に分ける説が提示されている．それによると前4000年頃開始されたナカダI期は，前3600年頃までにナカダII期へと移行し，北へと拡張していき，デルタ地方まで到達し，エジプト北部に展開していた（ブト・）*マアディ文化と接触し，ナカダIII期にはこの文化を完全に凌駕し，全エジプトを均質的に支配することになったとされる．そして，このナカダ文化の北部への拡大が王国統一の過程に対応するとされるのである．

III-3-(5)-②　初期王朝時代

後代（新王国時代以降）の伝承によると，エジプト王国の最初の統一者すなわち最初

のエジプト王は*メネスとされる．このメネスを同時代史料から知られるどの王と同一視するかが問題とされてきた．その候補とされるのが*ナルメル王と（ホル・）*アハ王であり，まだ決着をみない．

一方，考古学の立場からみた王国統一像では，一回きりの事件で王国が統一されたとは考えにくく，上述したナカダ文化の北部への拡大の過程で何度も王国統一の試みがなされ，そうした事業をメネスという一王に集約したと考えるほうが実情に合うとされている．後代の伝承に現れるメネスを誰か1人の王に同定すること自体，意味のないことといえるのかもしれない．

メネスを始祖とする第1王朝とそれに続く第2王朝の時期は初期王朝時代とよばれ，この時代に*ヒエログリフや民衆暦（一般に太陽暦）（→暦）の使用が開始されるなど，王国の基礎が形作られた．この時代の*王墓は*アビュドスに造営されたが，この地は初期王朝の王たちの出身地*ティニスの墓地にあたる．またこの時期の王たちが*ヒエラコンポリスと強い結びつきをもっていたらしいことも知られている．一方，都は*メンフィスに置かれ，その墓地である*サッカラには家臣たちの墓のほか，第2王朝の王墓もいくつか造られたらしい．

初期王朝時代の政治的動向としては，第2王朝の後半の*ペルイブセン王から*カセケムウイ王の時代に，上エジプトの有力者たちによる反動的な活動とそれに対する王からの巻き返しがあったとされる．

Ⅲ-3-(5)-③　古王国時代

古王国時代は，別名*ピラミッド時代ともよばれる．古王国時代初期の第3王朝の*ジェセル王が，前2650年頃，それまでの王墓形式だった*マスタバを重ねた姿の階段ピラミッドを，石材を用いて建て，その後の王たちもピラミッド形式の墓を造ったからである．とくに，第4王朝初代の*スネフェル王はいくつものピラミッドを造り，試行錯誤の結果，正4角錐の真正ピラミッドを造りだした．この王の子で後継王が，前2550年頃エジプト最大のピラミッドを造った*クフ王である．

ピラミッドは王墓であり，王の葬祭（葬式と死後の供養）を行うための施設であり，儀式に携わる神官たちの住居をともなう一大経済体としての性格をもっていた．先王たちのピラミッドの運営に関する勅令もかなりの数残されている．（→葬祭殿，葬祭文書，葬祭財団）

家臣のものとは異なる王独自の墓であるピラミッドを造営したことは，王が家臣とはかけはなれた絶対的な支配者であることを示す意図の表れとされる．支配のための行政機構や官僚組織は整備され，中央集権体制が確立する．

国内に産しない物資は，交易に求められた．第3王朝から，*シナイ半島の*ワディ・マガラの*トルコ石の鉱山への遠征が行われ，また地中海東岸の*ビブロスからは，スネフェル王が松柏類（*レバノン杉）を運ばせている．*ヌビアのアブ・シンベル西北の砂漠の閃緑岩の鉱山はクフ王以降利用され，さらに第6王朝には，*エレファンティネを足場に，南方の珍しい品々がもたらされた．*ワディ・ハンママートを経由して至る*プントとの交易も第5王朝から行われ，第6王朝には頻繁なものとなった．

*『ウェストカー・パピルスの物語』によると，第5王朝の最初の3王は太陽神*ラーの息子とされる．王の正式な名の第5のものに，サ・ラー名（太陽神ラーの息子としての名）が加わり，ラーは王権に対する影響力を強大なものとした．王墓であるピラミッドと匹敵する規模の*太陽神殿が造られ，また第5王朝の末の*ウニス王のピラミッドの内部には，ラー信仰の中心地*ヘリオポリスの神官団の手によるとされる*ピラミッド・テキストが刻まれ，来世でもラーの優位が示された．

第6王朝に入ると，地方勢力の台頭がみられるようになる．第1代の*テティはアビュドスの神殿を保護する勅令を発布し，第3代の*ペピ1世はアビュドス州知事一族の*クウイの2人の娘を后に迎え，後継王となる*メルエンラーと*ペピ2世をもうけている．

このペピ2世の90年以上にわたる治世の後半（前2200年頃），地方勢力の台頭が一層進んだとみられる．とくに上エジプトの各州（*ノモス）に派遣されていた州知事が*州侯となり，自分の管理地域をあたかも自分の領地のようにふるまう事態が生じた．中央集権体制が崩れたこれ以降を第一中間期の名でよぶ．

III-3-(5)-④　第一中間期

第一中間期は前後二つの時期に分けられる．第6王朝に続き，メンフィスを都とする第7王朝・第8王朝が存在していた前期と，州侯のうち上エジプトの北側に位置する*ヘラクレオポリス侯が王を称し，その直後に上エジプト南部のテーベ侯も王と称し，国土二分の状況が生じた後期とである．

前期に関しては，第7王朝の存在自体が問題とされるものの，第8王朝については，その王イビがピラミッドを残しており，その支配の実情は不明なものの，実体をともなう王朝であったことは確かである．地方では，*モアッラのアンクティフィの碑文から知られるような州侯の自主的活動が展開された．群雄割拠といえるこうした状況から，ヘラクレオポリスにメンフィスの王統の後継者を自負する第9・10王朝が成立する．この王朝は*『雄弁な農夫の物語』という文学作品の舞台となり，またその王たちに仕えた*アシュート侯の碑文など，関連する文字資料が残っており，かなりの影響力を国内にもっていたことがうかがわれる．

一方，*テーベには，ヘラクレオポリス朝が成立してから間もなく（30年以内といわれる）第11王朝が生まれ，アビュドス付近を境界にして，第9・10王朝と対峙することになった．このあたりの状況は，第10王朝の王*メリカラーへその父王が残した教訓からうかがうことができる．このメリカラー王の時代かその直後に，第11王朝の北への侵攻が開始され，その王*メンチュヘテプ2世が前2040年頃王国統一に成功し，中王国時代を開始した．

III-3-(5)-⑤　中王国時代

第11王朝は引き続きテーベを都に，支配を続けた．統一戦争で抵抗したアシュート侯などの州侯は廃絶されたが，それ以外の地方勢力は存続したようである．こうした州侯の末裔たちの後押しで，第11王朝のメンチュヘテプ4世の宰相*アメンエムハトが，クーデタを起こして打ち立てた王朝が第12王朝であるとされる（前1991年成

立).アメンエムハトは都を下エジプトにより近い*イチ・タウイ(二国を握る場所の意,エル=*リシェト)に移し,州侯の末裔たちを優遇しつつも,王朝の支配力強化をはかったようである.

しかし,王朝内部の勢力争いは激しく,アメンエムハト1世は暗殺された.この辺の事情は*『シヌへの物語』の冒頭の記述から読み取れる.混乱を収めたのはアメンエムハト1世の王子で,すでに共同統治王の地位にあった*センウセレト1世であった.

センウセレト1世は国内にその支配力を行き渡らせる努力を行い,また国外では南方の*ヌビアへ軍事遠征をし,その土侯勢力への備えのための防衛線の強化を図った.センウセレト1世に続き,アメンエムハト2世,センウセレト2世が王位に即くが,センウセレト2世はファイユーム低地の干拓事業に着手し,農業生産の拡大を目指したことで注目される.

第12王朝が支配を貫徹するには,州侯の末裔たちが邪魔だったと思われ,彼らに代わる勢力を育成する必要があった.王たちは,庶民の子弟に*書記教育を施し,高級官僚(→官僚)に抜擢することで,州侯の末裔たちを無力化することを考えたらしい.そうした政策が功を奏し,州侯の末裔たちの特権剥奪に成功したのが,センウセレト2世のつぎのセンウセレト3世である.王は行政組織の改革を行い,行政区画のすべてを*宰相に直轄させ,そのもとに高度に中央集権化した複雑な官僚制をつくり上げた.

またセンウセレト3世はヌビア経営に力を注ぎ,遠征を繰り返し,第2急湍(→急湍)の上流の*セムナを国境と定め,数多くの要塞を建築あるいは増築して,南への守りを一層強化した.

センウセレト3世の次のアメンエムハト3世の治世に,ファイユーム低地の干拓事業が完成し,第12王朝は,前1800年頃その最盛期を迎えた.アメンエムハト3世に続き,アメンエムハト4世,そして女王*セベクネフェルウが王位に即いたが,この女王を最後に第12王朝は終わり,第13王朝が取って代わる.これ以降を第二中間期とよぶ.

III-3-(5)-⑥ 第二中間期

第13王朝は,第12王朝の都イチ・タウイをそのまま都とし,官僚組織も第12王朝のものを継承した.しかし,行政の実権は宰相へと移行し,王は宰相のあやつり人形のようになったとされる.第13王朝成立とほぼ同時に,デルタ地方のクソイスを中心とする地方王朝が生まれた.これを第14王朝とよぶ.単独の王朝が全土を支配する中央集権体制が崩れたことで,これ以降を第二中間期とよぶのである.この二つの王朝はともに,150年ほど存続したが,その間にエジプト国内で新しい勢力が生まれてきた.*ヒクソスとよばれる人々である.

前2千年紀前半の西アジアでは,印欧(インド・ヨーロッパ)系諸民族の侵入・定着が引き金になって,民族移動の時代がおとずれたが,そのシリア・パレスティナ地域での余波がエジプトにもおよんだ.それがヒクソスの侵入・定着である.第二中間期に入っていたエジプトでは,デルタ東部国境地域の防御がおろそかになっていたため,

こうした事態が起こったのである．第13王朝の記録には，エジプト社会にアジア(シリア・パレスティナ)系の名前をもった人々が入り込んでいたことを示すものがあり，彼等が平和裏に浸透していったことがわかる．ヒクソスは二輪の戦闘用馬車(*戦車)や複合弓などの新しい武器やそれらを自由に扱う軍事技術をもたらし，その特性を生かして傭兵としての地位を築いていったようで，最終的にはその軍事力を背景にクーデタを起こし，エジプト史上初の異民族王朝による支配を開始したのである(前1650年頃)．ヒクソスが開いた王朝は，デルタ地方東部のアヴァリス(→テル・エル＝ダバア)に都をおいた第15王朝(大ヒクソス)と，その宗主権下にあったデルタ西部の第16王朝(小ヒクソス)であった．第15王朝は，第13王朝の官僚組織をそのまま継承し，実務をエジプト人官僚に任せ，デルタ東部からシナイ半島北部，さらにシリア・パレスティナ南部を直轄地とした．それ以外の地域は諸侯の支配に任せ，その代わりに貢納義務を課した．第15王朝から，その内政や外交に対する監督権すなわち宗主権を行使されたこうした地方勢力の一つが，テーベを根拠地とした第17王朝で，その王*セケンエンラーとその後継者である息子*カーメスと*イアフメスがヒクソス放逐の戦いを遂行するのである．

Ⅲ-3-(5)-⑦ 新王国時代

　第17王朝最後の王であるイアフメスがヒクソスのシリア・パレスティナの拠点である*シャルーヘンを陥落させ，その脅威を払拭し，エジプトを再統一したとき(前1540年頃)からを新王国時代とする．イアフメスはまた第18王朝の創始者にもなる．都はテーベに置かれ，2代あとの*トトメス1世からは「王家の谷」に王墓が造営された．トトメス1世は，また，アジア方面に積極的な働きかけを行っている．トトメス1世の王女*ハトシェプストは，夫トトメス2世がなくなった後，義理の王子トトメスが幼くして王位につき，*トトメス3世となると，その摂政を務めたが，数年のうちに女王を称し，トトメスを共同統治者とした．女王の外交政策は，ヒクソスの記憶を無視するもので，プント遠征に代表される平和的なものだった．この間にアジア方面では，反エジプト勢力の集結が起こったため，ハトシェプストが姿を消して単独統治王となったトトメス3世は，すぐさまアジア遠征を再開した．*メギドの戦いから開始された遠征は17回を数え，アジアをエジプトの属州とする体制の基礎が確立された．

　中王国時代以来，テーベで信仰されてきた*アメン神は，創造神*ラーと習合してアメン・ラーとなり，王の父としての地位を確立し，その信仰の中心であるテーベの*カルナク大神殿には，戦勝などの機会があるごとに，王から感謝を表す寄進が繰り返され，富が集中するようになった．その経済力を背景にアメン神官団の発言力が増大し，他方で従来の王権観を越えて自意識をもつようになった王との間に，確執を生ずるに至った．この対立は*トトメス4世の時代に表面化し，新王国が最盛期を迎えた*アメンヘテプ3世の時代に激化した．そして，*アメンヘテプ4世すなわち*アクエンアテンが*アテン神を唯一神とする*アマルナ革命を断行した．都がテル・エル＝アマルナ(→アマルナ)に移され，アメン神を筆頭とする神々への迫害が行われた(前

1360年頃).

　結局アマルナ革命は失敗に終わり，*トゥトアンクアメン王による信仰復興がなされた．*ホルエムヘブ王の治世で第18王朝が終わり，第19王朝に入ると，アマルナ革命の記憶を抹殺するための迫害が展開されたが，美術をはじめとする各分野に革命の影響は残った．

　第19，第20王朝はラメセス朝ともよばれる．都は東デルタのペル・ラメセス（→カンティール）に移った．第19王朝第3代の*ラメセス2世は，前1285/1275年頃，*カデシュでヒッタイトと戦ったが（→カデシュの戦い），後に両国間の和平条約を締結した．また，建築活動にも力を注ぎ，各地に巨大建築を残している．

　エジプト史上最後の大王とよばれる，第20王朝第2代の*ラメセス3世の時代（前1175年以降）になると，王国にかげりがみえ始める．王自身の暗殺未遂事件，*デル・エル＝メディーナの職人たちによる史上初の*ストライキ，王墓に対する墓泥棒の横行などが起こった．

Ⅲ-3-(5)-⑧　第三中間期―末期王朝時代

　第20王朝で新王国時代は終わり，第三中間期に入るが，第20王朝最後の王*ラメセス11世の治世に，テーベのカルナク大神殿の大司祭（→アメン大司祭）が主宰する「アメン神権国家」が生まれた（前1080年頃）．

　一方，*タニスには，ラメセス11世の軍司令官で下エジプト摂政であった*スメンデスが，前1070年頃，第21王朝を開いた．この二つの勢力の関係は友好的だったらしく，婚姻関係が結ばれている．第21王朝とそれに続く*リビア系とされる第22王朝の王たちは，タニスのアメン大神殿の周壁内の地下に墓を造っている．そこから発見された，第21王朝第3代の*プスセンネス1世の黄金のミイラマスクは有名である．

　第22王朝の後半，リビア系の第23王朝が成立し，王朝の並立状態が起きるが，第23王朝の所在地については，*レオントポリスとする説とテーベとする説とが対立している．

　第21王朝以降，ヌビアに対してはエジプト側からの積極的で長期的な働きかけはなかったらしく，その間に第4急湍下流の*ナパタを中心に，*クシュ王国が勢力を伸ばし，*カシタ王の時代に*アスワンまで進出した．カシタの後継王*ピイはエジプトへ侵攻し，メンフィスを陥落させ，第22王朝の王たちをはじめとするエジプト各地の勢力を屈伏させて，前730年頃全エジプトをその支配下においた．このピイのエジプト侵攻の原因を作った，デルタ西部出身のリビア人首長*テフナクトは，ピイがナパタに戻ると*サイスに第24王朝を開いた．ピイの次の王シャバカはテフナクトの後継王ボッコリスを攻め滅ぼし，エジプトの再統一に成功し，首都をテーベに据えてヌビアとエジプトをあわせた大国家をエジプト王として治めた．この*シャバカ（あるいはピイ）以降を第25王朝とよび，これ以降*アレクサンドロス大王による征服までの時期は，通常末期王朝時代とよばれる．

　第25王朝は*タハルカ王の時代に，アッシリア王エサルハドン（前671年）と*アッシュルバニパルの侵攻（前667年）を受けた（Ⅲ-3-(2)-⑪参照）．アッシリア王によっ

て，エジプトの管理を任されたリビア系の王*プサメティコス1世は前655年に第26王朝を開始し，エジプトをアッシリアの支配から独立させた．復古調美術が特徴とされるこの第26王朝は，新バビロニアの*ネブカドネツァル2世の侵入は阻止したが，*アマシスによる王位簒奪後，*アケメネス朝ペルシアのカンビュセスの侵攻を受け，前525年，滅亡した．ペルシアは1世紀あまりエジプトを支配する(第27王朝)が，その後エジプトは独立し，第28, 29, 30という土着の王朝が立った．第30王朝がペルシアの再侵攻により倒れ，エジプトはペルシアの支配下に置かれた(第31王朝とよぶ場合もある)が，マケドニアのアレクサンドロス大王の東征により，前332年にペルシアの支配から解放された．

Ⅲ-3-(5)-⑨　ギリシア・ローマ時代

アレクサンドロス大王の死後，後継者争い(*ディアドコイ戦争)をへて，エジプトは前305年，*プトレマイオス朝の支配下に置かれた．首都*アレクサンドリアにはムーサイ学園(ムセイオン)やその付属図書館が建設され，ヘレニズム文化の中心地として栄えた．

*プトレマイオス5世の時代には，ヒエログリフ解読の鍵となった*ロゼッタ・ストーンが作られている．

プトレマイオス朝は前30年に，最後の支配者である*クレオパトラ女王(7世)が*ローマのオクタヴィアヌスに敗北したことで滅亡し，エジプトはローマ帝国の属州とされた．ローマ皇帝たちは，エジプト各地に，エジプト風の記念建造物を残している．ローマが東西に分裂すると，エジプトは東ローマ帝国の支配下に置かれ，*キリスト教文化(→コプト教)が根づくことになったが，7世紀のイスラームの侵入によって，現在のようなイスラーム教国へと変貌を遂げた．　　　　　　　　　　　　　　　［吉成薫］

【参考文献】
大貫良夫・前川和也・渡辺和子・屋形禎亮『世界の歴史1 人類の起源と古代オリエント』中央公論社，1998年．
近藤二郎『エジプトの考古学』(世界の考古学4)同成社，1997年．
高宮いづみ『エジプト文明の誕生』(世界の考古学14)同成社，2003年．
角田文衞・上田正昭監修，初期王権研究委員会編『古代王権の誕生Ⅲ 中央ユーラシア・西アジア・北アフリカ編』角川書店，2003年．
前島信次・杉勇・護雅夫編『オリエント史講座3 渦巻く諸宗教』学生社，1982年．
吉成薫『ファラオのエジプト』廣済堂出版，1998年．
吉成薫『エジプト王国三千年 興亡とその精神』(講談社選書メチエ190)講談社，2000年．
『岩波講座世界歴史1 古代1』岩波書店，1969年．
『岩波講座世界歴史2 オリエント世界』岩波書店，1998年．

Ⅲ-3-(6)　**アラビア半島**

Ⅲ-3-(6)-①　アラビア半島における都市と国家の形成と発展

アラビア半島でも旧石器時代に遡る遺跡が確認されているが，半島内部の状況についてかなり詳しいことが知られるようになるのは，前1千年紀に入ってからである．それは前2千年紀の末近くになってようやく，北方の先進文明地帯と半島各地が隊商交易によって結ばれたことによる．それ以前の時代については，バフレイン(バハレーン)とオマーンあたりのことが，メソポタミアの記録に*ディルムンとか*マガンと

いう地名で出てくるにすぎない．

　隊商路(*香料の道)沿いには宿駅が発達し，交通の要衝や灌漑農業の可能な大きなオアシスにはやがて都市が生まれた．とくに有力な都市の中には周辺の都市やオアシスを支配下に収めて，小国家を形成するものも現れた．季節風の影響で豊富な雨量に恵まれた現在のイエメン(*「幸福のアラビア」)には，前1千年紀の半ば以前に*サバを筆頭に，*ハドラマウト，*カタバーン，*マインの4王国が並立していた．これらのいずれもが内陸の砂漠の縁辺のオアシス地帯に中心を置いていたのが，この時期の特徴である．

　イエメンからシリアに通じる隊商路沿いに，ヒジャーズ地方にはウラーを中心にデダーンやリフヤーンの小王国が，さらに北には*ペトラを首都としウラー近くのマダーイン・サーリフにまで勢力をもつ*ナバテア王国が栄えた．一方ペルシア湾岸のハサー地方や，イエメンとハサー地方を結ぶルート上のファウ，およびホルムズ海峡に近いムサンダム半島のムレイハでも都市遺跡が発見されている．

Ⅲ-3-(6)-②　前1千年紀末の変動とその後の展開

　このような情勢が前1千年紀の末に大きく変動する．それが最も顕著に窺えるのが南アラビアで，政治・経済の中心は内陸のオアシス地帯から高原地帯に移り現在に至っている．前2世紀末頃に南部高原に成立した*ヒムヤル部族連合は，次第に国家としての体制を整え，その後の南アラビアの歴史を主導した．サバでは*サナーをはじめ西部高原の都市の重要性が高まり，サナーの北方に割拠する諸部族が国政を左右するまでになった．

　この変動の主な要因として考えられるのは，交易ルートの変化とアラブ・ベドウィンの攻勢である．前1世紀頃よりギリシア系のエジプト商人がインド洋に進出し，直接インドやアフリカの産物を買い付けるようになった結果，中継交易で繁栄していた隊商路沿いの勢力が打撃を受けたのに対して，紅海やアデン湾の港を支配する高原部の諸都市の重要性が高まったのであろう．一方ほぼ同じ時期に，北方からアラブ・ベドウィンが南アラビアへ侵入を始めたのではないかと思われる．彼らの攻勢が内陸諸都市の衰退の要因になったということは十分考えられる．メソポタミアやシリアでは，ラクダの鞍の改良や馬の導入によって戦闘能力の向上したベドウィンの動きが活発化していたが，南アラビアに侵入したのも，このような軍事上のいわば技術革新をへたベドウィンであったと推察される．

Ⅲ-3-(6)-③　後3世紀の変動とその後の展開

　この時期オリエント世界全体が変動に見舞われたが，その中でアラビア半島の歴史も大きく変化する．まず後3世紀から4世紀にかけて，アラビアからシリアへかけての広範な地域で，隊商都市全般の衰微が観察されるのとは対照的に，アラブ・ベドウィンの活動は前代以上に活発になり各地で大部族連合の結成が進んだ．ベドウィン部族連合の力が強まると，周辺諸国は有力首長に下賜金を与えて懐柔し，国境警備を肩代わりさせるとともに戦時には先兵の役を務めさせた．そこに後5世紀から6世紀のアラビア史に名高い*ラフム，*ガッサーン，*キンダの3王国に代表される部族連合

国家が形成された．これらの王国はそれぞれ，サーサーン朝，ビザンツ，ヒムヤルを後盾にし，パトロンの意を受けて戦う一方で，ベドウィンの覇者となるべく相争った．

他方，前世紀以来サバ，ヒムヤル，ハドラマウトの3王国が相争っていた南アラビアでは，紅海を越えて侵入を図るエチオピアの*アクスム王国が，この情勢に巧みに乗じて影響力を強めた．さらにこの王国はローマに代わって紅海経由のインド航路の主導権を握ることにより，当時のオリエント世界の一大勢力に発展した．3世紀末にヒムヤルが他の2王国を併合して南アラビア統一に成功したのも，実はアクスムの後押しがあったからで，その後も6世紀に至るまで，ヒムヤルはアクスムの属国的地位に置かれたのではないかと推察される．しかしサーサーン朝が575年にこの地を支配下に置くことに成功した結果，アラビア半島をめぐる対立ではビザンツとアクスムに対して圧倒的な優位に立った． [蔀勇造]

【参考文献】
蔀勇造「古代文明とイスラーム」後藤明編『文明としてのイスラーム』(講座イスラーム世界第2巻)栄光教育文化研究所，1994年，43-81頁．
蔀勇造「碑文史料から見た古代南アラビア諸王国とアラブ・ベドウィンの関係」『東洋史研究』第56巻4号(1998年)，139-183頁．
I. Eph'al, *The Ancient Arabs: Nomads on the Borders of the Fertile Crescent 9th-5th Centuries B.C.*, Jerusalem and Leiden, 1982.
G. W. Bowersock, *Roman Arabia*, Cambridge, Mass., and London, 1983.
T. Fahd (ed.), *L'Arabie préislamique et son environnement historique et culturel*, Leiden, 1989.
S. Noja (ed.), *L'Arabie avant l'Islam*, Aix-en-Provence, 1994.
K. A. Kitchen, *Documentation for Ancient Arabia 1-2*, Liverpool, 1994-2000.
H. Lozachmeur (ed.), *Présence arabe dans le Croissant fertile avant l'Hégire*, Paris, 1995.
C. S. Phillips, D. T. Potts and S. Searight (eds.), *Arabia and its Neighbours*, Turnhout, 1998.
J.-F. Breton, *Arabia Felix from the Time of the Queen of Sheba: Eighth Century B.C. to First Century A.D.*, Notre Dame, Indiana, 1999.

III-3-(7) アレクサンドロス大王以降のオリエント

III-3-(7)-① 大国中心の概観

前330年の*アケメネス朝ペルシアの滅亡から後651年の*サーサーン朝ペルシアの滅亡までの歴史をまず大国中心に概観してみる．この時代は，全体として，アケメネス朝を継承するような強大な国家が広い領域を比較的長い期間支配した時代であった．

前323年のアレクサンドロス大王の死後，遺領は*ディアドコイ戦争によって分割されたが，なかでもエジプトを支配した*プトレマイオス朝とシリア以東の大半を獲得して成立した*セレウコス朝が前3世紀には有力となった．前190/189年には，以後のオリエント史の展開を予期させる象徴的な出来事であるマグネシアの戦いが*ローマ軍と*アンティオコス3世下のセレウコス朝軍との間で行われ，勝者となったローマはオリエント史の西方の主役に躍り出た．ローマは当時までに西地中海をほぼ手中にしていた(ただし*カルタゴを最終的に滅ぼすのは前146年)が，東方にも勢力を拡大していく．一方，マグネシアの戦い以降セレウコス朝領域で小国が数多く自立する(後述)中で，前141年，*ミスラダテス1世下の*アルサケス朝*パルティアはティグリス河畔の*セレウキアを占領し，以後十数年の争いの後，メソポタミアとイラン高原の主要部を押さえ，オリエントの東の主役の座に就いた．以降パルティア滅亡ま

で，オリエント史はローマとパルティアを中心に展開する．ローマは前64年にセレウコス朝を廃し属州シリアを設け，またアウグストゥス治下の前30年にはすでに全く弱体化していたプトレマイオス朝を滅ぼし属州とした．後1世紀になってからも，ユダヤなどの従属王国を次第に属州へと変え，*アルメニアからユーフラテス川中流あるいはその支流を西境とする強大な帝国となった．キリスト教が誕生し，初期の発展を遂げたのもローマ帝政時代である．一方のパルティアは，直轄領自体は終始それほど大きくなかったが，安定を支配地や周辺の従属国にもたらした．

後224年*アルダシール1世はパルティアを滅ぼし，サーサーン朝を創始した．以後400年余のオリエント史は，ローマとサーサーン朝を中心に展開する．サーサーン朝はアルダシール1世とその子*シャープール1世の時代に，東では*クシャーン朝を征圧し，西方ではローマ軍を再三破るなど，メソポタミアとイラン高原全体を押さえる強大な国家となった．5世紀になると東方の遊牧民*エフタルに悩まされるが，6世紀，突厥の力を借りてエフタルを滅ぼしたのが*ホスロー1世(在位531-579年)で，彼は対外的にはイエメンの占領など積極策に出，内政でも各種の改革を行ったとされる．しかし彼の死の数十年後，サーサーン朝はアラブ・イスラーム軍に敗れ，651年に完全に滅亡した．サーサーン朝下では*ゾロアスター教が国教的地位を占めていた．一方，ローマ帝国では，4世紀以降コンスタンティヌス帝などにより，キリスト教の公認(313年)，ついでその国教化(391年)が行われる．その後(東)ローマ帝国はヤルムークの戦いでアラブ・イスラーム軍に敗れ(636年)，シリア，エジプトの支配権を永久に失った．ただし，アラブ・イスラーム軍のアナトリアへの侵入は防ぎ，ビザンツ帝国としてなお800年以上生き残った．

以上が，大国を中心とした概観であるが，この時代は中小国の動向を無視して語ることはできない．別に記述のあるアラビア半島，アナトリアを除いた周辺諸国をごく簡単に紹介する．

III-3-(7)-② 周辺諸国の動向

ユダヤは，前2世紀半ばの*マカベア戦争でセレウコス朝から自立する．その後ローマの属国となるが，第1次*ユダヤ戦争(後66-70年)の結果ローマの属州となり，第2次ユダヤ戦争(*バル・コホバの乱：132-135年)ではローマに徹底的に鎮圧された．

*パルミラは，ローマ帝国内の自治都市として商業を中心に繁栄していた．3世紀前半から支配者は王を名乗るようになった．パルミラの*ゼノビア女王は一時はシリア，エジプトまで占領するが，ローマ軍に敗れ，都市は破壊された(272-275年)．

*エデッサを中心とするオスロエネ王国は前2世紀末*アラブ系のアブガル朝が興り，パルティアと近い関係にあったが，後114年にローマの属国となり，190年代に一部属州化され，王朝も242年頃廃された．

サモサタを中心とする*コマゲネ王国は，前163/2年に自立．*ネムルト・ダー遺跡で有名なアンティオコス1世時代に最盛期を迎えるが，後ローマの属国となり，後72年属州化される．

アッシリア時代からの都市*アルベラを中心とするアディアベネは，前2世紀末に自立，378年以降はアルメニア諸侯アルツルニ家の支配下に入る．

アッシュルの西方約80 kmに位置する*ハトラは，パルティア時代に繁栄し，またローマ軍の侵入も撃退したが，240年，サーサーン朝によって滅ぼされた．

*アルメニアは，アケメネス朝下のサトラプを継ぐエルヴァンド朝の後，前190年頃アルタシェス朝が勃興，前1世紀初頭*ティグラネス1世(在位前95-55年)は小アルメニア(ソフェネ)を併せ，*ポントスの*ミトリダテス6世と結びながら，メディア・アトロパテネからシリアに至る広大な領土を獲得し*「諸王の王」を名乗ったが，ローマ軍に敗れた．その後，ローマとパルティアでアルメニアを巡る争いが続いたが，後66年王はアルサケス家でかつローマの属国(実質は双方の属国)という形で決着し，またソフェネは72年ローマの属州とされた．その後252/3年，アルメニアはサーサーン朝のシャープール1世によって征服され，一時期サーサーン朝の王子がアルメニア王となるが，298年にはローマの属国となり，アルサケス朝が復活する．同時にゴルデュエネなど南部はローマに割譲された．301年頃アルメニア王テイリダテス3世はキリスト教に改宗する．しかし，サーサーン朝は次第に影響力を回復し，387年頃には西部はローマの属国に，領土的には大半を占める東部はサーサーン朝の属国とされ，さらに西部では390年，東部では428年に王制が廃止された．

現在の*グルジア西部には，コルキス王国が古くから存在した．前1世紀前半にはポントスの属国であったが，前63年にローマの保護国となる．後3-4世紀にはボスポロス王国の保護下に入ったが，4世紀末にラジカ王国が成立し，後525年にはキリスト教を国教とした．

グルジア東部では，イベリア(後にカルトリ)王国が栄えた．ローマとパルティアが争う時代では，ローマとの関係が親密であった．サーサーン朝時代は，大半の期間その属国であったが，後298年からの60年余はローマの属国となり，その間の330年に王家はキリスト教に改宗している．580年に王制が廃止された．

アルメニアとグルジアは，591年にふたたび(東)ローマ優位となった後，サーサーン朝*ホスロー2世の奪還，それに対する(東)ローマのヘラクレイオス帝の反撃，と宗主権が目まぐるしく移ってまもなくの640-645年頃，アラブ・イスラームの侵攻を受けた．

現在のイラン領アゼルバイジャンに存在したメディア・アトロパテネは，アレクサンドロス大王時代においても，土着のサトラプが任命された地域であるが，以後も独自の勢力を保った．前1世紀前半はアルメニアの属国であったが，その後パルティアの勢力下に入り，後1世紀半ばにはアルサケス家が王位に就いた．遅くともサーサーン朝期には完全にイラン高原の本国に編入されていた．サーサーン朝時代に遡るこの地の遺跡には*タフテ・ソレイマーンがある．

現在のアゼルバイジャン共和国のあたりはアルバニアとよばれ，前2世紀末頃から王国が存在していた．後36年ローマの保護国となるが，西隣のイベリアよりはパルティアとの関係が深かったようである．サーサーン朝時代はほぼその属国であったが，

4世紀前半には王がキリスト教に改宗し，サーサーン朝と衝突したこともあった．5世紀半ばに王位は空位となり，サーサーン朝に併合された．

　黒海北岸は，かつて*スキタイ遊牧民の活躍した地であるが，前3世紀末からサルマタイがその地位を奪った．その一派のアラン人は後1世紀頃より北コーカサスから，アルメニアやアトロパテネに侵入を繰り返した．他方，クリミア半島のボスポロス王国では，ギリシア文化と土着文化の融合が非常に早い時期から起こっていたが，後10年頃ローマの属国となり，ローマ文化を草原の道を通じて東方に伝えるのにきわめて大きな役割を果たした．3世紀にゴート人，アラン人の侵攻を受けて衰退し，4世紀フン族の侵入で滅亡した．

　中央アジアでは，*ホラズムがアレクサンドロス大王およびセレウコス朝の支配を免れ，独自の王国と文化を保った．

　*ソグディアナは，アレクサンドロス大王の征服は受けたが，やがて自立し，後2-3世紀以降は*サマルカンドなどの都市国家が東トルキスタンに商業植民地を作るなど，盛んに通商活動を行った．その活動と影響は，6世紀突厥の到来とともにさらに活発化し，ホラズム，北バクトリアにも広がるようになる．

　*バクトリアは，前3世紀半ばセレウコス朝から自立し，以後東方における*ヘレニズム文化の砦となった．*アイ・ハヌム遺跡はその代表である．しかし，前2世紀後半ステップ遊牧民の侵入により瓦解した．侵入した遊牧民の一派から後1世紀にはクシャーン朝が興り，インド方面へと大きく勢力を伸ばした．3世紀半ばから100年ほど*クシャーン・サーサーン朝が治め，その後キダーラ，5世紀前半からはエフタルが支配した．さらに突厥も進出する．また，前2世紀後半パルティアへ侵入しようとした*サカ遊牧民は，現在のイラン・アフガニスタン・パキスタン国境地帯へと移住した．そこでは前1世紀から後1世紀にかけてインド・スキタイ朝，続いてゴンドファレス王で有名なインド・パルティア朝が栄えた．サカ遊牧民の一部はインド西部にまで進出している．

　イラン高原西部は，アケメネス朝ペルシアの故地で，前3世紀半ばから土着のペルシスが貨幣を発行し続けていた．このペルシスが，サーサーン朝ペルシアの前身である．

　西隣の*エリュマイスも前2世紀半ばカムナスキレス朝が自立する．後1世紀半ばには重要な都市*スーサを領土に加えたが，この頃にはパルティアの属国になっていたらしい．サーサーン朝に滅ぼされる．

　ペルシア湾頭地域には，エリュマイス王国とまったく同時期に*カラケーネ王国が存在した．少なくとも後2世紀にはパルティアの属国となっていたようだが，やはりサーサーン朝に併合された．なお，カラケーネは確かに小国ではあるが，領域としてはかつてのシュメールの地の大半，おそらく*「海の国」とほぼ同じ版図を占め，またバハレーン地域にも総督を置いていたことがわかっている． 　　　　　［春田晴郎］

【参考文献】
S.L.ウトチェンコ，N.A.シドロヴァ他監修，(香山陽坪他訳)『ソビエト科学アカデミー版世界史』古代4,

古代 6, 中世 1, 東京図書, 1960-62 年.
E. Yarshater (ed.), *The Cambridge History of Iran* 3 : *The Seleucid, Parthian and Sasanian Periods*, 2 parts, Cambridge, 1983.

IV 国家と社会

IV-1 国家と王権

IV-1-(1) 王権の成立と発展

　エジプト，メソポタミア，インダス，黄河，これらの文明を総称して古代の四大文明という言い方があるが，それはすでに過去のものであろう．地球上の各地に新石器時代の遺跡が発見されており，文明の開始たる青銅器文明もまた，世界の各地で確認されているからである．

　そうであっても，エジプトやメソポタミアにおいて，前4千年紀の後半から末にかけて国家と呼びうる形態が出現したことはやはり重要である．しかも，それは文字資料が伴い，歴史研究の対象とすることができる．国家や王権がこのような早い時期に成立したのは，他地域に類例がない．黄河文明は，前2千年紀の中頃であるし，*インダス文明も前3千年紀後半からであり，後者の場合，その文字はいまだ解読されていない．エジプトとメソポタミアに特権的な地位を与える必要はないが，人類の歴史を考える上で重要な意味をもつことは確かである．

　メソポタミアにおいては，前3400年頃の*ウルク期に*都市文明が成立し，*楔形文字の原形になる絵文字が発明され，王の称号*エンが現れている．エジプトでは前3000年頃に第1王朝が成立し，国家と王権の出現が明確になる．

　こうした王権と国家の成立の要因については，さまざまな考え方が提出されている．階級なき原始共同体から，生産手段の独占による階級対立によって生じた，治水に必要な労働の指揮と管理から生じた，等々．これらは，古典的な学説と言えよう．こうした古典学説は，さらに，ヨーロッパと比較したアジアの特殊性を強調して，古代ギリシアの*ヘロドトスが，市民の自由が存在するギリシアのポリスに対してペルシア帝国は王のみが自由であり，人々は自由なき奴隷であると述べたことにならって，自由なき東洋的専制国家に至るアジア的生産様式として議論された．

　経済的要因を考慮するにしても，「新しい考古学」の流れでは，王権の成立に，生産でなく流通の面から，奢侈品の交易や，穀物等の貯蔵を重視する見方もある．社会人類学からは，分節社会・首長制社会の考え方が提出されている．部族制を背景に，部族長がその社会制度を利用して王の権威を獲得するという見解である．分節社会論は，国家や王権の成立以前の段階におかれる場合も，国家や王権に代わる形態と捉える場合もある．

　王権の重要な権能に軍事がある．当然，王権成立の契機を軍事に求める考え方は，モルガンの『古代社会』以来，根強く存在する．

　今挙げた諸要因のどれが決定的であるのかは，現時点ではなお不明とせざるを得ない．振り返って，人類が，狩猟採集経済から，農耕牧畜の生産経済に移行し，定住をはじめたのが，前8000年頃とされている．メソポタミアやエジプトにおいて王権・

国家が成立するのが前3400年から前3000年であるから，その間に5000年の開きがある．この間にどのような変化が見られるのか，とりわけ，国家成立の直前がどのようであったかが重要性をもつが，なお，不明な点が多い．

そもそも，国家とは何か，王権とは何かを厳密に定義することはできない．主権，国民，領土という近代国家の三要素は，古代においては適応できないであろうし，権力という一般的なくくり方は可能であるとしても，歴史上登場した王権を一義的に規定するのは困難であると思われる．

前4千年紀後半，メソポタミア南部の*シュメールに成立した国家は都市国家の形態であり，以後，前3千年紀の*アッカド王朝，*ウル第3王朝，前2千年紀の*バビロン第1王朝，*カッシート王朝を経て，前1千年紀のアッシリア，バビロニア，*アケメネス朝ペルシアの帝国へと拡大した．メソポタミアでは，王権や国家は都市的性格が強く，その殻を破って統一国家を形成するのに時間がかかっており，都市国家から統一国家への変化を示す王号「四方世界の王」が成立するのは前3千年紀も末近くアッカド王朝時代であった．

それに対して，エジプトでは，前4千年紀末の国家成立時点から，上エジプトと下エジプトの両地域を支配する王が現れており，ナイル川流域の統合が早い時点で達成されていた．古王国時代という前3千年紀前半に*ピラミッドという巨大構造物を建築できたのは，統一国家があって初めて可能であった．その王権や国家体制のピークが新王国時代であり，それ以後，前2千年紀末から前1千年紀の第3中間期と末期王朝時代は，異民族の支配と分裂に特徴づけられる時代となる．そうであっても，*サイス朝時代に古王国時代を敬慕する復古主義が興るように，王朝時代の伝統は受け継がれてゆく．

王権や国家の展開を考えるときの重要な区分点として，前2千年紀後半が考えられる．アマルナ時代を含む時期である．この時期，西アジアに新旧の民族と異種文化の人々による複数の政治的中心が成立した．エジプトは新王国，バビロンにはカッシート王朝，メソポタミア北部には*ミタンニ王国，このミタンニ王国を凌駕して復興したアッシリアがあった．さらに，アナトリアにヒッタイトが成立しており，これらの諸国はシリアの領有をめざす拡大政策を採った．*アマルナ文書によれば，エジプトと対等に遇される大国は，大王を自称し，互いに兄弟と呼びあっており，その他の従属国とは異なった名称が与えられている．地域統合のもと強大な国家権力が成立したのである．従って，この時期，オリエントが多極的な世界になったことと同時に，政治的・領土的なまとまりをもった国家が明白な形をとって現れた時代と言える．軍事力の強化は，人員や財政の再編を招いたであろうし，国家を代表し，象徴でもある王の権威を高める方向に向かったであろう．

前2千年紀後半より前の時期，メソポタミアにおいては，シュメールの伝統を継承することが重視されていた．ウル第3王朝が*エラムの攻撃を受け崩壊に向かうとき，すでに*イシン王朝は成立していた．イシン王朝の正統性は，シュメールとアッカドの最高神*エンリルの祭儀権を掌握するために*ニップル市を領有することに求められ

た．後に，エラムに占領されていた*ウルを解放することで，イシン王朝は，ウル第3王朝の正当な後継者という第2の正統性を獲得した．イシン王朝の初期に在位した王は「イシンの王」を名乗らず，「ウルの王」を名乗ったのである．イシンに遅れて王朝を建てた*ラルサは，イシンと対抗できる勢力になったが，このラルサ王朝もイシンと同様に，ニップルの支配とウル第3王朝の後継者であることを正統性の原理とした．次のバビロン第1王朝の*ハンムラビも，ウル第3王朝以後初めてメソポタミアの統一を果たすと，*『ハンムラビ法典』が，ウル第3王朝の*『ウルナンム法典』とイシン王朝の*『リピト・イシュタル法典』の伝統を継承するように，シュメール以来の伝統にそった国家運営を行った．

 *イシン・ラルサ時代はウル第3王朝の統一が崩れた分裂時代であり，イシンやラルサのほかにも有力な国家が成立していた．新興の*エシュヌンナやメソポタミア北部の*シャムシ・アダド1世の王国は，伝統の面でも，その地理的な辺境性からしても，イシンやラルサのようにウル第3王朝の後継者という正統性を唱えることができなかった．代わって，彼らはアッカド王朝の後継者を任じた．エシュヌンナやアッシリアには，アッカド王朝の有名な王*サルゴンや*ナラム・シンの名を継承する王がいた．エシュヌンナもアッシリアも基本は都市国家であり，その理念は，都市は*都市神の所有物であり，都市支配者は都市神に仕えて，都市の秩序を維持するものと位置づけられた．こうした都市国家観は，シュメールに存在した理念であり，彼らは，シュメール以来の伝統を継承した王権観を基盤に国家を形成した．自らの独自性を求めるにしても伝統の枠の中での行動であった．

 前2千年紀後半に見られる変化とは，メソポタミアは当然としてエジプトにおいても，それ以前の時代において主要な要因となっていた伝統の保持という内的要因とは別に，外的な要因とも言うべき，強国が並立し対峙するという国際関係が契機となって引き起こされた王権観や国家観の変化であると思われる．

 王権の安定のためには，王位継承を確実にすることが不可欠であろう．王位継承について，王が生前に次の王を決めておくという皇太子制度は，長兄が継承するのか末子が継承するのか，その基準が何であったかは不明であるとしても，シュメールの早い段階から存在した．しかし，王位継承に関する明文化された規定は，ヒッタイトのものが早い例になると思われる．前2千年紀中頃を境にした王権や国家のあり方の変化に対応する．

 次の前1千年紀に，アッシリアや*アケメネス朝ペルシアが，エジプトを含む全西アジアを領土とするような帝国時代になる．前2千年紀末に混乱期があるにしても，前2千年紀の多極化した世界を一元化する動きと捉えることができる．アケメネス朝ペルシアは，真に帝国と呼びうる最初の国家であり，ペルシア帝国は，東において別の文化を形成していたインドと直接境界を接し，西においては，*ペルシア戦争が象徴するように，地中海を挟んでギリシア世界と全面的に接触することになった．

 エジプトやメソポタミアでは，強大な国家へと展開するが，東地中海岸は，エジプトとメソポタミアの巨大国家に挟まれ，都市国家の形態が主流であった．確かに，前

1千年紀前半に*イスラエルが領域を拡大したが，それは，覇を競ったエジプト，アッシリア，ヒッタイト，バビロンという大国が前2千年紀後半からの暗黒時代に滅亡もしくは衰微した，その間隙をぬったものである．従って，アッシリアによる統一が再び達成されると，東地中海沿岸の諸国家は，それに服属し，イスラエルは滅亡する．それとは別に，東地中海岸では，*フェニキア人の都市国家が海上交易を通じて広範囲の勢力圏をもつようになり，*アラム人が，陸上にダマスカスを中心とした商業ネットワークをつくった．フェニキア人の国家，アラム人の国家はともに，都市国家的性格が強く，領土的拡大をめざす帝国への発展を認めることができない．

　メソポタミアでは，都市文明と並行して*遊牧民の世界がある．シュメール人は彼らを文明なき周辺の蛮族と見下したが，前2千年紀前半に遊牧系の*アムル人がメソポタミア諸都市に王朝を建設するようになり，以後，遊牧民がもつ部族的な組織がシュメールの伝統である都市社会や王権と対等に機能することになる．

　M. ヴェーバーは，『都市の諸類型』において，国家形態の展開をギリシアとアジアにわけ，ギリシアにおいては，農民共同組織－城砦王政－貴族政ポリス－重装歩兵ポリス－民主政市民ポリスと民主政へと展開したのに対して，アジアにおいては，農民共同組織－城砦王政までは同じながら，それ以後がギリシアの道とは相違し，官僚制都市王制－君主政ライトゥルギー国家へと展開するとした．官僚制都市王制とは，軍隊と役人は宮廷所属員として王に所属し，臣民は賦役および貢納を王に提供する義務を負う体制であり，賦役王制もしくは貢物王制とされるものである．君主政ライトゥルギー国家・独裁的ライトゥルギー国家とは，オリエント専制国家のことで，先の体制をより合理化したものである．エジプトやメソポタミアの主要な国家形態を考える上で参考になる見解であるが，古代オリエントに展開した国家と王権は人類史上最初のものであり，その独自性と後世に与えた影響を考慮しつつ，その諸形態はより詳細に検討すべき課題として，われわれの前におかれたままである．従って，ここでは，メソポタミアとエジプトを対照させながら，国家と王権について素描することにとどめざるを得ない．

IV-1-(2)　王権理念

　メソポタミアでもエジプトでも，王権はその成立当初から人々の第一人者＝首長ではなく，特別な権威をもつ存在であった．王は権威の源泉を神に求めた．エジプトの*王号は，最初に「ホルス名」があり，順次，「二女神名」，「上下エジプト王名」，「黄金のホルス名」，「ラーの子名」という5種類の王号が加えられた．それらが表すのは，*ホルスや*ラーという大いなる神々との関係と上下エジプトという支配領域である．

　古代史を語るとき，世俗的な王権と，宗教的な神権との対立を強調する場合があるが，王権は神権と対立するものでなく，神官や神殿は王権を補完するために存在した．王権は，行政組織と宗教組織を両輪として機能したのであり，神殿は王権に従属する組織の一つと見なされる．従って，神官にしても宮廷所属員との間に明確な区別があるようでいて，実際は，両者は区別が難しく，ある場合には相互に融合していた．

　エジプトの王号は神との関係をも表示しているが，メソポタミアにおける王号は，

支配領域と中心都市を示すことが主目的である．たとえば，シュメールを初めて統一した*ルガルザゲシは，「国土の王，ウルクの王」を名乗り，*ウルクを王都としてシュメール全土を支配する王であることを，王号で示した．時代が下った*新アッシリア時代においても同様で，「全土の王，アッシリアの王」のように，中心としてのアッシリアと地上世界すべての支配を王号で表現している．メソポタミアでも神との関係は当然重視された．王都と言っても，ウルの都市神ナンナ（→シン），アッシュルの都市神*アッシュルがそうであるように，都市神が全土の主であると見なされ，その加護のもとに王権は成立するという神との関係が，王号に含意されている．さらに，王にのみ神殿建立の権限が認められたように，神との特別な関係が王の権威を保証したのであり，神殿は王権と密接な関係をもっていた．そうした神との関係は，*エピセットで示された．ルガルザゲシを例にとると，「（シュメールの最高神）エンリルの大エンシ，（三大神の一つ）エンキ（→エア）神が知恵を授けし者，太陽神ウトゥ（→シャマシュ）が名を選びし者，シン神のスッカルマフ，……」とあり，シュメールの主要な神々との関係を列挙する．

エジプトの王権が及ぶ範囲は，実際は*ナイル川流域であろうが，理念上は，神の子として生まれ，死後も*冥界の主になるように，全宇宙である．新王国時代の宰相レクミラーは，「天，地，冥界，すべてにおいて知らぬものなし」と述べる．ファラオは，当然それを上回り，天界・地界・冥界＝宇宙の支配者とされたのである．エジプトでは王のために荘厳な葬祭神殿が造られるが，現世の地上世界だけでなく，死後の冥界でも王たる，宇宙の支配者であることを象徴するのであろう．

メソポタミアでは，人間が住む地上世界，それはエンリル神が支配する世界であるが，そのほかに，アン（→アヌ）神が支配する神々の住居である天があり，地下には冥界と深淵があった．冥界はエレシュキガル神の領域であり，深淵はエンキ神の領域である．天・地・冥界・深淵は，それぞれ異なった神の領分と意識されたのである．『*イナンナ（イシュタル）神の冥界下り』というシュメール語とアッカド語で書かれ広く流布した物語では，イナンナ神は冥界までも支配しようと，冥界の神エレシュキガルに会いに行くことがモティーフになっており，当然のことながら，イナンナ神の意図は挫かれる．こうした複合的な宇宙の中で，人間の王は，エンリル神から支配権を与えられた地上世界のみが支配できる範囲であり，その他の世界，天も冥界も深淵も人間の王のあずかり知らぬ世界であった．

エジプトでは，早い時期から神王理念が形成されていたが，メソポタミアおいては，神々に愛でられた王という意識は，王のエピセットから知られるにしても，存命する王の神格化は，アッカド王朝第4代ナラム・シンからであり，比較的遅く始まった．神格化の伝統は，以後，ウル第3王朝，イシン王朝，ラルサ王朝に継承されるが，*ハンムラビのバビロン第1王朝になると軽視され，そして消滅する．メソポタミアにおいて，王の神格化が強固な規範性をもっていたとは言い難い．規範性が薄弱なのは，メソポタミアの王の支配領域が，全宇宙でなく，エンリル神の領域である地上世界に限定されるという意識と関係するのであろう．

ファラオという王号は新しく，新王国時代から使用された．王号が変化したのである．前2千年紀後半の変化の一つと捉えることができるが，それとは別に，エジプトと比較して，メソポタミアでは，王号は，シュメール語の*ルガル(lugal)，それに対応するアッカド語シャル(šarru)が最後まで使用され，新しい王号の創設に至らなかった．付随する語，「国土の王」の国土，「四方世界の王」の四方世界によって領域の広さの相違を示すにとどまっている．つまり，空間的な領域への関心が強く，王権の質的展開を明示する王号を生み出さなかったのである．そのことは，メソポタミアにおける王権の限界性を示すものであろう．

　王は行政組織と宗教組織を両輪として，特別な権威をもつ者として君臨した．その象徴としての*王冠や王笏は，早い時期から使われた．エジプトの二重冠は上エジプトと下エジプトの支配を象徴する王冠とされているが，メソポタミアにおいてアッカド王朝のナラム・シンから使用された角のある王冠は，本来神を示すものであり，神格化した王の象徴になったのである．しかしながら，メソポタミアでは，王の像が祈願像が中心であることと軌を一にして，王の神聖さよりも，人々を導くこと，神殿建設を指導すること，耕地を測量することなど，王の機能が強調された．エジプトでは，*アンクに見る永遠性や，上下エジプトの支配を意味する「二女神名」と関連するコブラが呪詛性をももつように，神聖性や神秘性を強調する場合が多いように思われる．

　なお，ヒッタイトではその他の地域とは系統が異なる王号が使用された．ヒッタイトにはタバルナという王号名があったが，それは，始祖とされる王の名を称号に取り入れたものとされている．タバルナの妃の名とされるタワナンナが，これも王妃を示す号となった．ヒッタイトでは，ある時期，王妃に国制上の権限があった．王妃として王権を補佐する重要な役割を公的に認めるという制度は，エジプトにもメソポタミアにも存在しないと思われる．

　神聖さを付加され地上の支配権を与えられた王に期待される権能は，対外的な防衛戦争の勝利と内政的な平安・豊饒である．それらは，神々の恩顧によって達成されるのであるから，エジプトでもメソポタミアでも，戦争の勝利と，*神殿・*城壁の建設，運河の開削が主な内容である王の顕彰碑が多く残されている．

　シュメール*初期王朝時代のウルの*王墓から出土した「ウルの旗章(スタンダード)」は，一面が戦争勝利の図であり，他方が豊饒の宴の図になっている．王権の2大責務を，図像的に表現したものである．社会秩序の維持について，エジプトの王は真理や秩序を体現する*マアトの奉献という重要な宗教儀式を行い，メソポタミアにおいても，神々の神殿を巡って奉納を行っている．それとは別に，シュメールでは初期王朝時代から孤児や寡婦を守るという決まり文句で社会秩序の維持を表明していたが，ウル第3王朝時代から，法典が編纂されるようになり，明確に社会正義を擁護することが王権の任務として表明されるようになった．

　このように，王号は王権の隔絶した権威とその源泉を示すのであり，どのように統治したかは，浮彫りや王碑文や*王讃歌などで，王の治績として顕彰した．個々の治績を記すにしても，初期においては，王の2大責務の枠の中でその一事例として表現

されたのであるが，時代が進むと，アッシリアの王碑文に顕著であるが，*年代記風に，時間順序を考慮した書き方に変化した．王権観に何らかの変化が生じたのである．

IV-1-(3) 統治形態

古代オリエントにおける統治形態を考えるとき，まず，特徴としてあげうるのは，エジプトでもメソポタミアでも，文字による管理が行われており，*書記が重要な役割を果たしたことである．そうした共通性を認めるにしても，古代オリエントにおける長い歴史の中で，前2千年紀後半を境に大きく変化したと思われる．前2千年紀後半によって区切られる時代差が考慮すべき点である．さらに，エジプトにおける最初からの統一国家出現と，メソポタミアにおける都市国家的性格の継続という，両者の相違に留意すべきであろう．

メソポタミアにおいては，前2350年ころの行政経済文書が*ラガシュから出土しており，シュメール初期王朝時代の都市国家の体制が明らかになる．この時期の王権は，支配下の全住民と全耕地を掌握し，それに対する人頭税や地税を課すという体制ではなかった．王権は，その経済基盤を，他を圧する広大な耕地，膨大な所属員，各種職人を集めた家内工房からなる巨大な家産体制に依存していた．その後の前3千年紀末にメソポタミア全域を支配した*ウル第3王朝は，中央集権的な体制を作るために制度の改変に着手したが，それも，初期王朝時代以来の都市国家の領域と制度を基礎にして，従来の巨大な家産体制に依存したものであった．

次の前2千年紀前半，*古バビロニア時代になって社会は分化する．『ハンムラビ法典』には次のような規定がある．戦争で捕虜になった者の賠償金は，まず家族が払う．家族が払えなければ町が，町が払えなければ神殿が，最後に王が払うと．家族，都市の自治組織，神殿，王権の各々が，ある役割を担う社会がそこにある．王権の巨大な家産体制に規定された社会が解体することで生み出されたモザイク的な社会集団の併存であり，それらの個別化と自立化を認めて，階層という大きな枠組みで，再編を迫られる社会に移行している．しかし，なお古バビロニア時代にあっては，ハンムラビの施策がシュメール以来の伝統に沿うものであるように，それぞれの勢力は混在し，明確な階層社会に至らず，中間的な性格をもったままである．

前2千年紀の後半は一つの転換期である．この時期の*クドゥル（境界石）に記されるように，王は，神殿や有力な人々に土地を与え，その土地に税を課さないで，役人が介入できない不輸不入の権利を認めた．家産体制内の夫役を前提とする土地支給と言うよりも，私有制の展開の中で，大土地所有を認め，それを基盤とした制度に転化している．神殿も，*アッカド時代という遥か昔の王が土地を寄進し不輸不入の特権を与えたという偽文書を作成して，自己の特権を誇示したように，自立化が進んでいた．

前2千年紀後半の社会変化は，こうした内在的な社会変動という要因もさることながら，外的な要因を考慮しなければならない．この時期は先に述べたように，エジプト，ミタンニ，ヒッタイト，アッシリア，バビロニアなどの強国が合従連衡を繰り返す時代である．*アッシュル・ウバリト1世がミタンニから自立したとき，エジプト

73

王あてに「いままで，我が祖先たちは，あなたに(手紙を)書いたことがなかったが，今私は書きます」として，友好関係を築きたいという内容の手紙を書いた．その中で，「ミタンニの王があなたの父なる(エジプト)王に手紙を書いたとき，彼は彼(ミタンニ王)に20タレントの金を送った．今，私(アッシリア王)はミタンニ王と同等である」として，同等の金を要求することで，ミタンニに代わる強国としてアッシリアを位置づけている．このアッシリアの行動に対して，バビロンの王は，バビロンの臣下であるアッシリアがバビロンの許可無く勝手にエジプトに通交を求める使者を派遣したが追い返すように，といった内容の手紙をエジプト王に送った(→アマルナ文書)．それぞれの国家は，二国間の関係だけでなく，国際関係の中に自らを位置づける必要性が生じているのである．

シリアは都市国家的形態が主であり，神殿や長老会が行政に参与しており，王がその上に立つ形態であった．こうした都市国家の王にしても，国際関係の中に自らを位置づける必要に迫られていたのであろう．アマルナ文書に見られる外交活動は，都市国家が強大な国に庇護を求めるというにとどまらず，国際的な序列の中での自らの地位を明らかにする目的もあったと思われる．

そうした国際関係の中で，新しく導入された*戦車と*馬を戦力としていかに効果的に活用できるかが国家や王権の存亡に関わっていた．戦車や馬を自弁できる戦士層もしくは貴族層を，王を補佐する支配階層として拡充する必要があり，そのために特権的な土地所有を認めることにもなったと思われる．従来の貢納制度でなく，私的所有の展開のもと，各種の社会階層が形成された社会において，土地と人に課す税が国家にとって不可欠な財源と認識されたのである．

対外的にも内政的にも，国家の象徴，もしくは結節点としての王の権威が重要視され，その正統性を巡る争い，王位継承の争いが，貴族層を巻き込んで国家の存亡に関わる政争に発展することも起こりうる．ヒッタイトの勅令や*中アッシリア法に，王室関係の条文が多く含まれるのはこうした事情が反映する．王宮内において*宦官が重要性を増すのは前1千年紀になってからであろうが，王権に反抗する門閥的な貴族に対して，王の手足となる宦官は王にとって有力な味方になったから重用されたとされている．前3千年紀のように王が神との関係でその正統性を主張できた段階が過ぎ，諸勢力が絡む国家を統合する王権，あるいは国家と一体化した王権という存在そのものが，権力闘争を激化させた側面を忘れてはならないであろう．

この時期，ミタンニ，アッシリア，ヒッタイトで確認されるように，王個人の*印章でなく，国璽とも呼ぶべき，王権もしくは神々の印(国の印)が使用されるようになる．

支配領域について，前3千年紀のウル第3王朝時代では，中心地域であるシュメール・アッカド地方と周辺地域の二重構造であった．周辺地域の諸勢力に対して貢納を課すことがあったが，定期的な貢納であったかどうか実証されない．ウルの側は服属国と認識していたとしても，周辺地域がウルに完全に服属していたのか，外交的な関係と見ていたのか，その点が曖昧である．支配領域は，地図に描けるほどに明確であ

IV 国家と社会

ったとは言い難い.

それに対して,前2千年紀後半には,強国はひとまとまりの領土を意識し,勢力範囲の確定のため国境をめぐって相争った.中アッシリア時代以降,アッシリアは,アッシュル,ニネヴェを含む地域を「固有の本土」と意識し,理念的にはその外側に直接支配地域としての属州があり,さらに外縁に従属する属国が分布するという,境界が明確な区分に基づく支配体制をとるようになる.

前3千年紀のシュメールでは,都市国家が基礎であり,征服したにしても,従来の都市を中心とした統治組織を利用した.古バビロニア時代以降,中央から総督が派遣される場合でも,行政機構は従来の体制を温存し活用した.それが,前2千年紀後半になると,属州・属国体制をとることになったのである.

ヒッタイトは,外縁の*カルケミシュに王族を配して,シリア北部の服属都市を支配させた.シリア北部は,エジプト,ミタンニ,アッシリアが覇権をねらう重要な地域であった.戦略上の処置としての王族派遣であろうが,本国と属州・属国体制が国家の形態として意識されていたことも考慮されねばならない.前3千年紀のウル第3王朝のように,周辺地域において,服属国かそうでないのか,曖昧な面が存在したのであるが,列強が並び立つ前2千年紀後半では,そうした曖昧さはもはや許されず,敵か味方か,自国の勢力範囲かそうでないかが,明白に境界を定めつつ意識されるようになっているのである.実際ヒッタイトの王*ハットゥシリ3世は,そのような趣旨のことを述べている.「我に誼みを通じるものは,我に使節と贈り物を寄こす.我に敬意を払うものは我も敬意を払う.しかし,我に敵意を抱く者を我はうち負かす.国々をハッティの領域に組み入れ,敵であった者も我と和平を結ぶことになろう.」ここに記されたような領土の保全と支配権の確定のために,*宗主権条約が結ばれるのもこの時期からであろう.

属州・属国体制の行き着く先に,ペルシア帝国の*サトラプ制がある.*ヘロドトスを信じれば,ペルシア帝国は全領土にサトラプという直接統治の属州体制を敷いたことになる.ただし,ヘロドトスの記述をそのまま信用してよいか疑念が残る.

前2千年紀までのエジプトの支配をみると,メソポタミアのような都市国家でなく,最初からナイル川流域は統一されており,それにふさわしく,行政上の責任を負う*宰相職もすでにあった.地方は*ノモスに区分され,地方行政区として機能した.つまり,早くから官僚制と呼びうる中央行政制度の原型があり,税も支配住民を対象としており,徴税台帳が存在し,それに基づいて税が徴収された.

エジプトの歴史は,中央集権と地方分権との相克として理解できよう.中央勢力が弱体化すると,中間期という時代になるが,諸侯はノモスを基盤に分立する.中央権力の再強化は,分立した諸侯領を州(ノモス)に再編することから始まるのであろう.地方分権と神殿の自立化傾向があり,王権がそれをどのように修復するかがエジプトにおいては主要な動きになる.つまり内的要因が主要であった.外の世界,*ヌビアやリビアは,基本的に資源供給地であり,遠征の対象地であるとしても,内国化は主要な課題でなかった.

内的な要因に加えて外的要因が重要性を増すのは，新王国時代，すなわち，前2千年紀後半からである．新王国時代のエジプトは，積極的にアジア＝シリアに進出し，ミタンニやヒッタイトと対峙することになった．この時期，宰相が上エジプトと下エジプトにおのおの一人計2名が置かれるようになった．各種の行政制度が整備され，複雑な官僚体制が作り出された．それは，強国が互いに対峙する国際関係の中で優位な地位を維持するために，国内行政組織の効率化が視野に入った処置であろう．この時期，軍事的要因が重要性を増したことは，軍人出身者がエジプトの*ファラオになったことからも知られる．

　王権も，伝統的で内的な秩序における最高権威者という意味だけでなく，列強との関係の中でその最上位をしめることが意識されたであろう．エジプト新王国時代では，カルナクの神殿に見るように以前にまして大神殿が建設され，王の巨像が作られた．国内外にファラオの威信を高めるために，その神聖性を強調したのである．

　支配領域に関して，ナイル川を遡ったヌビアは*金や*象牙の交易地・産出地として古くから関心がもたれ，遠征や要塞建設が行われた．しかし，総督を置き直接支配体制を敷いたのは新王国時代からである．エジプトの国家は，本土である上下エジプトに加え，総督が支配するアジア地域と南のヌビア地域という属州・属国から成り立つ．こうした体制は，ヒッタイトやアッシリアと同様に，この時期の列強に伍す国家にエジプトを位置づけるためであろう．

　最後に，税であるが，初期のメソポタミアのように家産的体制下では，地税というより，小作料や用益料であったろうし，それ以外の人々，神官や職人などからは，本来的には神への奉納や神を祭る王への貢納という形態での持参物であったろう．従属国からの貢納もその延長上にあると思われる．エジプトの税がそうした範疇で創始されたものかどうか判然としないが，エジプトでも，全住民と全耕地に課せられた人頭税と地税という，完備した恒常的な税制ではなかったと思われる．こうした貢納とは別に，戦利品なども重要な収入であったはずである．中世ヨーロッパにおける王の大権として，市場税等があったが，こうした税目に該当するものが西アジアに存在したかどうか，前2千年紀後半以降に原初的であったにしても存在してもよいと思えるが，不明である．

IV-1-(4)　外交

　強大な国家であるエジプト，ヒッタイト，バビロン，ミタンニ，アッシリアが覇を競った前2千年紀後半は，以前にまして諸国間の外交関係が活発になった．エジプトで発見されたアマルナ文書は，強大国バビロン，ヒッタイト，ミタンニ，アッシリアそれぞれの王と，そしてシリアの都市国家の支配者とが，エジプトのファラオとの間で交わした外交書簡であり，紀元前14世紀の国際関係を知りうる文書である．そこに記された言語は，エジプト語でなく，当時の国際語であったアッカド語である．

　前14世紀，ヒッタイトが*シュッピルリウマ王のもとで強勢になることで，ミタンニは従来の反エジプトから親エジプトに方向を転換する．しかし，エジプトは*アクエンアテンの改革などで，西アジア外交は手薄になっており，影響力が低下した．さ

Ⅳ 国家と社会

らにヒッタイトがミタンニの首都を落とすと，ヒッタイトとエジプトがシリアで直接対峙することになる．そのとき，バビロンは，ヒッタイトを牽制するためにエジプトと友好関係をもった．一方，ミタンニの軛から逃れたアッシリアが*アッシュル・ウバリト１世のとき強国の一員としての地位を占め，バビロンのカッシート王朝を凌駕する．こうした時代背景の中で，アマルナ文書は書かれた．主要なところでは，*アメンヘテプ３世は，バビロン王*カダシュマン・エンリル１世とミタンニ王*トゥシュラッタとの間で，アメンヘテプ４世（アクエンアテン）はバビロン王*ブルナ・ブリアシュ２世，ミタンニ王トゥシュラッタ，アッシリアのアシュル・ウバリト１世との間で外交書簡を交わしている．

こうした外交関係は，使節の派遣と同時に贈答がともなう．先に引用したアッシリア王の手紙のように，エジプトは金を求められた．また，ヒッタイトに馬と鉄を要求するものもあった．

国家間の友好平和関係を強固にするために，王朝間の*結婚が行われることもあった．アマルナ時代前後では，バビロンとエジプトの間，ミタンニとエジプトの間などで，王室間の結婚政策があった．ヒッタイトとエジプトの間の結婚は，エジプトに向かうヒッタイトの王子が行方不明となり立ち消えになった．反ヒッタイト勢力，すなわち狂信的なエジプト主義者が宮廷内に存在したのであろう．時代を下げて前７世紀の例も挙げておく．リディアは，ギリシア植民地を巡って*メディアと対立したが，前585年，タレスの予言で有名な日蝕を契機に，新バビロニア王朝（→新バビロニア時代）の*ネブカドネツァルの斡旋と，王に選出される以前のいまだ将軍であった*ナボニドスが実際の仲介の労を取ることで，両国は争いをやめ，平和条約を結んだ．その際，両国の王子と王女の結婚が取り結ばれた．

前２千年紀後半以降，*条約文書が頻繁に作成されるようになる．平和条約や*宗主権条約が，外交関係では重要である．条約には，金属板に書き込まれ，王個人の印章でなく，国璽ともいうべき神々の印章や伝来の印章が押されたものがある．

平和条約の例として，エジプトとヒッタイトの間の条約がある．*カデシュの戦いの後数年を経て，戦後処理が進まない中で，シリア方面へのアッシリアの影響が顕著になったため，両国は，ようやく敵対から友好へ転換するために平和条約を結んだ．

ヒッタイトは周辺諸国と宗主権条約を結んでおり，そうした宗主権条約が多く残されている．さらにヒッタイトのような強国は服属する諸国の対立を調停し，それを条約として明示した．条約はおおよそ，ヒッタイトに忠誠を誓うこと，国境の保全，攻守同盟，降嫁と言った内容が主であるが，贈答品にふれるものもある．

反乱を鎮圧した後，再発予防のため*強制移住を実施することもあった．強制移住政策は，次の前１千年紀にアッシリアやバビロニアの王が大々的に行っている．そこでは，単に反乱予防だけでなく，国内の行政・経済全般にわたる再編成の意味もあった．広大な支配領域を効率的に運営することが意識されるようになったのである．

時代を古くに遡り，前３千年紀のシュメールでは，対等な立場での条約締結ではなく，たとえば，*ウンマと*ラガシュが長い国境争いを繰り返し，*エンメテナ（エンテ

77

メナ）王のときに和平が成立したが，その場合は神々への誓いと，国境保全の片務的な誓約と，違反した場合の神の罰が記されている．都市国家間の同盟も，ラガシュとウルクの例に見るように，友好同盟は都市支配者同士が「兄弟となる」という表現をとっている．

降嫁政策の早い例として，ウル第3王朝時代に，最遠の地である*エラムの奥にあった，いまだ完全には服属しない国に，王女を降嫁する事例がある．不思議なことながら，こうした国々は数年のうちに反乱を起こしウルに征服されている．逆効果であったのだろうか．なお，ウル第3王朝，王女の多くは将軍や高位高官に嫁していた．

国家間の敵対と同盟は古くからあったにしても，条約などで明文化された国際関係というのは，前2千年紀に入ってから成立するのであろう．異文化の世界，異民族と見なされた周辺の諸国，エジプトではヌビア，メソポタミアではエラムなどがそれに該当しようが，こうした国々との関係は，中心と周辺の意識からは対等でなく，外交の相手にならなかった．あくまでも中心地域の拡大として，支配すべき地域としてのみ認識された．文明ある中心地域と野蛮な周辺地域というこういう地理観が払拭されて，初めて国際関係や外交が成立するのである．

IV-1-(5)　軍隊

軍隊についても，前2千年紀後半が画期であろう．何よりも馬にひかせた戦車の登場がこの時期を特色づける．鉄製武器は少し遅れて前11世紀に登場する．エジプトの*ラメセス2世とヒッタイトの*ムワタリが戦端を開いた*カデシュの戦いは，両軍2千を超える戦車を投入した会戦となった．規模もさることながら，専門的な軍事集団の存在なくしては，もはや戦えない時代になったのである．戦車そのものは，「ウルのスタンダード」に見るように，シュメール初期王朝時代から存在したが，馬でなくロバにひかせており，しかもスポークがなく機動性はなかったと思われ，実戦向きというより，王の御座車のような象徴的な意味が強いと思われる．

エジプトでもシュメールでも初期の軍事集団は，基本的には，平時には，灌漑労働などの夫役労働に従事し，戦時に兵士となる集団であった．*槍や楯で装備された密集隊形であり，専門技能がことさらに要求されることはなかったであろう．戦車が出現しても軍隊を構成する大多数はこのような徴発された兵士であったろうが，その上に専門的な軍人層があって，その質が軍隊の質を決定することになった．

なお，弓（→弓兵）も軍装として重要であろうが，シュメール初期王朝時代には，弓を使用した例がない．シュメールの連合軍と対峙したアッカドの軍は弓を使用しており，以後メソポタミアでも弓が槍とともに標準装備となった．

*マリ出土の手紙などにみるように，古バビロニア時代までは，軍隊を数えるのは兵士数であるが，戦車の導入以降，たとえば，前1千年紀の例になるが，アッシリアの王碑文では，「*ダマスクスのアダド・イドリの1200の戦車，1200の騎兵，20000の歩兵，*ハマトのイルフレニの700の戦車，700の騎兵，10000の歩兵」のように，兵士だけでなく，戦車，騎兵が数えられ，筆頭には，兵士でなく，戦車が置かれることになる．戦車の次に挙がる騎兵は前1千年紀になって出現する．

新アッシリアの*センナケリブは20万余の兵士を動員したと述べる．規模の大きさだけでなく，軍隊は歩兵，戦車兵，騎馬兵，工兵，補給兵などから構成され，複雑な組織になっていた．工兵は，進軍の道路整備から攻城戦まで色々な局面で活躍した．*攻城器，*投擲器なども備えていた．補給所も主要な道筋にそって規則正しく置かれた．革袋を抱いて渡河する水兵が壁画に彫られているが，船を操る海軍はアッシリアになく，必要なときにはフェニキアの軍艦を徴用した．さらにアッシリアの軍隊は，地方の中心都市に駐留し，押さえとなっていた．彼らの活動を支える武器や食糧は，そうした地方において貢納や税という形で取り立てたものによって賄われた．こうした軍事組織と地方組織は，ペルシア帝国にも継承される．

　このように，戦車の出現は，戦争を専門技能化し，それを担う広範な軍人層＝騎士や貴族階層が成立することになる．そうした社会変化に加えて，規模が拡大し複雑化した軍隊組織とその運用を支えることが国家組織の柱になり，税制を含めた国家・属州システムの変革を迫ることにもなった．

　軍隊の重要な構成員として*傭兵がある．エジプトではヌビアやリビア，それにエチオピア人という異民族が主要な傭兵の供給源であった．

　メソポタミアにおいては，初期王朝時代は都市国家の時代であり，異民族傭兵の例はなく，都市内の住民で軍隊を編成していた．槍や革製カブトなどの装備は，自弁でなく王宮から支給され，その製造と修理は王宮の職人が行った．

　前3千年紀末のウル第3王朝時代では，アムル人や*フリ人など周辺異民族が傭兵として軍団に組み入れられた．族長が将軍になり，部族そのものが一軍団になり，周辺地域の戦略的に重要な地点に駐留し，また，中心地域の都市の近くに駐屯地を設置し，そこに派遣されたりした．支配下の各都市は，戦略上重要な都市に民政と軍政を統括する総督が派遣されることがあったにしても，ほとんどの都市では，初期王朝時代にあった軍事労働集団が解体し，労働集団のみを抱えることになった．軍隊は王直属軍のみということになり，この王直属の軍事組織における異民族の比重は，当然重くなった．ウル第3王朝崩壊後のイシン・ラルサ時代，この時代の名称になっているイシンにしてもラルサにしても，本来遊牧系の民であったアムル人がシュメール人のものであった都市に王朝を建てた．シュメール・アッカドの都市，ウルクやカザッル，それにバビロン，マリなどにもアムル系王朝ができた．シュメール・アッカドの諸都市では労働集団があっても，軍事組織に転化することはなかった．こうした軍事組織の不備がアムル人による都市の制覇を容易にしたであろうし，逆に，都市はアムル人の軍事力に期待して彼らを迎えたのかもしれない．

　古バビロニア時代のマリもアムル系遊牧民に頼るところが大きく，遊牧民に対して人口調査を実施し徴募の便宜に供していた．

　王は，軍隊の統率者であり，図像的には進軍の先頭に描かれたり，先陣を切って戦場に臨んだりする．王の最高指導者を象徴するのは，*棍棒頭（メイスヘッド）のついた笏であったり，短剣であったりした．エジプト絵画では，征服の象徴として縛られた捕虜を描くが，戦争捕虜，とりわけ男子の捕虜は，奴隷として働かせることはほと

んどなかったと思われる．メソポタミアでも同様であり，戦争による捕虜や戦利品としては女性が多い．男性の場合，捕虜の目をつぶして奴隷にする場合がある．シュメール商人がエラムなど遠隔地から奴隷として買ってくるのは女性が多く，王宮の織物工房で働かせた．男性は王宮の菜園に働く「目の見えない人」が買われてきた．戦争捕虜にしろ，購買奴隷にしろ，男性が少ないのは，シュメールには大規模な鉱山・農場などがなく，需要がなかったのも一因であろう．

IV-2 社会

IV-2-(1) 王宮と神殿

古代オリエントでは，立派な*神殿の遺構が発掘されている．メソポタミアでは都市の中心に神殿群がそびえ，聖域が設定されていた．荘厳な神殿に比して*王宮の遺跡は少ない．エジプトがそうであり，メソポタミアも前3千年紀では同様である．石で造られた神殿に対して，煉瓦で造られた王宮は年を経て崩れ，遺構として残りにくいという意見もあるが，メソポタミアでは神殿も王宮も煉瓦である．別の要因を考慮すべきであろう．

王宮とは，狭義には王の居住区であろうが，実際上，王宮は，行政機構，生産工房，交易品の集積所，収穫物の倉庫，謁見の場，そして祭儀など，多岐にわたる機能を有していたはずである．上下エジプトの統一を果たした王権は，ピラミッドに見るように，労働力と富を王宮に集中させることができ，王宮の工房が高い技術をもっており，王室経済が社会の中心になっていた．

シュメール初期王朝時代の王宮は，*キシュと*エリドゥを除いて発見されておらず，キシュの場合は破損がひどく全体がつかめないし，エリドゥの場合は，伝説ではシュメール最古の都市とされ，宗教的な重要性が減少することはなかったにしても，すでに政治的な有力都市国家の一員であるという地位から降りていたこの時期に，エリドゥに建設された王宮は，誰のものかという疑問があり，なお判然としない．

文書資料によると，王宮は巨大な家産体制を基盤としており，その構成員は，家政を預かる家宰を筆頭に，執事，門衛，酒杯官，厨房の料理人・ビール職人，工房に働く鍛冶，陶工，革鞣し職人，織物工房の女工，耕地管理人，菜園管理人，牧夫，漁師など，多岐にわたっていた．古バビロニア時代のマリの王宮址のように一つの建物に集中する場合も，分散した形態をとるものもあったであろうが，複合的な機能をもつ王宮は継続していた．

メソポタミアにおいては，統一国家が成立したウル第3王朝時代以降に，王宮址が多く発掘されている．注目すべきは，玉座の間，もしくは謁見の間であろう．玉座の間は，ウル第3王朝時代のウルの王宮址にもあり，マリの王宮址にも存在する．家産的複合体としての王宮よりも，権力を象徴する王の御座所の意味合いが強くなるほどに，この玉座の間・謁見の間が広くなり，建物の中心に据えられるようになる．

アッシリアの*サルゴン2世が建設した*ドゥル・シャルキンは，玉座の間が中心に据えられた圧倒的な大きさの王宮を中心にして，周りに神殿や*ジックラトがあり，

一段低いところに官僚の居住兼執務区がある．ここにおいては，家産体制的な王宮のあり方よりも，王権が神殿と行政組織を両輪として君臨することが強調されており，王権の絶対性を建築群で示すものであろう．とりわけ，官僚群の居住兼執務区が王宮の周りに造られていることは，国家統治機構の中心に王宮があることを世に知らしめる役割をもつと言えよう．ペルシア帝国の都*ペルセポリスは，王宮の一区画である*アパダーナが1万人を一度に謁見できる場所であり，それに至る階段の側面には各地からの貢納使節の浮彫りが施されている．君臨する王を表現するのが王宮の役割となった感がある．エジプトの*アマルナにある大王宮は，王の居住区でなく，謁見や儀式の場とされている．この王宮も渡り廊下で神殿と結びついていた．

家産的複合体としての王宮から，王権の権威を象徴する王宮への変化は，前3千年紀末のウル第3王朝時代にその最初の兆しがあるとしても，本格化するのは，前2千年紀後半だろう．アッシリアの前1800年頃とされる王宮は，マリの王宮と同様に倉庫群が付属するが，前14世紀末に「全土の王」を名乗り，*中アッシリア時代の隆盛期を到来させた*アダド・ネラリ1世の王宮は巨大な中庭に面して玉座の間があり，王の権威を示す謁見の機能が中心になっている．

前2千年紀後半には，バビロンの*クリガルズ1世による*ドゥル・クリガルズの建設(前14世紀?)，アッシリアの*トゥクルティ・ニヌルタ1世による*カール・トゥクルティ・ニヌルタの建設(前13世紀)，エラムの*ウンタシュ・ナピリシャによる*チョガー・ザンビール建設(前13世紀)のような新都建設，ここに*アクエンアテンによるアケトアテン建設(→アマルナ，テル=エル)や*ラメセス2世のピラメセス遷都を加えてもよいと思えるが，こうした新都建設は，王の権威を高めるために，従来にない方法がとられたと見ることもできよう．

神殿は，行政組織とともに王権を支える機関である．エジプトでは，神官長に行政組織のトップが任命されるように，神殿は王権を支える一つの組織であった．メソポタミアでも，主要神殿の祭司長は，王の専権事項であり，王が任命した．

その一方で，神殿が国政に介入する場合もあり，末期王朝のエジプト第21王朝時代，テーベのアメン神殿が国政を握り南半分を支配したように，分裂時代には諸勢力の一つとして，王権を肩代わりすることもあった．こうした行動が可能になるのは，前2千年紀後半に，神殿が，寄進を受け，不輸不入の権利を認められ，自立性を獲得して後のことであろう．

IV-2-(2) 身分・社会階層

古代社会においては，自由人と非自由人が存在する．その社会的形態はさまざまである．

シュメール語の奴隷は，男と山，女と山の会意文字で表現された．この場合山は外国を意味し，奴隷が周辺地域の異民族出身であることを示した．文字の出現という早い時期から奴隷が存在する社会になっていた．エジプトではそうした意味での奴隷は古王国時代，中王国時代には存在しないか，まれな存在であった．新王国時代では，戦争捕虜は奴隷とされ，王領地での労働に従事するか，神殿に寄進されるか，功績の

あった貴族や将軍に下賜された．エジプトでは鉱山労働に奴隷を使用したが，基本的にはメソポタミアと同様に家内奴隷が中心であった．

　自由人が*債務を負って奴隷になることは，メソポタミアでは古くからあり，シュメール初期王朝時代の王エンメテナ（エンテメナ）は，「ラガシュ市に自由を与えた．母を子に戻し，子を母に戻した．利子付き大麦に自由を置いた（負債を免除した）」と，市民が奴隷身分に落ちることを防止するために，債務破棄を命じている（→徳政令）．しかし，エジプトでは，債務奴隷が顕在化するのは遅く，*プトレマイオス朝からとされている．エジプトでは別の社会構成原理が働くのであろう．

　エジプト社会の一つの特徴は，土地に緊縛された人々の存在である．これらの人々は，その土地が王宮や神殿の所領か，それ以外の一般の土地かで名称が異なっていた．前者はネジェトと呼ばれ，後者はメレトもしくはセメデトと呼ばれた．土地は土地所有そのものでなく，それを耕す人と一括して把握されるのであり，私有制に進展が見られないことの一つの証になる．さらに，王宮と神殿が特権的な存在であることも，この事例が示す．

　エジプトでは，一般民衆と区別される特権階層とは，王宮や神殿で高位高官になった者のことであり，彼らが，顕彰碑を造るとき，王宮や神殿で果たした各種の職名や称号を飾り立てる前に，特権身分であることを示す身分呼称を顕示した．つまりエジプト社会には，王を最高権威として，各階層が同心円を描くという強固な構図があったと思われる．たとえば，*デル・エル＝メディーナにある王墓造営職人の居住村は，王のために王墓を造ることで仕え，その見返りに居住を許されるのであり，この村は日常の必需品を当該ノモスの行政区に負うのでなく，王宮に頼っていた．王に奉仕するという王との個別的な関係が基本にある．

　生まれながらの特権身分にとっても，それ以外の人々にとっても社会の中で上昇するためには文字が読み書きできることが必須であった．「彼（書記）は役所におもむき，人々は服従する．ごらん王の家の財産から食料を受け取らない書記はいない．」

　教育の目的が官吏養成的職業訓練であるのはメソポタミアでも同じである．王権や神殿に寄生して社会的位階を上昇するための手段であった．*書記*学校は，王宮にも神殿にもあった．エジプトでもメソポタミアでも，学校の先生を父，生徒を子と称している．彼らはその技能によって，少なくとも王宮や神殿の下級官吏にはなれたのである．

　メソポタミアの社会階層が，エジプトのように，特権的貴族層，庶民，奴隷という区分であったと考える立場がある．*『ハンムラビ法典』は，社会の階層をアウィルム，ムシュケヌム，奴隷の3階層で表現している．アウィルムは，「人間」を意味する言葉であるが，これを貴族とし，ムシュケヌムを平民と考える立場である．しかしながら，ムシュケヌムが王宮と強い結びつきをもっており，王宮所属員・隷属民と捉えるのが妥当であろう．従って，アウィルムは，言葉通りに「人」＝「自由人」と解釈され，『ハンムラビ法典』に示される社会階層は，自由人，王宮隷属民，奴隷の3階層である．メソポタミアにおいては，王の家産体制が他を圧倒して存在することで，宮

廷隷属民が一つの社会階層として意識されたのである．

　メソポタミア社会を特色づける一つが，隷属民意識の縦の系列であろう．*アッカド王朝時代以降，都市支配者が自身の円筒印章に，王に対して「あなたの奴隷」という銘を刻み，さらに都市の高官が都市支配者に対して「あなたの奴隷」と自称するようになる．王自身は，神への奉納碑文で，神に「主人」と呼びかけた．このようにシュメール，さらに後の古バビロニア時代でも，王から，都市支配者，高官，そして一般の構成員まで，上位者を「主人」と意識した縦の連鎖に貫かれた隷属民意識の系列が根幹にある．このような隷属民意識は，エジプトにおいても存在し得るものであろう．

　奴隷について，*『ウルナンム法典』，*『リピト・イシュタル法典』，『ハンムラビ法典』に奴隷と自由民の婚姻に関わる条項がある．これ自体，奴隷と自由民との境界の不鮮明さを示すのであるが，『ウルナンム法典』から『ハンムラビ法典』へ時代が下るほど男性奴隷と自由民女性の間に生まれた子の奴隷的束縛が緩む傾向が指摘できる．階級的区別が明確でなく，緩やかなものであった．

IV-2-(3)　家族

　エジプトもメソポタミアも，社会の基礎には，両親と子からなる単婚家族があった．家族呼称は，シュメール初期王朝時代の家族構成員を調査した文書によれば，父，妻，寡婦，息子，娘，母があり，家族が所有する女奴隷，男奴隷も同時に記載されている．この文書の書式は，家族の筆頭に父を記すものであり，妻が次にくる．家族内に子供がいればその人数を書く．この文書では，一家族の子供は6人まで数えることができる．寡婦は4例中3例に夫の名が付随し，母を筆頭者にする一例でも父の名を記す．父を家長とする家族形態であったのである．末尾の集計項目では，父の項目は父として集計されているが，注目されるのが，妻，寡婦，母は，「子の母」なる項目に合計されることである．家長の妻，家長を失った寡婦，家長の母，こうした女性は，父から家長権を継承される男性の子の後見人としてのみ評価されたのである．

　このように，当時の家族は家長を中心とした構成であった．従って，父や夫を亡くし庇護を失った孤児・寡婦は，無権利で社会に投げ出された人々の典型になり，社会的に最も弱い彼らを保護することが王の社会正義実践の第一になる．一方で，家族が，家長の罪を負い奴隷に落とされることにもなる．

　家族制度が社会の根幹であるので，シュメール・バビロニアで作成された「法典」は，家族法・相続法に多くの条項を割いている．エジプトでは，明文化された「法典」がないが，習慣法として家族法や相続法があった．それらから確認される家族は，先に述べたような，父から子へと継承される父権家族であること，女性は家長の保護下にあり，家長亡き後の妻は後見人として，娘は，男子が存在しないとき特例として相続できる存在であり，社会的に男性ほどの権利を有していなかったことである．家長の地位は，*結婚に際して父親の同意なしには成立しないと記す裁判文書からも理解できる．

　エジプトでもメソポタミアでも，結婚は，家を社会的関係の中に位置づけるという

儀式化された社会的約束事である．出生した子の認知や，家を継承するための相続などを明白に証拠立てるために，血縁関係や姻戚関係を社会的に承認する手続きである．結婚は，当人同士の同意だけで成立するものではない．家長による取り決め，婚約，婚資の手渡し等々，儀式化した過程を何段階か経て成立する．契約文書として文書化することもある．結婚のための儀式は，古代オリエントの時代と場所によって名称を変えるなど異なる面があるとしても，家長が決定し，家と家との間での取り決めであるという基本は変わらない．

単婚家族の上に存在すべき家父長的大家族や氏族が，社会の単位として機能したことを証拠立てるものがエジプトにもシュメールにもない．氏族制は，血縁集団の社会的存在形態というよりも，政治集団として意味をもつことで制度化する．

メソポタミアにおいて前2千年紀から活躍するアムル人は，本来遊牧民であり，族長的組織をもっていた．*「アッシリア王名表」にあるシャムシ・アダド1世の系譜とハンムラビの系譜から明らかになるように，アムル諸氏族の名祖を長い系譜にまとめて，個々の族長的組織はアムル氏族・部族の秩序の中に位置づけられている．こうした氏族的紐帯の意識は，古バビロニア時代にアムルが諸都市に王朝を建て，自立化した後で生み出された．政治的集団として機能して後に，氏族制は社会制度として整備されたのである．その逆ではない．古代ギリシアやローマにおける部族・氏族も，政治制度として意味をもって初めて，秩序づけられたのであろう．

しかし，統一を早い段階で達成し，王を頂点とする社会階層が生み出されたエジプトでも，王の巨大な家産体制が存在するシュメールでも，王は，それが家産官僚制であれ，国家組織としての官僚制であれ，巨大な官僚制に依存しており，王と個別的な関係をもって職務を果たす官僚・宮廷所属員に忠誠を要求する体制である．氏族的な組織を支配の下部に置く必要がないのであり，むしろ，氏族的な制度は，王と人々の間に族長という中間権力を置くことになり，王権にとっては，害になっても益になる制度ではない．当時の記録が単婚家族に言及するのは，人材の再生産を保証するものとしての家族制度のみに関心があるからであろう．

父から子への相続といっても，すべての財産を一人の子に与えるのではない．財産は，子供に分与された．シュメールのウル第3王朝時代の財産分与記録では，息子3人と，娘1人に，土地，奴隷，家畜，家具などを分与している．息子3人は，ほぼ同等の額の財産を受けている．3人目の息子が，「父の椅子に奉仕する人々」6人と，祭儀に関係すると思われる刀や鏡を受け取ったようだ．椅子は家長権の象徴であり，それを維持することが期待されるのであり，こうしたことが家長権の内実であろう．

財産は，子供に分与されるのであるが，妻の財産は，家長に属する家の財産とは別に存在する．家の財産は息子に譲渡されるが，妻の財産はそれに含まれない．つまりは家長の権限の外にあり，妻の財産は独立的に保証されており，それを元に妻は家を買うことなどの経済活動を行い得た．

たしかに，古代オリエントでも他の地域と同様に，女性は，社会的地位が低かった．女性は家長に服するという点で奴隷と同じく家内的存在であり，私的な家内で主人と

して振る舞い得ても，社会において男性と同等の権利を有してはいなかった．そうであっても，女性が無権利なままに家長に属する存在であったかといえば，そうは言い切れない．シュメールの女性は財産を保有し，法廷に出廷し争った事例がある．古代オリエントにおいて女性が社会的に活動する場をある程度得ていたのは，社会においての権利義務関係が厳密に規定されないで，王を頂点とする位階の中で自由人も奴隷も，何らかの特権を得て上昇し得るという，ある意味でルーズな社会において可能になったと思われる．女性の権利が保護されたというよりも，厳密な身分規制が行き渡っていない社会における個別的な現象であると考える方が妥当である．

IV-2-(4) 法と裁判制度

　法は，人間関係を調整し，社会から不安定要素を排除するためにある．小は村落のような地域集団から大は国家まで，それぞれの社会集団の中で，秩序を維持するための規則や規範があったろうし，それは，本来的に成文法でなく，慣習法として存在するものであろう．そして，問題が起きたとき，法に違反して処罰すべきときに裁くべき場が，おのおのの社会集団で自主的に運営されたのである．

　エジプトのデル・エル=メディーナにあった王墓建設者の村では，比較的軽微な事犯について村の中で*裁判が行われた．シュメール初期王朝時代には，長老を意味する語が裁判における証人の意味で使用される場合があった．このように，裁判とは，起源的に共同体による自主的なものであった．それも仲裁裁判を行うことが本来の姿であろう．

　王権は，法や裁判を自己の権限として取り込んだ．王権の権能の一つは，社会を安寧に保つことである．エジプトにおいて，法を示す*マアトは，真理や宇宙の秩序をも意味していた．王は，宇宙の秩序を維持するために，神を祭り，神殿を建てた．同じ目的で，神が永遠の昔に定めた規範に従って人々にそれを遵守させる．この役割が王権の主要な権能とみなされたのである．

　メソポタミアでは，統一国家期のウル第3王朝時代に，最初の「法典」が編纂されると同時に，専門職としての裁判官が登場した．それ以前のシュメール初期王朝時代では，「法典」も裁判官の存在も知られていない．この時期の正しさとは，神に仕え，奉納や儀式を滞りなく行うことであったが，ウル第3王朝時代では，正しさとは，社会正義の意味で使用されるようになった．正義の擁護者たる王という理念は，完全に神権的政治から脱却していないにしても，人間と神との関係の他に，人間と人間の関係，すなわち，人間社会の覚醒が前提にあると思われる．

　エジプトでは，明文化した法を示す資料はいまだ発見されていないが，メソポタミアでは，ウル第3王朝に*『ウルナンム法典』が編纂され，イシンの*『リピト・イシュタル法典』，バビロンの*『ハンムラビ法典』へと前2千年紀まで継承される．

　こうした法典を「最古の法典」と称して，独立した法体系の存在と，法による支配という法治主義を想定するならば，それは誤解である．「法典」には，法の下の裁判の実施に必要な裁判官の服務規程，裁判官は「法典」の条文に従って判決を下せという文章はない．代わって，『ハンムラビ法典』の後章に「訴訟をおこそうとしている

被害者は正しい王である私のレリーフ(『ハンムラビ法典』を記す碑文)の前に来るように．そして(判決が)書かれた碑を読んでもらい，……，彼の心を安心[させるように]．」とある(中田一郎『原典訳ハンムラビ「法典」』)．被害者になったとしても，王が正義を保護しており，被害者に心配するなと言っているにすぎない．マアトが宇宙の秩序と法を含意したように，王は規範・秩序の全般的な維持を表明するだけである．メソポタミアにおいて人間関係の正しさを社会正義として意識されたとしても，それはあくまでも，神々が定めた秩序の一部を構成するだけである．『ハンムラビ法典』前章に「国土に正義を顕すために，悪しき者邪なる者を滅ぼすために，……，(神々は，私ハンムラビを)召し出された」とあるように，人間が定めた法が優先するのでなく，神々の規範が最初にある．

メソポタミアでは，多くの裁判文書が残されている．残されている理由の一端を知る判決文がある．殺人や強盗を働いた者の家族が奴隷にされた判決文である．「判決文．ウルエアンナの子クリが聖歌僧のババムを殺したことがスッカルマフの前で確証された．クリが殺人を犯したことで，彼の財産と彼の妻子は，ババムの子等に与えられた．」「漁師ウルメスの妻パパ，その娘メメム，ウルメスの女奴隷ゲメギグナは，ウルメスが強盗を働いたことで，漁師のシュルギルガル，ルガルイマフとルマグルラに女奴隷として与えた．」

そこでは，罪を犯した本人への言及がない．処刑されたと思われる．この判決文は，奴隷となった者が，後に「奴隷ではない」という訴えを起こす場合に備えるため，もしくは，後に訴訟を起こさせないために，奴隷となった事由を記すのみである．契約の一種と捉えられる．当時，文書を作成しての，相続や賃貸・賃借などの契約が多くなされていた．契約文書は，神の前での誓約を含む内容になっており，当事者が保管するとともに，王宮や神殿に保管される場合もあり，裁判文書との類似性が認められるのである．

行政・軍隊組織の拡充とともに，処断権が官僚や神殿に付与されたであろうし，そこに裁判権が付随したであろう．さらに，それには強制力をもつ警察的な役職，たとえばメジャイ(エジプト)，ガルラ(シュメール)が付随する．王も実際に裁判を行う場合がある．これは，統治上の必要性として，官僚や神殿に与えられた処断権や裁判権と同様な権利として捉えるべきで，普遍的な王権の機能である正義や規範の擁護者という側面とは，一応別物と考えるべきであろう．

IV-2-(5) 時間・空間の観念

エジプトでもメソポタミアでも，神々の世界と人間の世界の2区分に従って思考した．すでに触れたように，人間の地上世界に対して，天上に神々の世界を設定するのは，まさにこの区分に従ったものである．

人間世界が生み出される前，原古の創造のときに定められたことが完全で不変なのであり，人間世界の出来事は神々の意志に従う．我々にとって自明の歴史的展開を理解するときに要求される原因という概念がない．神に起因するのであるから，*占いが信じられた．裁判では神意を問う*神明裁判が行われた．

Ⅳ 国家と社会

　時間については，円環的に，日月年が繰り返されるものが本来の姿である．昼と夜の交代で日を，月の満ち欠けで月を，太陽の周期で一年を区切る．自然のリズムのままに，それらは規則的に繰り返されるがゆえに，日常の安定が得られる．この円環的な繰り返しは，神々の決定であり，神の意志が働く余地があり，人間世界において常に繰り返されるとは保証されていない．原古の定めのままに繰り返すことを確実にするために，神々に祈り，祭りを行ったのである．創造のときの完全無欠な状態をそのままに保全することは，死すべき運命をもった不完全な存在である人間では不可能である．

　人間社会の平安と豊饒は，秩序ある宇宙の運行によって保証される．神々が人間に対して好意ある目を向けてくれるからこそ順序立てられているのであり，神々が人間を嫌悪すれば，その秩序が狂って飢饉になる．農業に依存する社会では，季節変化に現れる自然の循環を確実なものとし，円滑にするための季節祭が欠かせなかった．新年は生の再生や復活のときであり，新しい循環の始まりとみなされた．新しい年の循環が確実に始まることを祈る祭りが新年更新祭(→新年祭)であり，最も重要な祭りに位置づけられる．

　このように，一年の繰り返しは，平安と豊饒とに結びつくものであり，農作業と重ねて一年を区切った．エジプトの*暦は，一年を，増水季，播種季，収穫季に3区分した．各々の季節は4カ月からなり，1カ月は30日とされた．残り5日をまとめて年末に置いた．この暦では1年365日となって，実際の太陽年と誤差が生じるが，それは無視された．

　メソポタミアでは，季節は夏と冬の2区分であったが，農作業は月名に重ねられた．シュメールでは，都市の自立性が強く，各都市はそれぞれに暦を作った．統一王朝であるウル第3王朝時代でも，別々の暦であった．イシン王朝がニップル暦を採用して以後，この暦が統一暦として長く使用された．

　メソポタミアは太陰太陽暦であり，30日の大月と，29日の小月を交互に置いた．それによると1年は354日となり，何年かに一度閏月を挿入して調整した．

　年の数え方について，エジプトでは，最初は*年名であったが，後に王の治世年数で数えた．メソポタミアでも，年名と王の治世年で数える方法が多く採用されたが，その他に*リンムがあった．年名とは，王の治績，たとえば，神殿建立や外国遠征を年の名とするものであり，メソポタミアでは都市国家期から領域国家期に移る初期王朝時代末期に初めて採用された．年名本来の使い方は，シュメールの最高神エンリルに統治義務をつつがなく実行したことを報告するための一形式であった．アッカド王朝のナラム・シン以降には，支配下の諸都市に同じ年名の使用を強制し，支配の一手段とした．

　リンムは，主に，*古アッシリア時代から新アッシリア時代まで，長くアッシリアで使用された年の数え方であり，何らかの基準で毎年選ばれる個人をその年の名とする方法である．古アッシリア時代の，商人国家・市民的社会の反映と考えられているけれども，年名が本来神への奉仕義務から発想されたことを考慮すれば，やはり，リ

ンムも都市神アシュルへの奉仕義務が背景にあるとも考えられる.

　地理的な上下は, 南北の方位に一致するのが一般的である. しかし, エジプトでは, ナイル川を基準として, 上流を上エジプト, 下流を下エジプトと意識した. メソポタミアでも, ティグリス・ユーフラテス両川の流れを基準に, ペルシア湾を下の海, 地中海を上の海と称した. シュメール人の方位感覚は, ティグリス・ユーフラテス川を基準とするためか, 磁極軸から45度傾いていた. テル・アスマル (→エシュヌンナ) にあるウル第3王朝時代の宮殿複合施設では, *シュ・シンの神殿は磁極軸にあわせて建てられているが, それに接合された王宮と王宮付属神殿はそれと異なる方位, 磁極軸から45度傾いた方位で建てられている. 前者が在地の方位であり, 後者がシュメール人の方位なのであろう.

　エジプトのピラミッドでは, 辺は正確に東西南北の軸にそって造られているが, メソポタミアのジッグラトは, その角を東西南北の軸にあわせ, 辺はその軸に45度の角度をもっている. ［前田徹・屋形禎亮］

【参考文献】

J. A. Brinkman, *Materials and Studies for Kassite History*, Vol. 1, A Catalogue of Cuneiform Sources Pertaining to Specific Monarchs of the Kassite Dynasty, Chicago, 1976.

D. Charpin, *Le clergé d'Ur au siècle d'Hammurabi (XIXe-XVIIIe siècles av. J.-C.)*, Geneva, 1986.

I. M. Diakonoff, *Structure of Society and State in Early Dynastic Sumer*, Monographs of the Ancient Near East 1/3, 1974.

D. O. Edzard, *Die 'Zweite Zwischenzeit' Babyloniens*, Wiesbaden, 1957.

A. B. Knapp, *The History and Culture of Ancient Western Asia and Egypt*, Chicago, 1988.

David O'Conner & D. P. Silverman, *Ancient Egyptian Kingship*, Leiden, 1994.

D. Warburton, *Egypt and the Near East : Politics in the Bronze Age*, Recherches et Publications, Paris, 2001.

R. Westbrook (ed.), *A History of Ancient Near Eastern Law*, Brill, Leiden, 2003.

V 女性

　古代オリエント世界をジェンダーの観点から見ていくに際して，従来取り上げられることが少なかった女性に焦点をあてた．概して古代オリエントの女性たちは，識字能力を獲得する機会や公式の場で活躍する機会を制限されており，主な活動は私的領域にあった．従って女性たち自身が資料を残すことは極めて稀で，女性が登場する資料も非常に少ない．そして女性に関する僅少な資料も，多くは男性によって作られたために，男性の視点を通して女性を見るというフィルターがかかっている．しかしながら，社会の成員の約半数を占め，家族という社会の基盤を成す組織を主要な活躍の場としていた女性たちが，社会全体や歴史に与えた影響は小さいはずはなかった．そこで，上記のような制約の中でも，とくに王権・国家，官僚制度，宗教，経済・法，家庭，家庭外の活動，女性像を中心に，古代の女性たちについて地域別に論じる．

　　　　　　　　　　　　　　　　　　　　　　　　　　　　　　　［高宮いづみ］

V-1　イラン

　*アケメネス朝ペルシア帝国以前のイランについては，主に考古学的資料やメソポタミアの文字資料にあらわれる断片的記録に依拠せざるをえないが，女性に関する情報は極めて限られている．アケメネス朝の諸王が残した碑文・建造物・彫像レリーフも，王（＝男性）自身の自己顕彰の手段であり，現段階では，女性に関する情報は皆無である．以下紹介する史料も含め，古代イランで女性が王，*官僚あるいは公的祭儀に関与する*神官として活動したという確たる記録は，私の知るかぎり，存在しない．

　従来アケメネス朝時代の女性について知る手がかりは，同時代のギリシア人史家が伝える"宮廷スキャンダル"風のエピソードに，ほぼ限定されていた．ギリシア人達が伝える女性の多くは，たとえば*ダレイオス1世の妻アトッサ，*クセルクセス1世の妻であり*アルタクセルクセス1世の実母アメストリス，*ダレイオス2世の妻パリュサティスなど，王の后／王の母の立場にある女性である．彼女達は*ハレムを支配するのみならず，宮廷内でも隠然たる勢力を持ち，*宦官同様，王の決定に介入，王宮内の陰謀にも積極的に関与した，と報告されている．その性格は，わがまま，無分別，かつ残忍．"私的領域"を本分とすべき女性が私的チャンネルを利用し政治＝"公的領域"へ介入したこと，それを制止することができなかったことが帝国の衰退をもたらす一因となったと，ギリシア人「史家」は断罪した．このようなギリシア人「史家」の見解が，その後のアケメネス朝観を支配するところとなった．

　この状況を大きく変えたのが，1969年公刊された*ペルセポリス出土の*エラム語粘土板文書，城砦文書である．城砦文書は，アケメネス朝第3代ダレイオス1世治世13-28年，*イラン高原南西部*パールサ地方の王室経済圏における諸活動を記録したものである．

　パールサ地方では，クルタシュと呼ばれる，王室管轄下の労働者が多数働いていた．

成人男性と成人女性は，ともに全体の約4割を占め，残り2割が少年・少女であった．しかも女性の労働力を中心に編成された労働集団は全体の約3割に達した．クルタシュは帝国諸地域の出身者で構成されていたが，主力は地元のペルシア人・エラム人であった．クルタシュは，ペルセポリスの建設現場，各地の工房，果樹園や放牧地など多岐にわたる現場で，3-5人から，分業体制の存在を示唆する数百人まで，その規模はさまざまであるが，基本的に集団で労働に従事していた．労働の報酬として与えられる食糧支給の1ヵ月平均は，成人男性大麦3BARに対して，成人女性は2BARで，女性の労働力は男性の労働力と同様に必要とされていたにもかかわらず，明らかに女性に対する労働評価は男性より低かったと言える（1BAR≒9.2l）．注目すべきは，産褥期間に相当する1ヵ月間，職種／出身地に関係なく，産後の女性労働者に対して行われた特別支給（「産婦支給」）である．「経血のタブー」に起因する「隔離」処置を目的にしたものと考えることができるが，「産休」に通じる労働猶予（「母体保護」）であると同時に，女性の労働力確保を企図する王室の関心の高さを示唆するものと言える．少年・少女は，基本的に母親，あるいはその代わりとなりうる女性労働者が属する集団に配置されていたようである．少なくとも，成人男性のみの労働集団に少年・少女が含まれる例は，現段階では検証されていない．

　全体的にみれば女性クルタシュの労働力に対する需要は高かったが，王室による労働評価は，男性に比べ相対的に低かった．しかし職種や労働内容によっては，極めて高い労働評価を得た女性労働者集団が存在した．その一例が，羊毛織布に従事したパシャプと呼ばれる労働集団である．パシャプ集団は，1ヵ月大麦3BAR，ないしは4BARを受給する成人女性を主要な労働力として編成され，しかもこの集団を統括・指揮するのは大麦5BARを受給する女性リーダーであった．パシャプ集団に含まれる，少数の成人男性は，成人男性としての平均支給量3BARしか受給していない．一般に西アジアでは古来，織物の生産は「女の仕事」と考えられ，その技術・経験は母から娘へ伝達されるべきものとされてきた．パシャプ集団の編成・労働評価は，その伝統・実態を踏まえた判断であったと言ってよい．しかも5BARを受給する女性リーダーは，成人男性と比較しても破格の労働評価を得ているのみならず，成人男性を含む集団全体を統括するべき責務をも委ねられていた．まさに「女性管理職」である．シュメール人社会でも，織布に従事する女性労働者は，他の職種の女性労働者よりは高い評価を受けていたが，男性労働者以上の労働評価を得ることはなかったと報告されている．5BAR受給の女性リーダーもあくまで集団内の統括者であり，それ以上の「昇進」はなかったので，確かに「ガラスの天井」が存在したのは事実である．しかし少なくとも「鉄の天井」は，パシャプ集団に関しては，なかった．

　城砦文書にあらわれる王族・貴族の女性の中で最も注目に値するのは，ダレイオス1世の妻の一人イルタシュドネ（ギリシア語史料では，アルテュストネ）である．彼女は帝国の創始者*キュロスの実娘，キュロスの家系から王位を簒奪したダレイオス1世の即位にともない，姉アトッサとともにダレイオスの正妻の一人となった女性である．帝都*スーサの宮廷における姉アトッサの行動に関しては，ギリシア人史家が，

かなり詳細に報告している．しかし彼女については，降嫁時ヴァージンであったこと，ダレイオスが最も愛した女性であったこと，ダレイオスとの間に2人の息子を得たということにしか，言及していない．姉アトッサの陰に隠れ，不幸を運命として引き受け従ったかの印象を受けるイルタシュドネ．しかし城砦文書によれば，ダレイオス1世治世19-25年（前503-497），イルタシュドネは生活の本拠地をパールサ地方におき，パールサ地方にある数カ所の所領を，王室派遣の担当官の協力を得つつ，自らの裁量において管理・運営していた．ダレイオス1世治世第19年第1月には，勅命で，彼女のために大量のぶどう酒（→ワイン），*ヒツジ・*ヤギを調達することが命じられている．時期と量を考えれば，これが第1月に行われる「*新年祭」用であったことは，間違いない．帝国の支配者ダレイオスにとって，帝都スーサでの新年祭こそが最大の課題であったとしても，ダレイオスにとってアケメネス朝発祥の地パールサ地方のバックアップは，必要不可欠であったはずである．スーサを離れることのできないダレイオスが，妻にして，かつキュロスの娘，イルタシュドネを自らの代行者として選んだのであろう．イルタシュドネは，その後もたびたび息子（王位継承者候補）を連れ，パールサ各地を訪れている．各地の聖所に詣でることが，地域住民の安寧を祈願すると同時に，王権維持と王威誇示のために必要なデモンストレーションの一つであったことを考えるならば，イルタシュドネは，ここでも不在のダレイオス1世に代わり，王の代行者としての役割を果たしていたと言ってよい． ［川瀬豊子］

【参考文献】
M. Brosius, *Women in Ancient Persia (559-331 B.C.)*, Oxford, 1996.
J. M. Cook, *The Persian Empire*, London, 1983.
R. T. Hallock, *Persepolis Fortification Tablets*, Chicago, 1969.
T. Kawase, "Female Workers pašap in the Royal Economy", *Acta Sumerologica* 6, 1984, 19-31.
T. Kawase, "*Kapnuški* in the Persepolis Fortification Texts", in L. de Meyer et al. (eds.), *Fragmenta Historiae Elamicae. Mélanges offerts à M.J.Steve*, Paris, 1986, 263-275.

V-2　メソポタミア

V-2-(1)　王権・国家と女性

　*『シュメール王朝表』は，キシュの統治者として女王ク・ババの名を記録する．この女王は100年間にわたってキシュを治めたとされ，「酒屋の女主人」の称号を持つ．また，初期王朝時代の*ラガシュの*エンシであった*ルガルアンダの王妃バラナムタラは，神殿組織の経済運営に多大な影響を及ぼしたことが知られる．*ウル第3王朝時代のエンシの王妃の中には，自分の名前を刻んだ印章を保有し，自分の銘入りの女性像を残した者もいる．前2千年紀前半，*マリ王*ジムリ・リムの王妃シブトゥとカラナ（→リマ，テル・エル=）王アクバ・ハンムの王妃イルタニは，ともに王の留守中の代理として幅広く行政の指揮を執った．前1千年紀前半，*新アッシリア時代には，際立った2人の女性の存在が知られる．一人は前9世紀末の王*アダド・ネラリ3世の母親であった*サンムラマトで，幼くして即位した息子の摂政として政局に多大な影響を与え，古代ギリシアの伝説にセミラミスの名で伝えられた．もう一人は*セン

ナケリブの王妃*ナキアで，息子*エサルハドンの王位継承に影響を与えたと推測されるばかりでなく，エサルハドンが急死すると，ナキアの孫にあたる*アッシュルバニパルが滞りなく即位できるよう，自ら一時的に実権を握ったとされる．その後，前6世紀中頃の*バビロンでは，王*ナボニドスの母*アッダ・グッピが宮廷内で強い影響力を持ち，王妃の身分ではなかったにもかかわらず，自らの息子をバビロニア王として即位させた．このように，メソポタミアの王位継承権は必ずしも長男に与えられていなかったため，母親の政治的影響力が陰で王位継承の流れを左右することがあった．

王のハレムについては，前3千年紀の状況は不明ながら，前2千年紀の*マリやアラプハ（→ヌジ）などからは，*ハレムの女性の人数に言及した文献が知られる．マリでは，ハレムの女性たちの多くが「*歌い手」として記録されている．また*中アッシリア時代には，ハレムの女性に対する厳格な法規が作られた．

V-2-(2) 官僚制度と女性

*書記の圧倒的大多数は男性だったが，例外的に読み書きができる女性も存在した．*アッカド時代の王*サルゴンの娘*エンヘドゥアンナは，メソポタミア史上最古の女書記として知られ，シュメール語による*イナンナ女神*讃歌などを創作した．*ウル第3王朝時代，*ウルナンムの王妃は，夫が戦死した際に*哀歌を創作したとされ，また*シュルギの王妃は，息子のために子守歌を作ったとされる．*ウルクの王*シン・カシドの娘で冥界の神に仕えた女神官のニンシャタパダは，ウルクを包囲しつつあった*ラルサの王*リム・シンにあてて，慈悲を請う手紙を記したことが知られる．*古バビロニア時代の*シッパルでは，経済的に有力だった神殿の女神官の中に書記が含まれ，神殿組織における業務の記録が残されている．同じ頃，マリでも数人の女書記の名前が知られ，その多くは王族の女性に仕える身分の者だったとされる．

V-2-(3) 宗教と女性

現実の宗教組織においても，女性の果たす役割は大きかった．アッカド時代の王サルゴンは，娘のエンヘドゥアンナをウルのナンナ神殿における最高位の女神官（エン）に任命し，以来，統治者の娘が特定の神殿の高位神官として仕えることが慣習となった．シュメールや*イシン王朝では，女神イナンナと王が肉体的に結ばれる「*聖婚」の儀式が行われたことが知られ，実際の儀式では女神官が女神の役を演じていたと推測される．古バビロニア時代には，神殿に所属する女性たちの組織が存在し，中でもナディートゥムと呼ばれる女性たちは，当時の社会で際立った存在だった．ナディートゥムには，出家して一種の修道院に居住するグループと，在家のままでいるグループがあったことが知られ，その多くは王族，神殿や宮殿の高官，専門職人など，裕福な家庭の出身だった．ナディートゥムの宗教的役割については不明なことが多いが，彼女たちの出家は神の「妻」として嫁ぐ体裁がとられ，多くの持参金を伴った．その資金は活発な経済活動に使われ，ナディートゥムは当時の有力な地主や債権者・出資者として記録される．この他，*夢解釈，交霊*占い，*預言などの領域でも女性が活躍した．

V-2-(4)　経済・法と女性

女性は原則的に遺産相続の権利がなかった．しかし子供が娘だけで養子をとらない場合などには，例外的に女性が相続人に指定されることもあった．結婚時に父親から与えられる持参金は，夫の管理下に置かれても妻の財産であり続け，離婚する際には，妻に全額返還されることになっていた．持参金はさまざまな形態をとり，裕福な家庭では，金品のほかに奴隷なども含まれた．また父や夫から「贈物」として譲り受けたものも，すべて女性の財産となった．

女性が関わる代表的な犯罪として，姦通が挙げられる．姦通の疑いがかけられた既婚女性には厳しい措置がとられ，「川の神裁判」(→神明裁判，川の神)を受けなければならなかった．また妻側からの離婚の申し立てには厳格な罰が適用されたが，男性の不倫や夫側からの離婚申し立てには，メソポタミアの法は寛容であった．

メソポタミアでは女性も商業活動をしたことが知られ，不動産の売買も可能であった．*古アッシリア時代の商人の妻たちは，*アッシリア商人の居住していた*カニシュなどの地で，夫とともに商業活動に携わった．唯一，女性に許されなかったことは，正式な証人として立ち会う資格だった．しかし夫が重要な契約を結ぶ際には，実際に妻も同席することが多かった．

V-2-(5)　家庭と女性

メソポタミアにおける*結婚は，原則として一夫一婦制であった．当時の「結婚」の意味は，花婿が他家の男性メンバーと新たに家族関係を結ぶことにあり，花嫁はこの「取引き」における受動的な存在と位置付けられた．結婚の手続きとして，花婿の父親は花嫁の父に婚資を支払い，一方，花嫁は実家の父親から持参金を貰い受けた．女性は通常14～20歳の間に結婚し，婚資が支払われた瞬間から「妻」の座を得た．結婚式は通常6～7日間にわたって催され，父親によって被せられたヴェールを新郎が取り外すことで「嫁(kallatum)」となった．この後，第一子誕生までの間は引き続き「嫁」と呼ばれ，子供が誕生して初めて妻の地位が安定し，簡単には離婚されないようになる．結婚後に子供が生まれない場合には，夫は第二夫人を娶ることができたが，多くの場合，第一夫人の地位はそのまま守られ，第二夫人はその「お手伝い」ないしは「姉妹」として位置付けられた．*中アッシリアの法規には一人の男性に通常二人の妻が言及され，それぞれ「前」と「後ろ」の妻と称された．ナディートゥムは結婚はできても，子供を産むことが禁じられていた．

V-2-(6)　女性の活動

女性は職工や粉挽きなどのほか，葦を切り出したり，船を引いたりする仕事にも従事した．その場合，報酬は通常男性に支払われる分の半額相当を受け取った．女性の商業活動も活発で，居酒屋の女主人は酒を売るほかに，貸付けを行ったことも知られる．女性の専門とされた職種には，助産婦や乳母が挙げられる．王宮では，王妃に仕える女官長のように高い身分の職業もあった．*娼婦も一種の専門職と言えるが，その多くは養女として育てた義理の親が，娘の成長後に娼婦として働かせ，その収入を老後の生活にあてたことが知られる．

V-2-(7) 女性像

女神を扱った神話を別として，女性が文学作品の中で中心的な役割を演じることはなく，通常は偉業を成し遂げようとする男性に助言したり，励ましたりする補助的な役割しか与えられない．視覚芸術においても，先史時代以来の女性裸像などを別として，女性が芸術表現の対象となる割合は非常に少ない．これは現存するメソポタミアの芸術の多くが公的な性格を帯びるため，「私的」な存在として位置付けられる女性が必然的に見えにくいものと考えられている．またメソポタミアの人物表現には，男性像の中に髭を有するものと無髭の者(→宦官)とがあり，後者と女性像を見分けるのが難しい場合もある． 〔渡辺千香子〕

【参考文献】
Z. Bahrani, *Women of Babylon : Gender and Representation in Mesopotamia*, London and New York, 2001.
J.-M. Durand (ed.), *La femme dans le Proche-Orient antique*, Compte rendu de la XXXIIIe Rencontre Assyriologique Internationale, Paris, 1987.
B. S. Lesko (ed.), *Women's earliest records from Ancient Egypt and Western Asia : proceedings of the conference on women in the ancient Near East*, Atlanta, 1989.
S. Pollock, "Women in a men's world : images of Sumerian women", in J. M. Gero and M. W. Conkey (eds.), *Engendering Archaeology : Women and Prehistory*, Oxford, 1991, 366-387.
M. Stol, "Women in Mesopotamia", *JESHO* 38, 1995, 123-144.

V-3 アナトリア

V-3-(1) 王権・国家と女性

*ヒッタイト王国の支配者である国王(「大王」)はすべて男性であり女王の存在は知られていない．古王国時代末期に発せられた*テリピヌ勅令は王位の継承順序を定めているが，そこでは後継者と成るべき王子がいないが，王女がいる場合は，婿を取り，この者が王位を継承することになっており，女性である王女自身が王位に就くことは想定していない．ただし，少なくとも古王国時代までのアナトリアの一部の地方支配者には女性もいたようで，「X市の女王」と呼ばれていた(フルマ，*カニシュ，シュクツィヤ各市)．しかし，これは「X市の王の妃」とも解せる場合もあり，女性が直接王位に就いていたかどうかはっきりしないこともある．

ヒッタイトの王権と関連して注目されてきたのは，王妃が「大王妃」MUNUS.LUGAL.GAL と呼ばれ，政治的にも比較的積極的な役割を果たしていたケースがある(例えば新王国時代の*ハットゥシリ3世の妃*プドゥ・ヘパ)ほか，何人かの王の場合において先代の王の妃(「大王妃」)が，一定の役割を果たしていたことである．例えば，新王国時代の*ムルシリ2世の治世の初期においてはその父*シュッピルリウマ1世のバビロニア出身の妃が隠然たる力をもったし，ムワタリ2世の死後その妃*ダヌ・ヘパは次王*ウルヒ・テシュブとともに王印に登場した．また新王国末期の*トットハリヤ4世の治世には上述のプドゥヘパが，夫の在世中からもっていた政治的な面を含む影響力を保持した．この関連で研究史上しばしば言及されてきた「タワナンナ」という称号と位については，中王国時代の*アシュム・ニッカルを別とすれば，はっきり

した例に乏しく，さしあたり一種の人名と解する方が適切のようである．

V-3-(2)　官僚制度と女性

　ヒッタイト王国の国家制度は本来王家の家政組織を基礎としており，官僚制が十分に発達したとは言い難い．しかし，それでも男性については多くの官職名，世俗的な職業名が知られているのに対し，女性の官職名・職業名についてはほとんど知られない．女書記は知られておらず，わずかに乳母，女コック，女射手，麦粥作り，粉挽き，娼婦など少数の職業名が知られるにとどまり，ほかは宗教的・祭儀的関連をもつものばかりである．

V-3-(3)　宗教と女性

　ヒッタイト王国時代のアナトリアは多神教の世界であるが，男女ほぼ同数の神名が知られ，*パンテオンの頂点も当初*ハッティ系の「*アリンナ(市)の太陽女神」(ウルシェム)が占め，「ハッティの*天候神」とペアを組んだ．また*キズワトナから入ってきた(西)フリ系の*ヘパトも*テシュブとともに*フリ人のパンテオンの頂点を構成していたし，*イシュタル型の*シャウシュガが重要な位置を占めた．そのほか*地母神系と思われる女神は枚挙に暇がない．

　ヒッタイト王国時代の宗教では，国家・地方レベルの公的祭儀と呪術儀礼が少なくとも区別される．前者では，まず国王が国家の(主要な)神々に対する最高神官の役割を果たし，王妃はこれに付き従って儀礼を行うことが多かったが，とくに女神たちの世話を担当することがあった．いくつかの場合では国王と離れて独自に儀礼の進行を指揮することもあった．ハッティ系のテテシュハビ神の祭儀などに現れるニン・ディンギル女神官や「神母」と呼ばれる女神官のように，いくつかの上級神官職が女性で占められる例もあったが，女性が就任するのは下級の神官または神殿職員が多かった．ほかに宗教儀式の際に歌・奏楽・舞踊を担当する歌手・奏者・踊子は女性が少なくなく，ハッティ系のジントゥヒやハズカラなどが知られる．また娼婦または聖娼も神殿と密接なつながりのある職業とみなしうる．

　呪術儀礼の分野ではキズワトナ等出身の「老女」(一種の女呪術師)の儀礼と呼ばれるものなどが知られ，この分野では女性は男性より活躍したように見える．

V-3-(4)　経済・法と女性

　アッシリア植民地時代には*アッシリア商人が一夫多妻制のもとアナトリアに「現地妻」をもっていた例が知られる．ヒッタイト王国時代には，国王が複数の妻をもつことはありえたが，それ以外ではどれほど一般的であったかわからない．婚姻は子供のうちから取り決められていることも多く，実質的な夫婦関係が成立する前には夫側からの結納金の返却により解消されることもあった．妻は持参金の処分権をもち，結婚後の夫の財産の半分を要求できた．いとこより近い近親婚は禁じられたが，未亡人が前夫の兄弟や父と再婚することはありえた．妻が夫の家に入るのが一般的だったが，逆に夫が妻の家に入ることがあったことは，法典のほか*イルヤンカ神話からも知られる．夫と死別した場合は，夫の持ち分は妻が相続した．

　魔術に関する裁判記録のなかに女性が発言者として現れることがあり，少なくとも

裁判にかかわることのできる場合があることが知られる．ヒッタイト法は刑法面で同態復讐法を知らないが，夫が妻と愛人の浮気現場を取り押さえた場合の自己制裁権は留保された．

V-3-(5)　家庭と女性

儀礼文書に「神官の妻」とか「都市委員の妻」あるいは「道化師の妻」という表現がみられ，これらの「妻」は夫の任務を補佐する役割を担っていると考えられる．このほかでは，家事の多くを女性，とくに妻が担ったと考えられるが具体的史料に乏しい．妻に期待された重要な役割の一つは子を産み，育てることであった．しかし，いわゆる出産儀礼からも当時における出産の危険性が読み取れ，出産は女性が負わなくてはならない大きなリスクであった．

V-3-(6)　女性の活動

家庭外の女性の活動については，上述の王妃や宗教分野を除くと多くは知られないが，フリの医者アッザリなど女医師は例があり，医療が家庭外の女性の活動分野の一つであったことがわかる．また，ヒッタイト法には女性が収穫時に賃労働に出た場合の規定があり，この場合の労賃は男性より低いように見えるが，仕事の内容の差異のためかもしれない．いずれにせよ普段男性が担う仕事であっても人手不足のときや一時的に労働力を集約する必要のある場合には，女性も担うことがあったということがわかる．

V-3-(7)　女性像

ヒッタイト時代のアナトリアには図像資料は乏しいが，新王国時代の*ヤズルカヤの浮彫りでは，男神群と女神群がほぼ対等に描かれているように見える．ただし服装や髪形からはっきり区別されている．女性は必ずといってよいほど長いスカート（襞あり又はなし）をはき上衣も長袖であり，ボディラインはあまり強調されない．これは男性が短いキルトに似たものをはき，上衣はなしか半袖のシャツが多いのに対比される．古王国の*イナンドゥック出土の浮彫り土器では女性楽師や壺を攪拌する女性，はては交合する男女が描かれているが，供儀など儀礼の中心部分は男性によって占められている．肌の色までは塗り分けられていない．図像資料では王妃または女神官は王または男神官の後ろに描かれるのが普通で，この社会における一般的な男女の関係を反映しているのかもしれない．

イルヤンカ神話では*イナル女神が人間の男性を性的魅力をもって誘惑し，自分の意のままにする場面が出てくるが，*クマルビ神話では怪物*ウリクンミの急速な成長に直面した夫テシュブが退位を覚悟していると聞き，屋根から転落しそうになる*ヘパトが出てくるなど，当時のアナトリアでは，女性らしさをこのように捉えていたと見ることができる．

[中村光男]

【参考文献】

川崎康司「キュルテペ文書中の結婚契約から見た女性の地位と結婚形態」『オリエント』37/1，1994年，52-70頁．

K. Balkan, "Betrothal of Girls during Childhood in Ancient Assyria and Anatolia", in H. A. Hoffner Jr., and G. M. Beckman (eds.), Kaniššuwar. A Tribute to Hans G.Güterbock on his Seventy-

fifth Birthday May 27, 1983, Chicago, 1986, 1-11.
Sh. R. Bin-Nun, The Tawananna in the Hittite Kingdom, Heidelberg, 1975.
T. Bryce, Life and Society in the Hittite World, Oxford, 2002.
M. Darga, Eski Anadolu'da kadın, Istanbul, 1984.
A. Goetze, Kulturgeschichte Kleinasiens, München, 1957.
V. Haas, Geschichte der hethitischen Religion, Leiden, 1994.
H. Otten, Puduhepa. Eine hethitische Königin in ihren Textzeugnissen, Mainz, 1975.
F. Pecchioli-Dadḫi, Mestieri, Professioni e Dignita nell'Anatolia Ittita, Roma, 1982.

V-4 シリア・パレスティナ

V-4-(1) 王権・国家と女性

　古代イスラエルにおいて，王位継承権を持った真の意味での女王は存在しないが，*アハブと*イゼベルの娘であり*オムリ家の血を引く*ユダ(王国)のアタルヤは，実際に単独で6年間王位にあったと考えられる唯一の女性である．しかし彼女の王位は合法的なものではなく，息子アハジヤの死に伴いその王位を簒奪したものであった．このように，女性が王位に就くか同等の権力を行使し得たのは，旧約聖書の時代にはこのイゼベルとアタルヤの場合に限られており，彼女たちがイスラエル社会の中では「異邦人」であったことや，家父長制の伝統からすれば例外的な事例であったことは注目に値する．*フェニキアの*シドンでは，前5世紀に*エシュムン・アザル2世の母エマアシュタルテが，息子と共同で各地に神殿を建立したことが知られている．
　一方，王が幼少のために王母が摂政として政治の実権を握った事例は*ウガリトにおいても見られ，イスラエルでも王母が太后として政治に関与することがあった．太后「ゲビーラー」の称号を持つ3人の女性が*『旧約聖書』に登場する．前10世紀末のユダ王国のマアカは，幼少の王アサに代わり，摂政として数年間国を統治した可能性があるが，やがて宗教上の理由で息子によって位を追われた．ネフシュタも，おそらく若年で即位した*ヨヤキンの摂政を務めたが，*ネブカドネツァル2世によって息子と共に*バビロンに捕囚(→バビロニア捕囚)として送られた．北王国のイゼベルは*ティルス王*エトバアル1世の娘であり，夫の存命中から政治的決定に関わり，夫亡き後即位した二人の息子アハジヤとヨラムの治世にも，多大なる権限を持って政治に介入した．彼女の権力の源泉は，*バアル祭儀を実質的に統括することから得た経済的基盤にあったと考えられる．
　政治の表舞台に出なくとも，王に助言や取り成しをするのも王妃や王母の役目である．王の助言者としての彼女たちの役割は，ペルシアの*クセルクセス1世の妃エステルや，*ソロモンの母バト・シェバの例にも散見される．また，*ハレムの日々の管理や宮殿で働く女性労働者の監督などは，王妃や王母など王族女性にまかせられた仕事であったと考えられる．

V-4-(2) 官僚制度と女性

　基本的には，女性が官僚制度の中で登用され活躍する事例は見当たらない．「雅歌」の作者と考えられる識字能力を持つ女性もいたらしいが，書記をはじめ代表的役職は，慣例的に男性によって独占されていた．一方で，王国成立以前のイスラエルの政治的

・軍事的指導者である*士師と呼ばれた人々の中に，一人の傑出した女性の存在を見ることができる．ラピドトの妻，女*預言者*デボラである．彼女は住民を裁き，*神託を伺い，イスラエルの人々を率いて*カナン連合軍に対し勝利を収めたカリスマ的指導者であった．

V-4-(3)　宗教と女性

*ウガリトでは，王とともに王妃も祭儀，とくに農耕儀礼において重要な役割を果たした．*フェニキアでも王家の女性は，*アシュタルトの神官など一定の宗教的役職を兼ねることが可能であった．これはおそらくメソポタミアの伝統に由来するであろう．フェニキアの植民都市*カルタゴでも，有力な家系の女性が神官長を務めた事例が見出せる．また*トフェトの祭儀において，女性による奉納や女性の果たした役割も考慮されなければならない．

これに比べて，唯一神*ヤハウェを奉ずるイスラエルの宗教は，女性には全く寛容でなかった．祭司に代表される役職も男性によって独占されていた．だが，預言者として活躍した女性も少数ながら見出される．王国成立以前のミリアムやデボラ，ユダ王国末期のフルダ，ペルシア時代のノアドヤの例が挙げられるが，彼女達はある時は民を率いる指導者として，ある時は王の助言者として，単に宗教的領域に留まらず政治的にも大きな影響を及ぼした．また当時流行していた豊穣に関わる祭儀と関連して，神殿*娼婦や神殿男娼の存在も認められる．

このようにイスラエル社会では，女性は公的な立場においては宗教から排除されていたが，私的レベルで，とくに家庭における女性の影響力は大きかった．子どもと接する機会の多かった母親が，捕囚期のユダヤ人コミュニティーにおいて，ユダヤ教の継承に重要な役割を果たしたと考えられるからである．

V-4-(4)　経済・法と女性

土地売買に関するウガリト出土の文書から，男性の相続人がいない場合は，女性にも土地を所有する権利があったことが知られる．また*エマルでも，同様の場合は女性にも財産相続の権利が認められており，さらに女性が男性の養子をとり自分の財産を相続させた事例も散見される．前18世紀の*アララハでは，兄弟と同じように財産分与にあずかった女性も存在した．だが基本的に女性による相続は，家長の命令など特別な法的措置を必要とした．

イスラエルでも，男子がいない場合は女子による土地相続も認められたが，相続人が女性である場合は，父方の血筋の男性と結婚することが義務付けられた．また夫に先立たれた妻は，夫の兄弟と結婚し生まれた長子に夫の名を継がせるレヴィラート婚の慣習があった．これらの法は，家父長制の原理から言えば，一族の財産の分散を防ぐ有効な手段となったが，一方で弱者である女性を保護する役目も担っていたと考えられる．

結婚・離婚に関する主導権が男性側にあったのは確かであるが，旧約聖書には姦通罪が男性のみに問われる規定もあった．上エジプトの*エレファンティネ島出土の*パピルス文書は，前5世紀のユダヤ人コミュニティーにおける婚姻に関する取り決めを

扱うが，そこでは女性が離婚のイニシアチブを取る事例も見出される．

＊裁判に関しては，女性が男性と同等の権利を享受していたとは考えられないが，ユダ王国末期には，夫と共に裁判に同席した妻の例もある．

V-4-(5) 家庭と女性

家庭における女性の仕事は，育児はもちろんのこと，水汲み，料理，パン焼き，糸紡ぎ，機織りなど家事全般にわたっていた．召使を雇う場合は，彼女たちの管理も妻の仕事である．

婚姻関係は，男性側が女性の父親に花嫁料（結納金）を支払うことによって成立した．実際の結婚生活に入るまで一定の婚約期間が必要であったが，＊結婚に際し，父が娘に持参金を持たせることも普通であった．子どもが生まれてはじめて，「結婚」が完結した．つまり，子どもを産むということが女性に課せられた使命である以上，子どもに恵まれない場合，男性は二番目の妻を娶ることも可能であった．生まれた子どもの名前を母親がつける場合もあり，幼い子どもの教育は，もっぱら母親に任せられていた．とくに女児に関しては，大きくなっても母親と密接な関係を保っていたと考えられる．

『旧約聖書』には，多くの女性の理想像が言及されているが，そこには，家族の中での貞淑な妻，賢い母，従順な娘としての立場が繰り返し強調されている．当時の女性が最もその才能を生かしえたのは，このように家庭という領域であった．

V-4-(6) 女性の活動

女性の公的活動は男性に比べて著しく制限されていたが，女性が家庭外に自らの活動の場を見出した例が挙げられる．ウガリト文書や『旧約聖書』に登場する泣き女は，葬儀の際に泣いたり嘆きの詩を歌唱する専門職であった．また女性に限られたものとして，産婆や乳母は重要である．家庭以外に経済的な自立手段を求めねばならない女性にとって，＊娼婦も認められた職業であった．

『旧約聖書』では否定的に扱われているが，呪術や魔術を使う女性も存在した．女流詩人や歌い手も存在したと考えられる．数は少ないが，女性の職工や自立的に経済活動を営んだ女性もいた．

V-4-(7) 女性像

女性＊土偶などの庶民芸術は別として，女性が芸術表現の対象となることは多くなかった．＊ビブロスの＊アヒロム王の石棺に彫刻された泣き女の浮彫りや，ウガリト出土の女神と山羊をモティーフにした象牙細工やペンダントは，数少ない代表的作例である．古代イスラエルでは偶像崇拝が禁じられたため，人物を象った芸術作品そのものがタブー視された．だが一方で，鉄器時代に多く用いられた女性土偶は，戦勝や豊穣祈願と関連づけて考えられており，女性の社会的機能を探るうえで興味深い．

文学においても，作品に現れる女性の姿が，あくまでも当時の男性の価値基準を通してみた女性像であることは否めない．男性に対して，女性がネガティブな存在として捉えられていた事例は，『旧約聖書』にも数多く見受けられる．

［佐藤育子］

【参考文献】

木幡藤子「旧約聖書における性差と性差別」木田献一・荒井献編『聖書の思想と現代』(現代聖書講座3)日本基督教団出版局, 1996年.

鈴木佳秀『旧約聖書の女性たち』教文館, 1993年.

A. ブレンナー (山我陽子・哲雄訳)『古代イスラエルの女たち』新地書房, 1988年.

山田雅道「Kīma āli —エマル市の慣習法について—」『オリエント』40/2., 1997年, 18-33頁.

G. W. Ahlström, "Administration of the State in Canaan and Ancient Israel", in *CANE*, I, 587-607.

Z. Ben-Barak, "Inheritance by Daughters in the Ancient Near East", *JNES* 21, 1962, 22-33.

J. Bottéro, "La femme dans l'Asie occidentale ancienne : Mésopotamie et Israël", in P. Grimal (ed.), *Histoire mondiale de la femme*, Paris, 1965, 224-247.

J-M. Durand (ed.), *La femme dans le Proche-Orient antique*, Compte rendu de la XXXIIIe Rencontre Assyriologique Internationale, Paris, 1987.

E. Lipiński, "The Wife's Right to Divorce in the Light of an Ancient Near Eastern Tradition", *The Jewish Law Annual* 4, 1981, 9-27.

L. Perdue, J. Blenkinsopp, J. Collins and C. Meyers, *Families in Ancient Israel*, London, 1997.

R. Westbrook, "Adultery in Ancient Near Eastern Law", *RB* 97, 1990, 542-580.

V-5 エジプト

V-5-(1) 王権・国家と女性

古代エジプトにおいて，女性が直接国政に関与する機会は男性よりも限られており，女王も例外的であった．王の性別に関する明瞭な規定はなかったが，同時代資料に*王号を使って自ら王を名乗ったことが確認される女性は，第12王朝の*セベクネフェルウ，第18王朝の*ハトシェプスト，第19王朝の*タウセレト，*プトレマイオス朝の*クレオパトラ7世の僅か4人に限られる．これに後世女王として記録された第6王朝のネイトイケレト（ニトクリス）を加えても，総数200人を超える男性の王に比して，数％にも満たない比率であった．女王の多くは，適切な男性後継者不在の際に即位しており，王としてはしばしば男性の装束や文章表現を用いていた．女王が稀であるのは，男性の王を暗黙のうちに求める神話や王権観のためであり，女王についての特定の概念や表現様式は存在しなかった．

一方，王妃，王母，王女といった女性王族たちは，王宮の一角あるいは別所に設けられた*ハレムに居住し，男性王に対しての伴侶あるいは保護者として，国家の中に役割を与えられた．また，王族女性や王の乳母のように，王と個人的な接触機会の多い女性は，王を介して，国政に影響力を持つことができた．特に傑出した影響力を持った女性として，第1王朝の*メルネイト，第18王朝の*ティイと*ネフェルトイティなどが挙げられる．前2千年紀に古代オリエント世界で行われた政略結婚は，王族女性が外交に重要な役割を果たしたことを示すが，婚姻は男性の王同士によって決定された．

V-5-(2) 官僚制度と女性

官僚組織は基本的に男性が中心であり，女性がこれに関与する機会は極めて限られていた．*書記の*学校で識字能力を獲得する機会は，通常男性にのみ開かれていて，この機会を逸した女性たちが*官僚になることは稀であった．エジプトの官僚組織が専門化した官僚に独占される状況に至っていない古王国時代には，女性官僚の例が比

較的多数知られているが，その後官僚が男性のキャリアとして認識され，専門化が進んだ時期には，女性官僚出現の余地がいっそう限られた．

V-5-(3) 宗教と女性

古代エジプトの女性が宗教に関与する機会には，大別して，国家宗教あるいは公式祭儀の場合と個人的な民間宗教の場合がある．さらに，国家宗教について，女性が男性と共通する神官職に就く場合，女性特有の神官職に就く場合，および神官以外の役割を担う場合があった．

男性に対応する女性形の神官職称号の存在から，とくに古王国時代に，国家宗教において男性と同じような任務に就いていた多数の女性神官の存在が確認される．女神だけではなく，男神に仕えた女性神官がおり，その中でも*ハトホル女神の女性神官の数が傑出している．ハトホルの女性神官職は，第4王朝時代に王族女性によって保持され，次第に民間化して，古王国時代の後半には地方にも多数の女性神官が現れた．ハトホルの女性神官は，中王国時代になると激減し，新王国時代にはほぼ消失する．こうした女性の神官職からの排斥は，上記のような官僚の専門化に伴う，神官職の専門化に起因すると解釈されている．

女性特有の神官職として，中王国時代以降の「神妻」がある．とくに「*アメンの神妻」は，第18王朝初期から王族女性が就いた一種の神官職であり，特異なケースである．

やはり女性に特有な宗教に関連する役割であり，かつ神官職とは異なる役割として，神殿祭儀の中で*音楽を奏でる仕事があった．ケネルあるいはシェマイトと呼ばれる楽団に所属する女性たちが，ときに女性の指導者に率いられ，多様な神々の神殿で活躍した．

一方，個人的な民間宗教においては，国家宗教よりも幅広く女性が関与する機会があった．家庭内の祖先崇拝や神々の崇拝にはおそらく女性が携わっていたと思われ，神殿や聖地に詣でて，神々に個人的な祈りを捧げる機会は女性たちにもあった．

V-5-(4) 経済・法と女性

経済的な女性の地位については，主に遺産相続の記録や取引記録から知ることができる．資料数は男性のものより遥かに少ないが，残された資料を見る限り，女性にも動産・不動産を含めたほとんどの財産の所有権があり，その売買にも携わることができた．土地や建物など，規模の大きな財産の多くは父親，母親もしくは夫から相続したもので，それを自らの子供に分け与えることができた点は男性と同様であった．しかしながら，女性が財産を所有する機会は，おそらく男性よりも限られていた．官僚組織に関わる男性が定期的あるいは臨時に国家から報酬を受け取る機会があるのに対して，女性はその機会をほとんど持たなかったためである．

女性はさまざまな民事的・刑事的訴訟の原告にも被告にもなることができ，法的には独立した権利を持っていた．ただし，裁量を下す官僚やケンベトと呼ばれる民間の裁定機関の成員に，女性が含まれることは稀であった．また，刑事罰の対象として，男性と同様に訴えられた女性の例が，裁判記録から知られている．

V-5-(5)　家庭と女性

基本的に一夫一婦が婚姻慣習である中で，通常成人女性には家庭内での役割が期待されていた．新王国時代の最も一般的な女性の称号に「ネベト・ペレト（家の女主人）」があり，家庭内で家政の切り盛りを任されていたことが窺われる．また，教訓文学(→知恵文学)からは，通常家事の主導権が女性にあったらしいことも推測され，妻としてまた母としての家庭内における女性の重要性は高かった．

実際，今日に比べると家庭内での女性の仕事は多かった．とくに出産と育児は，女性ならでは可能な家庭内での責務であり，その他，食事の準備や身の回りの品々の整備などは，全て時間のかかる手間仕事である．富裕な官僚の妻の場合，実際の労働は従者たちが行い，妻はその指示が主な仕事であった．一方，一般の家庭では，パンの粉挽きや水汲みに始まる一連の調理活動を妻たち自身が行い，衣類調達のために糸紡ぎや機織りの作業も行った．

V-5-(6)　女性の活動

基本的に家庭に所属が期待された女性たちが，家庭外においてどのような活動をしていたかについての資料は断片的である．日常活動を描いた墓室*壁画を見ると，古王国時代には調理などの作業に女性の姿が見られたが，新王国時代には，屋外における農業，漁業，狩猟などの生業活動や，工房における工芸品生産活動に従事する女性の姿はほとんど見られない．しかしながら，官僚層の妻の場合，前述のような公式の宗教行為に携わる機会があり，墓室壁画にはしばしば侍女として王族あるいは官僚に仕える女性の姿が描かれている．私的な領域で働く女性の称号も知られており，古王国時代から，船着き場で物売りをする女性が描かれた壁画の例もある．これらは，実際には少なからず女性が家庭以外の場所でも活動していたことを示し，稀に知られる女性医師の存在は，女性にも専門的な職に就く機会があったことを推測させる．

V-5-(7)　女性像

古代エジプトの女性像について，壁画等に描かれた図像資料と文学作品等の記述が，その輪郭と期待されるモラルを物語る．

図像資料に現れる女性像の多くは，妻，母，あるいは娘の役割を担う姿を描写している．夫婦像では通常男女が同じ大きさで描かれ，基本的な対等関係を示すものの，描写の順序や位置では男性が優先され，妻のやや従属的な立場も表現されている．男性の褐色の肌とは対照をなすクリーム色の女性の肌は，支配階級では，日光の当たる家屋外での女性の活動が少なかった，あるいはそれが望まれたことを顕している．図像に描かれた女性の姿は，明らかに男性とは異なる柔らかい肢体を示す．全体に細身の体つきに加えて，豊かな胸と引き締まったウエストからは，肉体的な男女の差異が明瞭に認識されていたことが窺える．

古代エジプトの教訓文学によれば，成人女性には家事をよくこなす貞淑な妻であること，および子供をもうけるべきことが求められ，男女ともに不貞は戒められた．

［高宮いづみ］

V 女性

【参考文献】

Z. ハワス(吉村作治・西川厚訳)『図説古代エジプトの女性たち』原書房, 1998 年.

A. K. Capel and G. E. Markoe (eds.), *Mistress of the House, Mistress of Heaven : Women in Ancient Egypt*, New York, 1996.

H. G. Fischer, *Egyptian Women of the Old Kingdom and of the Heracleopolitan Period*, New York, 1989.

B. S. Lesko (ed.), *Women's Earliest Records from Ancient Egypt and Western Asia*, Atlanta, 1989.

G. Robins, *Women in Ancient Egypt*, London, 1993.

G. Robins, *Reflections of Women in the New Kingdom : Ancient Egyptian Art in the British Museum*, London, 1995.

Allam Schafik, *Some Pages from Everyday Life in Ancient Egypt*, Giza, 1985.

B. Watterson, *Women in Ancient Egypt*, New York, 1991.

VI 宗教と科学

VI-1-(1) 「宗教」と「科学」

「宗教」や「科学」の語の使い方については改めて問い直す必要があるという議論が近年盛んになっている．また「宗教」と「科学」の関係も流動的であることが指摘されている．古代の「宗教」と「科学」について論じる場合も慎重にならざるを得ない．たとえば「古代においては宗教と科学は対立していなかった」という言説も，「宗教」と「科学」を対立的にとらえる近代以降の思考が前提になっている．しかし「宗教」や「科学」にかわる適切な語がないため，これらの語をなるべく注意深く用いるほかはない．古代の具体的な事象についてコンテクストに照らし合わせながら研究を進めることによってはじめて「宗教」や「科学」に関連する事柄を再考する基盤も用意されるであろう．

VI-1-(2) 資料

宗教と科学の資料も文書資料と考古資料(建造物を含む大小の造形物)に大別される当時の遺物である．上記のような事情から「宗教」や「科学」の範囲をあらかじめ限定することはできないが，とりあえず「宗教」については現実世界を超えた存在や事物，すなわち神，*精霊，*他界などにまつわる文書(テクスト)及び造形物が資料となる．宗教においては，実際に行われる儀礼が重要であるが，古代宗教の場合はその一端を文書や造形物から推し測るほかはないという制約がある．

文書資料には，従来「宗教文書」とされる*神話，叙事詩，儀礼文書，呪文，占い文書などに限らず，たとえば神への祈りや感謝などの言葉となっている人名(→命名)なども含む．宗教的な造形物としては神殿や神像だけでなく，礼拝する人間像や*供物，*護符などがある．もともと宗教的な事物かどうかというより，それが宗教的な文脈におかれているかどうかが基準となる．

科学については，現実世界の観察から導き出された法則や因果関係に基づく記述が資料となる．しかしそのような法則も神々によって支配されていると考えられていたため，宗教文書と完全に区別することはできない．当時の科学的知識を窺わせる多くの植物名や鉱物名のリスト，あるいは病名や医学的治療法が記されている文書は少なくないが，それらを現在知られている事物に当てはめることができないなどの限界がある．考古資料では，たとえば*灌漑や土木技術，鉱物の加工技術などを示す遺物が当時の科学的知識を伝える資料となり得る．

VI-1-(3) 宗教と科学の担い手

宗教にも科学にも専門的職能か，あるいは民衆によって担われるそれぞれの局面があった．宮殿や神殿を中心とする公的宗教の担い手としては，王，祭司(*神官)，占い師，呪術師たちがいた．これらの人々は高度に発達した宗教儀礼の遂行や関連文書の研究に従事した．従って「学者」でもあった．他方，民間人もその生活のなかで，予兆を読み，*除災儀礼を行っていたと考えられる．また民間の占い師や呪術師も活

躍していたと考えられる．

科学の領域でも，公的権力の近くに位置する医者や科学技術の実践者があり，また日常生活のなかで，人々の生業を助けるような「科学的」知識及び技術の実践者がいたことであろう．　　　　　　　　　　　　　　　　　　　　　　　　　［渡辺和子］

【参考文献】
池上良正ほか編『岩波講座宗教1 宗教とはなにか』岩波書店，2003年．
島薗進・鶴岡賀雄編『〈宗教〉再考』ぺりかん社，2004年．
A. E. マクグラス(稲垣久和・倉沢正則・小林高徳訳)『科学と宗教』教文館，2003年．

VI-2　宗教

VI-2-(1)　メソポタミア

VI-2-(1)-①　神々

前4千年紀半ばに誕生した諸都市国家にはそれぞれの*守護神を中心とした祭儀体系があったと考えられるが，文書資料の不足のために詳細は不明である．前3千年紀後半には，シュメールの多くの神々が統合されて主要な神々のまとまりができ，またアッカド語圏の神々と重ねあわされていった．それらの主要な神々はそれぞれの本拠地であった都市に主神殿をもっていた．とくに重要な神々の例を表に示す．

主要な神々	シュメール語名	アッカド語名	本拠地	主神殿
天空神	アン	アヌ	ウルク	エ・アンナ
大気神	エンリル	エンリル(エッリル)	ニップル	エ・クル
水・知恵の神	エンキ	エア	エリドゥ	エ・アブズ
月神	ナンナ(スエン)	シン	ウル	エ・ギシュヌガル
太陽神	ウトゥ	シャマシュ	ラルサ，シッパル	エ・バッバル
金星女神	イナンナ	イシュタル	ウルク	エ・アンナ

これらの神々はメソポタミア南部において早い時期からほぼ上記のような序列を形成した．とくにアン／アヌ，エンリル，エンキ／エアは最高位を占める三神とされた．このほか*冥界の神々として女神エレシュキガル(本拠クタ)と男神*ネルガルがあった．治癒女神ニンイシナ／グラはイシンを本拠としていた．さらにシュメールの神々としては*ニンフルサグ(本拠アダブ)，ニントゥ，ニンマフなど多くの*母神があった．また個人の守護神とされる神々もあった．

前2千年紀のメソポタミア南部，すなわちバビロニアではバビロンが政治の中心となるとともに，バビロンの主神*マルドゥクの地位が高められていった．外来の神としては，メソポタミアの西方で崇拝されていた*ダガンや女神*イシュハラなどがある．書記の神*ナブーの崇拝も前2千年紀初頭にシリアから*アムル(アモリ)人がバビロニアにもたらしたと考えられる．その主神殿はボルシッパにあった．前2千年紀後半にバビロニア地方を支配したカッシート人はバビロニア語を使用し，バビロニアに同化する政策をとった．*カッシートの神々もバビロニアの神々に同定されたため，その信仰の詳細は不明である．カッシート語の神名は人名のなかに痕跡をとどめるのみで

あるが，たとえばブリアシュは天候神*アダドと，シュリアシュは太陽神シャマシュと同定された．

メソポタミア北部，すなわちアッシリアでは，バビロニアの神々も導入されたが，神*アッシュルが常に最高神の地位を占め，バビロニアの神々はその下に位置づけられた．またエンリルはアッシュルの別名とされた．

*アッカド王朝時代以降，神々の姿が人間の姿で図像化されることが多くなった．しかし，神であって人間でないことを示すのは牛の角がついた冠(*角冠)をかぶっている点である．崇拝対象となる神像は，「口を洗う」(ミス・ピー)という儀礼を経て生きた神とされた．

神々はシンボルによっても表現された．とくにカッシート政権下のバビロニアでは神々のシンボル表現が一定化し，*クドゥル(境界石)や印章に彫られた．

主要な神々のほかにも，川の神や山の神への信仰もあったが，大規模な祭儀体系は持たなかった．また，図像表現では角冠をかぶっているので神の領域に属するが，神殿も祭儀体系も持たない多くの精霊の存在も信じられていた．そのなかには守護霊として働くものもあれば，悪霊として人間に危害を加えるものもあった．

神々は不死とされたが，なかには殺される神もあった．たとえば*『エヌマ・エリシュ』のなかでは，マルドゥクがティアマトを殺害し，その体を裂いて天と地を創造し，さらにキングを殺してその血で人間を造ったとされている．*『アトラ・ハシス』のなかではゲシュトゥ・エという神を殺し，母神ニントゥがその肉と血を粘土に混ぜて人間を創造したと記されている．また冥界に下った女神イナンナ／イシュタルは死体と化したが，「命の草」などによって「蘇生」させられた．

死すべき人間であっても*『ギルガメシュ叙事詩』のウトナピシュティムのように洪水を生き延びて永遠の命を与えられ，神に列せられた者もあった．なお現実の世界では，アッカド王朝の*ナラム・シン以降の王と*ウル第3王朝時代の王たちが神格化され，崇拝の対象となった．

【参考文献】
前田徹『メソポタミアの王・神・世界観』山川出版社，2003年．
松島英子『メソポタミアの神像』角川書店，2001年．
J. Black and A. Green, *Gods, Demons and Symbols of Ancient Mesopotamia*, London, 1992.
S. Dalley, *Myths from Mesopotamia*, Oxford, 1989.
I. L. Finkel and M. J. Geller (eds.), *Sumerian Gods and Their Representations*, Groningen, 1997.
W. Hinz, "Gott. C. Nach elamischen Texten", *RlA* 3, 546-547.
W. G. Lambert, "Götterlisten", *RlA* 3, 473-479.
W. G. Lambert, "Gott. B. Nach akkadischen Texten", *RlA* 3, 543-546.
R. L. Litke, *A Reconstruction of the Assyro-Babylonian God-Lists*, New Haven, 1998.
W. Sallaberger, "Pantheon. A. I.", *RlA* 10, 94-308.
J. van Dijk, "Gott. A. Nach sumerischen Texten", *RlA* 3, 532-543.
Ch. Walker and M. B. Dick, *The Induction of the Cult Image in Ancient Mesopotamia. The Mesopotamian Mis Pi Ritual*, Helsinki, 2001.

VI-2-(1)-② 儀礼

現代においても儀礼は，一定の動作や集団の行為が，祈り，掛け声，音楽，歌など

さまざまな要素が組みあわされたものである．古代の儀礼も五感に訴えるものであったに違いないが，文書や遺物から儀礼の一部分について類推できるにすぎない．

儀礼は常に複合的なものであり，*祈禱（祈願，嘆願，祝福，呪いなど），犠牲，呪術（呪文，呪術儀礼，除災儀礼，*代替儀礼，*治癒儀礼など）などの要素がしばしば組みあわされていた．さらに複雑な体系をもつ儀礼としては，*死者儀礼（葬礼，死者供養など），祭礼（収穫祭，*新年祭，*聖婚儀礼など）などがあった．また*預言，*神託伺い，*占い，誓いなども広い意味で儀礼に含めることができる．これらの儀礼とその儀礼行為については，出土した文書の中に記されていることに基づいてある程度類推することができる．

かつての宗教研究（たとえばJ. フレイザー『金枝篇』など）においては，人格神を想定して祈りをささげ，善行によって神を喜ばせようとする「宗教」と，人格神を想定することなく，一定の手順に従って力を操作することによって目的を達成しようとする「呪術」はまったく異なるものであるとされた．しかし今日では，メソポタミア宗教に限らず，祈禱と呪術は組みあわされることが多いこと，また呪術も宗教を構成する一要素であることが広く認められている．祈禱と呪術が密接に組みあわされたメソポタミアの文書がドイツ語で「祈禱呪術」（"Gebetsbeschwörung"）と名づけられたことはそれ以前の古い宗教研究の影響といえる．

儀礼の理解にも考古資料が役立つことがある．たとえば，人間が神を礼拝するという基本的な儀礼要素については，出土している多くの礼拝者像や，神を礼拝する場面を示す*印章図像や浮彫りなどからある程度，動作をも含めて窺い知ることができる．エシュヌンナ出土の礼拝者像や，ギルス出土のグデア像が示すように，前3千年紀には胸の前で両手を組むのが祈りのしぐさ（*身振り）であった．これらの像の多くは奉納物として神殿内に置かれたものであり，奉納者にかわって神を礼拝する役割を担っていた．礼拝の場面を表す印章図像（→礼拝図）などには，礼拝者と礼拝対象としての神のほかに，礼拝者の手を引いて導く神やとりなす神も示されている．このような「導きの場面」（→紹介図）では現実に存在した礼拝者とおそらく存在したであろう神像のほかに，想像上の存在である導く神やとりなしの神も描かれている．また目にみえないはずの精霊の像が加わることもある．

図像に表された儀礼としては，とくに新アッシリア時代の王が行うライオン狩りにまつわる儀礼がよく知られている．

占いについては，たとえば内臓の粘土モデルが多数発見されたことによって，占いの教育の一端が知られるようになった．また死者儀礼については墓や副葬品などによっても理解が助けられる．

【参考文献】
T. Abusch and K. van der Toorn (eds.), *Mesopotamian Magic*, Groningen, 1999.
S. M. Maul, "Omina und Orakel", *RlA* 10/1-2, 2003, 45-88.
W. Mayer, *Untersuchungen zur Formensprache der babylonischen 'Gebetsbeschwörungen'*, Rome, 1976.
M. Nissinen, *References to Prophecy in Neo-Assyrian Sources*, Helsinki, 1998.

S. Parpola, *Assyrian Prophecies, Helsinki*, 1997.
G. Pettinato, *Die Ölwahrsagung bei den Babyloniern* I-II, Roma, 1966.
W. H. Ph. Römer, *Hymnen und Klagelieder in sumerischer Sprache*, Münster, 2001.
J. J. Stamm, *Die akkadische Namengebung*, Leipzig, 1939.
I. Starr, *Queries to the Sungod*, Helsinki, 1990.
M.-L. Thomsen, *Zauberdiagnose und schwarze Magie in Mesopotamien*, Copenhagen, 1987.
A. Tsukimoto, *Untersuchungen zur Totenpflege (kispum) im alten Mesopotamien*, Neukirchen-Vluyn, 1985.
K. Watanabe, *Die adê-Vereidigung anläßlich der Thronfolgeregelung Asarhaddons*, Berlin, 1987.
F. A. M. Wiggermann, "Theologies, Priests and Worship in Ancient Mesopotamia", *CANE*, III, 1857-1870.

VI-2-(1)-③ 宗教的世界観

メソポタミアにおいても，人間が生きるこの世（現世）と，死んだ人間が住むあの世（冥界，地下界），そして神々の住む世（天界など）の区別があった．現世以外は他界あるいは異界とも呼べる．しかしそれらの世界は完全に断絶している訳ではなく，ある程度往来可能であると考えられていた．

天界のイメージは主に神話から知ることができる．たとえば賢人アダパは天空神アヌに呼び出されて天界へ赴いた（『アダパ神話』）．またエタナは「子生みの草」を求めて鷲の背に乗って天界へ飛翔した（『エタナ神話』）．他方，ギルガメシュが永遠の命を得ようとしてウトナピシュティムを訪ねて向かった世界は「死の海」のかなたである．そこは，永遠の命を与えられて神に列せられたウトナピシュティムが住む世界であるので神々の世界でもあると考えられるが，太陽神だけが行けるという闇の世界の向こうにあるとされている（『ギルガメシュ叙事詩』）．

死者が住む冥界については『イナンナ（イシュタル）の冥界下り』や『ネルガルとエレシュキガル』から知ることができる．生者が死者の世界に赴くことは容易ではなく何重もの関門を通過しなければならなかった．また生者と死者は，その数においてある種の均衡を保つと考えられていた．シュメール語の作品から訳された『ギルガメシュ叙事詩』第12書板では，冥界をみてきたエンキドゥがギルガメシュに，冥界では子供を多くもうけた人は手厚い供養が受けられて幸福な生活をしていることを報告している．それは子孫が続き，死後に定期的な供養を受けることを重視する当時の価値観と符合する．他方，供養されていない死霊は生者に災いをもたらすため，そのような死霊を鎮める儀礼もあった．

冥界の代表的な神は女神エレシュキガルであるが，太陽神シャマシュは昼は生者の世界を照らし，夜は死者の世界（地下界）を通るため，両世界に通じる神とされた．

【参考文献】
月本昭男訳『ギルガメシュ叙事詩』岩波書店，1996年．
J. Bottéro, "Les inscriptions cunéiforms funéraires", in G. Gnoli and J.-P. Vernant (eds.), *La mort, les morts dans les sociétés anciennes*, Paris, 1982, 373-406.
A. R. George, *The Babylonian Gilgamesh Epic*, I-II, Oxford, 2003.
M. Hutter, *Altorientalische Vorstellungen von der Unterwelt*, Freiburg, Schweiz, 1985.
Sh. Izre'el, *Adapa and the South Wind*, Winona Lake, 2001.
D. Katz, *The Image of the Nether World in the Sumerian Sources*, Bethesda, 2003.
W. G. Lambert, *Babylonian Wisdom Literature*, Oxford, 1960.

J. N. Lawson, *The Concept of Fate in Ancient Mesopotamia of the First Millennium*, Wiesbaden, 1994.

VI-2-(1)-④　宗教的職能者

シュメール語で残された祭司の職名の数は多いが，それぞれの職務の詳細はわかっていない．神殿の祭司職にある者でも宗教儀礼に携わったのか，行政管理に携わったのか必ずしも明らかではない．王が祭司職を果たしたか，またどの程度まで果たしたかについても時代と地域によって異なっていた．しかしさまざまな儀礼において楽器を奏でる者，歌（讃歌や哀歌）を歌う者，神託を伺うもの，占い師，呪術師，預言者などについては，ある程度の専門化が進んでいたと考えられる．一部には女性の祭司も重要な地位を占めた．またカルーとよばれる神殿歌手が高い声を出すために去勢されていた可能性もある．　　　　　　　　　　　　　　　　　　　　　　　　［渡辺和子］

【参考文献】
E. Ben Zvi and M. H. Floyd, *Writings and Speech in Israelite and Ancient Near Eastern Prophecy*, Atlanta, 2000.
B. Menzel, *Assyrische Tempel* I-II, Roma, 1981.
M. Nissinen (ed.), *Prophecy in its Ancient Near Eastern Context*, Atlanta, 2000.
J. Renger, "Untersuchungen zum Priestertum der altbabylonischen Zeit", ZA 58, 1967, 110-188 ; ZA 59, 1969, 104-230.
K. Watanabe (ed.), *Priests and Officials in the Ancient Near East*, Heidelberg, 1999.

VI-2-(2)　アナトリア

VI-2-(2)-①　神々

古代アナトリアの宗教，神々に関する我々の知識の多くはボアズキョイ／ボアズカレから出土したヒッタイトの粘土板文書資料（前16～13世紀）に拠っている．前19，18世紀の*キュルテペ文書は商業文書という性格上宗教に関わる記述はごく限られており，それ以前の時代については考古資料だけしか残されていない．

ヒッタイトの*パンテオンはアナトリアやシリア各地の実にさまざまな神々からなり，自ら「ハッティの千の神々」と総称するほどに多数の神名が知られている．その中で最も古く，かつパンテオンの中核をなしているのはヒッタイトが移動してくる以前の中央アナトリアに居住していた*ハッティの神々である．とくに古王国時代においてはヒッタイトのパンテオンはほぼハッティ系の神々によって占められている．そこには印欧語族であるヒッタイト固有の宗教の痕跡はほとんど認められず，ヒッタイトは文化的に優越する先住民ハッティの宗教，神々の体系を基本的に受容したものと考えられる．ハッティの神々は主に中央アナトリアの北部から黒海沿岸にかけての地域で信仰され，*ネリク，*アリンナ，*ジプランダそしてヒッタイトの都が置かれた*ハットゥシャなどがとくに重要な祭儀地として知られている．パンテオンの頂点に立つのは天候神と（アリンナの）太陽女神のカップルで，その息子がネリクおよびジプランダの*天候神，また*メズラは娘とされる（このような神々の親族関係は新王国時代の文書によるもので，それが古王国時代にまで遡るかどうかはっきりとした確証はない）．このほかに*イナル（イナラ），*テリピヌ，ハルマシュイトゥ（神格化された玉座），戦いの神ウルンカッテ（*ザババ），冥界の神*レルワニなどが特筆されるが，山，

泉，河など自然界の神々も多くみられる．ハッティの神々については，古王国時代の文書資料が限られていることやハッティ語の理解が極めて不充分なこともあり，なお不明な点が少なくない．

　ヒッタイトのパンテオンを構成するもう一つの重要な要素はフリ系の神々である．北メソポタミアからシリアを本拠とするフリの影響が顕著になるのは前15世紀，とくにその後半のことであるが，それは宗教においても際立っている．このときフリの儀礼や神話とともに多くのフリ系の神々が新たにパンテオンに加えられ，以後のヒッタイトの宗教に決定的な影響を及ぼした．フリのパンテオンにおける最重要な神は天候神*テシュブとその姉妹(*ニネヴェの)*シャウシュガ(シュメール・アッカドの*イナンナ／イシュタルと同一視される)であるが，ヒッタイトでは*ヘパト，*イシュハラ，*シャルマ，アラニなど西フリ(シリア及び南東アナトリア)に特徴的な神々も重要な役割を果たしている．なかでもヘパトはテシュブの配偶神とみなされ，(アリンナの)太陽女神と同一視された．ヒッタイトの都ハットゥシャの北東に位置する*ヤズルカヤにはフリ系の神々の浮彫り像が男神と女神に分けて彫られているが，男神の先頭にはテシュブ，女神の先頭にはヘパトがおのおのあらわされている．フリの神としては天上の覇権をめぐる神話で中心的な役割を担う穀物神*クマルビもよく知られている．

　ヒッタイトのパンテオンにはこのほか印欧語族の*ルウィや*パラの神々，また主にフリを介して入ってきたメソポタミアの神々なども含まれており，極めて複雑な様相を呈している．前13世紀，とくに*ハットゥシリ3世以降にみられる神々の世界の統合と再編の動きは，このように複雑化したパンテオンに一定の秩序を与えようとする試みと理解される．

【参考文献】
A. Goetze, *Kleinasien*, München, 1957.
O. R. Gurney, *Some Aspects of Hittite Religion*, Oxford, 1977.
V. Haas, *Geschichte der hethitischen Religion*, Leiden, 1994.
E. Laroche, *Recherches sur les noms des dieux hittites*, Paris, 1947.
M. Popko, *Religions of Asia Minor*, Warsaw, 1995.
B. H. L. van Gessel, *Onomasticon of the Hittite Pantheon* I-II, Leiden, 1998.
E. von Schuler, "Kleinasien. Die Mythologie der Hethiter und Hurriter", in H. W. Haussig (ed.), *Wörterbuch der Mythologie* I : *Götter und Mythen im Vorderen Orient*, Stuttgart, 1965, 141-215.

VI-2-(2)-② 儀礼

　ヒッタイトの宗教文書のうち量的に最も多いのは祭礼文書，つまり個々の祭礼の進行を記述した文書である．祭礼は神々との良好な関係を維持し，王国の安寧と繁栄を確保する国家的な行事であり，主要な祭礼を適切に実施することは最高祭司としての王の責務とされた．祭礼の多くは定期的に行われ，春の*アン・タフ・シュム祭や秋の*ヌンタリヤシュハ祭のように祭礼期間が約40日に及ぶものもある．祭礼の中心をなすのは神々への供犠とそれにともなう儀礼で，供犠を受ける神々の順位はハッティ系，フリ系，パラ系，ルウィ系など神々の系統によってほぼ決まっている．*供物にはパン，チーズ，果実，*蜂蜜，*ワイン，*ビール，動物(あるいはその一部)などが

使用される．ヒッタイトの祭礼に頻繁にみられる「神を飲む」儀礼はヒッタイトに独特なものであるが，「神を飲む」という行為が何を意味するのか，その解釈については議論が分かれる．多くの儀礼，とくに「神を飲む」儀礼は*楽器の演奏や歌をともなう．ヒッタイトの楽器のなかではとくにGIŠ ᴰINANNAと呼ばれる楽器(多分竪琴のこと)が多用された．

　公的な祭礼に対して呪術儀礼はより私的，個別的な色彩が強く，主にさまざまな災厄や疾病などからの解放あるいはそれに対する防御を目的として行われた．呪術儀礼の文書は草創期から滅亡に至るまでヒッタイト王国の全時期を通じて豊富に残されている．最も初期の文書はすでに発達した呪術儀礼の形式を示しており，先住民ハッティが呪術儀礼の長い伝統を持っていたことを窺わせる．またルウィ語，パラ語といった印欧語の文言を含む呪術儀礼も早くから知られており，前15世紀フリの影響が強まるとともにフリ系の儀礼も多くみられるようになる．ヒッタイトの呪術儀礼は定まった形式にあまり縛られないおのおのに個性的なものであるが，基本的な構成はほぼ共通している．冒頭には儀礼を執り行う呪術師の名前，そして儀礼が何を目的に行われるのかが説明される．続いて儀礼に必要な材料，供物などが列挙され，その後本来の儀礼の部分に入る．儀礼は一連の呪的所作とそれにともなう呪文からなり，儀礼の対象となる人あるいは物の穢れ，不浄を浄める．儀礼に使用された品物は不浄なものとみなされ，再び害を及ぼさぬよう儀礼後に土中に埋めるなどして処置された．儀礼に際しては神々の助力を必要としたが，なかでも*太陽神(アリンナの太陽女神とは別の神)が重要な役割を果たした．呪術儀礼は当時の人々の生活に深く根ざしており，本来の儀礼文書以外の多くの文書にもその用例を見出すことができる．

　*祈禱もさまざまなジャンルの文書に認められるが，それ自体として独立した祈禱文書は'中王国'時代，とくに新王国時代の王，王妃などによるものに限られる．祈禱は神への讃歌，本来の祈禱部分，神への約定などからなるが，その構成は個々の祈禱によって大きく異なり，また祈禱の理由も疫病，外敵による略奪，王家内の不和に対するもの，あるいは王の健康と長寿を祈願したものなど多様である．神への讃歌としては'中王国'時代以来の太陽神讃歌が良く知られている．メソポタミアの影響が顕著なこの讃歌は本来男神の太陽神に向けられたものであるが，アリンナの太陽女神への讃歌としても用いられた．

　肝臓占いをはじめとする卜占に関する文書もヒッタイトには少なくないが，その多くはメソポタミアの影響を強く受けている．

【参考文献】

D. H. Engelhard, *Hittite Magical Practices : An Analysis*, Ann Arbor, 1970.

H. G. Güterbock, "The Composition of Hittite Prayers to the Sun", *Journal of the American Oriental Society* 78, 1958, 237-245.

H. G. Güterbock, "Religion und Kultus der Hethiter", in G. Walser (Hrsg.), *Neuere Hethiterforschung*, Wiesbaden, 1964, 54-73.

A. Kammenhuber, *Orakelpraxis, Träume und Vorzeichenschau bei den Hethitern*, Texte der Hethiter 7, Heidelberg, 1976.

R. Lebrun, *Hymnes et prières Hittites*, Louvain-la-Neuve, 1980.

A. Ünal, "The Role of Magic in the Ancient Anatolian Religions According to the Cuneiform Texts from Boğazköy-Ḫattuša", *Bulletin of the Middle Eastern Culture Center in Japan* 3, 1988, 52-85.

VI-2-(2)-③ 宗教的世界観

ヒッタイトでは天(nepis)に対する地下の冥界は一般に「暗い大地」(dankuis taganzipas)と呼ばれる(「暗い大地」は人間の生活する大地をさすこともある)．地下の冥界へはほら穴(あるいは人工的に掘られた穴)，河，泉などが通じており，冥界の神々，諸霊との接触も主にそこを通して行われた．地下(別の伝承によれば海中)深くには穢れや諸悪を封じ込める青銅製／銅製の容器が置かれていたという．冥界の中心的な神である地の太陽女神は日中の太陽である天の太陽神に対して夜間に地下を巡る太陽で，冥界の諸霊，諸力に影響力を持ち，フリやシュメールの冥界の女神アラニ，エレシュキガルと同一視された．またハッティ系の神＊レルワニを頂点とする一連の神々も冥界の神に含まれる．天上の覇権をめぐる抗争に敗れ冥界に追放された「古の神々」という考え方はフリの影響によるものと思われる．

【参考文献】
V. Haas, "Die Unterwelts-und Jenseitsvorstellungen im hethitischen Kleinasien", *Or.* 45, 1976, 197-212.
V. Haas, "Death and the Afterlife in Hittite Thought", *CANE*, IV, 2021-2030.
E. Laroche, "Les dénomination des dieux《antiques》dans les textes hittites", in K. Bittel, *et al.* (ed.), *Anatolian Studies Presented to Hans Gustav Güterbock on the Occasion of his 65th Birthday*, Istanbul, 1974, 175-185.
H. Otten, *Hethitische Totenrituale*, Berlin, 1958.
H. Otten, "Eine Beschwörung der Unterirdischen aus Boğazköy", *ZA* 54, 1961, 114-157.

VI-2-(2)-④ 宗教的職能者

祭司の頂点に立つのは王ならびに王妃で，ヒッタイトの主要な祭礼は原則として王，王妃が主催する．王は神と人間の世界を仲介するものとして神に最も近い存在であった．神殿には ^{LÚ}SANGA, ^{LÚ}GUDU$_{12}$, ^{MUNUS}AMA.DINGIR^{LIM} "神の母"などの祭司をはじめ多数の人々が仕えており，儀礼の進行にあたっては献酌侍従(^{LÚ}SAGI)，給仕人(LÚ ^{GIŠ}BANŠUR)，料理人(^{LÚ}MUḪALDIM)なども補佐役として重要な役割を担った．また楽器奏者，歌い手，踊り手も儀礼には不可欠のものであった．一方呪術儀礼を司る呪術師の中では ^{MUNUS}ŠU.GI "老女"が最も重要で，主にルウィ系あるいはフリ系の儀礼にあらわれる．^{MUNUS}ŠU.GIは呪術の分野だけでなく，占師や預言者(^{LÚ}AZU, ^{LÚ}ḪALなど)とならんで卜占，とくにKIN占い(一種のくじ占いのようなもの)にも関係している． ［吉田大輔］

【参考文献】
S. Alp, *Untersuchungen zu den Beamtennamen im hethitischen Festzeremoniell*, Leipzig, 1940.
F. Pecchioli Daddi, *Mestieri, Professioni e dignita nell'Anatolia Ittita*, Roma, 1982.

VI-2-(3) ウガリト

前1400-1200年頃のウガリト文書からは，最高神＊エル(イル)は，前2千年紀中葉に＊バアルにその地位を譲ったと考えられる．バアルは「所有者」の意味であるが，＊天候神であり，ハダドともよばれた．またシリアの多くの都市でバアルが崇拝され，

バアル・シドン，バアル・ハランなど多くのバアルが存在し，それぞれについての伝承が形勢された．愛の女神*アナトは戦闘神の属性も持つようになり，ライオンをシンボル動物とした．

ウガリトの有力な神話によれば，最高神エルが召集した神々の集会において，天候神バアルは海神*ヤムに服従すべきであるというヤムの要求をエルが認めたため，怒ったバアルはヤムに戦いを挑み，勝利することができた．さらにバアルが七頭の蛇ロタン（レヴィヤタン）を退治すると，死の神モトは怒ってバアルを冥界に呼び出した．そこでモトに屈したバアルが死ぬと自然界の生殖と生産が停止してしまった．そこでバアルの姉妹である愛と戦争の女神アナトは冥界へ下り，太陽女神シャパシュに頼んでバアルの死体をもらいうけ，ツァパンの山に運んで葬儀を行った．さらにアナトは*モトを滅ぼしてバアルのあだ討ちを果たした．その後バアルは復活して王座にもどり，生産と豊饒も戻った．しかし7年後にバアルはまたモトに滅ぼされ早魃が訪れた．しかしエルがモトを罰することをシャパシュが伝えると，モトはバアルに王座を明け渡した．

【参考文献】
G. del Olmo Lete, *Canaanite Religion. According to the Liturgical Texts of Ugarit*, Winona Lake, 2004.
A. R. W. Green, *The Storm-God in the Ancient Near East*, Winona Lake, 2003.

VI-2-(4)　イスラエル

VI-2-(4)-①　神々

イスラエルの民は*ヤハウェの一神を崇拝するように定められていたが，その神名を口にすることや神像を作ることは禁じられていた．それにもかかわらず周辺諸民族が崇拝する多くの神々や宗教儀礼の影響を受けたため，預言者たちから告発された．古い伝承（創31：19-35）の中では，家の守護神像がテラピムと呼ばれていたことが伝えられている．

VI-2-(4)-②　儀礼

神に対する働きかけとしては，*祈禱，犠牲を行うほか，複合的な神殿儀礼や祭が行われた．神の意思を知る手段として，*預言者による託宣（預言）や，*夢による*神託（夢占い），くじによる*占い，神裁などがあった．

VI-2-(4)-③　宗教的職能者

シナイ山で祭司として聖別されたとされるアロンと，レビ人の系列に属するものが代々祭司となった．王国時代にはエルサレムのザドクの一族が祭司となり，後に自分たちをアロンの子孫であるとした．南のユダ王国では王の祭司が有力となり，王の子供たちも祭司となった．しかし北と南の地方聖所の祭司はレビ人となった．

祭司の主な役割は時代と場所によっても異なるが，律法の整備伝承，儀礼の遂行などであった．ヨシヤ王はエルサレムへの祭儀集中を図ったが，結果的には系統の異なる祭司たちの等級づけを招いた．神の言葉を直接受け取ることは預言者の任務となり，選民信仰に安住する祭司たちはしばしば預言者の批判を受けた．　　　　　［渡辺和子］

【参考文献】
金井美彦・月本昭男・山我哲雄編『古代イスラエル預言者の思想的世界』新教出版社，1997年．
J. Blenkinsopp, *Geschichte der Prophetie in Israel*, Stuttgart, 1998 (2. Aufl.).
G. J. Brooke, *et al.* (eds.), *Ugarit and the Bible*, Münster, 1994.
M. Dietrich und O. Loretz, *Jahwe und seine Aschera. Anthropomorphes Kultbild in Mesopotamien, Ugarit und Israel. Das biblische Bilderverbot*, Münster, 1992.
B. Janowski, K. Koch und G. Wilhelm (Hrsg.), *Religionsgeschichtliche Beziehungen zwischen Kleinasien, Nordsyrien und dem Alten Testament*, Göttingen, 1993.
O. Keel (Hrsg.), *Monotheismus im Alten Israel und seiner Umwelt*, Fribourg, 1980.
A. Malamat, *Mari and the Bible*, Leiden, 1998.
J. Quaegebeur (eds.), *Ritual and Sacrifice in the Ancient Near East*, Leuven, 1993.

VI-2-(5) エジプト

VI-2-(5)-① 神々

古代エジプト人の帰属意識の単位は「町」であったとされ，彼らにとって一番身近で，自分たちの運命に関わるのは「町の神」と呼ばれるものであった．これに対して「州*ノモスの神」が存在するが，王の儀式に全エジプトを代表する形で，それらの神が出席することから見ると，その発生はどうあれ，多分に政治的な力で整理・統合された結果が，王朝時代の「州の神」であったと考えられよう．

王朝時代の神々の動向には，このような政治的な力，それも王権との関係が大きく作用していると説明される．*ネイトや*ミンのように，王朝時代に活躍した神々で，先王朝時代にその存在が確認されるものもあるが，王権が確立する段階で消滅した，あるいは実体を失った神々は多数あったと考えられよう．

王朝時代の王権をめぐる神々の動向は次のように説明される．

歴史時代初期から，王は*ホルスが地上に顕現したものとされ，上エジプト，下エジプトをそれぞれ代表する*ネクベトと*ウアジェトに守護され国を治めた．第2王朝末期にはセトを王の神とする動きがみられるが，一時的なものに終わった．

古王朝時代に入ると，ヘリオポリスの*アトゥムと習合した*ラーが，王権と結びついて強力となり，天地創造神，さらに王の父親としての地位を築く．また王都メンフィスの*プタハ，ヘルモポリスの*トトが強力となった．

中王国時代には*メンチュウ，続いてテーベの*アメンが王権と結びつき強力となる．さらにアメンは，新王国時代にラーと習合し，アメン・ラーの名で王の実父として大きな力を示した．*アクエンアテンの宗教改革後はこのアメンの卓越した力が失われ，他の神々（プタハ，*オシリス，*イシスなど）への信仰が相対的に強まった．さらに第26王朝にはサイスのネイトが王の支持を受け，急速に強力化している．

このような，王が主催する公的（公儀的）宗教とは別に，個人の日常生活における呪術的信仰の対象となった神としては，*ベスや*タウレトなどがいた．

こうした神々の属性を定義することは意外に難しい．*マアトなどの抽象的概念を神格化した神は，もとの概念を示すことで済むが，ひとつの神がさまざまな姿をとって表現される場合は，その神の属性の一部のみが強調されていると考えられるし，また同じ神でも添えられる形容辞によってそれぞれ別の神として認識されていたらしく，神格の分裂ともいうべき状況が存在するからである．また神には本来的に創造力が備

わっているとすると，すべての神々に創造神の属性を持つ資格があることになろう．さらに，二つ以上の神が容易に結びつく「習合」の現象も，ひとつひとつの神の属性の決定を困難なものにしている．

習合とは別に，神々が結びついてグループを作ることが知られている．男神と女神とその次世代と考えられる神からなる3神1座が代表的であるが，8柱神，9柱神というまとまりも存在する．

古代エジプト宗教は一神教であったという議論がたびたびなされてきた．神の属性をつきつめて行くと，抽象的な「神」概念へ至る，あるいは「習合」が繰り返されるとすべての神々がひとつの「神」に集約されると考えるのである．しかし，アスマンによれば，多神教的実態と一神教の理論とは同一レベルで論じるべきではないとされ，エジプト宗教の二つの面と認識すべきだとされる．

VI-2-(5)-② 儀礼

エジプト王には，人類の代表として神への儀式を行い，その恩寵を引き出す義務があった．神殿の壁画に描かれた儀式の場面で，神に対峙するのが常に王1人であることがこの事情を表わしている．しかし実際は各地の神殿で王1人が儀式を行うのは不可能だったため，神官が名代として，その任に当った．その際，神官は自分を送ったのが王であることを明言している．

神殿での儀式の中心は，そこに住む主人である神への世話であった．神像に宿る神に対し，洗面，着替え，食事の世話が毎日，朝と晩に行われた．折々の祭りには，神像が神輿に乗せられ，神官たちに担がれ，神殿境内や周辺を練り歩いた．担ぎ出された神像に対して，人々が*神託を求めることもあった．大祭としては*オペト祭り，砂漠の谷の祭り，オシリスの秘儀などが知られている．

王をめぐる儀式には宗教色が伴った．即位儀礼，王位更新祭(*セド祭)などがその代表であるが，式次第や個々の儀式の意味づけなど，不明な点はまだ多い．

葬祭(→葬送儀礼)については，墓の壁画をはじめとしてさまざまな情報が残されている．工房の職人によって*ミイラにされた遺体は，家族に引き渡され，葬列を組んで墓地へと運ばれる．葬列には哭き女が従い，また随所で象徴的儀式が行われた．墓の入り口に至ると，ミイラに対して生の機能を取り戻させる「開口・開眼の儀式」(→開口の儀式)がセテム(セム)神官の手で挙行される．遺体が安置された後，遺族による定期的な供養が行われるのが理想であったが，実際は「カーの僕」と呼ばれる神官にその仕事は委ねられた．砂漠の谷の祭りのときには，人びとが先祖の墓に詣でて，そこで死者とともに会食をし，夜を明かした．

葬祭に関しては*「死者の書」に代表される，一連の葬祭文学(→葬祭文書)と呼ばれるものが知られている．それらは死後の安全をはかる呪文の集成であるが，墓の壁画についても，来世で食物を確保する目的など，呪術的目的で描かれていると考えられる．

エジプト人が神にどのように接していたか，言い換えれば，どのような手段でその恩寵を引き出そうとしたかについては，前述したような広義の*供犠提供が基本的な

115

ものだったと考えられるが，新王国時代後半のデル・エル=メディーナの職人村の石碑に見られる，神の前に自分の弱さをさらし，ひたすら許しを願うような態度も見られる．しかし，こうした例は特殊なものとされよう．また，神の名にかけて誓いをたてることが行われた．

古代エジプトの文学作品には，予言あるいは*占い，*呪術といったものが現れ，それらが存在したことが知られる．呪術については，王が敵の像あるいは象徴を踏みつけることで勝利を確保したり，敵の名を記した像や土器を破壊することで，その殲滅をはかったり，あるいは王の暗殺計画に呪術的方法が用いられたことが知られている．

VI-2-(5)-③　宗教的世界観

天地創造を語るとき，そのおのおのの段階が神になぞらえられる．*ヘリオポリスの神学では原初の大海（ヌン）に創造神ラー・アトゥムが出現し，まず大気（*シュウ）と湿気（*テフネト）を生み出した．次にこの男神と女神が大地（*ゲブ）と天（*ヌウト）を生み出した．

ヘルモポリスの神学では，原初の混沌の属性である「深淵」「無限」「暗黒」「不可視性」が4対の男女の神として表現されている．また，メンフィスの神学では，プタハが思考と言葉によって創造を行ったとされるが，思考の中枢である心臓がホルス，言葉を発する舌がトトであるとされている．

創造された世界は常に，創造前の混沌とした原初の姿に再び戻る危険性をはらんでいる．この混沌の力を表わす神として，太陽神の敵対者の大蛇アポフィスが知られている．

エジプトの死後の世界・来世とこの混沌の世界とは直接には結びつかない．エジプト人は死後もこの世と同じ生活が続くと考え，肉体をミイラとして保存し，死者のための家（墓）と調度品（副葬品）を用意し，正しい手順の葬儀を行い，その後も供養（飲食物の提供）を続けた．つまり，肉体を伴う生活が，死後もそのまま続くと考えたのであり，その生活の場もこの世と規模の差はあるものの同質のものと考えていたらしい．

現世から来世に入るには，死者の裁判（→死後審判）を受けねばならないと考えられ，それを通過できなかった死者はその存在を断たれると考えた．そうした死者が行く先を，混沌の世界と設定することもできよう．

死者や死者の霊は，現世と来世の境を越えて，現世に影響を及ぼすと考えられ，生者に害を与える死者を退散させるために，故人となった身内に手紙を書いて，その死者との対決を求めることが行われた（→死者への書簡）．

VI-2-(5)-④　宗教的職能者

公儀的宗教の分野で活動した上級の神官たちは，国の役人であり，行政に携わる官僚と同質の人たちであり，神官と官僚の両方をまたいで経歴を積むことが一般的であったが，後代になると神官がより専門的知識を必要とされ専門職化した．

神殿で活動する神官には大きく分けて，専従のものと，一定期間のみ奉仕するものとの2種類があり，後者は普段，別の職についていて，清めによってその資格を得た

と考えられる．一般の人びとの葬儀や供養を引き受けた神官たちの実体ははっきりしないが，やはりこの後者と同じ社会層に属する人びとであったと推察される．上述した呪術など，民間信仰のレベルでの宗教活動に関与したのも，こうした階層の者たちであったろう． 　　　　　　　　　　　　　　　　　　　　　　　　　　　　　　　［吉成薫］

【参考文献】
J. アスマン(吹田浩訳)『エジプト一初期高度文明の神学と信仰心』関西大学出版部, 1998年.
J. スペンサー(酒井傳六・鈴木順子訳)『死の考古学一古代エジプトの神と墓』法政大学出版局, 1984年.
J. チェルニー(吉成薫・吉成美登里訳)『エジプトの神々』六興出版, 1985年(弥呂久, 1993年).
ロザリー・デイヴィッド(近藤二郎訳)『古代エジプト人一その神々と生活―』筑摩書房, 1986年.
H. フランクフォート他(山室静・田中明訳)『哲学以前一古代オリエントの神話と思想』社会思想社, 1971年(新版『古代オリエントの神話と思想一哲学以前』1978年).
H. Brunner, *Grundzüge der altägyptischen Religion*, Darmstadt, 1983.
H. Frankfort, *Ancient Egyptian Religion, an Interpretation*, New York, 1948.
S. Morenz, *Ägyptische Religion*, Stuttgart, 1960 (英訳：*Egyptian Religion*, London, 1973).

VI-2-(6)　アケメネス朝時代以降の西アジア

　ここで取り上げる宗教は，*ゾロアスター教，*ユダヤ教，*キリスト教，*グノーシス主義の代表としての*マニ教および，ローマ帝国下の密儀宗教の代表として*ミトラス教，その他である．前3者については，後3-6世紀頃を中心に述べる．伝統的なギリシア人やローマ人の多神教，および仏教などインド系の宗教は，*アケメネス朝以降のオリエントの一部地域で確かに信仰されていたが，ここでは扱わない．全体として，1都市のみに留まることなく，また単一の言語集団に留まるものでもない性格を上述の各宗教は持っている．さらにローマ帝国においてキリスト教，*サーサーン朝ペルシア下においてゾロアスター教は，それぞれ国家権力と密接に結びつき，*教会組織と統治機構とがかなりの程度融合していく．またその他の宗教も含めて，宗教が人間集団のアイデンティティを表わす重要な指標となっていったことも，アケメネス朝以降の特徴である．他の宗教との争いや内部での正統論争などもみられるようになった．その他，東地中海地域以東では文字と宗教が密接な繋がりを持ってきたことも注目すべき特徴である．例外はもちろんあるが，ヘブル文字はユダヤ教の，シリア文字はキリスト教ヤコブ派および*ネストリウス派の，*アルメニア文字，*グルジア文字はそれぞれのキリスト教派の，マニ文字はマニ教の，パフラヴィー文字はゾロアスター教の文字と見ておけばだいたい間違いがない．西地中海地域がラテン文字のみの世界になっていくのと対照的であり，イスラーム時代以降もこの地域に多くの宗派が生き残っていく重要な要因と言えるだろう．

VI-2-(6)-①　神々

　全体として，一神教およびそれに類似する体系を持つものが多い．
　ゾロアスター教では，善神*アフラ・マズダーと悪魔*アンラ・マンユが，それぞれの創造した陪神，魔，人間などの被造物と共に戦う．陪神としては，*アムシャ・スプンタと総称されるアフラ・マズダーの属性が神格として現われたものと，インド・イラン古来の神々である*ヤザタと呼ばれるグループに二分される．神学的な地位としては，アムシャ・スプンタの方が上であるが，人名資料や図像資料によれば，現実

に広く崇拝され人気を集めていたのは，ミトラや*アナーヒターなどのヤザタである．神々同士の争いは存在しない（非常に稀な例として愚痴をこぼしている箇所はある）ので，アフラ・マズダーと陪神との関係を一神教の神と（大）天使との関係のようにみることも不可能ではない．混淆主義の時代では，ギリシア・ローマのアポロン神は*コマゲネ王国の*ネムルト・ダー遺跡ではミトラ神と，後2世紀*セレウキア出土碑文ではティール神と，それぞれ同一視されている．前者は太陽神としての性格が共通し，後者は学芸の神であるバビロニアの*ナブーを媒介としたものと考えられる．このように混淆のあり方は多様である．

ユダヤ教は*ヤハウェを全知全能の唯一神として信仰する．ただし，もちろん人間との媒介を務める天使が存在し，預言者を通じて人間に教えを授け，あるいは警告してきた．民間信仰実践である呪鉢(magic bowl)での呼びかけ先としては，ヤハウェの別称とともに天使名も多く挙がっている．*黙示文学期以降，魔界もゾロアスター教のように整備されていく．キリスト教も，唯一神信仰とそれを補う諸天使などについては，派生元のユダヤ教と同様である．もちろん，イエスを*メシア，キリストと位置付ける点は，両者にとっては決定的な相違である．マニ教では，霊＝善，肉体＝悪という対立軸の中で，神にあたるのは「偉大の父」であるが，複雑な*創成神話においてその被造物であり分身たる諸天使が多数存在する．唯一神化から再び諸神への分化が起きつつあるとも言える．

*ミトラス教においては，ミトラスは主神で祭儀はもっぱらこの神に向けてなされるが，神統記の中では原初から存在するのではなく，後から生まれた救済神である．*パルミラや*ハトラで信仰されたのは3柱神（主神とその*配偶神，両者の息子）を中心とする多神教であり，アラビア半島でも様々な神々が崇拝されていた．ただし，イラン・中央アジアを除く地域では，ユダヤ教やキリスト教が西暦紀元以降しだいに広まり，イスラーム勃興までにはメソポタミア北部の*ハラン・スマタルやアラビア半島以外では伝統的な多神教はほとんど消滅してしまっていた．これらの多神教は前代のメソポタミアやシリアのそれと性格に大きな違いはないので，以下の記述は最小限に留める．

VI-2-(6)-② 儀礼

信徒集団全員に適用される戒律や入信式の重視，信徒が集まる場での*祈禱の重視などが特徴といえよう．ゾロアスター教，ユダヤ教，キリスト教，マニ教に共通して，偶像崇拝が比較的少ないことと，聖典を有することも挙げられる．聖典は儀礼の裏付けとなり，また聖典を誦むこと自体が重要な儀礼となる．ただし聖典／正典認定や文字化の過程は各宗教によって異なる．なお，祝祭などは各宗教みな持ち合わせているが省略する．

ゾロアスター教では悪魔の創造物を避けること（→除災儀礼），あるいは祓い浄めること（→浄化儀礼）が儀礼の中心である．火土水などは善の創造物であり神聖視され，聖なる火は拝火神殿の中で燃やし続けられた．儀礼の際に口承で受け継がれてきた聖典*アヴェスターはサーサーン朝中後期に文字化された．

ユダヤ教では第二神殿崩壊後（→第二神殿時代）は*シナゴーグが公的な宗教実践の場となった．聖典としての『律法・預言者・諸書』（キリスト教徒のいう*『旧約聖書』）が確定され，さらに「口伝律法」が重視されやがて文字化された（→ミシュナ，タルムード）．それらに定められた，すなわち神が命じた数多くの日常的な戒律を遵守するよう要求される．*呪術としては，呪鉢が注目される．病気治癒祈願が多いが，呪文を書いた鉢を逆さに置いて中に悪霊を捕えようとするもので，ユダヤ教徒と*マンダ教徒がほぼ同一の呪術（呪文の内容はもちろん異なる）を行なっている．キリスト教においては，教会における聖餐式が公的儀礼の中心となった．聖典として，ユダヤ教徒と共通する『旧約聖書』とイエスや弟子の言行を伝える*『新約聖書』を持つ．マニ教では，光の要素をできるだけ傷つけないことが求められ，日常生活が律せられる．出家者が生活する*修道院などで，在家者も信仰告白や悔悛などを行なった．断食は在家にも課せられる．

ミトラス教の密儀では，神殿内の神像の前で入信式や聖餐式が行なわれていた．多神教の祭儀は，前代とそう変わらないものであったと思われるが，アラビア半島では巡礼が重視されており，これがイスラームに受け継がれた．

VI-2-(6)-③　宗教的世界観

ゾロアスター教に起源を持つと思われる*終末論が，ユダヤ教，キリスト教，マニ教にも移入され，時間概念を伴った世界観が形成された．

ゾロアスター教では，人間は，*死後審判の場で，生前の行ないによって天国あるいは地獄へと送られ，終末時までそこで過ごす．地獄の様子を詳細に描いた作品も残されている．終末時には，救世主が現れ，死者は蘇り，善神側と悪魔側との間で最終決戦が行なわれ，悪は滅亡する．

ユダヤ教，キリスト教では，終末論について標準的な解釈は形成されなかった．終末が近いとみなす解釈では，人は死後*冥界に留まった後，最終決戦時に審判が行なわれて，天国あるいは地獄へと振り分けられる．他方，終末をさほど近くない未来あるいは不定とみなす解釈では，死後に天国と地獄，宗派によってはさらに中間的な煉獄，へと分けられて終末時までそこで過ごす．マニ教では，終末時の戦いはもちろん教義に含まれるが，個人個人で肉体に封じ込められた光の要素の救出・解放が重要である．死後，人間の魂は審判によって，天国へ行く，転生する，地獄へ行くの3つの道のいずれかを歩む．

ミトラス教は詳細はわからないが，神統記が存し，終末時にミトラス神が天の牛を屠ることによって至福がもたらされる，とされる．

VI-2-(6)-④　宗教的職能者

信徒の儀礼実行を主導する面も加わる．キリスト教，マニ教，ミトラス教では位階制が発達した．

ゾロアスター教では，*マグ（モウ人）が祭司にあたる．階層化がしだいに進んでいくようであるが，これはサーサーン朝権力との結びつきとおそらく無関係ではないだろう．ユダヤ教では，それまでの祭儀の中心であった第二神殿の崩壊は，その担い手

119

であった世襲祭司の位置付けも変え，以降*ラビあるいはラブとよばれる律法学者が教団組織を主導していく．ただし，宗教的職能者としての祭司は存続する．キリスト教は，はやくから司教―司祭―助祭という聖職者の位階制を確立していた．マニ教徒は，出家者と在家信者に分けられる．出家者内も位階がはっきり分化しているが，出家者と在家信者との区別の方がはるかに重要である．生殖活動などの罪を犯さざるを得ない在家信者は，死後天国へは行けず，転生後の来世に出家者となることを願う．ミトラス教では，信徒は6つの位階に分けられる． ［春田晴郎］

【参考文献】
市川裕「供儀と贖罪」宗教史学研究所編『聖書とオリエント世界』山本書店, 1985年.
ミシェル・タルデュー（大貫隆・中野千恵美訳）『マニ教』白水社, 2002年.
秦剛平・H. W. アトリッジ編『キリスト教の起源と発展』リトン, 1992年.
メアリー・ボイス（山本由美子訳）『ゾロアスター教』筑摩書房, 1983年.

VI-3　科学

VI-3-(1)　メソポタミア

VI-3-(1)-①　博物学・言語学

今日の区分によれば博物学や言語学の領域に属するといえる文書群がある．それらは膨大な*語彙集の形をとり，文字の読み方やシュメール語の単語を列挙したものや，それぞれの単語に*アッカド語の翻訳を付した対訳語彙集などである．それらの単語は木，草，魚などの名前，また鉱物，皮革製品など，当時の分類法に従って並べられている．すべての語彙を現在の言語に訳出することはできないが，メソポタミアではすでに「知の総体」を表出する努力がなされていたとみることができる．

【参考文献】
A. Cavigneaux, "Lexikalische Listen", *RlA* 6, 609-641.
B. Landsberger, *et al.*, *Materialien zum sumerischen Lexikon*, Roma, 1937-.

VI-3-(1)-②　医学

呪術師によってなされるより宗教的な*治癒儀礼のほかに，主として医師(asû)によってなされる治療(医術)があった．そこにも*治癒神グラやその他の神の助力が要請されたが，症状によって薬を処方し，手当てをすることが中心であった．たとえば，耳の病気にはしばしばザクロ果汁が処方された．おそらくその収斂性が症状緩和に役立ったと考えられる．

VI-3-(1)-③　薬学

医者によって処方される薬があったほか，語彙集のなかには薬効のある多くの植物や鉱物のリストが含まれていると考えられる．今日の薬，あるいは薬草の名前と照合することはできないが，当時すでに薬学研究の蓄積があったことが窺える．アッシリア王*エサルハドンの誓約文書(前672年)に付された呪いの言葉のなかに「もしあなた方の敵があなた方を傷つけても，傷につける蜂蜜，油，生姜，杉ヤニが無くなるように」(643-645行)とある．これらのものも実際に薬として用いられたのであろう．

【参考文献】
渡辺和子「生を与えるものと死を与えるもの―メソポタミアの場合」松村一男編『生と死の神話』リトン, 2004年.
R. D. Biggs, "Medizin. A. In Mesopotamien", *RlA* 7, 623-629.
D. Goltz, *Studien zur altorientalischen und griechischen Heilkunde : Therapie-Arzneibereitung-Rezeptstruktur*, Wiesbaden, 1974.
N. P. Heeßel, *Babylonisch-assyrische Diagnostik*, Münster, 2000.
P. Herrero, *La thérapeutique mésopotamienne*, Paris, 1984.
F. Köcher, *Die babylonisch-assyrische Medizin in Texten und Untersuchungen* I-V, Berlin, 1963-1985.
R. Labat, *Traité akkadien de diagnostics et pronostics médicaux*, Leiden, 1951.
M. A. Powell, "Drugs and Pharmaceuticals in Ancient Mesopotamia", in Irene and Walter Jacob (eds.), *The Healing Past : Pharmaceuticals in the Biblical and Rabbinic World*, Leiden, 1993, 47-67.
M. Stol, *Epilepsy in Babylonia*, Groningen 1993.
M. Stol, *Birth in Babylonia and Bible*, Groningen 2000.
A. Tsukimoto, "By the Hand of Madi-Dagan, the Scribe and *Apkallu*-Priest", K. Watanabe (ed.), *Priests and Officials in the Ancient Near East*, 1999, 187-200.

VI-3-(1)-④　数学

前3千年紀からメソポタミアでは六十進法と十進法を組み合わせた計算が行われていた．*数学の文書の多くは実用的な計算の問題を集めたものである．また，図形内部の面積を求める問題集も伝えられている．

VI-3-(1)-⑤　天文学

古バビロニア時代以降の文書によって，天体観測が将来の出来事の予兆として解釈するために行われるようになったことがわかる．これは*占星術ともいえるが，この段階ではまだ個人の出来事ではなく，政治的・社会的な出来事を占うものであった．とくに月食を中心とする月の様態と，太陽その他の天体の位置と様態，そしてそれらの気象条件との関係などが予兆として重視された．

*新アッシリア時代の記録によれば，ある月食のあり方が王の死の予兆であるとされたため，*代替王が即位させられたのち王の身代わりに殺されたという．このような事情から，不吉な予兆とされる月食を計算によって予測することも行われていた．

*アケメネス朝ペルシア時代以降，誕生時に太陽が黄道上のどの星座に位置するかということに基づいて個人の運勢を占う占星術が行われるようになった．

VI-3-(1)-⑥　暦学

新月から次の新月までの平均29.5日を1カ月とし，1年を12カ月とする太陰暦が用いられていた．1年が354日となり太陽暦の1年よりも11日少ないため，原則として3年ごとに1カ月の閏月を挿入することによって，月と季節の間のずれを調節した．しかし月の初めは月の観測によって宣言されるため，天候に左右された．また閏月の挿入も施政者によって決定されるため，完全に規則的なものではなかった．→暦

一年の初めは，バビロニアでは春分の頃であり，アッシリアでは*中アッシリア時代までは秋であったと考えられる．しかしそれまでアッシリアでは閏月の記録がなく，同じ季節に新しい年が始まるとしても，その月名は毎年異なり，33年後に年の初めの月が一致したようである．前1千年紀にアッシリアはバビロニアの暦を採用した．

ただしアッシリアでは古アッシリア時代から一貫して年の表記には人名を用いる*リンム制が採用された.

【参考文献】
室井和男『バビロニアの数学』東京大学出版会, 2000 年.
M. E. Cohen, *The Cultic Calendars of the Ancient Near East*, Bethesda, 1993.
J. Friberg, "Mathematik", *RlA* 7, 531-585.
W. Horowitz, *Mesopotamian Cosmic Geography*, Winona Lake, 1998.
J. Høyrup and P. Damerow (eds.), *Changing Views on Ancient Near Eastern Mathematics*, Berlin, 2001.
H. Hunger, "Kalender", *RlA* 5, 297-303.
U. Koch-Westenholz, *Mesopotamian Astrology*, Copenhagen, 1995.
O. Neugebauer, *Vorlesungen über Geschichte der antiken mathematischen Wissenschaft*, Berlin, 1969 (2. Aufl.).
M. A. Powell, "Metrology and Mathematics in Ancient Mesopotamia", *CANE*, III, 1941-1957.
E. Reiner, *Astral Magic in Babylonia*, Philadelphia, 1995.
E. Robson, *Mesopotamian Mathematics, 2100-1600 BC. Technical Constants in Bureaucracy and Education*, Oxford, 1999.
F. Rochberg, *Babylonian Horoscopes*, Philadelphia, 1998.
J. M. Steele and A. Imhausen (eds.), *Under One Sky: Astronomy and Mathematics in the Ancient Near East*, München, 2002.
C. Virolleaud, *L'astrologie chaldéenne*, Paris, 1908-1912.

VI-3-(1)-⑦ 科学の担い手

メソポタミアの科学の担い手であった知識層は基本的に書記としての教育を受け,それまでの知的伝統の蓄積を文書から読み取り,さらに文書に記して後世へと伝えた.医者も天文学者も広い意味では*書記であった.また書記として働く者たちの間でも占い文書や数学文書などそれぞれの得意分野があり,ある程度分業が行われていたと考えられる.他方,書記の仕事としては歴史記述,文学,物語,宗教文書の編纂などのほか,行政にかかわる記録や書簡などを書く仕事があったが,「科学」に関する仕事と完全に分けていたとは考えられない.

文書に関係する仕事だけでなく,科学的知識や技術を用いて行う土木工事,農業,畜産,鍛冶,彫金,彫刻,陶芸,美術,染色,織物,*音楽などの専門的作業もあった.実際に,*馬の飼育,*ガラスの製作,*ビールの醸造,織物,料理,音楽演奏などに関する文書も残されている. 〔渡辺和子〕

【参考文献】
A. D. Kilmer, "Musik. A. I. In Mesopotamien", *RlA* 8, 463-482.
A. L. Oppenheim et al., *Glass and Glassmaking in Ancient Mesopotamia*, New York, 1970.
K. Radner, *Ein neuassyrisches Privatarchiv der Tempelgoldschmiede von Assur*, Saarbrücken, 1999.
W. Röllig, *Das Bier im Alten Mesopotamien*, Berlin, 1970.

VI-3-(2) エジプト

VI-3-(2)-① 博物学

古代エジプトの聖刻文字や壁画,浮彫りには動植物の姿が比較的正確に表現されており,客観的な自然観察がなされていたことがうかがえる.博物学的な性格を持つ直接の資料としては,中王国末期以降のものがいくつか現存する単語一覧表(オノマスティコン)があるが,これは*書記の教育に使われたもので,さまざまな自然事象,官

職と階級，民族や町などの名称が列挙され，いくつかの範疇に分類されている（→動物園・植物園）．

VI-3-(2)-② 医学

エジプトでは*ミイラ作りの経験などを通して人体の特徴や内部構造は比較的良く観察されており，心臓の鼓動と脈の関係も知られていた．しかし内臓や器官の機能についての知識は限られており，血液循環の仕組みは理解されておらず，脳ではなく心臓が人間の精神活動をつかさどるとされていた．人間の体内には空気や水，排泄物が循環する管が走っており，その流れの停滞や外部からの魔物の侵入によって*病気が起きるとされ，内科の病気については医師とともに呪術師や神官が治療を行ったが（*呪術，*治癒儀礼），客観的な観察が容易だった外傷治療の場合には，湿布や副木を用いるなど当時としては合理的な手法が用いられた（→医学，エドウィン・スミス・パピルス，病気）．

VI-3-(2)-③ 薬学

古代エジプトにおける治療は，外科手術をのぞくとおおむね薬物投与によって行われていた（*薬学）．薬はいずれもさまざまな材料を調合して作られていたが，そのなかには蜂蜜や薬草などある程度の治療効果があるものとともに，鉱物や動物の排泄物などむしろ呪術的な効能を期待されていたと思われるものも数多く含まれていた．薬物の性質や効力は理解されておらず，調合や投与も合理的であるよりはむしろ呪術としての性格を強く帯びていた．薬学も医学と同様に宗教の影響下にあり，ほとんどの薬には一種の「偽薬」効果があったにすぎないと思われる（→医学，病気）．

VI-3-(2)-④ 数学

古代エジプトの記数法は十進法であり，1と10，10の2乗から6乗までが異なる文字で示され，他の整数はそれらの文字を繰り返し順に書くことで記された．分数は2/3以外は単位分数しかなく，他の分数はいくつかの単位分数の和として表現された．いくつか現存する数学文書（*数学，*リンド・パピルス）には加減乗除の計算法，面積や容積の求め方などが例題で示され，解答は細かな計算を繰り返して求めるようになっていた．たとえば47×33は，47を乗数が32になるまで順に倍加し，32倍された被乗数1504と1倍の47を足して解答1551を得るというものだった．数学の学習はこのような例題と解法の暗記で行われ，一般的な公式や定理が導かれることはなかった．古代エジプトの巨大建築の形態や構造には高度の数学的知識の存在がうかがえるが，当時の数学に関する関心は理論よりもむしろ実用にあったと言える．

VI-3-(2)-⑤ 天文学

ナイル流域では天体の運行に規則性があることが早くから確認されており，それは宇宙全体を支配する秩序の現われとみなされた．太陽や月，星などの天体は神格化され，その運行は観測の対象となって*暦が作られるきっかけとなり（*天文学，*ソティス周期），宗教建造物の方位や軸線も天体の位置に従ってしばしば決定された．たとえば古王国時代には北天の周極星が不滅の神々とされ，国王は死後にその一員となると信じられたため，ピラミッド玄室への下降通廊は北天の方向に向けられた．第一中

間期には天体の運行にもとづく「星時計」が作られ，新王国時代にはそれにもとづいた天体図が作られた．エジプトの天文学は天空の示す不変の宇宙秩序を知るためのものであり，天体が人間の運命を左右するという*占星術の概念はプトレマイオス朝時代にはじめて導入された．

VI-3-(2)-⑥　暦学

エジプトでは早くから，シリウス星が明け方に出現(「伴日出」)する日(ユリウス暦の7月19日)を基準とする「恒星暦」と，南東の地平線上に太陽が昇る冬至の日を基準とし，月相にもとづく「太陰暦」が作られていたと思われる．太陽とシリウスはそれぞれ太陽神ラー，女神ソプデトとして神格化されており，*暦の本来の目的はおそらくそれぞれの神の出現(「誕生」)を祝う祭の時期を示すことにあった．エジプトの国土統一後には「恒星暦」が公用暦となったが，これはシリウスの「伴日出」が*ナイル川の氾濫開始時期とほぼ一致し，農耕を基本とするエジプト人の生活に便利だったためだろう．「恒星暦」による1年は30日ずつの12ヵ月を三つの季節に分け，それに5日の「挿入日」を加えた計365日からなっていたが，これらの季節もナイル流域の農耕サイクルに合致していた．各月の呼び名には「太陰暦」に由来するものがあり，月相にもとづく祭日も見られるが，王朝時代に「太陰暦」が宗教暦として用いられていたかどうかは明らかでない．　　　　　　　　　　　　　　　　　　　　　　　　　　　　［内田杉彦］

【参考文献】
エヴジェン・ストロウハル(内田杉彦訳)『図説古代エジプト生活誌』原書房，1998年．
M. Clagett, *Ancient Egyptian Science*, 1-3, Philadelphia, 1989-1999.
A. H. Gardiner, *Ancient Egyptian Onomastica*, 1-2, Oxford, 1947.
F. Hoffmann, "Science", in *OEAE*, 3, 181-186.
J. F. Nunn, *Ancient Egyptian Medicine*, London, 1996.
R. Ritner, "Medicine", in *OEAE*, 2, 353-356.
G. Robins and C. Shute, *The Rhind Mathematical Papyrus: an ancient Egyptian text*, London, 1987.
C. Shute, "Mathematics", in *OEAE*, 2, 348-351.
W. K. Simpson, "Onomastica", in *OEAE*, 2, 605.
A. J. Spalinger, "Calendars", in *OEAE*, 1, 224-227.
R. Wells, "Astronomy", in *OEAE*, 1, 145-151.

VI-3-(3)　アケメネス朝以降の西アジア

VI-3-(3)-①　博物学

オリエント地域出身の作家によるギリシア語作品は，地理書を筆頭に相当数に上るが，割愛する．*イランでは*サーサーン朝期になるが，*語彙集が2篇伝わっており，分類項目に関してメソポタミア起源の語彙集を受け継いでいたことがわかる．また，パフラヴィー書*『ブンダヒシュン』は宗教書ではあるが内容は地理生物などにも触れる．

VI-3-(3)-②　医学・薬学

ヘレニズム・ローマ時代のガレノス(後131頃-201頃)は，高い解剖学的知識を有しており，医学薬学双方に大きな影響を与えた．なお*マニ教の開祖*マーニーはイスラーム時代には薬師としても知られる．

VI-3-(3)-③　数学・天文学・暦学

　これらは科学史において「精密科学」と呼ばれる分野である．ヘレニズム時代以前のイランにおける精密科学はあまりわかっていない．春分を年初とする太陽暦が用いられていたが，置閏の詳細や太陰太陽暦と併用されたか否か，アヴェスターの暦法の記述にバビロニアの影響を認めることができるかどうか，など不明な点は多い．なお，バビロニアの文化を摂取していく過程（いつの時代かはよくわからない）で，惑星名に神の名を付けることが導入されたのは注目に値する．なぜなら，*ゾロアスター教の創造論では惑星は悪が創ったものとされているからで，文化受容のあり方を示す一例といえる．

　*アケメネス朝時代，そして*アレクサンドロス以降の*ヘレニズム時代，それまで別々に発展してきたメソポタミアの科学，エジプトの科学は急速に発展してきたギリシアの科学に取り入れられ，ヘレニズム科学として結実した．*マネトンや*ベロッソスの著作は，エジプトやメソポタミアの科学をギリシア語で摂取しようとしたことの現れである．

　文化の融合が最も見事に見られるのが，精密科学の分野である．前2世紀のヒッパルコスを経て後2世紀の*プトレマイオスによって完成するヘレニズム天文学（プトレマイオスはローマ時代であるがこの名称が用いられる）では，1日を24分するとともにその下位単位を60進法で表わす時間表記を採っている．これが現在の1日24時間，1時間60分，1分60秒という計時法の起源であるが，1日を24分するのは古代エジプト起源であり，ギリシア・ローマ世界へは，日時計から判断する限り，アケメネス朝中期以降導入されていったようだ．一方，六十進法はもちろんメソポタミアからの移入であるが，時を同じくして，アケメネス朝時代に成立した黄道十二宮——本来は黄経座標表示という数理天文学のために作られた概念——もヘレニズム科学に導入された．ホロスコープ*占星術は，天体位置の記録や計算が前提となり，天文学がかなり発達した段階で初めて現れる．メソポタミアでは前5世紀末が史料の最古，ヘレニズム期*ウルクの史料では顧客にギリシア名を持つ者が少なくない．ホロスコープ占星術はギリシア語世界で改良が加えられ，ローマ帝国時代に大流行した．また，「週」の制度も，ヘレニズム期に*ユダヤ教から取り入れられた．本来は朔望月を4分した単位であったと思われるが，完全に7日に固定したのはユダヤ教が最初であると推察される．さらに週の曜日を土日月火水木金の天体と結びつけその順を決定したのはヘレニズム占星術である．ヘレニズム天文学はインドにもたらされたことが判明しており，そこで独自の発達を遂げた．ただし，プトレマイオスの理論はインドには知られず，インド洋交易が後2世紀後半以降衰退に向かったことと関係があると考えられる．

　こうして発達したヘレニズム科学を今度はイランはじめ各地の集団が摂取していくのである．イランにすべてが伝わったわけではないが，週や黄道十二宮を用いての月名表示（現在ではアフガニスタン暦がそうである）は，マニ教文書に見えることから3世紀初めには少なくともユダヤ教・キリスト教世界では使われていたらしい．ユダヤ教の安息日「シャッバト」は中世ペルシア語に借用され，現代ペルシア語「シャン

べ」(土曜日)として今も使われている.

　サーサーン朝期の占星術は，国家の盛衰を占星術で計算する宿命占星術で，後にアッバース朝時代に重用され，イスラーム科学発展の端緒になったと考える研究者も存在する．また，インドの数学天文学がサーサーン朝期に一部導入されたことが推察されている.

VI-3-(3)-④　科学文献翻訳

　一部のギリシア語科学文献は*エデッサを中心に*シリア語へ翻訳され，またイラン南西部*グンデー・シャープールでは6世紀以降ローマ帝国より移ってきた*ネストリウス派教徒によりシリア語文献の*パフラヴィー語への翻訳活動が行なわれた．これらはイスラーム時代アッバース朝初期の翻訳運動の先駆けとなるものである．

〔春田晴郎〕

【参考文献】
O. ノイゲバウアー(矢野道雄・斎藤潔訳)『古代の精密科学』恒星社厚生閣，1984年.
J. Evans, *The History and Practice of Ancient Astronomy*, Oxford, 1998.
H. Hunger-D. Pingree, *Astral Sciences in Mesopotamia*, Leiden, 1999.
O. Neugebauer-R. Parker, *Egyptian Astronomical Texts*, Providence, 1969.

VII 生業

VII-1 農耕文化

　人類が狩猟採集から生産経済に移行したのは約1万年前からであるが，栽培植物は，地域的に異なっている．中尾佐助は，次のような4区分を挙げている（『栽培植物と農耕の起源』）．
　　地中海農耕文化：コムギ，オオムギ，エンドウ，ビート
　　サバンナ農耕文化：ヒョウタン，*ゴマ，ササゲ，シコクビエ
　　根栽農耕文化：サトウキビ，タローイモ，ヤムイモ，バナナ
　　新大陸農耕文化：ジャガイモ，カボチャ，トウモロコシ，菜豆
　ここに挙がるように，同時期ではないにしても世界各地でそれぞれの地域の生態系に合致した各種の作物を栽培種に変える動きがあり，それを基礎に異なるタイプの農耕文化が形成された．我々はゴマもバナナもジャガイモもカボチャも栽培し，食用に供するように，これらの文化が影響しあって今日に至っていることを知っている．*ムギと並んで主要な穀物となっている米を挙げていないものの，中尾は，稲作をサバンナ農耕文化の周辺地域に始まったとして，そこで言及する．冒頭にあるように，コムギ・オオムギ栽培を中心とする文化には地中海農耕文化という名称が与えられているが，この文化が発祥し成熟したのはいわゆる地中海気候地域に含まれる西アジアとエジプトである．さらにこれは地中海周辺地域に広がったことで，こうした名称になっているのであろう．
　先の第IV章では，時間的経過と地域による差異を指摘しつつ古代オリエントの国家と社会について述べたが，西アジアとエジプトは，ともに地中海農耕文化に包含されており，基礎文化が共通することによって，ここでは，差異性よりも類似性が強調されることになろう．
　*穀物栽培とほぼ並行して，家畜飼育が始まり，農耕と牧畜が両輪となって生産経済は発展する．古代オリエントでは，*牛と*ヒツジ・*ヤギが主要な家畜であり，使役用にはロバが，のちウマも飼育された．どこでも同じであろうが，古代オリエントにおける生産経済は，穀物，蔬菜，果樹の栽培，牧畜，家禽飼育，漁業など複合的形態であって，よくバランスがとれている．
　ところで，古代オリエントを，メソポタミアを中心とした*ナツメヤシ・*ビール地域と，エジプト・東地中海岸を中心とした*オリーヴ・*ワイン地域に分けることができる．メソポタミア，とりわけ両河下流域のバビロニアは，ナツメヤシとビール地域であり，そこではオリーヴやワインの生産が普及しなかった．オリーヴ栽培とワイン醸造は，エジプト，シリアから地中海全域を覆い，いっぽうエジプトでは，ナツメヤシ栽培もビール醸造も広がっている．そうであっても文化の特質としてこうした区分は有効であろう．東地中海岸，すなわち，シリア，もしくはレヴァントと称される地

127

域は，メソポタミア文明の一地域としてバビロニア・アッシリアとひとまとめに記述される場合があるが，この地域へのエジプトの影響も大きく，別の文化圏もしくは歴史世界として区分すべきであろう．メソポタミアはナツメヤシ・ビール地域，東地中海岸をオリーヴ・ワイン地域に含まれる地域として，それぞれ別の地域と捉えることが可能であり，それによって両者の相違を鮮明に表示することができる．

VII-2　農業

　人類が狩猟採集から生産経済に最初に移行したのは，西アジアであった．約1万年前にコムギ・オオムギなどの野生植物の栽培化と牛，ヤギ，ヒツジなどの野生動物の家畜化が始まった．生産経済への移行を新石器革命と命名したチャイルドは，一元的な家畜化・栽培化とその伝播という説を唱えた．しかし，レヴァントではオオムギ栽培とヤギの飼育，アナトリアでは牛の飼育に特徴があるように，各々の生態系に対応して地域差が認められ，現在では，生産経済への移行は，前9千年紀から前7千年紀にかけて多発的に出現し，漸進的に発展したと考えられている．前7千年紀には，各地方において，家畜飼育・穀物栽培が完成し，前6千年紀までには，エジプトに麦の栽培とヒツジ・ヤギなどの飼育が伝播した．

　メソポタミア文明は，*天水農耕技術でなく，*灌漑技術の導入がさらなる生産性の向上をもたらしたことで，その基礎が培われた．それがウバイド期であり，メソポタミア南部で生まれた*ウバイド文化は，のち，天水農耕文化の到達点である*ハラフ文化を圧倒して，変容をとげつつもメソポタミア北部全域に拡大した．入念な水の管理と，家畜にひかせた犂による耕作が，エジプトにもメソポタミア南部にも高度の農業生産力をもたらしたのである．

　エジプトでは，ナイル川の定期的な氾濫が肥沃な土壌を保証し，溜池灌漑(貯留式灌漑)によって十分な水が確保された．メソポタミア南部では耕地の塩害が深刻であったが，エジプトでは，洪水がもたらす大量の水が耕地の塩を洗い流すことで，耕地の塩化が回避されていた．自然環境が好条件であったことで，麦と豆類の二毛作も行われた．

　エジプトでは，季節が氾濫季(7～10月)，播種季(11～2月)，収穫季(3～6月)に三分されたように農耕生活は氾濫のサイクルに対応しており，氾濫の水が引きはじめると，犂耕と播種を開始し，氾濫の直前に収穫を行った．いっぽうシュメールの*ウル第3王朝時代では，一年の農作業を四区分して記録した．第一が，当時の暦で3月(現在の暦では5～6月)ごろから始まる播種前の犂耕であり，犂を使っての耕起から農作業は始まる．何種類かの犂耕が2,3度繰り返された．犂耕と同時にくわを使っての整地，雑草除去も行われた．犂耕は犂夫と訳される職の専門的な仕事であったが，くわ仕事はおおむね未熟練の労働者の仕事であった．第二が播種であり，6-7月(現在の8～10月)に行われた．播種は，エジプトとは違い，犂に一時的に取り付けた播種器を使っての条播であり，農夫の専門的な仕事であった．ただ時には，12人の労働者が横木を胸に当て，一線に並列して，いっせいに人力条播を行うこともあった．

第三が耕地で行われる灌水などの仕事である．発芽すると収穫量を高めるために灌水作業を行った．それは収穫までの間に 3-4 回繰り返された．この期間に，灌漑用水路を維持することにも注意が払われ，灌漑施設の保全・修理作業が行われた．最後の第四が収穫作業で，12月(現在の2～3月)から年を越して 1-2 月(現在の3～5月)にまたがる．粘土板文書には，収穫作業として刈り入れ，麦わら束つくり，脱穀場での仕事から，倉庫への搬送など各種の作業がまとめて記録されている．

メソポタミアの灌漑農耕は，主としてユーフラテス川の水を利用したようであるが，ユーフラテス川はナイル川のような緩やかに洪水(増水)を起こすような条件のよい川でなく，農業はより手のかかるものとなっている．

エジプトには，古くから*ナイロ・メーターと呼ばれるナイル川の増水を観察する水位計が存在しており，メソポタミアにおいても，*新バビロニア時代から*アケメネス朝時代の天文観察記録に水嵩を記録する例が知られていた．それよりも 1500 年古い*アッカド王朝時代の文書に，ユーフラテス川もしくはその支流の増水を記録した粘土板文書があり，エジプトと同様にメソポタミアにおいても古くから川の増水に関心が払われていたことが窺える．このように，シュメール農業は，粗放的麦作とはかなり異なり，集約的な稲作農業に近似した特質を有していた．

しかし，灌漑による集約型農業には，無理が生じる．シュメールでは主にオオムギを栽培し，コムギの比率は低かった．前3千年紀末には，オオムギ耕地が全耕地面積の 98% に達していたといわれる．その理由として，オオムギがもつ塩害に強い性質が推定されている．乾燥地域における人工灌漑の必然として，水に含まれた塩が結晶として畑に広がり，ついには荒蕪地になる可能性がある．ナイル川流域と異なり，メソポタミアでは塩害が起こりやすく，そのためオオムギが多く植えられたのである．なお，他の西アジア諸地方と同じく，メソポタミアでも，地味を維持するために連作を避け，隔年耕作が行われた．

穀物畑には菜園が付随していた．シュメールの菜園は穀物畑と同様に条播であった．そこでは，エジプトと同様に，*タマネギ，*ゴマ，豆，レタスなどを栽培した．タマネギには多くの種類があり，品種を特定できないものが少なくない．しかしそのなかに，*ディルムンのタマネギと名付けられた品種がある．ペルシア湾に位置するディルムンの野菜を，外来種として珍重したのであろう．タマネギは交易品として商人に与えられた記録があり，輸出品の一つであった．

菜園を管理する園丁配下には，「目の見えない人」が多数存在しており，戦争捕虜や購買奴隷などによって充当された．彼らの主な仕事は草取りや水汲みであり，最下層の人々と意識されていたようである．「サルゴン伝説」によると，幼児のサルゴンが川に捨てられたが，彼を拾った園丁がサルゴンを水汲み人として育てたという．最下層出身者が後に最初の世界帝国の創始者になったというコントラストを際立たせる筋立てになっている．

園丁は，ナツメヤシの管理にも従事した．ナツメヤシの実は甘味料であり，それから酒も造られる．木材が乏しいシュメールでは，幹や葉は有用な建築材料として多様

に利用された．ウル第3王朝時代になると，ナツメヤシの本数と一本あたりの収穫高を入念に記録し，収穫の無い木も逐一記録されるほどに，管理は十全に行われた．ナツメヤシの木は実をつけ始めるまで4～5年，完全な成木になるまで8～10年の期間を要したこと，またいったん成木に成長すると1本の木から100～200kgもの実を収穫することができたため，ナツメヤシの木は1本1本がきわめて貴重であった．このことは，ナツメヤシの木1本を切ると銀2分の1マナという重い罰金を科すという*『ハンムラビ法典』の規定に反映している．なお，ユーフラテスポプラなどの木は，ウル第3王朝時代には「林」管理官が管理したが，初期王朝時代では，園丁が管理した．

　*ブドウは，シリアやエジプトのデルタ地帯で栽培され，ワインが造られた．しかし，メソポタミアでのブドウ栽培はよくわかっていない．もし，ブドウ栽培があったとすれば専門の管理人を置くか，園丁が管理したと思われるが，専門の管理人の存在は証明されないし，園丁がブドウ栽培に関わったことを窺わせる記録もない．ワインを飲むことが広まっても，それは上層の人々の習慣であって，エジプトでも，シリアやメソポタミアでも，庶民はビールを飲んだであろう．ワイン生産がシリアにおいて盛んであったことは，*マリから出土した手紙に，シリア地方の*ヤムハドの特産である極上のワインを送ってほしいと書かれたものがあることからも窺える．エジプトでは，ワインを入れた壺に醸造年や生産地，味などが記されており，現在と同様に品質が問題にされたようである．高級ワインの産地であるシリア，後の時代には，ギリシアからワインが輸入されることもあった（→IX-3-(2)-④）．

VII-3　牧畜

　農耕とともに食糧の主要な供給源であったのが，牧畜である．牛，ウマ科の動物，ヒツジ，ヤギ，*ブタなどが飼われていた．家畜は食料の供給源であると同時に，役畜として，また，衣料その他の原料を得るために飼育された．エジプトではヒツジ・ヤギを同じ用語で一括表現する場合があり，シュメールでは，牛・ロバを大家畜，ヒツジ・ヤギを小家畜と区分するなどの違いがあったが，その使用や飼育については，地域的に大きな差が無いといってよい．そこで，家畜飼育について詳細な記録を残すシュメールを主な例として述べてみたい．

　シュメール初期王朝時代末のラガシュでは，牛飼いには3種類あった．第一の牛飼いは，牝牛と子牛，種牛を飼育した．彼らは子牛の生産を管理し，また乳製品の製造にあたるのが役目である．彼らはまた乳牛1頭当たり，定額のバターとチーズを納める義務を負っていた．生まれた子牛が牝であればそのまま乳牛にまで育成するのであるが，子牛が牡であれば，幼牛の段階まで飼育し，1歳に達すると第二の牛飼いに手渡した．この牛飼いは2-3歳の若牛を耕作に耐え得る成牛にまで育成・訓練して，そののち第三の牛飼いである農夫に手渡すのである．この若牛の牧夫は牛の去勢も行ったと思われる．農夫は成牛に犂を牽かせて，穀物畑の仕事に従事させた．このように，牛は役畜として耕作に使役し，また乳を利用して*乳製品を造るなど利用度が高

かった．しかし，食肉用としての用例は少なく，祭などで共食する程度で一般化していなかったと思われる．

ウマ科動物では，とりわけ家*ロバが耕作用に用いられたが，戦車や王族の御座車，荷車などの車を引くためには，主として馴化されたペルシア・オナーゲル（ないし家ロバとシリア・オナーゲルの交雑種）が利用された．戦車や御座車は2頭もしくは4頭で引かれ，御者が飼育にも従事した．耕作用のロバは，牛と同様に，繁殖を主任務とする牧夫，若いロバを飼育する牧夫，農夫という三区分で飼育された．ロバと同様に，役畜としてのみ活用されるウマは，前2千年紀中葉までに一般化したが，ロバと相違して軍事的な用途が主であった．ちなみに，エジプトではロバは農作業のほか，人や荷物を背中に乗せてはこぶために利用された．

*ラクダは，アラビア半島で前3千年紀から飼育され，乳酪を造るための搾乳や，役畜として使われた．西アジアに広がって，主に乾燥地帯の旅に使用されたり，軍役に活用されのは，前1千年紀からであろう．エジプトではラクダはギリシア・ローマ時代まで使用されなかった．

小家畜であるヒツジ・ヤギは，食用と，毛をとるものに大別され，牧夫もこの二つに対応して分かれた．祭儀に際しての犠牲も重要であり，特別の飼育官がいて，ときにこれらは肥育された．羊毛は織物工房において女労働者の手で織物に仕立てられた．が，女たちの人口は，時に1000人を超え，また，彼女らの多数は戦争捕虜などの不自由身分に属していた．毛だけでなく皮も利用された．ヒツジ・ヤギの皮が皮鞣工に与えられた記録があり，皮袋などに加工されて利用されていたのである．

なお，エジプトでは主に亜麻布が使われ，羊毛はあまり重視されなかったが（→IX-2-(2)），一方メソポタミアでは亜麻布が羊毛布とともに広く用いられた．シュメール語文献記録では，耕地で栽培されている植物を総称するために，しばしば「オオムギ」と「*亜麻」の2語が並記される．

ウル第3王朝時代には，数百頭のヒツジ・ヤギを飼育する牧夫が100人前後記録されているが，彼らは王室の家畜を任され，草を探して放牧していたのであろう．ドレヘム文書（→プズリシュ・ダガン）には，特別な契約のもとに，ヒツジ・ヤギを*遊牧民に請負させた記録がある．後の時代には，このような遊牧民との間での請負制度が普及した．

家畜飼育，とりわけヒツジ・ヤギは，王の経済体だけでなく，広く行き渡り，毎年の奉納や公課としても納められた．

家畜としての*ブタは古くから飼育されていたが，牛やヒツジ・ヤギとは異なる飼育形態であった．牛などが牧夫によって畜舎や野で飼われたのに対して，ブタの飼育は女性がたずさわり，織物や製粉と同様の家内労働と見なされていた．牛やヒツジと異なり，ブタは神々に供せられない．人びとがブタ肉を食べることはあったが，同時に，体に塗る油脂にも利用された．たとえば，ブタの油脂が，日光から皮膚を守るため塗油として労働者に支給される．病人の治療のためにビールを飲ませ，体にブタの油脂を塗った事例が知られている．皮鞣しや織布染色用にも，ブタの油が利用されて

いた．ブタはその油脂を取ることを主目的として飼育されたのかもしれない．ブタ肉を食するのがいつからどこでタブーとされるようになったかは不明であるが，メソポタミア南部では，すでにウル第3王朝時代にはブタの大量飼育はまれになっていたかもしれない．また，メソポタミアでもエジプトでも，ブタの飼育が早い時期から他の家畜と相違する面があったのは確かである．

VII-4　漁業・家禽飼育

　エジプトでもメソポタミアでも，魚は主要な食糧の一つであった．川，海，沼などで食用魚が豊富であり，漁業は盛んであった．シュメール最古の都市とされるエリドゥでは，最下層から魚の骨が大量に出土しており，神々への奉納物としての魚が重視されていた．エジプトでは，魚は禁忌であり，供物奉納の図に魚が描かれるのは比較的稀だが，メソポタミアでは，奉納を描く図には，穀物，家畜に加えて，魚の奉納が多く描かれている．*初期王朝時代の*ラガシュでは，漁師は，年2度，祭用に大量の魚を奉納した．その場合，生の魚とともに干し魚が持参され，ウル第3王朝時代には，塩処理をした魚がこれに加えて持参された．都市に住む者とは別に，漁師は彼らだけの村を形成しており，漁師は大きく淡水と海水の漁師に分かれる．

　メソポタミアの漁師は，船を使うためか，一旦事あれば動員される軍事集団でもあった．ハンムラビ法典でも，軍事的な役割を果たす者として，兵士に加えて漁師が挙げられている．

　鳥追いも漁師仲間に入っており，水辺に生きるものとして魚と鳥は同一の範疇で捉えられていた．なお，メソポタミア南部の沼沢地域では他にイノシシなどの野生動物も多く，これらが盛んに狩られた．にわとりが西アジアで飼育されるようになったのは遅く，カモやガン，ハトが食用とされていた．

　漁業や鳥の捕獲は，狩猟時代の名残であろう．前7000年頃から，穀物栽培と家畜飼育が経済の中心になるが，それ以前に主要な生業であった*ガゼルやオナーゲルなどの狩猟もいぜんとして消滅せず，周辺の平原・砂漠地域で盛んに行われていた．

　王が野生の動物を狩る行為は，その後も王の儀礼の一つとして行われた．エジプトでは，野牛，*ライオン，*カバなどが狩りの対象になっており，メソポタミアでは，ライオン狩りが，アッシリア時代まで存在した．　　　　〔前田徹・前川和也・内田杉彦〕

【参考文献】
〔メソポタミア関係〕
中尾佐助『栽培植物と農耕の起源』岩波新書，1966年．
Bulletin on Sumerian Agriculture 1-8, Cambridge, 1985-1995.
M. Civil, *The Farmer's Instructions*, Aura Orientalis Supplementa, Barcelona, 1994.
C. K. Maisels, *The Emergence of Civilization. From Hunting and Gathering to Agriculture, Cities and the State in the Near East*, London, 1990.
M. A. Zeder, *Feeding Cities. Specialized Animal Economy in the Ancient Near East*, Washington D. C., 1991.
〔エジプト関係〕
A. K. Bowman and E. Rogan, *Agriculture in Egypt*, Oxford and New York, 2001.
D. J. Brewer and R. F. Friedman, *Fish and Fishing in Ancient Egypt*, Warminster, 1989.

VII 生業

P. F. Houlihan, *The Birds of Ancient Egypt*, Warminster, 1989.
R. Janssen and J. Janssen, *Egyptian Household Animals*, Princes Risborough, UK, 1989.
L. Lesko, *King Tut's Wine Cellar*, Berkeley, 1977.
D. J. Osborn and J. Osbornova, *The Mammals of Ancient Egypt*, London, 1988.
H. Wilson, *Egyptian Food and Drink*, Princes Risborough, UK, 1988.

VIII 経済

VIII-1 古代オリエントの経済

VIII-1-(1) 西アジアの経済

古代メソポタミアにおいては，他の古代社会と同様に，農業牧畜が経済の中心であった．同時に，生活に必要な物品の獲得システムも機能していた．アフガニスタンを原産地とする*ラピスラズリの流通路は早くも前4千年紀から存在した．流通ネットワークに依存してラピスラズリの加工を専業とする集落がイラン高原にあったことは，考古学的発掘で明らかにされている．前3千年紀，シュメール*初期王朝時代*ラガシュでは，商人は*穀物，*銀，*銅，*錫，魚，香油などを持って*エラム地方に出かけ，木材・木製品，*ロバ，*牛，奴隷を購入した．

流通ネットワークの存在は，各地に特産品と呼べる物を生み出した．代表的な例として*レバノン杉がある．森林のないメソポタミア南部の人々は，シリア北部とアナトリアの境界地域を「杉の森」と称して，そこから産出されるレバノン杉に多大の関心を寄せた．*アッカド王朝の*サルゴンは「(*ダガン神は，)*マリ，ヤルムティ，*エブラ，杉の森，銀の山までの上の国土を彼(サルゴン)に与えた」とこの地方の領有を宣言しており，*グデアも，都市神の神殿建立に際して，キルクーク地方に位置したマダガの特産品であるアスファルトと共に，杉の森の近くのエブラからレバノン杉を運ばせている．このグデアは，アッカド王朝滅亡の後*ウル第3王朝成立までの間に栄えたラガシュの王の1人であった．

西のレバノン杉に対抗するように，ペルシア湾にあった*ディルムンの銅も，メソポタミア南部の人々にとって重要な交易品であった．先に示したように，初期王朝時代のラガシュの*商人はディルムンに出かけ銅を購入した．ただし，前2千年紀になるとディルムンの銅に代わって，地中海地方の*キプロスが主要な銅の供給地になっていた．

前2千年紀初頭には，*アッシリア商人がアナトリアに商業植民地を設置し，活発な商業活動を行ったが，その主な商品は，エラム経由でもたらされた錫とバビロニアの織物であった．彼等はこれらをアナトリアに輸出し，金や銀を手に入れた．このように，バビロニアの織物，エラム経由でもたらされる錫，先に示したディルムンの銅や杉の森(エブラ)のレバノン杉，マダガのアスファルトのように，特産品と呼びうるものを商品とした流通ネットワークが存在したのである．流通ネットワークの潤滑油となるのは銀であった．メソポタミアでは価格表示の基準は金でなく，銀で行っていた．

経済を考えるとき，穀物生産と同時に，流通の側面も見逃せないのであるが，生産と流通の両面において王権・王宮が大きな役割を果たした．前3千年紀に王宮は，農業生産に不可欠な水路の維持管理や収穫穀物の保管に重要な役割を果たしたが，職人

達は*王宮で，高度な工芸品や織物を作り出した．とりわけ，織物は重要であり，初期王朝時代以来王宮には女奴隷を多数抱えた織物工房が設置されていた．たしかに，土器のような物品あるいは農耕用の犂刃が修理のために職人に手渡されたように，王宮の工房は，本来家産組織の日常活動のための物品供給が主任務であったが，流通ネットワークにのせる商品を生産するという面があったことは見過ごせない．生産された商品の流通・交易も，王宮に属する商人の手で行われており，商品の生産と流通の両面が王宮によって掌握されていた．

前3千年紀のラガシュ文書には，すでに所有と保有を区別する用語が存在するが，前2千年紀の*古バビロニア時代以降になると，商人は王宮の所属員から自らの利益を求めて商業活動を行う私的商人に変容し，私的経済がさらに進展した．土地や家屋の売買文書も多く作成されるようになった．さらに前2千年紀の後半*カッシート王朝時代になると*クドゥル（いわゆる「境界石」）に大土地所有と不輸不入の権利を認める文章があるように，私的経済の全面的な展開が見られる．前3千年紀のシュメール初期王朝時代，アッカド王朝時代，ウル第3王朝時代では，地税としての穀物納入の例は知られていないが，前2千年紀以降において地税も成立することになったであろうことが，不輸不入の権利を認めるクドゥルの存在から逆に知られるのである．

1950年代後半に，ポランニーは古代経済に関して互酬・再配分を基本とする非市場社会論を提唱して注目され，メソポタミアにおいてポランニー説が検証可能かどうかを問うシンポジウムが開催されもした．しかし，私的経済が進展する前2千年紀はもちろん，前3千年紀においてもポランニー説では説明できない事象が多々ある．

ウル第3王朝が滅亡する直前にウルの町では価格が暴騰した．また，この状態を改善するためにウルの王*イッビ・シンが穀物の調達を家臣の*イシュビ・エラに命じた．「あなたの王宮の給付やあなたの町を15年賄う大麦が，私の手にあります」と，膨大な量の穀物を調達したことを報告するイシュビ・エラの手紙に応えて，イッビ・シンは，「汝が私に1グルしか買えないと誓った（けれども），銀1ギン（約8.3g）で2グル（約505.2 l）の大麦が買えるであろう」と述べている．穀物をはじめとする物品の価格は暴騰したり変動したりしたのである．さらに，古代のメソポタミアに大麦などの価格表が存在することも物価が変動したことを示している．これらは，非市場的な互酬や再配分では説明できない．

律令体制下の西市・東市のような制度でもなく，ましてや現代のような自由市場ではあり得ないとしても，交換や売買という経済システムは存在したのである．売買契約文書の存在，自由民が債務の故に奴隷身分に転落したこと，王が奴隷身分からの解放を宣言して，階層分解を必死に押さえ込もうとしたこと（→徳政令）等は，非市場経済では説明がつかない．

［前田徹］

【参考文献】
S. Dalley, The Legacy of Mesopotamia, Oxford, 1997.
M. T. Larsen, The Old Assyrian City-State and its Colonies, Copenhagen, 1976.
M. Van De Mieroop, Cuneiform Texts and the Writing of History, London, 1999.
N. Yoffee, The Economic Role of the Crown in the Old Babylonian Period, Malibu, 1977.

VIII-1-(2) エジプトの経済

かつては，ナイル川流域で大規模な灌漑・排水網をめぐらせる水の統制が，国家にとって重要な課題であり，灌漑組織を統一的に把握する体制の出現が，統一国家誕生の要因であるとされていた．しかし最近では，エジプトにおける豊かな農業生産は，大規模な灌漑組織の整備ではなく，独自の貯留式灌漑（湛水灌漑または溜池灌漑）によるところが大きいと言われている．貯留式灌漑は，最高水位に達した増水を耕地に引き入れる方法で，沃土を耕地に堆積させ，土壌の塩分を除去するという優れたものであった．この方法は，地域単位で運用されたため，中央集権国家の存在を必ずしも必要とするものではなかったのである．大規模な灌漑にかわるものとして，今日では，交易が統一国家の誕生に重要な役割を果たしたことが，指摘されている．

エジプトでは，早くも先王朝時代の*ナカダⅠ期（前3750年頃）には，身分の分化があったことが墓の規模や副葬品の内容の相違などから明らかにされている．ナカダ文化社会では，階層化が時代とともに次第に進行していった．階層上部の人々の墓には，豊富な副葬品とともに，*棍棒（メイス）や象牙あるいはカバ牙製の*護符や装身具，波状把手土器，パレスティナ産土器などが，被葬者の身分を示す「ステイタス・シンボル」となる威信財として納められた．威信財には，稀少品である*金，銅，*銀などの金属製品や*ラピスラズリ，*トルコ石などの貴石，*金剛砂，象牙，*黒檀，*香料，*ワイン，*蜂蜜，*油などの原材料の他，外国製の土器や金属器などが存在した．一方，稀少品の搬入の見返りとしてエジプトからは，*穀物，*ビールなどの食糧品や石製容器，波状剥取ナイフ，硬質オレンジ土器，彩文土器などが搬出された．威信財となる稀少品をコントロールすることで，富の不均等配分や階層化が促進される．それゆえ，遠隔地交易は，国家形成と密接な関連をもつと考えられるようになったのである．

王朝時代になると国家が管理する交易遠征隊を派遣して得られた外国からの搬入品や国内の天然資源を全国民に適切に再分配することが，エジプト王朝時代の経済の中心的課題であった．ポランニーは，非市場社会における商品やサービスの再分配モデルを組み立てた．この再分配経済システムでは，強力な中央集権政府と政府の供給能力に対する生産者側の信頼が必要不可欠であった．農民や職人は，生産物を中央政府に納め，その見返りとして中央政府からさまざまなサービスを受けることができた．このバランスが崩れるとシステム自体が崩壊することになる．再分配経済システムは，社会の中に深く入り込み，祭祀や儀礼が大きな役割を担っていたことから，利潤追求が基本的動機となっている現在の経済とは大きく異なっていた．この再分配モデルは，これが最初に適用された新王国時代だけではなく，強力な中央集権政府が存在した古王国時代や中王国時代にも適用できると考えられた．エジプト学者の多くは，ポランニーの再分配経済システムを支持しているが，ケンプは第1中間期の資料を使用して，再分配理論に対して批判的な分析を行っている．第1中間期は，強力な中央政府が存在しなかったことで，かえって地方に繁栄がもたらされたとしている．

古代エジプトの経済活動は，富を得たりするものではなく，具体的な目的のために

必要な物資を調達する手段であり，これは古王国や新王国時代の王の遠征にも当てはまることであった．王の外国への遠征隊の記録は，古王国第3王朝時代から残されている．外国からの搬入品の記録であるが，真の意味での交易とは大きく異なるものであった．古王国第6王朝時代の*ウニと*ハルクフの*ヌビアへの遠征や新王国第18王朝の*ハトシェプスト王の*プントへの遠征，第20王朝末期のウェンアメンの*ビブロスへの遠征などに共通して見られるのは，王が遠征の目的地を指定し，そこで得られる物資で具体的に何を作るかを命じているからである．王の交易遠征は，利益を得るための交易ではなく，特定の物資を調達するための物々交換であった．ヌビアやシリアなど外国への遠征は，ウニやハルクフなど個人の業績も大きかったが道路や運河，井戸，キャンプなどの整備と食糧の確保が必要であった．危険で困難な外国遠征を指揮した隊長には，王の願いを成就した報酬として地位と富と安楽な生活が与えられた．古代エジプト社会では，王に気に入られる以外には富を得る手段はなかった．遠征隊の隊員には，主食であるパンやビールを作るための穀物で報酬が支払われた．

また，王に対する朝貢という形で外国から物資が搬入されることもあった．最古の例は，第12王朝時代の*ベニ・ハサンのクヌムヘテプ墓に描かれたシリアからの男女の隊商図である．朝貢によってもたらされた物資は，交易全体では僅かなものに過ぎなかったが，経済的な意味以上に大きな意味をもつものであった．外国からの朝貢は，儀礼化しており，新年の儀礼の一部として特定の日に実施された．新王国時代の*アマルナ文書には，朝貢は相互に行われ，外国の王たちはエジプト王からの黄金を期待していた．また，王は臣下とも贈物の交換を行っていた．王が神に与えた贈物も，外国の王に対する贈物も臣下に対する贈物もすべて同じ言葉で表現された．贈物の交換は，古代オリエントの王との関係，王と臣下の主従関係，そして王と神との関係を表す重要な社会的役割を有していた．こうした贈物の交換は，再分配による経済が機能するための信頼関係を築く重要な社会的役割を果たしていた．

神殿領や*供物などの物資の再分配に関する記録は，古王国時代と新王国時代に詳しい数字が残されている．古王国時代の記録は，ピラミッド複合体を維持するために設けられた葬祭関連領地やピラミッド都市に関するものである．王や高官たちの葬祭のための複雑な供物供給ネットワークの存在とその規模，耕地の所有権や供物の分配システムを解明する資料になっている．一方，新王国時代のものは，*ウイルボー・パピルスや*ハリス・パピルスなどの記録に見られるもので，神殿領や王室領の規模や分布，各地の神殿の財産目録や歳入などが記録されており，神殿では穀物の生産が複雑な課税システムを生み出したことを明らかにしている．これらの資料は非常に有効なものであるが，エジプト史の中の短い期間に関わるものであり，他の時代に共通するものとは断定できない．

現代の資本主義経済と古代エジプトの経済が大きく異なる点は，古代エジプトには，「*貨幣」と「利潤を生もうとする動機」，そして「価格市場」の3点が欠落していたことをあげることができる．そのため，純粋に商取引を行う商人層は存在しなかったと考えられる．新王国第20王朝時代末期になると神殿の代理人を意味する語である

シュウティと呼ばれる人々が登場する．その詳細は不明であるが，彼らが行政機関から独立して動くようになったことは，伝統的なエジプト経済が，この時期に崩壊しつつあったことを示している．末期王朝時代の第26王朝時代には，古典ギリシアで見られる自由交易が存在しており，＊ヘロドトスの『歴史』には前5世紀にギリシア商人がいたことが記されている．エジプトで繁栄した再分配経済システムはその後二度と見られることはなかった． 　　　　　　　　　　　　　　　　　　［近藤二郎］

【参考文献】
中山伸一「エジプト新王国の社会と経済」『岩波講座世界歴史1』岩波書店，1969年，227-260頁．
E. Bleiberg, "The Economy of Ancient Egypt", in *CANE*, III, 1373-1385.
B. Menu, *Recherches sur l'histoire juridique, économique et sociale de l'ancienne Égypte*, Vol. 1, 1982, Vol. 2, Cairo, 1998.
K. Polyani, "The Economy as Instituted Process", in *Primitive, Archaic and Modern Economies*, ed. by G. Dalton, Garden City, N. Y., 1957.

VIII-2　古代の交易と交易ルート

VIII-2-(1)　古代交易のメカニズム

カール・ポランニーは，交換を①「互酬性」，②「再分配」，③市場を形作る「交換」の3形態に分類した．また，ポランニーは，①二つの側，②商品(物資)，③人員，④運搬の四つの要素に分類し，交換を考える枠組を設定した．ランバーグ=カルロフスキーは，ポランニーの要素を考慮することで，遠隔地交易における以下の3種類(1)直接交易，(2)交換，(3)中継地交易の形態を提起している．

「直接交易」は，A地とB地という2地点間で直接的接触が確立されている．とくに価値の高い商品の交易のためにB地にA地の(あるいはA地にB地の)人間によって構築された交易植民の存在をも含んでいる．この形態の交易は，通常，中央で組織化された複雑な原理に基づく．

商品の伝播において，「交換」という形態は，一定の組織や規格化された特別な物資の価値などが欠如していることで，「直接交易」とは異なっている．商品は，場所から場所へ特別な目的なしに流通していく．A地からB地への商品の移動は，随意的な「交換」を表している．しかしながら，その商品が交換を通じてもたらされたものなのか，あるいは，様式や機能的形態の波及によって独自に生産されたものかどうかを判断することは困難である．

「中継地交易」は，商品が生産されるか，あるいは資源が存在する場合に，商品が流通する中間地点で行われるものである．A地とB地の影響が及ばぬ中間地点のC地において，A地とB地が望む商品や資源の量が調整される．中継地としての役割を演じるC地は，他の地点で生産された商品を積み換えたり，C地自身が必要とする商品や資源を輸入している．商品や資源の積み換えは，A地やB地の人間の管理と指示の下に委ねられていたかもしれない．この結果，中継地であるC地とA地またはB地との間には，直接交易が存在している．これら三つのシステムは，相互に排他的なものではなく，すべてが共存していた可能性もある．重要な点は，遠隔地交

易において，運搬費用が高価なために，地理的に限られた範囲内で，物資あるいは商品が高価であるか有益であるものに限定された．

高宮は，先王朝時代のナカダ文化期における下ヌビアへの搬入品の分析から，ナカダ文化と下ヌビアのAグループ文化との間に三つの交易形態があるとしている．まず，初期から行われてきたものとして互酬性の枠組にそった「連鎖交換」をあげ，次に二つの文化の境界地帯（中間地域）に拠点をもつ「中距離交易」が盛んになるとしている．この「中距離交易」は前述の「中継地交易」を指している．そしてナカダⅢ期になるとナイル川の第2急湍のクストゥール地域との「長距離交易」が開始されるが，これも前述の「直接交易」にあたるものであり，第2急湍とナカダ文化内部を直接結ぶものである．このように特定の地域間での交易形態に関しては，ランバーグ＝カルロフスキーの枠組は有効であると考えられるが，さまざまな条件により相違が現われることもまた事実である．コリン・レンフルーは，アナトリア産の*黒曜石の交易を検討し，原産地からの距離が増加するに伴い，各地点における利用頻度が減少することに注目した．そして，A地とB地との間の交易パターンを交易の場所や使者などの仲介者，植民地などの要素を加味して，さらに10の形態に細分している．それは，①直接獲得，②本拠地型互酬，③境界地型互酬，④連鎖交換，⑤中間地における再分配，⑥中間地における市場交換，⑦仲介者交易，⑧使者交易，⑨植民地租界交易，⑩中心港交易の10の形態である．これらの形態，物資の交換のモデルは，国家形成期の社会だけではなく，先史時代の社会における物資の移動を考慮する際にも，非常に重要な仮説として，考古学研究において広く使用されている． ［近藤二郎］

【参考文献】
高宮いづみ「ナカダ文化論」『岩波講座世界歴史2 オリエント世界』岩波書店，1998年，125-144頁．
C. C. Lamberg-Karlovsky, "Trade Mechanisms in Indus-Mesopotamian Interrelations", *JAOS* 92, 1972, 222-229.
M. E. L. Mallowan, "The Mechanics of Ancient Trade in Western Asia", *Iran* Ⅲ (1965), 1-7.
K. Polanyi, M. Arensberg and H. Pearson (eds.), *Trade and Market in the Early Empires*, Glencoe, Ⅲ, 1957.
C. Renfrew, "Trade as action at a distance", in *Ancient Civilization and Trade*, ed. by J. Sabloff and C. C. Lamberg-Karlovsky, Albuquerque, 1975, 1-59.

Ⅷ-2-(2)　交易と商業活動

Ⅷ-2-(2)-①　交易の起源

世界最古の都市文明の発祥地となったティグリス川とユーフラテス川に挟まれた沖積平野は，人工灌漑技術の発明により極めて高い穀物生産力を誇った（→麦）．また，都市の周辺では家禽類の飼育，野菜類・*ゴマ・*ナツメヤシなどの園芸栽培，および*漁業などが副次的に行われており，基本的な「衣」と「食」の供給源に事欠くことがなかった．しかしながら，こと「住」や「道具」の分野では，*都市文明形成に欠くことができない天然資源―例えば，道具，武器および建築資材となる石材・木材・金属類―がその近郊ではまったく産出しなかったために，外部からの供給を必要とした．すなわち，この地域に定住する人々は，遠方の産地からこれらの生活必需物資を持続的に入手する必要に，常に迫られていたといえよう．

総　論

　後期新石器時代(前6千紀)に，アナトリア産の黒曜石がシリアからメソポタミア北部地方にかけての地域で広く利用されていたことが知られているが，シュメール都市文明が誕生した両大河下流域に関していえば，ウバイド期後半(前5千紀)(→ウバイド文化)から*ウルク期中期(前4千紀)にかけての時期に，アナトリア産の*銀・*銅・*鉛をはじめ，バジャフスターン産の*ラピスラズリやシンド産*紅玉髄などが，ほぼ恒常的に搬入されていたことが，各地の発掘成果により判明している．注目すべきは，このラピスラズリを材料とした製品が，先王朝時代のエジプトでも発見されていることであろう．この事実は，地方の特産品を隣接する地域ごとに相互に融通し合う「物々交換」のシステムが局地的なものに留まらず，かなり広範囲にわたって連鎖をなし，結果としてさまざまな物品が遠距離間を流通するようになったことを示している．この時期の交易媒体は，局地的な集落同士の交換経済の連鎖か，定住地間の荒野を周遊的に移動する遊牧系住民たちの手を介するものであったと推測される．ただし，ユーフラテス川中流域の*ハブバ・カビーラ遺跡は，シュメールの主要な集住地ウルクの「植民地」であった可能性が考古学者たちによって指摘されており，その背景としてシリア・アナトリア地域とシュメール地方を結ぶ交易ルートの隆盛が考えられている．前3千紀後半以降の文字資料からは，これらの地域には金・銀・銅および木材の産地が集中していたことが知られる．もしそうであれば，ウルク期後期時代(前4千紀末)には，これらの物資の「直接交易」が既に始まっていたことも想定できる．いずれにせよ，主要物資の産地との基本的な流通経路(交易路)は，シュメール都市文明発生のはるか以前から確立していたことは間違いない．

　Ⅷ-2-(2)-②　前3千紀の交易

　*初期王朝時代から古バビロニア時代の前半にかけて，シュメール地方への物資の供給を担った主要な流通路は二つ，すなわちティグリス川支流沿いに東進し，さらにザクロス山中の渓谷を抜け*エラム地方へと至るいくつかの隊商交易路と，ペルシア湾岸に点在する経由地を結んで遥かインド洋や紅海沿岸に至る海上交易網であった．

　かつては「下の海」(→上の海・下の海)と呼ばれたペルシア湾では，陸地沿いに点在する帰港地を結んでかなり恒常的な交易船の往来があったと推測され，前3千紀中頃の時点で既に，アラビア半島南岸やインダス地方まで達していた．また，インダス文明が衰退した前2千紀中頃には，アラビア半島を巡って紅海からエジプトに達するルートも開拓されていたと考えられている．

　初期王朝時代から*アッカド王朝期にかけての王碑文には，安定政権の確立を象徴するものとして，当時の海洋交易において象徴的な相手国であった三国—*ディルムン，*メルッハ，*マガン—の交易船の来航が慣用的に記述されている．アッカド王国の初代サルゴン王はこれら交易船をペルシア湾からさらにユーフラテス川を遡らせ，直接新都アガデ(アッカド)に物資を調達させたことを誇り，また第3代ナラム・シンに至っては，マガン遠征を行って重要交易品の確保を狙った．

　この時代に限らず，シュメール・アッカド地方(→バビロニア)からの主要な輸出品は一貫して，穀物やゴマ油，干魚などの農水産食糧品，あるいは各種の織物，木工，

140

革製品などの工芸加工品であった．これに対し，ディルムン(現バーレーン島とアラビア半島の対岸部)は交易の一大中継地として，各地から海路運ばれる，原材料を中心とする特産物の一大集積地として繁栄していた．また，当時のマガン(現オマーン地方)からは主に銅鉱石，ダイオライト鉱石が輸入され，アフリカ産*象牙などの中継地としても知られていた．メルッハはかつてのインダス流域に比定されており，金や銀などの貴金属(*ウル第3王朝時代の資料では，*紅玉髄や*ラピスラズリなどの宝飾類も含まれる)のほか，とくに糸スギなどの木材が多量に輸入されていたことが知られる．*ウルの埋葬遺構からは，来航したメルッハ商人が使用したと思われるインダス式スタンプ印章が副葬品として発見されており，既にこの時代から外国商人が多数，この港湾都市に駐在員として常駐していた可能性もある．

一方，ナラム・シンはユーフラテス川上流域にも遠征し，「上の海(地中海)」(→上の海・下の海)にまで至ったが，遠征途上では*マリや*エブラなどの有力都市を制圧している．この背景にもシリア地方や地中海沿岸の産物や資源確保という経済的野心があったと見てほぼ間違いない．時代を下って，*ラガシュの*グデア王碑文やウル第3王朝時代の諸記録では，地中海地方から杉材(*レバノン山脈)や金・銀(アマヌス山脈，マルダマン地方＝現マルディン周辺)，*アラバスター石材，*ワインなどがユーフラテス川の河川ルート経由で多量に輸入されていたことが確認される．

ただし，上記の事例が示す通り，この時代の交易は王宮や神殿による独占状態のもとに置かれていた．外国から輸入した物資が一般市民層にまで廻されることはほとんどなく，特別に支給・下賜される場合に限られた．また，青銅製の農耕具やその他の生産財はすべて，王宮付属の工房で生産・管理され，一般市民層が個人的に所有することはなかったと考えられる．初期王朝時代のラガシュ文書に，古代メソポタミアで交易商人職を意味するシュメール語のダムガル(DAM.GAR₃)(＝アッカド語のタムカールム tamkārum)達が初めて登場する．しかし，彼らは支配者(*エンシ)や「大ダムガル」と呼ばれる管理官の指示のもと，王宮や神殿が必要とする物資(権威財，生産財，建築資材など)の買い付けを行う一官吏に過ぎなかった．また，国内においては漁師が貢納した干魚などを販売・換金することもその職務としていた．

VIII-2-(2)-③ 古バビロニア時代の商人と国際交易

前2千年紀に入るとシュメール都市国家以来の伝統的体制であった家産経済が崩れ，かわって「民間人」による私的経済活動がさまざまなレベルで顕著になってくる．個人の土地所有や財産権が社会的に容認されるとともに，それまで王宮や神殿が独占してきた経済活動(農地経営・工房組織・交易活動など)は，その一部が契約を通して民間人に委託されるようになる．とくに，それまでは一官吏に過ぎなかったタムカールムたちは，請負った交易業務に便乗させて自らの資金も運用，民間の需要に応えてさまざまな商品を買い求め，次第に自己の個人資産を増大させていった．結果，タムカールムの中にも経済的身分差が生まれ，裕福な商人層は個人「商会」の長として，もはや自らが外国へ出向くまでもなくツハールム(ṣuḫārum 手代・雇用人)などを駆使して交易業務を指揮した．また，他(都市)の商会との提携や投資を行ったり，請負契

約を介してシャマルム(šamallûm 行商人)に買い付け・販売を代行させるなどのケースも増加する．他方，国内においてもタムカールムはその業務内容を多角化させ，余剰資金を不動産に投機して地代収益を上げるほか，「投資家」「高利貸業者」「小作請負業者」「問屋制手工業経営者」「徴税請負業者」などの性格を兼ね備える企業家的な存在へと変容し，その社会的影響力も大きかった（国内流通に関しては「市場」「銀」「カールム」の項も参照のこと）．

このような状況の変化はまた，国際貿易のあり方にも反映している．とくにそれまでは外国船の来航に主に依存していたペルシア湾岸の海上交易で，ウル市に「ディルムンに出向く者(アーリク・ディルムン)」と総称される野心的な交易業者たちが現れる．彼らは「タップートゥム」契約と呼ばれる一種の短期業務提携（投資）契約（この方式は新バビロニア時代にまで受け継がれ，「ハラーヌー」契約と呼ばれる）などを介して投資家から資金を集め，自らの裁量により交易業務を行った（→関税）．

陸上ルートによる交易もまた，私的な交易商人による積極的な活動により隆盛を極めた．*アッシュルや*エシュヌンナ，*ディールなどの中継交易地を経由して，メソポタミアから見て北部や北東部からは，既に前3千年紀以来，ハムリン山脈地域で産出するビトゥメン(*瀝青)や石材などが輸入されてきたが，これらが継続して輸入されるとともに，古バビロニア時代になると*奴隷や*馬の輸入が増加する．とくに*スバルトゥ人奴隷は家内奴隷用として人気が高く，*ラルサ市のバルムナムへに代表される奴隷商人の手を介して，個人購買層に販売された．

このような商業活動の担い手は男性であったが，*マルドゥクや*シャマシュなどの大神に仕える女神官層（とくにナディートゥム女神官層が有名）は例外であり，実家から供託された資産を運用する過程で，さまざまな経済関連の個人契約を結ぶ自由裁量権が社会的に認められていた．また，市井には「サービトゥム」と呼ばれる酒場の女経営者も存在し，原料の買い付けと*ビールの製造，販売を行っていたことが判っている．

私商人層の出現と彼らの飽くなき利益を追求する活動はやがて，社会問題を引き起こし，貧富の差や大土地所有の増大，債務奴隷の増加など，とくに自営農民に代表される中下層市民の経済的没落を招くに至った．このため，時の為政者たちは「*徳政令」や「公定物価・債務規定」などを布告して，商人活動の制限や没落市民の救済を図ろうとした（→『ハンムラビ法典』，『エシュヌンナ法典』）．また，ハンムラビやシャムシ・アダド1世などは，「商人監督官（ワーキル・タムカーリー）」と呼ばれる官職の新設，「往来手形（原文では，王の認書）」の発給制導入を通して，私商人の活動を内外ともに国家の管理下に置こうとした．

VIII-2-(2)-④ 古アッシリア時代の「商会」と中継交易

前2千年紀前半の私的交易商人の活動とその実像をもっとも反映した資料は*キュルテペ文書，すなわち，古バビロニア時代に平行する*古アッシリア時代(前1950頃-1750年頃)に，メソポタミア中核部と北部からアナトリア半島に広がる資源供給源の物流を仲介する中継交易人として活躍した*アッシリア商人の活動記録であることは

間違いない.

　本国アッシュル市から800 kmも離れたキュルテペ(古代名*カニシュ,現在のトルコ・カイセリの北東約20 kmにある遺跡)に長期の通商拠点を置いたアッシリア商人たちは,商人団として現地の政権と協商条約を締結,居留地の設営権を含むさまざまな交易上の権利を確保し,アナトリアからシリアにかけて独自の交易網を張り巡らせた.彼らの交易活動の本質は,扱う品物の地域ごとの価格差に目を着けたものであり,互いに競合あるいは提携し合うさまざまな規模の個人商会による私的な企業活動であった.バビロニア地方などから運ばれてきた織物製品や*錫(青銅生産の原料)などの商品をアナトリア各地に置かれた支店で販売し,近隣の山地で豊富に産出された金や銀に換金,新たな買い付け資金として本国へ返送した.また,本国アッシュル市では,各商会の女性メンバーが,商品用の織物生産に従事した.

　彼らの交易活動は血縁関係を核とした商会単位で運営されていたが,商会長が取り仕切る商会自体の業務と並行して,個々のメンバーたちが個人的人間関係に基づき,他の商会のメンバーや現地人と業務提携関係を結び,個人資産を運用することも許されていた.事実,アッシリア商人たちは,バビロニア商人にも増してさまざまな業務提携や投資契約(とりわけ,長期投資提携契約である「ナルックム契約」は,中世イタリア商人の「カンパーニャ契約」にも比定される)に通じており,これらを駆使した活動の実態がすべて明らかになるのには,まだ時間がかかるであろう.(→関税,契約,隊商)

VIII-2-(2)-⑤　中バビロニア時代とエジプト新王国の国際交易

　バビロン第1王朝の滅亡とともに,メソポタミアは資料的な暗黒時代にはいるので,前16世紀から前14世紀頃にいたる交易や商業のあり方に関してはまったく判っていない.ただし,カッシート支配下(→カッシート王朝時代)の*ウルや*ドゥル・クリガルズ出土の文書からは,引き続き,私的な「商人」たちが交易・流通業務に携わっていたことが検証される.

　「アマルナ時代」とも呼ばれる前14・13世紀の国際化の時代は,遠距離交易における物流を質量ともに飛躍的に増大させるとともに,新王国時代のエジプトの対外交易活動も活性化させた.エジプトの金や*黒檀,*象牙などを求めて,当時の列強諸国は競って*隊商(交易使節団)を派遣したが,彼らによって,工芸や宝飾品とともに*馬や武具などがその「交換対価」となる贈物としてエジプトにもたらされた.一方,エジプトから持ち出された*金は,銀本位を伝統としてきたバビロニア国内に一時期,金本位経済を出現させた.

　エジプト側からもシリアやパレスティナ地方に定期的な交易使節団が派遣されていたことは,*『ウェンアメンの航海記』などに反映されている.また,*ハトシェプスト女王葬祭殿に残された壁画と碑文は,エジプトの交易使節団がアフリカの*プントへも至っていたことを示す.ただし,これらは通常,「遠征隊指揮官」と呼ばれる官吏に率いられる官業交易の形式をとっており,外交使節団を兼務した.また,当時のエジプト国内には「シュウティ」と呼ばれる売買仲介人の存在が知られるも,国内流

通のあり方や民間レベルでの交易活動の有無については不詳である．

VIII-2-(2)-⑥ 新バビロニアからペルシア時代の「企業」活動

新バビロニア時代になると国際交易の舞台はもっぱら，*アラム人や*フェニキア人，ヘブル人に代表されるシリア系商人によって掌握されるようになる．彼らの通商交易網は，シリア・パレスティナ地方からユーフラテス川沿いに下ってバビロニアやペルシア，あるいは陸路でアッシリアにまで広がり，さらにはアナトリアやエジプト，*キプロス，ギリシアなどの地中海沿岸地方までをもその活動圏に包括する巨大なものであったと推測される．その結果，彼らの本国はさまざまな隊商が通過する交差点となり，とくに*ダマスクスは鉄の，また，*ティルスは綿織物の一大集散地として繁栄した．また，*パルミラ（タドモール）など隊商都市の勃興を見る．

事実，この時期は国際化がさらに進み，シリア系商人のみならず，ギリシアやエジプト商人も，バビロンに到来していたことが知られている．また当時，バビロン王宮には必需物資の購入を統括する「商人長（ラブ・タムカーリー）」なる役職が存在したが，*ネブカドネツァル2世治世代の在任者がフェニキア系のハヌーヌ（ハンノに比定）なる人物であったことは，時代を象徴するものとして興味深い．この時代の商人たちもまた，外国への商品買い付けだけでなく，国内における公私の荘園の収穫物販売を請け負った．一方，バビロンの*エギビ家や*ニップルの*ムラシュ家に代表される大企業家集団が登場するのもこの時期であった．彼らは，自己資産を多角的に運用するとともに，王宮や神殿の家産経営・資産運用を請け負ったり，国際交易業にも参画するなど，*貨幣の流通開始期にあってまさに「銀行家」的な社会的役割を担ったのであった．

[川崎康司]

【参考文献】
H. クレンゲル（江上波夫・五味亨訳）『古代オリエント商人の世界』山川出版社，1983年．
F. Joaneès, "Private Commerce and Banking in Achaemenid Babylon", in *CANE*, III, 1475-1485.
M. T. Larsen, *Old Assyrian Caravan Procedures*, Istanbul and Leiden, 1967.
M. T. Larsen, "Partnerships in the Old Assyrian Trade", *Iraq* 39, 1977, 119-145.
W. F. Leemans, *The Old-Babylonian Merchant. His Business and his Social Position*, SD III, Leiden, 1950.
W. F. Leemans, *Foreign Trade in the Old Babylonian Period*, SD VI, Leiden, 1960.

VIII-3 運送手段の変遷

VIII-3-(1) 陸上交通

古代オリエント地域の陸上交通としては，初期には*ウシや*ロバなどの家畜を利用した輸送が主体であったが，とりわけロバを利用した隊商が後の時期まで重要な役割を果たした．また，*ウマや*ラクダが普及すると，これらの動物も陸上の輸送・移動手段として重用された．陸上輸送にとって重要な*車輛は，前4千年紀のメソポタミア地域で考案され，ロバやウシ，ウマなどに牽引させた2輪や4輪の荷車の出現によって，大量の物資を運搬することが可能となった．

エジプトでは，物資を運搬する荷車の使用は，メソポタミアよりずっと遅れて新王国時代以降のことであった．それ以前では，石材などを陸上で運搬するために主とし

て*橇(ソリ)が使用されていた.

　長距離の陸上輸送を可能とするためには,道路の整備が必要不可欠であった.*古アッシリア時代に,メソポタミアとアナトリアとを結ぶ道路の存在が知られている.こうした道路を使用することで*アッシリア商人の活動が可能になったのである.荷車を使用した陸上交通を可能にするために,主要な都市や地域を結ぶ道路網が作られていったが,とくに*新アッシリア時代には,「王の道」と呼ばれる道路の建設が行われた.これは広大な版図の支配にとっても重要なことであった.*アケメネス朝ペルシアでは,帝都*スーサから小アジアの*サルディスに至る全長2400 kmに及ぶ「王の道」が建設されている.こうした幹線道路網は整備され,各地に宿駅が設けられた.道路網の整備は物資の輸送だけでなく,情報の伝達にとっても有効であった.騎馬急使の設置によって情報伝達は飛躍的に向上し,広大な領地の支配を可能にした.ペルシアによる道路網の整備は,その後のヘレニズム・ローマ時代にまで引き継がれ,広大な地域を結びつけ人間や物資の流通を促進させる働きを果たした. 　　　［近藤二郎］

【参考文献】
川瀬豊子「ハカーマニシュ朝ペルシアの交通・通信システム」『世界歴史講座2 オリエント世界』岩波書店,1998年,301-318頁.
M. C. Astour, "Overland Trade Routes in Ancient Western Asia", in *CANE*, III, 1401-1420.

VIII-3-(2)　水上交通

　新石器時代以降になると船の利用が本格化し,河川を使用した人や物資の運搬が行われるようになった.初期の船は,葦や*パピルスなど植物の茎を束ねたものであった.エジプト古王国第4王朝の*クフ王の大*ピラミッドの南側で発見された大型構造船は,レバノン杉製のもので,長さが43 mもあった.大型の船舶の建造により大量の物資や*オベリスクなどの巨大なモニュメントを運搬することが可能となった.

　メソポタミアでは,ティグリス・ユーフラテスの2大河川をはじめ,河川による交通ネットワークが構築されていった.メソポタミアでは,効率よく河川を利用した運搬手段として,分解ができる船や筏による上流から下流への一方向的利用があり,上流へは陸路で戻った.一方,エジプトの中央を南から北へ貫流するナイル川では,風が常に北から南に吹いていたために,船は帆を張りさえすれば容易に上流に遡ることができたので,船による河川交通は非常に発達したものとなった.

　前3千年紀には,メソポタミアとインダスとを結ぶ海上交通が存在していた.古代*ディルムン(現在のバハレーン)を中継地とし,*メルッハ(おそらくインダス川流域地方)や*マガン(現在のオマーン)との間で,メソポタミア南部諸都市のために,金や銅,*ラピスラズリ,木材,*象牙などの物資を運搬する海上交易が盛んであった.

　エジプトでも初期王朝時代から古王国時代にかけて,東地中海や紅海における海上交通の記録がある.第5王朝の*サフラー王の時代には,シリアと*プントへの航海が記録されている.前2千年紀には,*クレタ島やギリシア本土を含む東地中海地域で海上交通は頻繁となったが,天候の変化などで遭難する船舶も少なくなかった.

　トルコのウルブルンで発見された沈没船からは,キプロス産の350個の銅の鋳塊(インゴット)や*錫,コバルト,*ガラスなどの塊,100個のカナン壺(*アンフォラ),

*黒檀，象牙，河馬牙，ダチョウの卵，亀の甲羅，顔料，*ブドウやイチジク，*オリーヴなどの果物や*香辛料が発見されている．この船の年代としては，出土遺物からエジプト新王国第19王朝時代の頃と推定されている．また，キプロスから銅をエジプトへ運搬するための船であったと考えられるが，*フェニキアからクレタ島南部を経由してエジプトへ向かう経路をとっていたのであろう．

メソポタミアやエジプトの支配者たちは，フェニキア人を使い地中海域での海上交通を掌握しようとした．エジプト第26王朝のネコ2世によって，フェニキア人の艦隊がアフリカ大陸を周航したことがヘロドトスの『歴史』に記されており，人々の行動範囲が地中海を越えて飛躍的に拡大したことを示している． ［近藤二郎］

【参考文献】
M. -C. de Graeve, *The Ships of the Ancient Near East* (c.2000-500 B.C.), Leuven, 1981.
R. Payton, "The Ulu Burun Writing-Board", *AnSt*, 1991.
S. Wachsmann, *Seagoing Ships and Seamanship in the Late Bronze Age*, London, 1998.

VIII-4　貨幣の出現と貨幣

VIII-4-(1)　貨幣出現以前のものの値段

VIII-4-(1)-①　西アジア

*貨幣の出現は，前1千年紀であるが，それ以前から，物品の価格は銀で表示された．前3千年紀の*初期王朝時代においても*ウル第3王朝時代においても大麦1グルが銀1ギンという換算が公的な基準であった．ただし，これはあくまでも公的な基準であって，個々の経済文書では*穀物と*銀の換算率が変動する場合が見られた．

ウル第3王朝の初代*ウルナンムが制定した法典の前文に，「銅製のバリガを造り，60シラの升を定めた．銅製のバンを造り，10シラの升を定めた」という標準升の制定記事がある．価格・値段の設定の前提になる度量衡の制定が行われたのであるが，実際には第2代*シュルギの升（gur-Šulgi）が使われた．シュルギのカモ形分銅も現物が発掘されている．

ウル第3王朝時代の物の値段は，スネルの研究によれば，おおよそ次のようになる．銀1ギンで買える物は，大麦1グル，羊毛10マナ，*銅15/6マナ，*ゴマ油12シラ，*ブタ油脂17シラ，*ナツメヤシ1グルである．

現在の度量衡との換算では1マナは約500g，1ギンは1/60マナで約8 1/3gとなり，1グルは約252.6 *l*，1シラは約0.84 *l* とされている．

これらは，シュメールの*商人の会計簿からはじき出した数値であるが，前2千年紀になると，公定価格表とでも呼ぶべき碑文が現れる．ウルクの王*シン・カシドや*ラルサの王ヌール・アダドとその子シン・イッディナム，アッシリアの王*シャムシ・アダド1世がこうした碑文を残している．さらに，*『エシュヌンナ法典』にも価格表が挙がっている．それとは別に，ヒッタイト法典の第176条から186条にも，技芸者，家畜，衣料品，穀物，ブドウ園などの購入価格が主に銀で表示されている．

シン・カシドの碑文では，大麦，羊毛，銅，ゴマ油の価格が記され，ヌール・アダドでは，大麦，羊毛，〈ゴマ〉油，ナツメヤシが挙がり，銅の価格の記載がない．ヌ

ール・アダドの子シン・イッディナムでは，ヌール・アダドが挙げる品目に加えて豚油脂の価格が表示されている．シャムシ・アダド1世が「アッシュル市における価格」として例示するのは大麦，羊毛，〈ゴマ〉油であり，銅に言及しない．エシュヌンナ法典では，大麦，羊毛，銅，ゴマ油であり，ナツメヤシの記載がない．ここに挙げた5例すべてに挙がるのは，大麦，羊毛，ゴマ油の3品目であり，その他に，銅と豚油脂を挙げる場合もあることになる．大麦，羊毛，ゴマ油の3品目が当時の代表的な消費財なのであろう．

　ラルサの王シン・イッディナムはヌール・アダドの子であり，現在の編年ではヌール・アダドとシン・イッディナムは，ウルクの王シン・カシドとほとんど同時代とされている．しかし，価格表の数値は互いに異なる．銀1ギンで買える大麦を例として挙げると，ヌール・アダドでは大麦2グルであり，シン・イッディナムでは4グルであり，シン・カシドでは3グルとなっている．シュメール初期王朝時代からウル第3王朝時代にかけて，つまり前3千年紀最後の300～400年間に通用した銀1ギンで買える大麦は1グルであるという価格体系が，前2千年紀には崩れたことは確かであるが，同時代の3人の王が公示した価格にこのような差があることをどのように考えるべきなのであろうか．実勢を反映した価格表と見るべきなのだろうか，それとも理念的な公定価格と見るべきなのであろうか．そもそも，なぜこのような価格表の公示が，前19世紀に集中して書かれるようになったのであろうか．解決すべき問題が多い．

　同様の問題がエシュヌンナ法典にもある．この法典は，銀1ギンに対して大麦1グルという価格を設定する．これはウル第3王朝時代までの価格であって，前2千年紀の実勢価格ではないと思われるからである．

　ウル第3王朝時代の価格とシン・カシド，ヌール・アダド，シン・イッディナム，シャムシ・アダド1世，それにエシュヌンナ法典における羊毛とゴマ油の価格を比較しておこう．

　ウル第3王朝時代では，銀1ギンで羊毛10マナが買えたが，シン・カシドでは，12マナ，ヌール・アダドではウル第3王朝時代と同じく10マナ，シン・イッディナムでは15マナであり，シャムシ・アダド1世でも同じく15マナとなっている．エシュヌンナ法典では6マナとあり，羊毛の価格が他に比して最も高くなっている．

　当時にあっては，価格は銀だけでなく，大麦でも表示された．むしろ，実際の交換の場では大麦表示が銀表示を上回っていたかもしれないので，大麦1グルで買える羊毛とゴマ油の量を比較しておきたい．

　ウル第3王朝時代では，銀1ギンが大麦1グルであるので，銀表示と同じく羊毛10マナ，ゴマ油17シラである．シン・カシドでは羊毛4マナ，ゴマ油10シラ，ヌール・アダドでは羊毛5マナ，ゴマ油10シラであり，シン・イッディナムでは羊毛3 3/4マナ，ゴマ油7 1/2シラである．羊毛は最も高価な値となっている．シャムシ・アダド1世では羊毛7 1/2マナ，ゴマ油10シラである．エシュヌンナ法典では，6マナの羊毛，12シラのゴマ油となっている．大麦を基準にしてもウル第3王朝時代との価格差は歴然であるが，しかし，前2千年紀における価格の変動幅は銀のそれよ

147

り小さくなるようだ．とりわけゴマ油については，銀との交換では，それぞれ，30シラ，20シラ，30シラ，20シラ，12シラであり，大麦では，それぞれ，10シラ，10シラ，7 1/2シラ，10シラ，12シラであるので，そのことが言えると思われる．つまり，銀が最も甚だしく価格を変動させたと言えるのであって，大麦，羊毛，ゴマ油など日常的な消費財は比較的変動幅が小さかったと言える．　　　　　　[前田徹]

【参考文献】
D. R. Frayne, *Old Babylonian Period (2002-1595 BC)*, The Royal Inscriptions of Mesopotamia, Early Periods 4, Toronto, 1990.
A. K. Grayson, *Assyrian Rulers of the Third and Second Millennia BC (to 1115 BC)*, The Royal Inscriptions of Mesopotamia, Assyrian Periods 1, Toronto, 1987.
D. C. Snell, *Ledgers and Prices : Early Mesopotamian Merchant Accounts*, New Haven and London, 1982.
R. Yaron, *The Laws of Eshnunna*, Jerusalem and Leiden, 1988.

Ⅷ-4-(1)-② エジプト

＊貨幣出現以前，エジプトでもメソポタミアと同様に物品の価格は金属の重さで表示されていたことが，新王国第19-20王朝時代のパピルス文書から明らかである．エジプトの重さの単位としては，91gに相当する1デベン，その10分の1のケデト（9.1g），そしてデベンの12分の1にあたるセニウ（シェナティ：7.6g）がある．銀と銅の交換レートは，1：60で，したがって銀1セニウが，銅5デベンに相当した．

一方，液体を量る0.48lに相当する1ヒンという容積の単位があり，油1ヒンが銀6分の1セニウと等しく，それは銅1デベンであるとされていた．つまり，この換算では，銀1セニウが銅6デベンに相当している．さらに穀物の量の測定に使用された76.88lにあたる1カルという単位が存在した．小麦1カルが銅2デベンの価値があったと推定されている．

こうした物品の価格の多くが，新王国第19-20王朝時代のパピルス文書に記録されている．パピルスにより価格の相違があり，また穀物などは季節によっても，価格が変動していたようだ．幾つかの価格を紹介してみよう．新王国第20王朝の＊ラメセス3世時代に記録されている牛の価格では，銅45〜141デベンまでさまざまであり，概ね銅100デベン以上であった．しかしながら，第20王朝時代の他の記録には，牛1頭が銅20〜30デベンというものもあり，平均すると50〜60デベンとする考えもある．物資の輸送などに重要な役割を果たしたロバの価格は，第20王朝時代の記録では雌雄でとくに区別なく，銅30デベン前後であったようだ．鳥1羽の価格は，銅4分の1デベンとされている．

家具や墓の副葬品の価格が明らかなのも，エジプトの特徴である．ベッドの価格が銅15〜20デベン，テーブルが銅15デベン，パピルスの巻物の1巻が銅2デベンなどと記されている．その他のさまざまな物品の価格が示されているが，条件の相違などがあり，その変動幅は大きく実際の平均的な価格を算定できないものも多い．

エジプト人は，銅や銀を交易の単位，または価値の基準と考えていたが，富を蓄え移動する手段としての「貨幣」の概念を発展させることはなかった．末期王朝の第26王朝時代まで貨幣は知られていなかった．第30王朝のネクタネボ1世が最初のエ

ジプト貨幣を作ったのは，ギリシア人傭兵への支払いのためであり，エジプト国内に貨幣を流通させるためではなかった． [近藤二郎]

【参考文献】
J. J. Janssen, *Commodity Prices from the Ramessid Period*, Leiden, 1975.
J. Černy, "Price and Wages in Egypt in the Ramesside Period", *Cahiers d'Histoire Mondiale* 1, 1954, 903-921.

VIII-4-(2) 貨幣出現以降の経済

広い意味での*貨幣は秤量貨幣を含むが，ここでは狭い意味でのコインを指す．なお，オリエントでは貨幣は打刻によって発行された．貨幣が最初に使われたのは，アナトリアの*リュディアで前7世紀のことである．当初のエレクトラム貨に代わって，クロイソス王（前560-546年）の時代から金貨銀貨が発行されるようになる．貨幣制度は，西方はギリシアへ，東方はリュディアを征服した*アケメネス朝ペルシアへと伝わった．

アケメネス朝では金貨*ダーリック（8.4g）と銀貨シグロス（5.4-5.6g）が発行された．また西方のサトラプ（→サトラプ制）も銀貨や銅貨を発行している．しかし，アケメネス朝下の貨幣は，傭兵への賃金としての需要が大きかった帝国西部を除いてほとんど流通せず，バビロニアでは秤量貨幣が依然として用いられていた．銀には品質を保証する公定の基準が存在していた．*ペルセポリス城砦文書によれば王室付属の労働者群が現物支給を受けて生活していたが，時代がやや下ったペルセポリス宝蔵文書では王宮建設関係工人への支給に銀が用いられている．なお，*バビロン出土の天文日誌には，基礎的物資の銀1シェケル（4.8g）で購買できる量が記録されている．各品目とも変動はきわめて大きいものの前360年代でおおよそ大麦（→麦）40-100 l，*ナツメヤシ60-80 l，羊毛1-1.5kg（前370年代）程度である．アケメネス朝下バビロニアでは私的な経済活動も一部盛んで，*ムラシュ家のように一種の銀行業を営んでいた例もある．また*ユダヤ教徒が広範に分布するようになる一因として，その交易民としての性格が指摘される．アケメネス朝滅亡直前の十数年間，バビロンの価格動向から銀の市中での流通が非常に少なくなっているさまが窺える．

価格変動から*アレクサンドロスのオリエント征服直後には一挙に銀が多量に市中に出回っていたと推察できる．ギリシア側文献史料にあるように，アケメネス朝が退蔵していた貴金属が一挙に放出されたのであろう．

さて，貨幣経済がオリエントに定着したのは*ヘレニズム時代である．貨幣発行権は国王が握った．表面に王の肖像が描かれた貨幣は，経済面のみならず，対内的には王の威信を認めさせるため，対外的には経済主体の及ぶ範囲を示すものとして機能したと考えられる．基軸貨幣はドラクマ銀貨とその4倍のテトラドラクマ銀貨（アレクサンドロス貨で16.8g），補助貨幣として銅貨が用いられた．*セレウコス朝下の物価は，前180年代，銀1シェケルに対して大麦100-500 l，ナツメヤシ140-570 l，羊毛1250-2500gくらいであったが，徐々に大麦の価格は上昇していった．

*アルサケス朝パルティア時代も貨幣制度はセレウコス朝のものをほぼ受け継いだが，ドラクマ4g，テトラドラクマ16g以下で，さらに年を経るにつれ次第に銀貨の

品質と重量は低下した．パルティア時代で注目すべきは，周辺小国の活動で，*カラケーネ，*エリュマイス，ペルシスから実に多量の貨幣，主に銅貨が出土している．これらの貨幣が国際的な流通を目指したものとは思えず，地域内でそれだけ流通する経済的背景が存在したと考えられる．また巨大な消費市場としてのローマの発展と，季節風の発見によるインド洋航路の開拓は西暦紀元前後から百数十年間，ローマ，エジプトとインドとの海上交易を一挙に発達させた．*クシャーン朝の金貨重量はローマ金貨のそれに倣ったものである．しかし，インドにおける貨幣の出土状況によれば，2世紀後半からインド洋交易は衰退してしまったようである．

*サーサーン朝ペルシア時代は，デーナール金貨(7-7.4g)，ドラフム銀貨(4.1g前後)，および銅貨を発行した．戦時の貨幣発行量が明らかに増していることから，主要用途は軍隊の召集維持費や賠償金と思われる．サーサーン朝貨幣は領外の中央アジアでも通貨として広く用いられており，王朝滅亡後も仿製貨，アラブ・サーサーン貨とともに流通している．農業生産はアダムズによるメソポタミア南部のセトルメントパターン調査によれば，前後の時代に比しても高い水準にあったとされる（ただし，アダムズの調査結果は，イスラーム時代をやや低く見積もる傾向がある）．カワード1世あるいは*ホスロー1世の時代に，収穫物に対して定率を課税する方法から畑の種類によって定額を課税する方法に切り替えられた．これによる銀納分増加もあって，後世のイスラーム地理書はサーサーン朝の税額が巨額であったことを伝える．パフラヴィー書に記された物価は，羊が3ステール(1ステールは4ドラフム)，牛が12-30ステール，人が125ステール，別の書では奴隷500ドラフム，羊10ドラフム，土地500ドラフムなどとされている．

中央アジアでは，ソグド人の経済活動が特筆される．すでに3世紀には東トルキスタンに商業植民地を形成し，中国本土と交易していた．さらにインダス渓谷から北西インドへもソグド商人は往来していた．突厥の誕生とともに，彼らの活動はさらに活発化し，また西方，北方へと広がっていく．南海貿易にも関与したらしいことは，ソグド銘の入った広東出土の銀器や法隆寺に保管されていた香木の存在から推察される．ソグドなど中央アジアの貨幣は模倣貨を経て独自のものへ移行する場合が多い．唐時代には中国風の方形孔を持つタイプも現れる． 　　　　　　　　　　［春田晴郎］

【参考文献】
佐藤進「パルティアとササン朝ペルシア」『オリエント史講座3 渦巻く諸宗教』学生社, 1982年, 58-73頁.
A. D. H. Bivar, "Coins" in *OEANE*, II, 41-52.
B. R. Gyselen, "Economy IV. In the Sasanian Period", in *Encyclopaedia Iranica*, VIII, 1997.

IX 生活

IX-1 総説

　生活は衣食住そのものであり，それには環境が大きく関係している．オリエントの自然は砂漠地帯，オアシス，湖沼地帯，ステップ地帯，山岳地帯と多彩である．ユーフラテス川以西に広がる砂漠地帯では，遊牧民が年間わずか150 mm前後の雨とワディ(涸河)やオアシスの水を頼って*ラクダ，*ヒツジ・*ヤギとともに，テントの他に必要最小限度の家具や食器を持って遊牧生活を営む．そして家畜の肉，乳，毛，糞などを利用し，また交換して*穀物や日常品を得る．豊かな水量を有するオアシスは遊牧民や交易の重要な拠点として栄え，各地の特産物や情報が交換された．メソポタミア南部は大小の湖沼地帯からなり，その水辺に生える葦を編んだり束ねたりして作る家屋は暑さと湿気を凌ぐのに適していた．人々は*ナツメヤシを栽培し，舟を操り，漁労や*狩猟を営み，水牛を飼った．ナツメヤシはオリエントの人々にとって貴重な食料源であった．ティグリス・ユーフラテス川に挟まれた広大なステップ地帯には*灌漑農耕を営む農村集落を背景に政治，経済，宗教，軍事のセンターである*都市が立地した．そこでは支配者を中心とした階級社会が形成され，*王宮や*神殿などを中心に政治的，宗教的行事が催された．都市(→都市文明)には交易によって多くの珍しい品々が周辺の地域からもたらされた．都市は加工・生産やサービス業など農耕以外の生活手段を獲得できる場所であり，得られた富を消費するに値する魅力的な生活の場でもあった．それだけに都市と周辺の間には戦いや交流は常に存在した．*『ギルガメシュ叙事詩』には都市における愛情，友情，戦い，人間性，神々，欲望などの話題に事欠かないし，*『ウルナンム法典』から*『ハンムラビ法典』に至る諸法典にも人々の間で起こる諸問題が取り扱われており(→裁判)，今と変わらぬメソポタミアの人々の生活が窺える．都市周辺の農村集落では毎年農作業が繰り返される．人々は川の水を利用して一面に広がる沖積平野を灌漑耕作し，小麦や大麦また種々の果物や野菜を栽培する．家屋は日乾しにして作った泥煉瓦を積み重ねて壁を作り，そこに平らな屋根を架けて造られた．この日乾煉瓦は夏の暑さを遮断し冬の寒さを防ぐ最良の建築材料であった．

　メソポタミア北部の*肥沃な三日月地帯にあたる高原地帯では年間降雨量が250 mm以上あり，*天水農耕による小麦や大麦(→麦)のほか果樹植物の栽培も行われ，家畜の放牧や狩猟・採集も豊かな自然環境の中で行われた．住居は周辺から持ち込まれた岩石で強固な基礎壁を作り，その上に日乾煉瓦を積み上げ，平らな屋根を架けて造られた．山岳地帯の斜面に建てられた家屋では平らな屋上を作業場として利用した．このようにメソポタミアの人々は古代よりそれぞれの地域環境に適応した生活を営んできた．

　エジプトは「ナイルの賜」と称されているように*ナイル川を軸として生活が営ま

151

れた．その川はビクトリア湖に源を発し，延々 6000 km を北に向かって流れ，そして地中海に注ぎ込む．川の両岸は，洪水期の増水を利用して灌漑し小麦や大麦を栽培した．人々はこの増水が定期的でかつ定量であったことに注目し，この増水を灌漑に利用したのである．またナイルの流れは重要な交通網としても利用され，上・下エジプトと地中海沿岸を結ぶ幹線路として利用された．また川の東西に広がる両台地は砂漠地帯であり，遊牧が行われており，その中の所々にオアシスが点在する．東部の砂漠地帯にはワディがあって紅海と結ばれ，交易路として利用された．しかしながら古代エジプトはすべてが*ファラオのためにあった．それらは豪華な*王墓，巨大な*ピラミッド，*神殿などの遺構から容易に理解できる．その副葬品や墓の壁画に表現されている人々の姿は麻の腰布を身につけ上半身は裸で，ファラオのために働く人々の姿である．また発掘されたわずかな一般住居も王墓やピラミッドを造る人々が住む集合住宅であった(*デル・エル=メディーナなど)．人々の住居はナイル川の氾濫原の底に深く埋もれてしまって発掘が困難なのか，あるいは堅固な住居や要塞，*城壁に囲まれた都市はエジプトには必要なかったのだろうか．確かに先王朝時代の*ヒエラコンポリス，古王国時代の*エレファンティネ，*エドフなど，都市の形をなしているがそれでもエジプトの歴代の王朝の都市としてはその規模も小さく数も少ない．それは都市国家の群雄割拠時代を経ず一気に上・下エジプト統一王朝がなされたことやそれ以後も王都に権力が集中したこと等の理由で都市が少なかったとも考えられる．もしそうであれば都市への人口集中も少なく，限られた*官僚など特定の人々のみが都市に住み，一般の人々はある期間ファラオのために徴用される以外は農村集落で数千年も変わらない簡素な生活をおくっていたと推定される．ただ長い間続いたエジプト王朝の中で時折見られる中央集権の弛緩や外敵の侵入は都市生活にわずかな変化をもたらした．*アレクサンドロス王の侵入以後は地中海世界との接触，さらに*キリスト教の普及などによって生活様式が大きく変化した． 〔松本健〕

【参考文献】
川西宏幸・金関恕編『都市と文明』(講座文明と環境第 4 巻)，朝倉書店，1996 年．
M. ローフ(松谷敏雄監訳)『古代メソポタミア』朝倉書店，1994 年．
Robert W. Ehrich, *Chronologies in Old World Archaeology*, I-II, Chicago and London, 1992.
Seton Lloyd, *The Art of the Ancient Near East*, London, 1965.
James Mellaart, *The Neolithic of the Near East*, London, 1975.
Anton Moortgat, *Die Kunst des alten Mesopotamien : Sumer und Akkad*, Köln, 1982.
Anton Moortgat, *Die Kunst des alten Mesopotamien : Babylon und Assur*, Köln, 1984.

IX-2 衣

IX-2-(1) メソポタミアとその周辺

古代オリエントの衣服で完形のまま残存するものは無いに等しい．そこで当時の衣服が表現されている彫像をもとに考察することになるが，それらは主に神や王などの彫像であるから，その衣服といっても高貴な人物のそれが中心とならざるを得ない．

IX-2-(1)-① 前 3 千年紀

人々はまず身近にある山羊，羊の毛皮を身につけた．織技術が発展してくると，長

い房を段状に結んで毛皮のように見せかけた織物のカウナケスを作り出した(→XI-6).
＊ウル出土のスタンダードには戦争の場面と平和の場面が表されている．平和の場面で王は上半身裸で足首まである腰布をつけ，兵士は膝までのフリンジ付き腰布を纏いマントを着ている．王も兵士も腰布をつけているが，重層の毛房のあるのは王だけである．同様の腰布は，＊マリ出土の代官エビフ・イルやナニの像に見られる(図1)．マリ出土の小枝を手にしている女の礼拝者，＊スーサ出土の女神インニナは全身を毛房のある衣服で覆っている．

　このような毛房の付いた一群の衣服の他に，薄い毛織物か麻布と思わせる衣服がある．経糸を飾り房として長いスカートに仕上げたものやチュニックの上に右肩を出して巻き付けた衣服がテル・アスマル(古代名：＊エシュヌンナ)のアブ神殿のファヴィサ(奉納品の保存場所)から発見された彫像群の中に見られる．

　この時代の衣服は毛房のある腰布に始まり，斜めに巻き左肩にかかる巻き衣，全身を覆う毛房の衣と変化を見せるが，概して，女性(女神)は体全体を覆うか，左肩を覆い下に垂れる巻き衣で，男性も神像や貴人は斜めに巻き左肩に掛け，左腕を覆っている．

　少し時代が下ると巻き衣の巻き方も複雑になってくる．＊テロー出土の礼拝する＊グデアは巻き衣を前から後ろに一巡させ脇に挟んで留めている(図2)．マリ出土のプズル・イシュタル像は布を幅を違えて折り，布端の飾り房を二段に見せ，腰に巻き，布先を左肩から前へ持ってきて垂らしている．やがてこの腰回りの着付けはアッシリアの衣服に受け継がれていく．

IX-2-(1)-②　前2千年紀

　バビロニア時代は前2000年に始まるが，衣服の流れはそれ以前から変化を見せる．先に述べたグデアの衣服がそれである．前3千年紀にみられた毛房のあるカウナケスから，布端にフリンジのある幅広の長方形の布で体を巻き，左肩と左腕に掛けるスタイルに移る．＊ハンムラビ王はこのようなスタイルで表されている．

　前2千年期末になると初期の王の衣服とはまったく様子が変わってくる．＊マルドゥク・ナディン・アッヘ(在位前1099-82年)は半袖で踝まであるチュニックに腰の周りにフリンジ付きショールを巻き太いベルトで固定している．エラム王＊ウンタシュ・ナピリシャの妃ナピル・アス王妃は当時の最新流行の衣服を纏っている(図3)．長いフリンジの文様入りロングスカートの上から腰に襞をとったショールが巻かれている．上衣にも全体に文様がある．この頃になると刺繍や綴織の文様やメタリックな装飾が施され華麗になっていったものと思われる．

IX-2-(1)-③　前1千年紀前半

　新アッシリア帝国は多くの浮彫りを残している．＊アッシュル・ナツィルパル2世はマルドゥク・ナディン・アッヘによく似たスタイルをしているが，腰のベルトは更に太く，フリンジ付きスカーフは腰の後ろを覆うだけである．もう一つのスタイルはチュニックの上にウエストから足首まで，長方形の布を幅違いに折って，フリンジを段状にして巻いている．そして上半身に半円形のショールを巻き付けている．その際，

図1　　　　　　図2　　　　図3　　　　図4

左肩と左腕は覆われ，右肩に布端を掛けてはいるが右手は自由に動かすことができる．

　ニムルド(古代名：*カルフ)王宮の守護神像浮彫りは半袖の上衣に膝上の腰布をベルトで固定し，その上からフリンジの付いた布を巻き付け，左肩に掛け，後ろに垂らしている(図4)．

　コルサバード(古代名：*ドゥル・シャルキン)の浮彫りに見られる貢ぎ物を運ぶ人々には当時の異国の服装が表されている．彼らは半袖で前の開いた外衣をチュニックの上から羽織っている．

　殺した*ライオンに奠酒する*アッシュルバニパルは裾にフリンジの付いたチュニックを着ている．そのチュニックは全体に文様がある．ちなみに，最近のイラク考古庁の発掘によりニムルドの王妃の墓が発見され，綿織物の小断片が出土した．その中に鉛の入った編んだ小袋があったが，その小袋は並べて裾に付け，飾りとされたものであろう．

　メソポタミアの歴代王朝を通じて，服装の根幹をなすのは布を巻くことであった．

IX-2-(1)-④　アケメネス朝ペルシア時代

　*アケメネス朝ペルシア帝国の衣服は今まで述べてきたものと違って，ぴったりしたコートとズボンで構成される．このズボンスタイルは北アジア，中央アジアの騎馬民族に始まる．

　*ダレイオス大王(図5)のローブは，身長の倍の長さに織られた長方形の布を二つに折り，袖口と頭部を開けて，そこから頭と腕を通す貫頭衣であるが，ウエストをベルトで締め，脇でたくし上げてドレープを出し，また，袖にゆとりをもたせる着方である．ローブの下に細身のズボンを穿いている．

　*ペルセポリスの王宮の大階段の浮彫りにあるペルシア人や*メディア人の儀仗兵は，王と同様の衣服のものもあれば，チュニックにズボンといういでたちのものもある．中にはチュニックの上からオーバーコートを手を通さないで肩に掛けた人物もある．他国から貢ぎ物を持ってきた人々はその被り物に特徴があって，どこから来た人たちかがわかる．

IX 生活

図5

図6

図7

図8

IX-2-(1)-⑤ *セレウコス朝・パルティア王国時代

*ネムルト・ダー出土のアンティオコスと*ミトラの浮彫りで王は長袖のチュニックを着，ゆったりとしたその下部を帯で足の間を通してたくし上げている(図6). チュニックの下にはぴったりとしたズボンを穿き，その上にマントを羽織り，ギリシア・ローマ風に右肩で留めている．

シャーミー出土の*パルティアの君主はV字形に打ち合わせた腰までの上着を着てベルトを締め，下は行縢をつけ，ゆったりとしたズボンを穿いている．*ハトラ王アットルウの像もゆったりとしたズボンに金属製飾りの付いたチュニックを着，腰にゆるいベルトを締め，上にコートを羽織っている(図7).

*パルミラの彫像もゆったりしたズボンにチュニックである．チュニックの前立てや裾周りには，綴織で植物文様が織り出されている．ハトラやパルミラの婦人は長いドレスの上に薄手の毛織物や麻織物を巻き付け左肩で留めてドレープをとり，ゆったりと着付けている．頭にはベールを被っている(図8).

聖職者は，綴織で赤紫のH形文と方形文を織りだしたマントを巻き付けている．綴織で文様を織りだしたチュニックやH形文のマントは，パルミラ，アッタール，ドゥラ・エウロポス，および*手紙の洞窟で発見されている．

IX-2-(1)-⑥ サーサーン朝ペルシア時代

再び伝統的なペルシアの衣服に戻るが，衣服は以前のようなシンプルなラインではなく，薄いシルクは風にそよぎ波打ち，アクセントのリボンで豊かに飾られる．*ナクシェ・ロスタムのナルセフ王はこのような衣服を着た姿で表されている(図9). *ターゲ・ボスターンの*アルダシール2世はゆったりとしたズボンにチュニックを着，チュニックの両脇で裾を

図9

図10

たくし上げている．また，肩から腕の下へ飾りベルトをたすきがけにしている．ウエストベルトには大きいボウを結び，腰には剣を吊すベルトを回している（図10）．*サーサーン朝の帝王はそれぞれ固有の豪華な冠を被っていて，表された人物を特定することができる．

　*アナーヒターに表される女性の衣服はロングドレスであるが，他にブラウスと長いスカートの組み合わせもある．たなびくリボンがサーサーン朝ペルシアの特徴である．
〔坂本和子〕

【参考文献】
ロマン・ギルシュマン『古代イランの美術I』(人類の美術) 新潮社, 1966年.
ロマン・ギルシュマン『古代イランの美術II』(人類の美術) 新潮社, 1966年.
アンドレ・パロ『シュメール』(人類の美術) 新潮社, 1965年.
アンドレ・パロ『アッシリア』(人類の美術) 新潮社, 1965年.
フランソワ・ブーシェ(石山彰監修)『西洋服装史』文化出版局, 1973年.
M. G. Houston, *Ancient Egyptian, Mesopotamian & Persian Costume. A Technical History of Costume* I, London, 1972.

IX-2-(2)　エジプト

　エジプトにおける衣服の歴史は先史時代に遡る．当初は獣皮を加工した衣服が主体であったが，前6千年紀後半に*亜麻がエジプトに導入され，織物から作った衣服の使用が始まった．前4千年紀末以降の王朝時代になると，宮廷文化の発達に伴って身体装飾や身分表象を目的とする衣服が発達し，衣服に関する資料も増加する．墓から出土した衣服，衣服を纏った人々を描いた*壁画や彫像，集落址から出土する織物・縫製用具等の資料から，当時の衣服について推測することができる．

　エジプトでは衣服の素材として，亜麻，獣毛，獣皮，ヤシなどの植物繊維が使用されていた．最も一般的な素材は亜麻であり，壁画に描かれる人物の大半は，この亜麻から作った衣服を纏っている．通気性の良い亜麻の衣服はエジプトの気候に適しており，染織技術が知られていたものの，通常天然のままの生成色の衣服が着用された．羊あるいは山羊の毛から布を織って衣服が作られたが，使用頻度は亜麻に比べるとはるかに低い．おそらく防寒を目的とする外套等に使用されたと考えられる．獣皮はしばしば強度を必要とする労働者や兵士の衣服の素材として用いられ，稀にヤシなどの植物繊維が用いられた例もある．

　亜麻や獣毛の布あるいは獣皮は，そのままの形で着用されることもあったが，しばしば裁断し，縫製して衣服が作られた．当時の縫製技術は単純であり，比較的使用が限られており，2枚以上の布を縫い合わせる技術と，裁断した布の縁を始末する技術が中心であった．また，亜麻布に人工的に凹凸を付ける「プリーツ加工」も行われた．洗濯した後の湿った布を，凹凸のある板の表面に貼り付けて乾かすことによってプリーツを付けると，1枚の布にはない伸縮性，立体感，および張りのある布を作り出すことができ，衣服にボリューム感と優美な印象を与えた．

　衣服のデザインは多様であるものの，男女別に基本的な形態があった．男性は，「キルト」と呼称される，布を巻いてウエストから膝上までを覆う腰布を着用することが一般的である．一方女性は，通常胸の下から足首までを覆う比較的身体にぴった

りした長い衣服を，肩から吊して纏っていた．これら衣服の基本的な形態は王朝時代を通じてほぼ変わらなかったものの，時代のほか，社会階層や職業，あるいは着用する機会によって異なった．王族や*官僚などのエリート層の衣服は，より良質な素材で作られ，形態も多様であった．さらに，概して時代が下るにつれて華美になる傾向があり，とくに新王国時代以降に最も華やかな衣装が登場した．また，壁画から見る限り，新王国時代以前には，女性よりも男性の方が多様で華美な衣装を纏っていたように見える．

男性が着用するキルトには，ヴァリエーションが多い．最も一般的な膝上丈のキルトには，一般民衆も用いた平坦な布から作られたものに加えて，貴族層が好んだプリーツ加工された布から作られたものがあった．後者は優雅な外観を与えただけではなく，伸縮性に富み，動きやすかったであろう．膝下よりも長い丈のキルトも既に古王国時代から登場し，中王国時代には2枚のキルトを重ねて着用する方法が現れた．後者の場合，上の長いキルトが半透明であるため，下の短いキルトが透けて見えるようになっていた．「サッシュ・キルト」と呼ばれる長い帯状の布を腰の周りに複雑に纏うキルトは，着用方法によって多様な形を作り出すことができ，腰に巻き付けた布の端を，前に長く垂らしてエプロンのような飾りを作ることがあった．男性は，別布で作られたエプロンを着用することもあった．第18王朝後半になると，足首近くまである丈の長いキルトが流行し始め，以降，プリーツを寄せた複数の布を重ねた複雑なキルトや別布から作られたエプロンの着用が顕著になって，優美な貴族の風情を表した．第18王朝中葉に始まったエプロンの先端をたくし上げてベルトに挟み，扇状の膨らみを作り出す工夫は，さらに衣服にボリューム感を与えた．男性も女性も，三角形の布に紐を通した褌のような下着を装着していたらしいが，一般民衆の男性はこの装束で労働する姿が壁画に描かれている．

「チュニック」と呼ばれる丸首でゆったりした筒状の衣服は，壁画では新王国時代以降，男性が上半身に着用する衣服として広くみられるようになるが，実際は足首までの長いものを女性が着用することもあった．チュニックは，長い布を半分に折り，折った方の中間に首を通す穴を開け，両脇を縫い閉じて作られる．首の周りは開閉可能なようにスリットが付けられ，着用後に紐を締めてスリットが閉じられるようになっていた．

女性の衣服は，中王国時代の終わりまで，比較的簡素な筒形が主流であった．エリート層の女性たちは胸から足首までを覆ったが，一般民衆の女性たちは上下ともっと短い衣服を纏うことがあった．こうした衣服には，1枚の布を身体に巻き付けたものと，裁断・縫製してあらかじめドレスに仕立てられたものがあった．ときにその上からビーズを網状に連ねたドレスをつけると，衣装の彩りになった．ビーズ・ドレスの例は古王国時代から知られている．その後新王国時代になると，豊かにプリーツが寄った華美な装いがエリート層の女性の間で流行するようになる．こうした華美な衣装は，平坦な布やプリーツを寄せた布を何度か身体に巻き付けたり，帯で縛ったり，結び目を作ったり，複数の布を用いることで作り出され，しばしば半透明で身体が透

157

けて見えた.

　上記の他にも，方形あるいは長方形の布で上半身を覆うショールや全身を覆う外套が用いられ，ベルトや帯も多用された．また，複数の衣服を組み合わせて使用する方法も一般的であった．テーベ西岸の*トトメス4世王墓や*トゥトアンクアメン王墓からは，色糸を使った織物や刺繡で飾られた美しい衣服が出土しており，色彩豊かな衣服の存在も明らかになっている．

　衣服は，時代や社会階層だけではなく，着用する機会によっても違いがあった．例えば，王や神官は公式の場で特有な装束を身につけていた．*セド祭などの祭儀に臨む王は，短い腰布とエプロンをつけた姿や，全身を白い長衣で覆う*オシリス神のような姿で描かれた．一方，葬祭神官は通常豹皮を纏って儀式を行っていた．また，壁画において，外国人は民族特有の衣装をつけた姿で描かれており，衣服は民族文化の表現としても用いられていたことが知られる．

　王朝時代のエジプトには，衣服以外にも，鬘，装身具，*化粧など，さまざまな身体装飾の方法があった．当時のエリート層は，男女ともに毛髪を短く刈り込んで，公式な場合に鬘を着ける習慣であった．鬘の材料には，人毛のほかに，獣毛，ヤシなどの植物繊維が用いられ，形態は性別と時代によって異なった．丁寧なカールや細かい網下げが施された鬘は，壁画にも描かれ，実物の出土例もある．中王国時代には，両肩から長い髪の束を下げる*ハトホル女神を模した髪型が，また新王国時代第18王朝後期には，「*ヌビア型」と呼ばれる短い髪型が流行した．

　装身具は，身分をとわず装着され，護符としての役割も担っていたが，とくにエリート層には，金や貴石を用いて作った豪奢な装身具が用いられた．上から，ヘアバンド，髪飾り，耳飾り，首飾り，ペンダント，襟飾り，胸飾り，腕輪，指輪，腰飾り，エプロン，足輪などの例が知られている．これらのうち，胸元を幅広く飾る「*ウセク」と呼ばれた襟飾りは，王朝時代を通じて頻繁に用いられたエジプト特有の装身具である．一方耳飾りは，新王国時代になってから，おそらくは西アジアからの影響で流行するようになった．髪飾りと腰飾りを除くと，男女の間に装身具の種類に大きな違いはなかったようである(→XI-8)．　　　　　　　　　　　　　　　　[高宮いづみ]

【参考文献】
E. ストロウハル(内田杉彦訳)『古代エジプト生活誌』上・下，原書房，1996年．
高宮いづみ「衣服」『生きる［別冊］古代エジプトVII：生活と心のテクノロジー』安田火災海上保険株式会社，1997年，58-61頁．
R. Hall, *Egyptian Textiles*, Alyesbury, 1989.
G. Vogelsang-Eastwood, *Patterns for Ancient Egyptian Clothing*, Leiden, 1992.
G. Vogelsang-Eastwood, *Pharaonic Egyptian Clothing*, Leiden, 1993.

IX-3　食

IX-3-(1)　メソポタミアとその周辺

IX-3-(1)-①　資料

古代西アジアの人々の食生活は，遺跡で発見される動物遺存体や植物の炭化種子の

ほか，豊富な*楔形文字資料や*円筒印章の図柄などから知ることができる．しかし動植物が研究の対象とされるようになったのはここ40-50年のことであり，今後食生活についての研究が一層進むことが期待される．

現在のところ研究対象には偏りがみられ，植物でも炭化して種子自体が残されている穀類などの研究が多く，痕跡が残りにくい他の食用植物(根菜，葉菜，果実)などの研究は進んでいない．また動物遺存体も骨の残りやすい中型以上の動物が中心のため，小動物や魚などの研究は進んでいない．

楔形文字資料から得られる情報は一般の農耕民，牧畜民の日常の食生活というよりは，*神殿，*王宮で捧げられたり，饗された食べ物が中心となっている．従って豊かな食生活の一端を窺うことができる一方，一般の人々はより単純な食生活を送っていたと考えられる．また当時使っていた食物用語が現在の言葉に必ずしも同定されているとはいえず，未解決，不明の部分も多い．

IX-3-(1)-②　概略

食料の調達は人が生きていく上では不可欠であり，自然の恵みに頼りそれを狩猟採集する生活が長く続いていた．彼らの食事は木の根，木の実，葉っぱ，イモムシ，死肉，小動物等であり，大きな動物を捕まえる事は稀だったといわれる．

最終氷河期が終わると，人々は徐々に狩猟採集の生活から農耕牧畜の生活へと移行した．人々は定住し，食物資源を加工し，調理するようになると，穀物などを貯蔵したり，種子を播くことも覚えていった．

最初に栽培化されたのは穀物や豆類(→IX-3-(1)-③)と考えられる．これらは乾燥させれば保存に適しており，西アジアで最も重要な食糧資源となった．古代から現在まで西アジアでは階級を問わず，*パンが主食であり，*ナツメヤシなどのシロップや*蜂蜜，油脂，バター，チーズなどを付けて食すのが一般的である．一方食物源としての動物は古くは野生の*ガゼルや*ヤギ等が主に食されていたが，その後家畜化が徐々に進み，紀元前7000年頃までには既にヤギ，*ヒツジ，*ブタ，*牛などが家畜化され利用されている．他のタンパク源としては*乳製品，魚，鳥肉(→IX-3-(1)-④)などが，またビタミン源としては野菜，果実類等(→IX-3-(1)-⑤)が食された．

古代西アジアの食事は1日2食が一般的であり，大きな器や皿に盛られて出され，各個人はそこから小さな器にとりわけて食べた．食器としては土器が主ではあるが，王宮などでは象眼が施された木器や金属器なども使われた．切り分けるナイフ，器に盛るための柄杓などは使うが，手で食べるのが一般的であった．

IX-3-(1)-③　穀物・豆類

紀元前8000年頃に栽培化された*ムギは非常に栄養価が高く，西アジアで最も重要な食糧資源であるが，外殻が硬く消化することが難しいため，あぶったり，こすったりして外殻を取り除く必要があった．お湯で粥のようにする粒食と，製粉した後，水とまぜて高温で焼き，*パンとして食する粉食があるが，前者は煮炊き用の容器の出現以後と考えられ，粉食の方が古いとされる．メソポタミア南部では土壌の関係でコムギよりもオオムギの方が多く栽培されていたため，オオムギのパンの方が一般的で

あり，コムギのパンは美味で珍重された．

　キビ等の穀類は紀元前1500年頃に現れるが僅かだったようであり，またイネが西アジアに渡り食されるようになったのは紀元前1000年頃である．

　地中海沿岸から西南アジア，またはアナトリアなどに自生していたエンドウ，ガラスマメ，ヒヨコマメ，ヒラマメなどのマメ科の植物も早くから栽培され食生活の一端を担っていた．これらはつぶして一種のパンとしても食されたが，茹でて茹汁と一緒に食べるのが一般的である．ヒヨコマメは王宮よりも一般の人々の間で多く食されたようである．

IX-3-(1)-④　肉，魚，乳製品等のタンパク質源

　西アジアではヒツジ，牛，ヤギなどの肉が食されており，イスラムで禁忌されているブタも古くから利用された．肉は特別の時のごちそうであり，犠牲に供されたり，祭儀や来客の際に饗され，日常生活では稀にしか食することはなかった．シュメール人はガゼルの肉を楽しみ，*バビロニアではある種のネズミが好んで食されたようである．また野ウサギ，シカ等も捕獲され食用に饗された．ヌジ文書によると*馬の肉も食用に饗された．

　川に豊富にある淡水魚だけではなく，海水魚，カメ，またはそれらの卵も古くから食されていた．川魚としては，ニゴイ，コイ，ナマズ，カワハゼなどがあげられる．*ペルシア湾で捕れた小エビが，メソポタミア北部のテル・エル=*リマまで送られたことが手紙で知られており，また*ウルではマグロの骨も発見されているなど，さまざまな海産物が食された．魚は川や海で漁することが一般的ではあるが，溜池で飼育された魚を利用することもあった．*古バビロニア時代の文献によると，身分の低い人々には肉よりも魚の方が配給された．

　野生のニワトリが食された形跡は紀元前3千年紀頃からあるが，それ以前からも野鳥（ウズラ等）やその卵が食料源として利用されていたと考えられる．さらに家禽のガチョウ，アヒルは紀元前1300年頃，そしてニワトリは紀元前1千年紀に現れる．砂漠で生活する*遊牧民のタンパク源としては，イナゴも古くから利用された．

　西アジアでは牛，ヒツジ，ヤギなどの乳が生乳や乳製品として人々の食生活に浸透しており，不足している動物性タンパク質を補っていた．動物の乳が飲まれ始めた時期は特定できないが，牛の搾乳は少なくとも紀元前4千年紀には行われていたことが*円筒印章の図柄でわかる．また前3千年紀中頃の*ウバイドの*ニンフルサグ*神殿の*モザイクには搾乳とバター製造の情景が描かれており，保存のきく乳製品が人々の食生活を豊かにした．ヒツジや*ラクダの乳の加工はメソポタミアでは紀元前1千年紀になってからという説もあり，主にチーズが作られた．また5世紀に入ると家畜化された水牛がパキスタンからメソポタミア南部の沼沢地に運ばれており，その乳も利用された．

IX-3-(1)-⑤　野菜，果実等のビタミン源

　野菜としては*タマネギ，ネギ，ニンニクなどが食材としてよく使われ，その他にもキュウリ，カボチャ，テンサイ，カブ，チコリー，香草，レタスなども食された．

またアーモンド，ピスタチオなどの堅果類(ナッツ)や*ゴマ，キノコなども利用された．*マリの王*ジムリ・リムはトリュフを好んだといわれる．

果実としては*ブドウ，*ナツメヤシ，*オリーヴ，ザクロ，イチジク，リンゴ，洋ナシ，レモンなどが食された．果実は生のままはもちろん，ジュースにされたり，干されてパンやケーキの中に入れられた．さらにブドウやナツメヤシ，ザクロなどは*ワインやアルコール飲料の原料として，オリーヴやゴマは植物油の原料としても利用された．

野菜や果物はビタミン源として欠かせないものであるが，不足しがちになり，眼病などを患う者もあった．

IX-3-(1)-⑥ 香辛料，調味料，油，脂など

*香辛料はアフリカや極東，南アジア産のものが多いが，前2千年紀にはすでにヒメウイキョウ，コリアンダー，サフラン，チョウジなどが使われている．砂糖が現れるのは前18世紀以後であり，甘味は果実類などから取られた．酢もまた大事な調味料として使われている．

ヒツジやブタなどの動物脂や魚の*脂，また，ゴマ，オリーヴ，*亜麻などの植物油は料理の味を引き立たせるためやケーキ作りなどに利用されたり，蜂蜜やナツメヤシのシロップなどと同様にパンなどに塗り食された．これらは乳製品とともにエネルギーの補給にも役立っていた．またこれらの脂，油は料理だけではなく灯明，薬，化粧用などにも使われた(→香料)．

IX-3-(1)-⑦ 飲料

非アルコール飲料としては，水が基本的飲料であるが，その他には牛，ヒツジ，ヤギなどの乳，ヨーグルト，ブドウやザクロの果実のジュース，スープなどがあげられる．マリのジムリ・リムの時代には氷を保存することも行われ，王宮ではジュースやビールを氷で冷して饗した．

アルコール飲料としては*ビールやワインその他の果実酒があった．メソポタミアでは遅くとも紀元前4千年紀のウルク期後期にはオオムギから作るビールが飲用に饗されており，アルコール飲料の主流だった．また王の食卓ではザクロやウイキョウを加え長いストローで飲んだ．ナツメヤシなどの果実を発酵させ，アルコール飲料とされたが(これらもビールと呼ばれている)，これらは上流階級の人々の飲み物であった．

ワインはシリアやメソポタミア北部などのブドウの産地で多く作られており，それぞれの産地の名前を付けて輸出されることもあった．現在知られている最も古いワインの証拠はイラン西部のハッジ・フィルズ遺跡から出土しており，紀元前6千年紀のものとされている．やはりイラン西部の*ゴディーン・テペから紀元前4千年紀後半のビールとワインの残留物と考えられるものがそれぞれ壺から確認されている．

IX-3-(1)-⑧ 調理法

肉や魚の保存法としては干したり，塩漬けにしたり，燻したりするのが一般的であり，調理法は煮る，焼く，炙る，茹でるなど現在と変わらない．細かいレシピについてはほとんどわかっていないが，例外としてエール大学所蔵の料理文書(the Yale

Culinary Tablet)と呼ばれている古バビロニア時代の資料がある．これには35のレシピが記されており，肉や野菜を茹でた後に油を加えるなど，シチュー，スープ，ソースのようなものが主である．*エラムのシチューや*アッシリアのシチューなどの料理名もみられる．しかしレシピに書かれている料理素材は豊富であるが，素材の量や調理時間の記述を欠く． ［小口和美］

【参考文献】

藤井純夫「ムギはなぜ，パンになってしまったのか」『古代中近東の食の歴史をめぐって』中近東文化センター，1994年，10-19頁．

J. ボテロ（松島英子訳）『最古の料理』法政大学出版局，2003年．

松谷敏雄（監訳）『古代のメソポタミア』（図説世界文化地理大百科）朝倉書店，1994年．

吉川守「シュメール史料にみる食文化―パンを中心に―」『古代中近東の食の歴史をめぐって』中近東文化センター，1994年，20-27頁．

P. Bienkwski, "Food", in P. Bienkwski and Alan Millard (ed.), *Dictionary of the Ancient Near East*, London, 2000, 120-121.

J. Bottéro, *Textes culinaires Mésopotamiens*, Mesopotamian Civilizations, 6, Winona Late, IN., 1995.

I. Crowe, *The Quest for Food, Its Role in Human Evolution & Migration*, Gloucestershire and Charleston, 2000.

R. I. Curtis, *Ancient Food Technology, Technology and Change in History, Leiden*, Boston and Köln, 2001.

M. I. Gruber, "Private Life in Ancient Israel", in *CANE*, I, 633-648.

F. Imparati, "Private Life Among the Hittites", in *CANE*, I, 1995, 571-586.

K. F. Kiple and K. C. Ornelas (eds.), *The Cambridge World History of Food*, Cambridge, 2000.

K. R. Nemet-Nejat, *Daily Life in Ancient Mesopotamia*, London, 1998.

J. M. Renfrew, "Vegetables in the Ancient Near Eastern Diet", in *CANE*, I, 1995, 191-202.

M. Stol, "Private Life in Ancient Mesopotamia", in *CANE*, I, 1995, 485-501.

IX-3-(2) エジプト

IX-3-(2)-① 資料

古代エジプトの食生活に関する資料は，墓の壁画や浮彫りに描かれた食物，食料の生産・加工の場面やそれに関連する遺物など比較的豊富であり，乾燥した気候風土のおかげで食物の遺存体が遺跡から発見されるケースも少なくない．これらの資料からは当時の食生活が，社会階層や時代によって相違はあったとはいえ，ナイル河谷の自然の恵みに支えられた比較的豊かなものだったことがうかがえる．

IX-3-(2)-② 肉と魚

先王朝時代以前に北アフリカの気候が比較的湿潤だった頃は*狩猟や漁労（→漁業）が食肉確保の重要な手段だったが，気候の乾燥化や前6千年紀に開始された牧畜の進展によって環境が変わると野生動物の種類と数は減少し，家畜が主な食肉供給源となっていった．このような家畜のなかでもとりわけ重要な位置を占めていたのは*牛である．牛は最も高価な家畜で上流階級の富の象徴でもあったから，牛肉はもっぱら死者や神々への供物とされるか上流階級の食物であり，庶民がそれを口にする機会はごく限られたものだった．貴族の墓壁画や浮彫りには墓主が所有する畜牛の群や牛の屠殺・解体の場面，牛の頭部や前脚が墓主に捧げられる場面が一種のステイタス・シンボルとして頻繁に表現された．牛肉は各部位に切り分けられてすぐに調理されるか保

存用に干し肉とされ，肉だけでなく内臓や血，骨髄なども利用された．とくに食肉とされたのは雄牛であり，とりわけ去勢雄牛は珍重された．家畜としての羊や山羊は牛よりも安価であり，あまり裕福でない人々も特別な機会にその肉を利用できた．雌牛や山羊のミルクはそのまま飲み物とされたが，チーズやバターが作られていた可能性もある（→乳製品）．

　*ヘロドトスは，エジプトでは*ブタが禁忌とされ，豚肉は特定の祭日以外は食用とされなかったとしているが，実際には先王朝時代の遺跡から豚の骨が他の家畜の骨よりも頻繁に発見された例があり，豚肉が古くから広く食用にされていたことは明らかである．王朝時代にも，豚が神殿で飼育され，あるいは*供物とされたことを示す記録が見られるほか，アマルナ（→アマルナ，テル=エル）の職人村では豚の飼育と食肉加工の痕跡が確認されている．飼料を選ばないわりに繁殖しやすい豚の肉は比較的安価だったと考えられるが，寄生虫の危険や，豚が混沌の神*セトの化身とされたことなどから，比較的下等の食物とされて特定の階層に忌避されたり，葬祭など特定の機会には好ましくないとされた可能性もある．

　土着の鳥類が豊富だっただけでなく渡り鳥の経由地でもあったエジプトでは，早くからガンやカモをはじめとする水鳥，ウズラやハトなどの野鳥が食用にされていたほか，家禽としてガチョウやアヒルも飼育されていた．また，アヒルやダチョウ，そしておそらくペリカンの卵も食用とされていたと見られる．エジプトにニワトリがいつ渡来したのかは明らかでなく，新王国時代の*オストラコンにはニワトリと思われる鳥を描いた例があるものの，王朝時代におけるニワトリの存在を裏づける証拠はそれ以外に確認されていない．

　魚については，切断されてナイル川に捨てられたオシリス神の身体のうち男根をある種の川魚が食べたとする伝承があり，おそらくそれにもとづいて宗教上の禁忌とされる場合があった．しかし一般の食生活のなかでは魚，とくにナイルの川魚は安価なタンパク源として古くから重要な位置を占めており，王墓造営の職人や労働者にも給与として支給され，上流階級の食物としても広く利用されていた．水揚げされた魚は内臓を除いて干物や薫製，塩漬けにされ，煮物などの料理に使われたが，魚の卵が取りだされて加工されることもあった．そのような漁労や加工作業の様子は墓壁画にもしばしば描かれているが，最近，ギザ台地の南東でピラミッド建設労働者のため魚を加工した施設が発見され注目されている．

IX-3-(2)-③　パンとビール

　古代エジプトの農耕の起源は前6千年紀後半にさかのぼるが，エンマー小麦と大麦（→麦）はその頃から栽培されていた主要穀物であり，それらから作られる*パンと*ビールは古代エジプト人の主食としてあらゆる階層の食膳にのぼった．これらはいずれも*供養文で死者への供物の筆頭にあげられており，パン焼きやビール醸造の場面は墓の壁画や浮彫りにしばしば表わされているだけでなく，とくに古王国から中王国にかけて，そのような作業の様子を示す模型や人形が副葬品として数多く作られている．

　パンは一般にエンマー小麦を原料として円形や円錐形，魚や人の形などさまざまな

形に作られ，香辛料や果実で風味をつけたパンやケーキもあった．ビールは主に大麦から作られ，現代のビールよりも濃く濁っていて，ミネラルやビタミンなどの栄養が豊富だった．ビールとパン，そして原料の麦は公務員や労働者の給与の基本であり，*デル・エル=メディーナの職人村では支給された麦で自家製のパンとビールが作られていた．

IX-3-(2)-④　ワイン，果実酒

ワインもビールと同じく古くから知られていたが，ビールが庶民的な飲料だったのに対して，ブドウ園で作られるワインは高価であり，葬祭や祭礼など特別な機会に消費される場合をのぞけば，概して上流階級の飲み物だったと言える．*トゥトアンクアメン王墓や*マルカタ，*アマルナなどの遺跡からは，保存用のワイン壺(→アンフォラ)やその破片が数多く発見されているが，新王国時代のものには醸造年やブドウ園の所在地，ワインの質などを記した「ラベル」にあたるものが記されており，ワインが嗜好品として珍重されていたことがうかがえる．ワインには国産品ばかりでなくシリア産の輸入品もあり，*ナツメヤシやイチジクなどから作られた果実酒も知られていた．

IX-3-(2)-⑤　野菜と果実

ナイル河谷ではレタス，レンズマメやヒヨコマメなどの豆類やレタスをはじめとしてさまざまな野菜が栽培されており，上流階級の人々ばかりでなく一般庶民にとっても貴重な栄養源となっていたが，とりわけタマネギはニンニクとともにパンに添える副食とされ，屋外で働く農民や労働者の食事には欠かせないものだった．また遅くとも新王国時代にはリーキやセロリ，キュウリも知られていたと思われる．

果実のうちで最も一般的だったのは*ナツメヤシであり，生のままか乾燥させて食されていただけでなく，潰して煮たものは甘味料としてパンやケーキに用いられ，果汁はビールに加えられていた可能性がある．このほか，古くから食用とされていたものとしてはイチジクやメロン，ペルセア，ドームヤシの実，ブドウなどがあげられるが，新王国時代にはザクロやアプリコット，リンゴといった外来の果実が西アジアから輸入された．また，*パピルスの根茎が生のままか火を通した状態で食べられていたほか，キュペルス草の根茎，ロータスの種や茎なども食用にされており，パンやケーキの材料などとしても利用されていた．

IX-3-(2)-⑥　調味料など

料理用の*油には，獣脂のほかにレタスやラディッシュの種油，新王国以後に一般的となるベニバナ油，胡麻油などがあった．油の原料として現在では一般的なオリーヴは新王国時代から知られていたが，オリーヴ油の利用が王朝時代までさかのぼるかどうかは疑問である．甘味料としては前述のナツメヤシのほか，イナゴマメや*蜂蜜が使われていたが，蜂蜜は高価であり，上流階級の食物であった．このほか，ディル，タイム，クミン，コリアンダーなど多様な*香辛料や香草が料理に利用されていた．料理に関する文献は現存していないが，壁画や浮彫りのなかの料理の場面や，副葬品とされた食物の遺存体などから，ローストやグリル，煮込みのような調理法があった

ことがわかっている．食品の保存法としては一般に天日乾燥と塩漬けの二通りの方法があった(→塩)．　　　　　　　　　　　　　　　　　　　　　　　　[内田杉彦]

【参考文献】
近藤二郎「古代エジプト新王国時代の食文化」『古代中近東の食の歴史をめぐって』中近東文化センター，1994 年，42-51 頁．
エヴジェン・ストロウハル(内田杉彦訳)『図説　古代エジプト生活誌』原書房，1998 年．
吉村作治『ファラオの食卓：古代エジプト食物語』小学館，1992 年．
E. Brovarski and P. Lacovara, "Food and Drink", in E. Brovarski *et al*., *Egypt's Golden Age : The Art of Living in the New Kingdom, 1558-1085 B.C.*, Boston, 1982, 107-115.
W. Darby *et al*., *Food : The Gift of Osiris* 1-2, London, 1977.
S. Ikram, "Diet", in *OEAE*, 1, 390-395.
H. Wilson, *Egyptian Food and Drink*, Princes Risborough, UK, 1988.

IX-4　住

IX-4-(1)　メソポタミアとその周辺

住は気候や地形などの自然環境，遊牧，農耕，都市などの生活様式，また時代によってその様式が異なる．しかし，住の情報源となると，考古遺跡を残している農耕民や都市民のそれが中心となる．遊牧民のテントや沼沢地住民の葦を組んだ住居は，すでに*ウルク期の*円筒印章などに現れ，民族資料からも知られる伝統的住居の一つの様式と考えられるものの，いずれも発掘例は少ない．

IX-4-(1)-①　新石器時代

旧石器時代の狩猟採集の移動生活から，レヴァントの*アイン・マラハ，イラク北部のネムリクに見られるように，新石器時代になると円形半地下式の家屋が作られ定住生活が始まった．暑さや雨水を避けるために簡単な屋根で覆った半地下式の家屋であったが，来季のための種や食料保存用の穴を床に掘り石膏を塗った貯蔵穴や，ベッドまたベンチなども附設された．天水農業の展開とともに定住化・集落化が進み，シリアのムレイベト(Mureybet)Ⅲ，またアナトリアの*チャタル・フユック VIB などのように互いに壁を隣り合わせて方形に建てられた家屋で広大な集落が形成された．その集落の中には神祠と思われる部屋が多数建てられ，そこには数頭の牡牛の頭や人物像などが，種々の壁画とともに祭られた．また各家屋の出入り口や通路が床上にはなく，平らな屋上が通路となり，梯子を使用して屋上から出入りしていたと推定されている．イラク北部の*ジャルモやテル・*ハッスーナでは植物繊維入りの*練り土の壁からなる矩形のプランの内部を幾つかの部屋に区分けした家屋が造られるようになった．サマッラ期(→サマッラ文化)になると規格化された日乾煉瓦が多量に作られ，同じプランで，同じ大きさの建物が十数軒建てられた．さらにその集落の周囲に壕や周壁が巡らされた．テル・エス＝*サワンや*チョガー・マミー，テル・*ソンゴル(Tell Songor)A(→ハムリン・ダム地域)などは共同生活を前提とした農耕集落であった．

IX-4-(1)-②　金石併用時代

ハラフ期(→ハラフ文化)には練り土で作られた円形のトロス(tholos)や方形の建物

が集落を成していたが，周壁や壕はない．また多彩文で彩色していた土器などを日常的に使用していたことや，*スタンプ印章などから周辺地域との交易も考えられる．イラク南部のテル・*オウェイリで発掘されたウバイド0期の3列構成プランの建物はイラク北部のテル・エス=サワンのサマッラ文化のそれに類似していた．その後*エリドゥのような都市に神殿が建設されるようになり，ウバイド3期になるとメソポタミア全土にウバイド文化が拡散する．イラクのハムリン地区(→ハムリン・ダム地域)のテル・*アバダでは10軒ほどの3列構成のプランを持つ家屋には台所，風呂そして下水管，また土器作りの作業室などがあった．また集落の中に1棟大きな家屋があり，それが集落全体の倉庫そして神殿のような役割を持っていた．

IX-4-(1)-③　ウルク期・ジェムデド・ナスル期

*ウルクのように巨大な都市が造られ，城壁に囲まれた内部が神殿，行政区の他，加工生産地区，市場，広場，一般居住区などに区分けされていたと思われる．3列構成の神殿はエリドゥ遺跡の第IX層に始まり，ウルクのエアンナ地区の神殿群へと受け継がれ，神殿も巨大化した．これらの神殿建築の誕生はサマッラ期やウバイド0期(→ウバイド文化)の集落の3列構成の住居プランに源があると思われる．3列構成の一般住居は，テペ・*ガウラ，テル・*サラサート，グライ・レシュ(Grai Resh)などにも小規模であるが見られることからウルク期あるいは*ガウラ期，*ジェムデト・ナスル期においても継続して見られた．

IX-4-(1)-④　初期王朝時代・アッカド時代

都市国家が各地に出現し，階級制度が確立していく中で王宮と行政建築物が大規模公共建造物として建造されるようになった．*初期王朝時代から*アッカド王朝時代初めにかけて使用された日乾煉瓦プラノ・コンベックス(plano-convex)，すなわち凸状平底形の煉瓦で，その煉瓦の積み方は平積や綾杉方式で積まれていた．また公的建造物の一部には焼成煉瓦が使用された．そして一般の居住地が神殿や王宮城の周辺に，行政区，商業区と並んで存在した．都市の内部は大通りによって区画されており，その区画の中では小道や住居が不規則に造られていた．しかし個々の住居は神殿や王宮さらに行政官などの建物のプランに影響を受けて建設されたようである．とくに*ディヤラ地域のカファジェやテル・アスマル(古代名：*エシュヌンナ)では，初期王朝時代からアッカド時代にかけての一般家屋は中庭を有する形式で，大小の家屋が混在していた．それらの家屋はハロルド・D・ヒルによって大きく四つの形式に分類されている．すなわち，1. 単一面側室付き主部屋形式(single-flanked main room)　2. 二面側室付き主部屋形式(double-flanked main room)　3. 多面側室付き主部屋形式(fully-flanked main room)　4. 複合ハウス形式(composite house)(これらには中庭，台所，浴室，トイレ，礼拝所などが備っているものもある)である．また建物の中庭形式プラン(多面側室付き主部屋形式)が描かれた粘土板(As. 33：649)も出土している．ただ一般の住居は都市と農村集落で異なる．都市の発達とともに農村社会も専業化し，その居住地も住居，倉庫，家畜小屋，作業広場などを土塀で囲んだ機能的な住居プランが現れたと思われる．

IX-4-(1)-⑤　バビロニア・アッシリア時代

建物のプランは時代とともに変遷するが，その材料である日乾煉瓦やメソポタミア北部で基礎に使われる石材などは環境に適した建築材料として新石器時代より長く利用された．また*神殿や*王宮などの厚い壁や二重壁などは防衛や暑さ対策が施されていた．建物の外壁に窓がないのも同様の目的と思われる．*ウル(EM, AH Sites)からは*イシン・ラルサ時代の一般住居が発掘されている．いずれも中庭形式の大小の家屋が薄い壁を共有しながら建ち並んでいる．その中に必要最小限の空間となって残った路地が曲がりくねり，時には行き止まりのものもあるものの，辛うじて人々，物資，そして情報の行き交う所として維持されている．また手狭になった都市内の街並みには2階建ての家屋が建ち並んでいたと推測されている．*バビロンのメルケズ地区(Merkes)では*古バビロニア時代，*カッシート時代，*新バビロニア時代の街並みが部分的に発掘されている．そこではイシュタル神殿や官僚・神官の大規模住居があり，それらの周辺には中庭形式で建てられた日乾煉瓦造の一般住居があった．これらは初期王朝時代から引き継がれた多面側室付き主部屋形式や複合ハウス形式であり，各々異なった機能を持つ部屋が異なったサイズで中庭を中心に配置されていた．焼成煉瓦は新バビロニア時代のバビロンの神殿や王宮に使用されていた．*新アッシリア時代の王宮や神殿の門や羽目板にはモースル地域に産する大理石が利用され，そこには守護神や豪華な浮彫りが施されていた．新バビロニア時代のバビロンの行列道路わきの建物の壁面は鮮やかな釉薬が施された焼成煉瓦で装飾されていた．一般住居は中庭形式の家屋で石積の基礎壁や日乾煉瓦積みの壁からなっていた．

なお，砂漠地帯での遊牧生活で使用されるテントや沼沢地での葦を組んだ住居はすでにウルク期の*円筒印章に見られ，また現在の民族資料としても知られるところから，伝統的な住宅様式の一つと考えられるが，いずれも発掘例は少ない．

IX-4-(1)-⑥　アケメネス朝ペルシア時代以降

ヘレニズム時代また*アケメネス朝ペルシャ時代になると王宮や神殿などは古代メソポタミア文化のもつ様式とは異なり，ギリシアのまたペルシアの王宮・神殿様式の影響を受けて変化していった．ただ一般住居の中庭形式は宗教的に影響を受けながらも大きく変わることはなく，イスラーム時代まで受け継がれていく． 　　　　[松本健]

【参考文献】
Pinhas Delougaz, Harold D. Hill, and Seton Lloyd, *Private Houses and Graves in the Diyala Region*, The University of Chicago Oriental Institute Publications LXXXVIII, Chicago, 1967.
Oscar Reuther, *Die Innenstadt von Babylon (Merkes)*, Ausgrabungen der Deutschen Orient-Gesellschaft in Babylon III, WVDOG 47, Osnabrück, 1968.
Sir Leonard Woolley and Sir Max Mallowan, *Ur Excavations*, VII, *The Old Babylonian Period*, Publications of the Joint Expedition of the British Museum and of the Museum of the University of Pensylvania to Mesopotamia, London, 1976.

IX-4-(2)　エジプト

IX-4-(2)-①　資料

古代エジプト人の住居は耐久性に乏しく残存しにくかっただけでなく，当時の集落が一般にナイル川流域の耕作地かその付近に作られたため，遺構が泥土や地下水面の

下になって失われる場合が多かった．また長期間にわたり同じ場所に居住が行われたため各時期の集落遺跡が混在し，現在の市街地の下に都市遺跡が埋没していることも稀ではない．

このために住居遺構の発掘は困難であり，遺構としてこれまで知られていたものはエル=*ラフーン，*デル・エル=メディーナなど計画的に作られた集合住宅や，短期間しか居住がなされなかった都*アマルナなど，低位砂漠にあって比較的良く保存されているとともにいくらか特殊な性格を持つ遺跡に集中していた．近年の発掘調査技術の進歩と古代エジプト都市に対する関心の高まりにともない，*エレファンティネや*テル・エル=ダバアなどの都市遺跡の調査が進められ，従来よりも幅広い情報が得られるようになったとはいえ，当時の住居の構造や機能に関する情報は依然として限られたものと言える．

住居遺構は崩落した壁や天井の破片をのぞくと基礎部分しか現存せず，当時の住居の外観を復元する資料として中王国時代の副葬品に含まれる住居模型(「*魂の家」)や，テーベ西岸の新王国時代の墓壁画に描かれた貴族の邸宅の図がしばしば用いられる．また当時用いられた家具類が図像として表現されたり，副葬品として発見されることも多い．

IX-4-(2)-② 住居の形態：中王国時代以前

先王朝時代前半の住居は，主に植物(幹や枝葉)と泥で作られていたが，ナカダⅡ期(→ナカダ文化)半ば頃から日乾*煉瓦が用いられるようになり，ナカダⅢ期には王朝時代の住居の原形となる複室構造を持つ方形住宅が普及した．

古王国時代の住居は，エレファンティネや*ヒエラコンポリスのようないくつかの都市遺跡や，王墓の維持・管理を担当する人々の住む「ピラミッドの町」で遺構が確認されており，広間か中庭の手前に玄関と私室が並ぶ住居などが見られる．*ギザのケントカウエス王妃の墓に付属する居住地では，ほぼ似た構造の約10戸の住居が規則的に配置されているが，それらは応接室や寝室など多くの部屋が入り組んだ複雑な構造を示している．

中王国時代の住居遺構は，「ピラミッドの町」や神殿複合体，*ヌビア各地の*城塞など，国家によって計画的に作られた居住地に見られるものが大部分を占め，それらの遺跡で確認される住居としては，同じ大きさの細長い部屋が並ぶ簡単なものと，応接室，寝室など異なった大きさの部屋を持つ複雑なものとがある．この二つのタイプは概して所有者の地位と富の差を反映していると考えられるが，エル=ラフーンではすべての住居が第二のタイプであり，広くて多くの部屋がある高官の邸宅や王宮と，部屋数が少なく狭い下級官吏や職人の住居が別々の区画に配置されている．またテル・エル=ダバアなどいくつかの遺跡では，一定のプランによらず多様な形態を持つ住居も知られている．

IX-4-(2)-③ 住居の形態：新王国時代以降

新王国時代の代表的な住居遺構としては，中流階層の比較的小さな住居と上流階層の広壮な邸宅という二つのタイプがあげられる．

このうち第一のタイプの典型は国家によって計画的に作られた集合住宅であり，*デル・エル=メディーナの職人村はその好例と言える．ここでは村の中央を走る通りの両側にほぼ同じ構造の住居が密集しており，各住居は間口が約5m，奥行が約15mで五つの部屋があった．戸口から短い階段を下りて入る最初の部屋は玄関兼仕事部屋と思われるが，一隅には家の*守護神の祠があり，家族の生活の場として私的な性格も持っていたと考えられる．この部屋に続いて中央に柱が立つ部屋があったが，ここでは天井が高くなっており，屋根の高低差を利用して換気・採光用の窓がつけられていた．この部屋はおそらく主人の居間兼応接間であり，先祖の祭壇や*偽扉のほか，奥には主人の椅子を置くための壇があり，ここから地下貯蔵室まで階段が下りていた．壇の両側にはそれぞれ戸口があり，一方は主人夫婦の寝室，もう一方は奥の台所へ通じる廊下兼物置きに通じていた．台所にはパン焼き竈や石臼が据えつけられていたが天井はなく，屋上に通じる階段があった．屋上は干物作りや洗濯物の乾燥のほか，夏季には寝室代わりに使われたとみられる．

アマルナ(→アマルナ，テル・エル=)の郊外に数多く作られた貴族の家は第二のタイプの典型であり，周壁に囲まれた私有地のなかに，主人の邸宅のほか，穀倉や厩，使用人の住居，調理場などの補助的な建造物と*庭園が設けられ，周壁の外には下級の使用人の住居が軒を並べていた．

邸宅の規模は所有者の地位や富の程度に応じて，100 m² 前後から約 900 m² におよぶ敷地面積を持つものまでさまざまだったが，基本的にはいずれも中央部に主人の居間兼応接間(「中央広間」)を配置し，その周囲に可能なかぎり多くの部屋を設けるという構造を持ち，公私のスペースの区別や主人の居間の特徴など，デル・エル=メディーナの住居と共通する点も認められる．床面は地面よりも高く作られており，「中央広間」に行くにはまず住居の外側に突き出た正方形の玄関まで階段を上り，ここから「入口の間」，数本の柱が並ぶ細長い「控えの間」を通るようになっていた．この「控えの間」とそれに隣接する「中央広間」には数本の柱が立っていて天井が高くなっており，天井付近には採光・換気用の窓があった．「中央広間」の奥には主人夫妻の椅子を置く壇があり，片側の床には手足を洗うための石板が据えられていた．この部屋の周囲には家族や夫婦の私室，婦人用区画と思われるいくつかの部屋のほかにトイレや浴室も設けられ，さらに室内階段が設けられている場合もあることから，2階建ての邸宅があった可能性もある．

末期王朝以後の住居については資料が乏しいものの，階段の位置を中心として設計された多層建築がギリシア・ローマ時代までに一般的となっている．

IX-4-(2)-④　居住環境

住居の壁は伝統的に日乾煉瓦を積んで作られ，内壁には漆喰が塗られて装飾文様や宗教的な壁画が描かれる場合があった．戸口には木の扉が用いられ，窓は前述のように一部の部屋の上方に設けられていただけだったが，日差しの強いエジプトでは日中の採光にあまり問題はなく，日射による暑熱を防ぐという利点があった．日乾煉瓦も断熱効果があり，昼夜の温度差が激しいエジプトの風土に適した建材と言える．しか

しその反面，開口部が少ないため室内の換気は不十分だった．屋根は，古王国や中王国時代には煉瓦の丸天井が広く用いられたが，新王国時代には丸太を並べた上に葦の筵を敷き，泥で固めた屋根が一般的となり，石柱か石の台座に据えた木柱が支えとして使われた．床は煉瓦が敷かれることもあったが，普通は泥を踏み固めて作られていた．

　家具類としては腰掛けや椅子，ベッドなどがあったが，中流以下の家庭では質量ともに限られていた．収納家具はなく，籠やさまざまな箱が代わりに使われた．浴室やトイレのような衛生設備は上流階層の住居に限られており，中流以下の家庭では水浴や用便は屋外で行われるのが普通で，せいぜい腰掛けを改造した携帯用便器が使われる程度だった．再利用できないゴミや排泄物はおおむね路上や共同のゴミ捨て場に投棄されるだけで焼却されることはなく，衛生環境は劣悪なものだったと言える．人々の活動は主に日中に限られていたが，土器の鉢に亜麻布の灯心を添え，燃料に獣脂か植物油を用いた*ランプが照明器具として使われ，それに台座と支柱を付けたフロア・ランプも知られていた．　　　　　　　　　　　　　　　　　［内田杉彦］

【参考文献】
エヴジェン・ストロウハル（内田杉彦訳）『図説　古代エジプト生活誌』原書房，1998年．
F. Arnold, "Houses", in *OEAE*, 2, 122-127.
M. Bietak (ed.), *House and Palace in Ancient Egypt : International Symposium in Cairo, April 8. to 11. 1992*, Wien, 1996.
D. G. Brewer and E. Teeter, *Egypt and the Egyptians*, Cambridge, 1999.
R. Germer, "Gardens", in *OEAE*, 2, 3-5.
G. Good, P. Lacovara, *et al.*, "The Garden", in E. Brovarski, *et al.*, *Egypt's Golden Age : The Art of Living in the New Kingdom, 1558-1085 B.C.*, Boston, 1982, 37-43.
A. Gordon and T. Kendall, "The House", in E. Brovarski, *et al.*, *Egypt's Golden Age : The Art of Living in the New Kingdom, 1558-1085 B.C.*, Boston, 1982, 25-36.
F. Hassan, "Cities", in *OEAE*, 1, 268-273.
G. Pinch, "Private Life in Ancient Egypt", in *CANE*, 1, 363-381.
E. P. Uphill, *Egyptian Towns and Cities*, Princes Risborough, UK, 1988.

IX-5　その他（宴会・娯楽など）

IX-5-(1)　メソポタミアとその周辺

IX-5-(1)-①　宴会

　レリーフなどの図像や楔形文字資料から得られる宴会の情景は，当時の上流社会の華やかな姿を描いている．国家的行事に伴うもの，私的な誕生，*結婚，葬式（*葬送儀礼）に伴うもの，遠方の来客をもてなすなどさまざまな出来事に伴って催される宴会は，宗教儀式と密接に関係していることが多い．宴席には*ビールや*ワインなどのアルコール飲料は不可欠であり，ふんだんな料理が饗された．

　*アッシュル・ナツィルパル2世が*カルフ（遺跡名：ニムルド）に遷都した折には，69,574人もの人々を招き，10日間にわたり宴会が開かれたと記されている．宴席に饗されたものとして，*ヒツジ，*牛，鳥，魚，トビネズミなどの肉料理，さまざまな種類の卵，*パン，ビール，ワイン，デザートなどがあげられている他，香油（*香料），

甘い香りのものも列挙されている．

宴席では*音楽に合わせ，衣装や面をまとっての*舞踏，文学作品，曲芸，格闘技などが演じられることもあり，豊穣や安泰が神々に祈願された．バビロニアの*新年祭では『エヌマ・エリシュ』が朗詠されている．音楽や舞踏，文学作品に関してはさまざまな角度からの研究が進められており，*ヒッタイト文書からはそれぞれの都市に伝わる民謡の存在が，またメソポタミアや*ウガリトの文書からは3種類の音楽記譜法が知られている．

IX-5-(1)-② 娯楽

子供の娯楽，遊びには縄跳び，粘土遊び，戦争ごっこ，人形遊び，コマ回し，ボール遊びなどがあったと考えられる．一方子供から大人まで楽しめるものとして，盤上遊具（*ゲームボード）がある．動物の距骨，関節骨を使ったサイコロもしくは駒が一番古くからあるゲーム用遊具として知られており，その後四面に数字を入れたサイコロがインダスより伝えられ，紀元前2300年頃の*シャフレ・ソフタ遺跡で発見されている．さらに紀元前3千年紀の終わり頃には西アジアの各地で六面のサイコロも使用された．

最も一般的なのは，30升目と20升目をもつゲーム盤を使用するゲームである．前者は新石器時代にパレスティナで始まり，その後各地に広がった．また後者は中期青銅器時代に西アジア，エジプトの各地で用いられた．また58の穴をもつ石や煉瓦を使ったゲームも広く浸透していた．

スポーツとしてはボクシング，レスリングなどの格闘技が知られており，『ギルガメシュ叙事詩』の中の*ギルガメシュと*エンキドゥの格闘の話は有名である．重量挙げ，馬に乗って競うポロのような競技，徒競走，ウシの上でのアクロバット的な競技なども，宗教儀式に伴って，競われたり，演じられることがあった．またヒッタイトで行われていた*馬のレースは紀元前1千年紀後半になると各地に広まり，*戦車のレースも行われた．

食料調達のためだった*狩猟は，王侯貴族の間では一種のゲームとして発達し，強さを象徴するものとなった．これらは*ライオン狩りなどの*狩猟図に代表される．

［小口和美］

【参考文献】

小板橋又久『古代オリエントの音楽，ウガリト音楽文化に関する一考察』リトン，1998年．
P. Bienkowski, "Dance", "Music", "Sport", "Toys and Games", in P. Bienkowski and Alan Millard (ed.), *Dictionary of the Ancient Near East*, London, 2000, 8, 203-204, 276 and 297.
D. Collon, *First Impression, Cylinder Seals in the Ancient Near East*, London, 1987.
U. Hubner, "Games", in *OEANE*, 2, 379-382.
A. D. Kilmer, "Music and Dance in Ancient Western Asia", in *CANE*, IV, 2601-2613.
A. De Martino, "Music, Dance, and Processions in Hittite Anatolia", in *CANE*, IV, 2661-2669.
K. R. Nemet-Nejat, *Daily Life in Ancient Mesopotamia*, London, 1998.
S. Dalley, "Banquets and Fests", in P. Bienkowski and Alan Millard (ed.), *Dictionary of the Ancient Near East*, London, 2000, 46-47.
M. Stol, "Private Life in Ancient Mesopotamia", in *CANE*, I, 485-501.

IX-5-(2) エジプト

IX-5-(2)-① 宴会

エジプトの*知恵文学(教訓文学)には，目上の者の宴席に招かれた際の心得が説かれており，墓壁画や浮彫りにも宴会の場面(*饗宴図)がしばしば登場するが，これは当時の社会における宴会の重要性をうかがわせる．宴会は*セド祭など国家的な行事にともなう大宴会から，子供の誕生や結婚などを祝う私的な宴会，墓前で開かれる生者と死者の交歓の宴までさまざまだったが，とくに上流階級の邸宅で行われていた宴会については，饗宴図をもとにある程度再構成することができる．それによると宴席に連なる人々は，既婚者以外は男女が別々に着席して召使たちの給仕を受けており，それぞれ睡蓮の花を手にしてその香りを楽しんだが，この睡蓮がいずれも日中の開花した状態で描かれることから，この種の宴会は日没前に開始されていた可能性がある．列席者の頭上にはしばしば香料と獣脂を円錐形にこねた塊がのせられているが，これが実際の慣習を示すのか，あるいは象徴的な表現であるのかについては必ずしも明確ではない．宴席では肉や魚などの料理や菓子，*ワインや*ビールがふんだんに饗され，*音楽や*舞踏のような余興も演じられた．

IX-5-(2)-② 娯楽

古王国および中王国のいくつかの墓には，さまざまな遊び(*ゲーム)を楽しむ子供たちを描いた浮彫りや壁画が残されている．それによると男子の遊びとして互いの手を握って引きあうもの，地面に座った友人の伸ばした手足を飛び越すもの，目をつぶった者の背中に触れて名前を当てさせるもの，兵隊や捕虜の役をめいめいが演じる「戦争ごっこ」などがあり，女子の遊びとしてはお手玉やボール投げ，友人の腰にまたがってボールを投げ合う騎馬戦のようなものがあった．男女がともに行う遊びは比較的少なかったが，両手に友人たちをつかまらせて振り回す遊びや一種のアクロバットなどがあった．人形やボールなどの*玩具も確認されており，*猫や*犬などの愛玩動物も古くから親しまれていた．

子供よりはむしろ大人が楽しむ遊びとしてとくに好まれていたのは「盤上遊戯」(ゲーム)であり，最も一般的だった*セネト・ゲームをはじめ，メヘン(「蛇」)・ゲーム，西アジアから伝わったと見られる「20の枡目」ゲームなど数種類が知られている．*スポーツはレスリングやフェンシングなど軍事教練的な性格の強いものが多かったが，沼地での水鳥猟や魚捕りなど上流階級の娯楽として好まれたものもあった．

［内田杉彦］

【参考文献】
エヴジェン・ストロウハル(内田杉彦訳)『図説古代エジプト生活誌』原書房，1998年．
W. Decker, *Sports and Games of Ancient Egypt*, New Haven, 1992.
W. Decker, "Sports", in *OEAE*, 3, 310-314.
S. Ikram, "Banquets", in *OEAE*, 1, 162-164.
Rosalind M. and Jac. J. Janssen, *Growing up in Ancient Egypt*, London, 1990.
T. Kendall, "Games", in E. Brovarski, *et al.*, *Egypt's Golden Age : The Art of Living in the New Kingdom, 1558-1085 B.C.*, Boston, 1982, 263-272.
T. Kendall, "Games", in *OEAE*, 2, 1-3.

J. Malek, *The Cat in Ancient Egypt*, London, 1993.
G. Pinch, "Private Life in Ancient Egypt", in *CANE*, I, 363-381.
G. L. Spalinger, "Pets." in E. Brovarski, *et al.*, *Egypt's Golden Age : The Art of Living in the New Kingdom, 1558-1085 B.C.*, Boston, 1982, 272-276.

X 建築と土木

X-1 概説

　古代オリエントを西アジア圏とエジプト圏の二つの共存並立する文化圏に分けて，その都市と建築を概観する．西アジア圏はメソポタミアを中心にそれを取り巻くイラン，アナトリア，シリア・パレスティナなどからなり，エジプト圏は古代エジプト文明が及んだアフリカ大陸北東部のナイル川流域にアフリカの角地帯を合わせた地域からなる．

　時代的には，イスラーム以前ということになる．建築の誕生を初期人類の岩陰やシェルターに認める見方もあるが，ここでは，建物の機能を住居以外に特化した神殿あるいは祭祀建築の出現をもって建築の誕生とみなす．その実像はシュメール，バビロニア諸王朝の展開を軸とし，メソポタミアではアッシリアがこれを継承するが，アナトリアでは前2千年紀にヒッタイトが独自の歴史を歩み始め，西方ギリシア文化の淵源となったエーゲ海文明とオリエント文明との間に介在した．

　さらに西洋古典文化が揺籃期を迎える紀元前7-6世紀前後に，オリエント世界ではメソポタミアの政治的文化的優位が覆ってペルシア人勢力が台頭する．この時期は建築史上のちのイスラームの到来にも匹敵する画期と見ることができる．そこで，*アケメネス朝ペルシアによる新バビロニア王朝の征服（前539年）以前，ないしメソポタミアを中心とする古代文明期を「古代前期」，*ヘレニズム時代，帝国ペルシア時代や*コプト時代を経てイスラームの覇権確立（後640年頃）までを「古代後期」とする時代観に基づき叙述を組み立てることにする．

　古代後期は，オリエントがもはや2大圏域の別なく西洋古典古代世界と対峙しつつ，ギリシア・ローマの人的資源や造形文化，さらには初期キリスト教文化まで受容する一方，東アジア世界とも頻繁な交渉を有し始めた時代でもある．

　建築と土木事業にとって，今ひとつ注目されるのは*都市の出現の問題である．その時期，要件など議論は尽きないが，少なくとも古代前期の西アジアに限れば，計画的に建設された都市は稀有である．都市化の様相は，エジプトとメソポタミアで大きく異なっていることが知られ，年代的にはおそらくエジプトより早く，前4千年紀後半のメソポタミア南部に現れる．*ウルクをはじめ，より古い*ウバイド文化を基層に持たない遺跡はないといってよいこともメソポタミアを特色づける（→都市文明）．

　*ウルや*バビロンなど発達した都市には，*神殿，*王宮，住宅，墓廟（→墓），市壁など統治機構や市民生活に必須のあらゆる建築種を見出すことができるので，都市はその地域と時代の建築文化を総体として見定めるきわめて有用な歴史的装置であることは確かである．さらに都市の存立要件として，運河や給水灌漑施設，道路，港湾など，生産や流通システム，圏域のネットワークを支える市域外にまたがる装置にも目を向ける必要があろう．

［岡田保良］

【参考文献】
岡田保良「建築史からみるオリエント」『別冊・環』8, 藤原書店, 2004年, 252-263頁.
シートン・ロイドほか(山田幸正訳)『エジプト・メソポタミア建築』本の友社, 1997年.
Henri Frankfort, *Art and Architecture of the Ancient Orient*, Harmondsworth, 1970.

X-2 古代前期の都市と建築

X-2-(1) メソポタミアとその周辺

X-2-(1)-① 都市の成立と初期の神殿形式

都市成立の要件については，議論は尽きないが，メソポタミアに関して言えば，集落内に神殿が独立して建つ局面をもって，都市の萌芽的段階とみなすことができるだろう．社会組織も，生産と消費・流通という経済活動も神殿経営にともなって発達したからである．ただ，北部の*アッシリアと南部の*バビロニアでは，自然環境はもちろん基層となる民族や文化も異なり，都市化の進捗の度合いも一様ではなかった．はじめて神の家としての神殿建築が実現したのは，メソポタミア南部のウバイド文化の中においてであった．

ウバイド文化が展開した代表的都市*エリドゥでは前6千年紀後半以降，日乾煉瓦造りの神殿が，同じ場所で，しかも1000年以上の長きにわたって，層位ごとにどのように建築的な発達を遂げたかを知ることができる．それは，単純な原初的祠堂から，三分形の内部空間を有する建築様式成立への過程でもあった．そこでは祭壇が短辺側に，主要入口が長辺側にあるので，「曲り軸形式」と呼ばれる．また，外壁に柱形状の凹凸を繰り返したのは，構造的意図から生じたのかもしれないが，それは神の住まいを飾ろうとした原初的な建築デザインでもあった．

イラン国境に近いハムリン盆地(→ハムリン・ダム地域)のテル・アバーダは，中央を広間とする三分形の住宅が8ないし9棟，やや無原則に建ち並ぶウバイド期後期の集落遺跡である．うち1棟は，三分形ユニットが三つ平行に組み合されてひときわ大きく，控壁や防御壁の備えまである点から，村の長老の存在を類推させる住宅遺構とみなされている．北部の先史集落を代表する*テペ・ガウラも，ウバイド期末期(前4000年頃)に集落の様相を示す．ここでは，三分形を基本とする家々がとくに集落の縁辺において互いに接し合い，最外郭の家々は全体として防御的役割を果たしたかのようである．村への入口も集落内の通路も，家々の間に無雑作に残された隙間にすぎない．囲壁や門，さらにはっきりした神殿すらここにはないが，家々があい接するように建てこんだ有様は，村落から都市へと発展する一局面なのかどうか，南部の集落事例がいまだ漠としている現状では，結論は保留するしかない．

ウルクでは前4千年紀後半(ウルク期後期)，豊饒神*イナンナの聖域エアンナ地区と天空神*アヌの聖域が隣り合いながら発達し，中央広間型三分形建築の形式を完成させた．先に発達をみたアヌの聖域では，ウバイド期のプランを継承した神殿が高い基壇の上に建てられた．これは，同様な発達をみたエリドゥの神殿とともに，メソポタミア建築独特の*ジックラト(聖塔)の祖形とみられている．*ギルガメシュ王が登場する初期王朝時代には，総延長9.5km，500haを超す市域を囲む破格の市壁が存在

175

したらしいが，それ以前にウルクの市街地がどこまで広がっていたか，住宅形式はどうだったのかなど都市域全体の様子は，今後の調査に委ねられている．

X-2-(1)-② シュメール，アッカドの王朝建築

強力な権力機構をもつ都市国家の生成は，ウルクの例に見られるように，バビロニア南部のシュメールの地で先行した．都市は固有の神(→都市神)を戴き，その神域は各種物資の集積と分配の拠点として機能した．経済活動を管理する必要から文字の使用も始まる．祭司，役人(→官僚)，兵士，職人，*商人といった非農業生産者が，都市人口の担い手となった．エリドゥや*キシュ，*アダブなどでもこの時代から*王宮と見られる大規模住宅が目立ち始める．前24世紀，アッカドの地に興った王国がはじめて領域国家をうち立てるまで，そういう都市国家が分立する*初期王朝時代がつづいた．

発掘された遺構の乏しいシュメール都市にあって，*エンリル神の聖都*ニップルに独自の聖域を有していたイナンナ神殿は，初期王朝時代神殿のプランがわかる数少ない事例である．ウルク期以降の神殿プランの変遷をたどることができるが，初期王朝時代中ごろの聖所には，プランの全く異なる二つの祠堂が並んで建っていた．一方は伝来の曲り軸形式で，他方は無蓋の前室入口から奥の祭壇までが単一の軸線上にある．この特異な並び堂形式の由来はわかっていないが，後者の祠堂がのちのバビロニア型神殿の有軸性を先取りしている点は注目に値する．

*アッカドの北縁にあたるディヤラ川沿いの遺跡(→ディヤラ地域)で，この時代を通じて変遷を遂げた都市と建築の遺構がいくつか発掘されている．楕円神殿で知られるハファージェ(古代名：トゥトゥブ)では，月神*シンの神殿の変遷過程から，初期の三分形プランが中庭と門構えをもつ形式へと変化する過程を端的に示す．ただ全体を有軸的な矩形平面の複合体にまとめあげるには至らなかった．

前庭を中庭としてより大きなプランに取りこむ変化は，テル・アスマル(古代名：*エシュヌンナ)のアブ神殿においてもみられる．この神殿では，初期王朝時代の中ごろ，一つだった祭室が三つになり，別の居室と階段を有する玄関室などとともに四角い中庭を囲む形式を採るようになった．祭室はどれも曲り軸形式で，全体平面も方形神殿と通称されるほどには正方形プランを強調してはいない．この複合的な形式は比較的短命に終り，再び単純な1祭室と脇室だけの曲り軸形式が甦る点からみても，ここでの中庭形式は，複数の祭神を合祀するための一時的な方便だったようだ．

テル・アグラブではより整った方形の輪郭をもつシャラ神殿が建てられている．控壁を付けた外壁の1辺は60mに達し，その内部を東西方向の壁でほぼ3等分に仕切る．西半分の構成が明らかになっており，二つないし三つの小祭室と穀物倉がある北区画の配置はアスマルの方形神殿に通じ，中央区画に中庭を通って入る主内陣は，ハファージェのシン神殿を写したような三列構成である．南区画は，司祭用の住居に充てられた．建物全体に三分形の古い伝統が強くのこる一方，複合的な神殿機能を正方形平面にまとめあげる試みは，新しい様式に一歩踏み出した形式といえる．

一方，長円形をなす二重周壁の出現は，南部の建築から見れば唐突にさえ思えるが，

より上流の盆地域では*ジェムデト・ナスル期以来同心円状の建築形式が盛行していた事実がある．バビロニア周縁部には中心部と異なった建築潮流が存在した証左であり，楕円神殿はその末期的展開との見方が可能である．日本隊が発掘したテル・*グッバでは，ジェムデト・ナスル期に円筒状の煉瓦積みを核とし，最外殻の周壁が長径80m前後の卵形平面を呈していた．初期王朝期のはじめには，外周の輪郭をとどめたまま中心部が曲り軸形式の神殿風建物に置き換わり，ハファージェの楕円神殿に呼応する平面構成を見せるのである．

以上の事例から，神殿の複合建築への発展が初期王朝期を特徴づけるといえるだろう．そこでは宗教的機能だけにとどまらず，食糧保存や手工業生産，さらには祭司の住居といった都市の経営統治と不可分の要素まで取りこまれた．様式上はもはや前4千年紀に盛行した三分形の平面構成は解消過程にあるものの，新たな神殿様式を提示できるまでには至っていない．

X-2-(1)-③　建築造形におけるバビロニア様式

建築造形における新たな時代は，*ウルを首都とするシュメール人の覇権が国土に甦った*ウル第3王朝時代がもたらした．ウルの繁栄はユーフラテス川の水を巧みに引いて環濠を巡らし，2か所に港湾施設を整備してペルシア湾交易の窓口とした都市経営の賜物だった．都市を象徴する聖塔形式の確立もこの時代の建築技術の成果であった．*ウルナンムの時代，市中央を占めるウルの聖域内では，初期王朝時代にあった神殿基壇を継承する聖塔エテメンニグルが，被覆建材として焼成煉瓦を大量に用いて一新される．ウルナンム様式とも呼ぶべきこの聖塔形式は，他にエリドゥ，ウルク，ニップルにも採用された．

ウルの聖域にはこのほか，女祭司の居所ギパル，宝物庫エヌンマフ，王の居所エフルサグといったいずれもプランを正方形にまとめた建物が建ち並ぶ．ギパルの内部は直線的な通路で明確に南北に仕切られ，祭司の居所を北東側に，南半には主神ナンナの配偶神ニンガルに献ぜられた神殿を組みこむ．この神殿には，幅広形の門室，方形に近い中庭，幅広の2室が並ぶ内陣という3部分が有軸的に配置されていて，後続するバビロニア型神殿の基本要素を認めることができる．建物全体のプランに正方形を採用して纏めるという手法は，同時代のエシュヌンナの*シュ・シン神殿はじめ，時として各地に現れるが，主だった部屋の形状として正方形を取り入れる建築は，聖俗機能を問わず，一貫して登場するわけではない．この点は前1千年紀後半以降，イスラーム期に至るイラン系建築と，いちじるしい対照をなすメソポタミア建築の特徴といえる．

ウル第3王朝が滅び（→ウル第3王朝時代），小国抗争のイシン・ラルサ時代が200年余続いたのち，バビロン王ハンムラビによって再びメソポタミア全土が統一される．残念ながらこの時期のバビロン市街はいまだ地中に眠っているが，エシュヌンナ近郊の二つの遺跡イシュチャリとテル・*ハルマルの主神殿が，当時の典型的建築様式を伝える．そこでは幅広室を重ねた二重内陣形式を採り入れると同時に中庭に面する内陣入口を神殿門と同じ櫓構えとし，外壁意匠としてウバイド期由来の凹凸分節を保持

するなど,バビロニア様式が完成の域に達していることを知る.

メソポタミア北部ではユーフラテス川沿いに勢力を張った*マリ,ティグリス川沿いのアッシリアの旧都*アッシュルという二つの都市国家に注目したい.前18世紀,ハンムラビに滅ぼされる直前のマリの王宮は東西130m,南北190mに達し,東西にとなり合う広大な二つの大庭を中心に,政庁,宝物庫,商品取引所,後宮などさまざまな機能を持つ部屋やユニットが平面を構成する.組みこまれた神殿ユニット,大庭に面する謁見の間の縦長形式,祭壇を控えた祝祭広間などはメソポタミア南部の伝統になかった特徴である.王権授与の光景を描く壁画が王座の間の前面を飾っていた.

長くシュメール,バビロニアの影響下にあったアッシュルは,前19世紀末から前18世紀にかけてここを支配下に置いた*シャムシ・アダド1世が,宗教建築に独創的な造形をもたらした.都市名と同じアッシュル神を祀る神殿,シンと*シャマシュを合祀した別の神殿など,外観から中心部まで極端なまでに対称性を重んじた意匠を特徴とする.また後者では,中庭奥の内陣として幅広の前室と縦長の主祭室を組み合わせたアッシリア型祠堂が初めて登場する.両神殿の外観を見ると,バビロニアの建築に通有の柱形による壁面の分節は見られず,門を構えたファサード中央への視線をより強調した意匠となっている.また,前18世紀のテル・*リマ,前13世紀頃のカル・トゥクルティ・ニヌルタなどで,ジックラトを,その前方に位置する中庭式神殿と一体に造るような配置がアッシリアで流行したが,そこでも平面計画上の有軸性は厳に保持された.

X-2-(1)-④ 周辺地域の諸建築

前16世紀の初頭,シリア北東部を中心に勢力を誇ったフリ人のミタンニ国が,一時期アッシリア地方をおさえ,ティグリス川東方のヌジに大王宮を擁する城郭都市を築いた.王宮の中庭に面する王座の間の背後に広間を配するプランはバビロニア風だが,王宮壁画には*ハトホル女神やブクラニウム(牛頭部)などが題材として用いられており,施釉された装飾用陶製品とともにアマルナ時代のエジプト方面との交流を裏付ける.

東方の山岳地帯からバビロニアに進出したカッシート人たちは,諸都市の伝統を重んじて聖域を手厚く修復した.前15世紀にウルクのエアンナに建てられた神殿は,妻入りの三列構成に縦長室内陣というバビロニアではおよそ見ることのできない形式で建てられた.この神殿の壁面には,神像が並ぶレリーフを15段の焼成煉瓦に分解することが試みられた.前14世紀のクリガルズ王は,ウルの聖域修復につとめる一方,アッカドの地に新都ドゥル・クリガルズを建設した.バグダード郊外の遺跡アカル・クフがそれで,恰好のランドマークとして今なお聳え立つ日乾煉瓦積みは,ウルに範を求めた聖塔芯部をとどめたものである.その前方には少なくとも3棟の中庭形式の神殿が並び建っていた.さらに1kmほど離れて300m四方を優に越える大王宮が営まれ,いくつもの中庭ユニットを組み合わせた平面構成や,行列場面を描く壁画はマリの王宮を想起させる.ただ対称性を重視した平面計画はいかにもバビロニアらしい.また謁見用と思われる中庭回りに長大なギャラリーを置く造りは,メソポタミ

アの例より同時代のヒッタイトの神殿や王宮の形式に近い．

両河地帯とはひと続きに見えるイラン南西部フゼスターン地方は，前2千年紀にエラム人の王国が栄えた土地であった．文字の使用はシュメール人と同じくらい古いが，言語は別であり，また現在のイラン民族の祖となるアーリア人とも異なる．前13世紀，新しい王朝にウンタシュ・ナピリシャ王が出て，伝来の都*スーサを離れ，新都ドゥル・ウンタシュが建設された．*チョガー・ザンビールがその遺跡である．同王が全く新たに造営した都は面積120 ha，その中央を神域が占め，さらにその中心にジックラトが聳えていた．日乾煉瓦造りの壁が，市域を囲む最外壁として，またテメノスと世俗域との境として，さらにジックラト区画の仕切りとして築かれ，新都は平面上三重の構えをなしていた．ジックラトの外装ほか，王宮地下に営まれた王墓群や市の西端に設けた給水施設には焼成煉瓦を用い，アーチやヴォールトの架構をふんだんに取り入れた造りになっており，当時の建設事業としては大いに贅を尽くしたものであった．しかし創建者亡きあと，この地に王統は根づかず，前7世紀にアッシリア軍によって都市そのものが完全に廃棄された．

X-2-(1)-⑤　大帝国首都の造形

前9世紀以降，強大化したアッシリア帝国の王たちは，*カルフ（ニムルド），*ニネヴェなど，数百 ha に達する都城を相次いでティグリス川東岸に建設した．聖域というよりは城郭と呼ぶべき市の中核は，必ず市壁に沿う位置に置かれ，バビロニアではしばしば見られるような，市門と聖域とを結ぶ都市軸は見られない．また王宮建築群が神殿を凌駕する景観も，アッシリア都城の特徴といえる．

前706年に完成した*サルゴン2世の新首都*ドゥル・シャルキン（遺跡名：ホルサバード）を例に，その諸施設を概観すると，まず1辺約1.6 km，ほぼ正方形にめぐらせた計画性の高い市壁が目につく．主たる城郭は市壁北西辺をまたぐ形で2段構えに築かれ，上段が伝来の中庭形式に倣うサルゴン2世の王宮である．日乾煉瓦造りの壁体には，王と廷臣たちを等身以上の浮彫りにした腰羽目石板*オルソスタットを張りめぐらせ，王座の間正面を櫓構えにするとともに，有翼人面の守護獣*ラマッスの石像を据える．円柱を立てたポーチは「*ビート・ヒラニ」と呼ばれ，同時代のシリア北部に普及していた王宮様式の影響を物語る．サルゴンの主王宮脇に6神を祀る祠堂群が配置され，その背後に螺旋に斜路がめぐる新しい形式のジックラトが建つ．彩釉煉瓦で外装した点も新趣向である．城郭下段にバビロニア由来の*ナブー神を祀る神殿を置き，縦長の内陣と幅広の前室，さらに階段つきの高い祭壇などアッシュルなどから踏襲したアッシリア型神殿形式を見せる．

これらアッシリア建築を特色づけるのは，規模の壮大さのほか，諸王の遠征やライオン狩などのモティーフ（→狩猟図）を描いた石彫美術と，壁画や彩釉陶製品を用いた色彩豊かな壁面構成である．これらは続く新バビロニア王朝（→新バビロニア時代），*アケメネス朝ペルシアの建築装飾に大きな影響を与えた．ただ，*ネブカドネツァル2世時代の*バビロンを見ると，その宗教建築様式にバビロニア的伝統がいかに根強かったかを知る．バビロンにはイシュタル門を通過する「行列道路」という明確な都

市軸があり，市壁に沿う王宮区画の位置はアッシリア的だが，ジッグラト区画と主神殿からなる聖域は依然独自の地位を保持した．ネブカドネツァル 2 世の王宮やイシュタル門は，彩釉焼成煉瓦を駆使した大建築であり，構造を含む建築表現の上で，伝来のメソポタミア建築術の到達点ともいえる作品であった．

他方，主神*マルドゥクの神殿エサギラをはじめ，バビロン市中に建ついくつもの神殿建築は，幅広平面の内陣，主軸上に置かれた低い祭壇といった要素のほか，王宮とは対照的に焼成煉瓦を用いないで日乾煉瓦のみを積み上げている．その壁面は凹凸による陰影効果を期待し，色彩を排して泥かせいぜい白漆喰で上塗りした点など，きわめてバビロニア的である．エサギラでは平面，立面意匠ともに対称性への執着が著しく，同様の特徴はキシュに建てられた連棟型神殿にも，*ナブー神を戴く*ボルシッパの主神殿エジダにも見られる．いずれもネブカドネツァルが創建ないしは再興した建物だった．

前 6 世紀，ペルシアの覇権がはじめて及んでからのちも，多くのメソポタミア都市が余命を保った．ペルシアを破った*アレクサンドロスはバビロンを首都とし，多数のギリシア人たちが当地に移り住んだ．その後はメソポタミア建築の伝統はペルシアや*ローマの文化と融合しながら，その独自の地位を徐々に弱めてゆくことになる．

［岡田保良］

【参考文献】

岡田保良「古代メソポタミアの宗教建築」『世界美術大全集東洋編 16 西アジア』(田辺勝美・松島英子編)小学館，2000 年，135-148 頁．

小林文次『建築の誕生―メソポタミヤにおける古拙建築の成立と展開―』相模書房，1959 年．

M. S. ダメルジ(高世富夫・岡田保良編訳)『メソポタミア建築序説―門と扉の建築術』国士舘大学イラク古代文化研究所，1987 年．

アンドレ・パロ(波木居斉二訳)『ニネヴェとバビロン―続・聖書の考古学』みすず書房，1959 年．

Roland Besenval, *Technologie de la voute, dans l'Orient ancien* 1-2, Paris, 1984.

Henri Frankfort, "Town Planning in Ancient Mesopotamia", *Town Planning Review* 21, 1951, 99-115.

Ernst Heinrich, *Die Tempel und Heiligtümer im alten Mesopotamien*, D. A. A. 14, Berlin, 1982.

Ernst Heinrich, *Die Paläste im alten Mesopotamien*, D. A. A. 15, Berlin, 1984.

Jean-Claude Margueron, *Recherche sur les palais mésopotamiens de l'age du bronze*, Paris, 1985.

David Oates, "Innovation in mud-brick, decorative and structural techniques in ancient Mesopotamia", *World Archaeology* 21, 1990, 388-406.

X-2-(2) アナトリアの建築

*アナトリアにおける明確な集落形態は，前 9 千年紀，先土器新石器時代の東アナトリアのチャヨニュ，中央アナトリアのアシュクルに認められるようになる．チャヨニュでは，20 建築層が確認されており，建築形態の変遷過程を辿ることができる．これらの中でとくに注目すべき点は，円形プランから矩形の建築プランへの移行が確認されたことである．しかし，径約 6 m の円形プランの基礎部分は石組構造で，上部構造は円錐形を呈していたと考えられる．この円形プランの建築遺構直上から石組によるグリル形態建築の礎石が確認されている．このグリル形態建築遺構は，6 建築層から計 52 確認されているが，基礎部は円形プランと同様石組構造で，その上に日干煉瓦の原初的形態と考えられる泥を型に入れ積み上げる方式が採られたものと思わ

れる．このグリル形態建築には貯蔵庫としての機能があったとする考えもあるが，実際のところは明確ではない．前8-7千年紀，中央アナトリアのアシュクルには，2文化層，10建築層が確認されている．建築遺構は矩形で，2×4 m，4×3.25 m で一部屋形式，あるいは二部屋形式のものが多く，壁面，床面には漆喰が塗布されている．壁はいずれも日干煉瓦で築かれており，その点ではチャヨニュとは異なる．このアシュクルでは集落を取り囲む形で1.50-1.80 m幅の石組の壁が確認されており，アナトリアでは最古の防御壁と考えられている．

アシュクルと同様の集落形態は，既に土器が使用されていた前7千年紀の*チャタル・フユック（コンヤ平原）でも認められる．家屋は日干煉瓦で築かれた幾つかの部屋から成っていた．入り口は確認されておらず，平屋根の一部から梯子を利用して屋内へ下りたと考えられている．日干煉瓦は，32×16×8 cm（VIA層），92×16×10 cm（V層），95×37×8 cm（II層），と建築層ごとに相違が認められる．壁には幾重にも漆喰が塗布されており，幾何学文，狩猟場面等が描かれている．集落は壁を接した幾つかの家屋が一つの単位となり構成され，中央には広場も認められた．家屋の壁が集落の防御壁の機能をも持ち合わせていた可能性が高い．

チャタル・フユックでは祠を想起させる遺構が確認され，注目すべき遺物として土製，石製の地母神像が出土している．第6建築層から出土している地母神像の両脇にはネコ科の動物が配されており，*キュベレ，*クババ，アルテミスの源流とされる．また，祠とされる遺構からは，牡牛の頭部を模した半浮彫りの彫像，鳥葬を想起させる壁画等も確認されており，アナトリアの新石器時代の儀礼を復元する上で極めて重要な資料を提供している．

金石併用時代に入ると，アナトリアはメソポタミアと南東ヨーロッパの文化的影響を受けるようになる．チャタル・フユック，ジャンハサン，キョシュク等はコンヤ平原に位置していることもありギョク・スを通してメソポタミア，地中海の文化的影響を受けるようになる．また，*クズルウルマック河に囲まれた地域に位置するアリシャル・フユック（→アリシャル）等の遺跡からは南東ヨーロッパの文化的影響を裏付ける土器が出土している．また，集落遺跡は新石器時代同様，遺丘と傾斜地上に形成された遺跡の形をとる．後者の場合は金石併用時代のみの単層の遺跡が多い．建築形態も金石併用時代に入り新石器時代の様相とは異なり，防御壁を有するものが多くなる．

前期青銅器時代の集落はさらにアナトリア全土に拡大する．集落はホユック，フユック，テペと呼ばれる丘状遺跡（遺丘）（→テル）に集中する傾向が強くなる．前期青銅器時代の建築は，金石併用時代の影響を引き継いだ前半とメソポタミア世界の影響を強く受ける後半とに分けることができる．この2時期を顕著に示す遺丘として*トロイ，アリシャル・フユック，ノルシュンテペがあげることができる．特にトロイの前期青銅器時代に確認された*メガロンと呼ばれる二部屋形式で長方形の遺構は，西アナトリアから中央アナトリアにかけて確認されている．二部屋は前室と後室に分かれ，後者には円形の炉が確認されている．また，前室の入り口の両サイドに2基の柱が設置されている．王宮形式として考えられているこのメガロンはギリシアでは，原初的

181

形態として，前2900年頃，前期青銅器時代の初頭に確認されている．この建築形態の起源をアナトリアとする考え方もあるが，現段階では明らかではない．このメガロン形式の建築遺構が最も多く確認された遺跡として，トロイ（第Ⅱ層，前2500-2200年）があげられる．トロイ第Ⅱ層のメガロンは，壁幅が1m前後，7×20m前後の大きさのものが多い．基礎部は石で，そしてその上には日干煉瓦が積み上げられていたものと考えられている．後室の炉は明確には確認されていない．この第Ⅱ層を代表する土器形態として両耳のデパスがあげられる．このデパスが出土している遺跡はエーゲ海沿岸に集中しており，メガロンの起源を考察する上で，同時期に出土するこのデパスが一つの手がかりになり得る．このメガロン形式の建築形態は，前期青銅器時代にのみではなく，アナトリアでは前8世紀の*鉄器時代まで継承された．

　中期青銅器時代に入ると，メソポタミアの*アッシュルからアナトリアに入ってきた*アッシリア商人の文化的影響下に入る．とくにキュルテペ/*カニシュのアッシリア商人（→キュルテペ文書）の居留区*カールムの建築は，アナトリアの中期・後期青銅器時代に強い影響を与えた．カニシュ・カールムは，前20世紀後半～前18世紀半ばの商人達の拠点であったが，とくにⅡ層ではアッシリア商人，直上の第Ib層ではシリアの文化的影響を強く受けたアナトリア商人が活躍した．中期青銅器時代と前期青銅器時代のもっとも顕著な相違点は，それまでの王宮形式として西アナトリアで使用されていたメガロンが衰退し，メソポタミアからアッシリア商人によって持ち込まれた建築形態が主流をなしたことである．また，それまでのアナトリアでは全く見られなかった大形の建築，王宮などが見られるようになる．この時期の建築形態を考察する上では，アッシリア商人の居留区の中心地であったキュルテペ・カールムの建築，公共性を帯びた大形の建築遺構としてはキュルテペ，*アジェムホユックの王宮を取り上げることができる．キュルテペ・カールムの建築は，アッシリア商人が居住したものであるが，火災を受けているにもかかわらず保存状態が極めて良いこと，中期青銅器時代の一般家屋の特徴を兼ね備えていることなど，前2千年紀前半のアナトリアの建築形態を把握する上で重要な特徴を持ち合わせていると言えよう．アッシリア商人の建築は，Ⅱ層にその特徴が顕著である．家屋自体は長方形のものが多く，2～8部屋形式のもの，中には二階建てのものも見られるなど，多岐にわたる．文書庫を持つものも確認されており，粘土板解読により建築の所有者名の明らかになったものもある．建築の基礎は石組で，その上には日干煉瓦が積み上げられた．石組の基礎と日干煉瓦の間には，水平を保つために木材がおかれている場合もある．さらに，上部構造を支えるための柱は日干煉瓦に埋め込む形で立てられていた．中期青銅器時代の王宮は，キュルテペ，アジェムホユックのものが当時の王宮形態を代表している．キュルテペの王宮は，遺丘の頂上部で出土している．110×120mの広さで，ブロック状の石が組まれた幅約4mの基礎壁の上には，日干煉瓦が積み上げられていた．現段階まで52室が確認されているが，一部屋の規模は10×7m-4×4mと比較的小規模である．これらの部屋の機能は明確ではないが，*黒曜石が大量に出土している部屋もあることなどから，貯蔵庫であった可能性も考えられている．中央部は破壊されて

おり確認されていないが,おそらく中央部には中庭が配置されていたと考えられる.発掘者は,中庭の周辺に既述した小部屋が配置されていたと考えている.王宮の外壁は,堅固で防御壁として建設されたものと考えられる.王宮自体が堅固な防御壁を持つ形式は,アナトリアではキュルテペのものが初めてである.この王宮形態はアナトリア独自のものではなく,メソポタミアでは古バビロニアの諸都市やシリアの*マリ等の影響を強く受けており,その背景にはアッシリア商人の存在があったと考えられる.この王宮はカールム Ib 層(前 1800-1730 年)と同時期に年代づけられているが,この王宮の直下にはカールム II 層(前 1945-1835 年)と同時期の王宮の一部が確認されている.II 層の王宮は遺丘の形態に合わせて構築されたかのように,その全体プランは円形で,Ib 層の王宮の矩形プランとは大きな相違が認められる.II 層の王宮も多室で一部の外壁は防御壁として構築したものと考えられるが,中心部は Ib 層の王宮同様完全に破壊されており構造は明らかにされていない.しかし,この円形から矩形へ王宮形態が変容する過程は,少なくともアナトリアがメソポタミア世界へ組み込まれる過程を示唆していると言えよう.キュルテペ・カールム Ib 層とほぼ同時期のものとしてアジェムホユックのサルカヤ王宮,ハティプレル王宮をあげることができる.両王宮ともほぼ 60×60 m,壁幅はいずれも約 1 m とキュルテペの王宮と比較すると規模は小さい.壁は日干煉瓦で構築されており,上部構造を支える木製の柱が壁に埋め込まれている.サルカヤの王宮は 10×10 m の矩形の 10 部屋が中核を成し,他の小さい部屋を囲む形で北側,南側,西側に回廊が確認されている.南側の回廊はほとんどが破壊を受けており明確なプランは確認されていない.これらの回廊,部屋を含め 43 の遺構が王宮内から出土しているが,各建築遺構内から出土している遺物からその多くは貯蔵庫と考えられている.中には数百点を超す印影が出土したものもある.印影の中にはアッシリアの*シャムシ・アダド 1 世やマリ王*ヤハドゥン・リムの王女のものも含まれており,アジェムホユックもキュルテペ同様アッシリアとの関わりが極めて密接であったことを示唆すると共に,その年代づけに寄与している.アッシリア植民地時代の神殿も,アッシリアの影響を受けながら発達したと言える.キュルテペの頂上部の王宮の南東に位置する 2 神殿は,27×22 m と長方形を呈しており,出土遺物からキュルテペ・カールム Ib 層と同時期に年代づけられている.2 神殿の中心部には中庭,南北の 8 m 幅の壁内には 10×3 m の長方形の部屋が確認されている.さらに神殿の四隅には望楼を想起させる施設の基礎部分が確認されているが,これが望楼か否かについては明らかにはされていない.この望楼を有する神殿形態は,鉄器時代,とくに東アナトリアの前 1 千年紀前半にヴァン湖を中心に栄華を誇った*ウラルトゥ王国の神殿形式にも認められる.

　アッシリア商人の経済活動は前 18 世紀後半,急激に衰退する.キュルテペ,アジェムホユック,コンヤ・カラホユック,カマン・カレホユックなどアッシリア植民地時代の都市は火災を受け,前 1730 年頃終焉を迎える.前 17 世紀初頭にはヒッタイト民族がクズルウルマック(赤い川)に囲まれた地域を中心としてヒッタイト古王国を建国,アナトリアの盟主としての地位を築いた.ヒッタイト古王国の文化は,出土する

遺物を観察する限り，かなりの部分でアッシリア植民地時代の文化を継承していると言って過言ではない．一般家屋，王宮，神殿に関しては，ボアズキョイ／*ハットゥシャ，イナンドゥックテペ／ハンハナで確認されている建築遺構を概観することにより，前2千年紀半ばのアナトリアの建築の特徴を把握することができる．古王国時代のハットゥシャの建築遺構を観察すると，壁幅は1m前後，基礎部は石で構築されておりその上には日干煉瓦が積み上げられていた．神殿や王宮以外の建築遺構は矩形の2～8部屋から構成されており，二階建てのものも確認されている．この構造はキュルテペ・カールムの建築構造とそれ程の差違は認められない．古王国時代の神殿としてハンハナで出土している建築遺構は，キュルテペで確認された王宮同様，遺丘の形態に合わせて構築されている．計32の部屋が確認され，5×5m，7×3m等の部屋が組み合わせられている．壁の基礎部は人頭大の石によって組まれており，石で築いた基礎壁の上に日干煉瓦が確認されている．構造的にはキュルテペの王宮と類似しており，遺丘の周辺部に位置する建築遺構内からは大形の貯蔵用ピトスが数多く確認されている．ヒッタイト帝国時代に入ると，王宮，神殿の形式はヒッタイト古王国時代のものとの差違が見られるようになる．明らかに構造上北シリアなどの影響を受けていると考えられる．これは帝国時代に入り採られた南下政策による北シリアとの交流に伴うものであろう．ヒッタイト帝国の都ハットゥシャの主な神殿，王宮は，前14世紀以降のもので，明確な全体プランの上に建造されたことが窺われる．「上の町」で30を超す神殿址は，「下の町」の大神殿に比較すると規模的には小さいが，形式は大神殿を基本としている．大神殿は，ほぼ左右対称の形式を採っており，160×135m，周辺は82におよぶ長方形の貯蔵庫が取り囲んでいる．地形に合わせて構築された貯蔵庫群は大神殿を外部から完全に遮断し，防御壁の役割も果たしていたと考えられる．大神殿と貯蔵庫群の間には石敷きの回廊が巡らされており，大神殿と貯蔵庫群との間に他の施設は確認されていない．この回廊は大神殿と貯蔵庫を結ぶと共に，その聖と俗を分断する機能も兼ね備えていたものと考えられる．大神殿の中央部には中庭，さらに中庭の北側の祠にはヒッタイト帝国の主神であった*天候神像，*アリンナの太陽女神像が祀られていた．神殿の基礎部にはブロック状の巨石が数段組まれ，上部には日干煉瓦が積み上げられていた．「上の町」の神殿は，大神殿に比較すると左右対称のプランは崩れているが，基本となる中庭，聖所の施設は大神殿と同様の位置関係で確認されている．ヒッタイト帝国時代の王宮は，ボアズキョイのビユックカレ，マシャット・ホユックで確認されている．ビュックカレの王宮は，地形に合わせて城塞が構築され，その中に文書庫，神殿，謁見の間等が不規則な形で配置されている．いずれの建築遺構も完結した構造を持ち，人頭大のブロック状の石で構築された基礎の上に，日干煉瓦が積み重ねられた壁が築かれていた．文書庫の構造は，大神殿の周辺を取り囲んでいる貯蔵庫群と同様，長方形を呈している．神殿の中庭部分には掘り込みの施設が確認されており，中からは儀礼用品が出土している．

　ヒッタイト帝国以後は，アナトリアは「暗黒時代」を迎えたと言われている．中央アナトリアでは前8世紀半ばに*フリュギア王国が勃興するが，ここで注目されるの

は公共性の性格を帯びた建築が，大きく二つに分類されることである．一つはギョルルダーなどで確認されている矩形で多室の王宮形式，もう一つはフリュギア王国の都*ゴルディオンで出土しているメガロン形式の建築遺構である．前者は，建築プランから考察して明らかにメソポタミアからの強い影響を受けているのに対して，後者は前期青銅器時代に西アナトリアで神殿形式の一つとされていたものが鉄器時代に再登場する形を採っている．

このようにアナトリアの建築，とくに神殿，王宮を中心にその変遷過程を概観すると新石器時代，金石併用時代，前期青銅器時代前半には西アナトリア，南東ヨーロッパの影響を受けながらも独自の変遷過程を辿っている．前期青銅器時代末期にはアナトリアの建築，とくに王宮建築等にメソポタミアの影響が見られるようになる．さらにアッシリア商人が活躍した前2千年紀前半は，アナトリアが文化的にメソポタミア世界に組み入れられた時期と捉えることができる．その傾向は後期青銅器時代末期まで認められる．しかし，鉄器時代，前1千年紀前半を建築形態から見ると，既述したようにアナトリアは東西の文化が拮抗する場となった． [大村幸弘]

【参考文献】
K. Krause, *Boğazköy, Tempel V. Ein Beitrag zum Problem der hethitischen Baukunst*, Istanbuler Forschungen 11, Berlin, 1940.
S. Lloyd, "Bronze Age Architecture of Anatolia" (British Academy, Albert Reckitt Archaeological Lecture), *Proceedings of the British Academy* 49, 1963, 153-176.
R. Naumann, *Architektur Kleinasiens von ihren Anfängen bis zum Ende der hethitischen Zeit*, Tübingen, 1971 (2. Aufl.).
P. Neve, Buyukkale, *Die Bauwerke. Grabungen 1954-1966*, Boğazköy-Ḥattuša 12, Berlin, 1982.
P. Neve, *Die Oberstadt von Ḥattuša. Die Bauwerke I. Das Zentrale Tempelviertel*, Boğazköy-Ḥattuša 16, Berlin, 1999.
P. Neve, *Die Oberstadt von Ḥattuša. Die Bauwerke II. Die Bastion des Sphinxtores und die Tempelviertel am Königs- und Löwentor*, Boğazköy-Ḥattuša 17, Berlin, 2001.
T. Özguc, "The Art and Architecture of Ancient Kanish", *Anatolia* 8, 1964 [1966], 27-48.

X-2-(3) エジプト

X-2-(3)-① 先王朝時代

環状石列(ストーン・サークル)，*ドルメンあるいはメンヒルといった，巨石の簡素な組み合わせによって構成される記念建築はヨーロッパの先史時代にしばしばうかがわれるが，古代エジプトの王朝時代に先行する歴史の中でこの種の遺構群が大きな潮流として存在した形跡はほとんど見られない．このために*ピラミッドや*神殿，*葬祭殿を代表とするエジプトの巨大石造建築は，突如として出現したかのような印象を与えるが，それらが前述の巨石文化とは系統を異にして出現した点は重要である．

およそ紀元前5000年頃から王朝時代が始まる直前の紀元前3000年頃にかけての新石器時代は先王朝時代と呼ばれ，多様な相貌を持つ文化が立ち現れた．その中で最も注目されるのは上エジプトで興った*ナカダ文化であり，これが後の古代エジプト国家の成立に結びつく．この時代，人々は*ナイル川沿いに集落を造って社会生活を送っていた．家屋は植物と動物の皮，また泥土などを用いた簡素な造りであったが，ここで生まれた素朴な建築様式は王朝時代以降の神殿建築などで繰り返し見られること

185

となる．

　住居地域の近傍には墓地が築かれ，すでに数々の副葬品が納められたことが知られている．多種多様な生活用品，武器，そして呪術的な意味を担う小品などが遺体とともに土壙墓の中に埋められたが，これらは古代エジプトにおける葬祭観念の発生を伝えるものである．ただしこれらの墳墓においては規模の相違や遺物の多寡はうかがわれても，被葬者の社会身分の相違は明瞭には認められない．広大な地域を支配した首長は何人かいたであろうが，絶対的な存在である王が出現し，彼のための特別な建築形式が用意されるようになるのは，次の初期王朝時代まで待たねばならなかった．

X-2-(3)-② 初期王朝時代

　ナイル川流域が統一国家によって初めて統治されたのがこの時代である．それにさきだち，上エジプトと下エジプトとの二つの地域からなる大きな社会共同体が形成されたのであろうが，これら二つが時間をかけて緩やかなかたちでさらなる統合を果たし，統一国家が成立したと考えられる．

　王都が置かれたのは上エジプトと下エジプトとの境に当たる要衝の地，*メンフィスであった．その西の*サッカラには墓地が設けられ，ここには大規模な*マスタバ墓がいくつも造営された．*アビュドスは古くから死者の都として特別の意味を有していた地域であったらしく，アビュドスのウム・エル=カアブには*王墓が集中して築かれている．これらの王墓は厚い*煉瓦の壁で長方形の平面を囲み，内部をいくつかの部屋に区画して，棺を据える玄室や副葬品を納めるための倉庫とした．興味深いのは，時代が降るとともにこうした墓室内に木材や石材が徐々に導入された点である．*パレルモ・ストーンに「女神の神殿を石造で建立した」との碑文を残している*カセケムウイの王墓は玄室内を石材で覆うことを試みた建築であり，次代の王ネチェリケト(*ジェセル)による階段ピラミッド複合体との強い関連が推測される．

　アビュドスではまた王墓とは別に，「葬祭周壁」とも呼ばれる巨大な*城塞建築が見られる．*王宮特有の外観を模した凹凸のある高い壁体は，*メソポタミアの影響を受けて造られたものであろう．囲い込まれた広い中庭の中には，入口近くに建てられた小さな施設と，中庭の中心を外して設けられた丘のような矩形の構築物だけがうかがわれる．ほとんど機能を持たないように思われるこの施設は，しかし，王墓と密接に関わる建物であり，王が神々を招聘して祭事をおこなうために用意された空間であったと考えられ，幾分距離を離して建立されてはいるものの，王墓とは対となる建物として計画された．

　この時代，煉瓦造のいまだ簡素な形態ではありながらも，本格的な神殿も建てられた．アビュドス，*ヒエラコンポリスや*エレファンティネなどの遺跡によって，その初期の姿を知ることができる．

X-2-(3)-③ 古王国時代

　第3王朝のネチェリケト王による階段ピラミッド複合体は，古代エジプトで最初に建造された*ピラミッドであるとともに，現存する世界最初の本格的な石造建築でもあり，側近の建築家*イムヘテプによって設計されたと考えられている．初期王朝時

代に成立した王墓と葬祭周壁の形式が，ここでは組み合わされて一体となり，周壁の上にまで高く聳えるピラミッドの輪郭が強く印象づけられる構成である．同時に，青い*ファイアンス・タイルで壁面が飾られた二つの同じような地下祠室，ピラミッドの北側に設けられた*葬祭殿に並べられている相似形の広庭，行政施設をかたどったと思われる「北の家」「南の家」の併設など，執拗なまでに繰り返される対の構成がひときわ目立つ．ここには上エジプトと下エジプトの統合に際し，互いの伝統を尊重して，それら二つの建築の形姿を併置することで新たに誕生した国家全体を表現しようとした意図を看取することができる．

ピラミッドはその後，第4王朝に至ると外面に滑らかな表装が施されて，階段状の形態を内部に包み隠した正四角錐の真正ピラミッドへと姿を変える．また主要軸線も変換され，ピラミッドに敷設された葬祭殿は北側から東側へと移動された．階段ピラミッド複合体の一隅を占めていた*セド祭を再現する建物群も，第4王朝以降のピラミッド複合体においては姿を消して，王の葬祭施設としての要素が強調され，建築構成が整理される一方，とくに第5王朝以降，葬祭殿の規模が拡大される．これらの変化は太陽神信仰の高まりと深い関わりがあると考えられるが，その嚆矢となる建物が*フニ王による*メイドゥムのピラミッドであり，いまだ未発達の小さな葬祭殿が見られる一方，ネチェリケト王による階段ピラミッドの勾配を遵守しつつ，おのおのの階段の出隅を結ぶことで決定される勾配の表装面で，全体を正四面体に覆おうとした点が重要である．

次代の王，*スネフェルによる*ダハシュールの屈折ピラミッドは珍しい構成を有することで知られ，ピラミッド内への入口を二つ持ち，一つのピラミッドの中にあたかも二つの空間構成を重ね合わせようとした意図が注目される．

*ギザ台地に建つ*クフ王ピラミッド複合体(第4王朝)は，古王国時代におけるピラミッドの造営活動の頂点をなす．最大規模を誇るこのピラミッドはまた，特異な内部空間の構成を有し，玄室が地下ではなくピラミッド内部の中間に配置されるなど，論議を呼ぶ建造物となっている．方位に関して厳密な方向性を持つように計画されており，ピラミッド底面の四辺の長さの誤差がきわめて小さいことでも知られている．*カフラー王，*メンカウラー王のピラミッド複合体がクフ王のピラミッド近くに増設されたが，これら三つのピラミッドの配置は南西から北東へ向かって斜めに並べられている．各ピラミッドの四面に正対する軸線の延長上に障害物がないように，斜めに配置がなされたと考えられ，当時の建築計画を知る上で興味深い．こうした一連の真正ピラミッドの造営に対抗するかのように，*シェプセスカフ王はあえて伝統的なマスタバ型の王墓(マスタバ・ファラオン)を築いたが，これが主流となることはもはやなかった．

第5王朝に至るとピラミッド内部の玄室に*ピラミッド・テキストが刻まれるようになり，無装飾が原則であったピラミッド内の様子は一変する．ペピ2世のピラミッド複合体(第6王朝)は，ピラミッド自体の規模と質は劣るものの，全体の建築構成には見るべきものがあり，ピラミッド本体に付属する*カーを祀った小ピラミッド，ま

た王のピラミッドの周辺に併設された親族のピラミッド複合体など，ピラミッド建築の重合が頂点に達した作品である．

古王国時代の後期には，ピラミッド複合体とは別に*太陽神殿が築かれた．*アブ・グラブにある*ウセルカフ王，ネウセルラー王（ともに第5王朝）の太陽神殿が遺構として残存している．王の葬祭施設としてのピラミッド複合体と，対をなす記念建築であったと考えられる．

この時代の住居建築としてはギザのケントカウスの墓の前に造営された神官たちの住居が残る．またギザには労働者集合住居が残存するが，細長い部屋を並べただけの，実用に徹した施設であった．その近くに設けられた墓地には小さなピラミッド（*ピラミディオン）を備えているものも見受けられ，労働者階級にまでピラミッドが葬祭建築として浸透していたことをうかがわせる．上流階級の住居に関しては詳細が今なお不明である．

当時の土木工事としては，サード・エル=カファラに見られる最古のダム（第4王朝）が挙げられ，古くから河川の整備を考えていたことを知る．

X-2-(3)-④ 中王国時代

混乱期であった第1中間期を経て中王国時代を迎えるが，この時代の建築作品は少数であり，*センウセレト王，あるいは*アメンエムハト王のピラミッド複合体や，*デル・エル=バハリのメンチュヘテプ2世記念神殿，*カルナクのセンウセレト1世による白い祠堂，カスル・エル=サグハの神殿，アビュドスのセンウセレト3世によるセノタフなどが僅かに残るのみである．この時代においてもピラミッド複合体は造られたが，その中核には日乾煉瓦を積み，表装にのみ石材を貼る形式に変化した．盗掘を避けるために古王国時代のピラミッドにおける伝統的な空間構成は大きく変えられ，もはやピラミッド本体の北面に入口を設けることはせず，迷路状に通路を巡らすことがおこなわれた．

山腹の斜面に設けられたカウ・エル=ケビールの貴族墓は，後の新王国時代でうかがわれる神殿形式の初期例を示すものとして注目される．*ベニ・ハサンの貴族墓群は，この時期の岩窟墓の形式を知る上で重要である．横長の前室の奥には列柱を備えた矩形の広間が設けられ，壁面は華麗なレリーフで飾られた．

住居建築としては，エル=*ラフーン（カフーン）の集合住居が特筆されよう．当時の住居については，副葬品である木製の住居模型からも類推することが可能である．樹木を植えた中庭の奥に横長の前室を配し，その奥の中央に4本の柱で支えられた矩形の広間を設け，その脇に寝室を用意する形式が復原されている．

下エジプトの都市遺跡*テル・エル=ダバアは最近発掘調査が進められている地域であり，ミノア文明との交流が盛んにおこなわれていたことが示唆されている．

X-2-(3)-⑤ 新王国時代

この時代，建築活動は活発となり，次々と大きな建築が造営された．その中心となったのは上エジプトの都市テーベであり，ギリシアの詩人ホメロスが「百門の都」と称えたように，神殿や葬祭殿がテーベに集中して造営された．

X 建築と土木

　古王国時代から上質の石灰岩を産することで知られていた下エジプトの*トゥラの石切場に代わり，上エジプトに位置する砂岩の大規模な石切場*ゲベル・エル＝シルシラが切り開かれ，これによって新王国時代の建築活動は大きな進展を見た．すでに中王国時代，*カルナクには神域が形成されていたが，近郊の聖地*メダムドを念頭に置いて定められていた従来の軸線の方向は変えられ，ナイル川を隔てたテーベ西岸の諸遺構との関連に主眼が置かれた．*セド祭，*谷の祭，*オペト祭によって相互の建築群は関係づけられ，いくつもの軸線が張られた．カルナクの複合遺跡を構成する*アメン大神殿，*コンス神殿，*ムト神殿の三つの神殿，また*ルクソール神殿は当地の代表的な遺構であり，*スフィンクス参道によってこれらは緊密に結ばれている．

　王の葬祭建築に関しては，被葬者を安置する場所と礼拝施設とが完全に離されて建立されるようになり，王の遺体は*王家の谷に造営された*岩窟墓に豪華な副葬品とともに納められた．*トゥトアンクアメン（ツタンカーメン）の墓は小規模ながら，夥しい量の出土品があり，当時の埋葬習慣をうかがわせる．一方で礼拝施設としての葬祭殿は，ナイル川西岸の緑地帯近くに建てられた．テーベ西岸の*ラメセウム（*ラメセス2世葬祭殿）や*メディネト・ハブ（*ラメセス3世葬祭殿）は，この時期における葬祭殿の典型を示す．なお葬祭殿とは，死後に神となる王のために建てられた神殿を意味し，テーベでは通常，アメン・ラー神の陪神として王の姿が表され，建物の形式としては基本的に他の神殿と大きく異なることはない．神殿の塔門の前には*オベリスクが建てられ，その奥には列柱で囲んだ大きな中庭を配し，そのさらに奥には矩形の列柱室を設け，次いで小さな祠室へと続く直線状の道行きが計画された．床は奥へ進むに従って徐々に高められ，室内に取り入れられる陽光も次第に限定されていく方法が取られている．入れ子状に室内空間を組織することも意識されており，ここに至ってエジプトの神殿形式は完成される．葬祭殿（神殿）本体の周囲には王宮，矩形の池，倉庫群，*ナイロ・メーターなどが敷設され，それらをさらに外周壁が取り囲み，入口の前方には船着き場が備えられた．王墓と葬祭殿が相補的な役割を果たす点は，初期王朝における王墓と葬祭周壁，あるいは古王国時代後期のピラミッド複合体と太陽神殿との関係を思い起こさせ，ここにエジプト建築の特色の一つを見ることができる．

　今日残る第18王朝前期の遺構として特筆されるのは*デル・エル＝バハリの*ハトシェプスト女王葬祭殿であり，隣に建つ中王国時代のメンチュヘテプ王記念神殿に多くの示唆を受け，断崖に聳え立つピラミッド型の山（エル＝クルン）を背にして，テラスを二重に重ね，水平線を強調した新しい形式の建築を築いた．テラスの正面で無装飾の角柱を連続させたのは，*サフ墓の形式をまねたものと見られる．第18王朝後期の作品では，*アメンヘテプ3世葬祭殿が挙げられよう．第19王朝の*メルエンプタハ王によって，ほとんどの建材が再利用を目的として持ち出されたため，残存状況は良好ではないが，かつては王朝時代の最大規模を誇る建築作品であった．現在では塔門の前に置かれたメムノンの巨像がわずかにその壮大な規模を偲ばせている．他の葬祭殿とは異なって，ナイル川の増水期に冠水する場所へ意図的に設けられており，古代エジプトの神話に登場する*原初の丘をこの世に実現させた画期的な遺構である．

189

セノタフ（→空墓）として建造された第19王朝の*セティ1世記念神殿（*オシレイオン）は，新王国時代を迎えても依然として盛んであったアビュドス信仰を示す点で見逃すことができない．この建物はまた，奥の祠室を七つも設けた上に，通例とは異なって鉤の手状に全体を曲げていることでも知られており，伝統を墨守する傾向が顕著であると言われるエジプト建築が，時として見せる大胆な空間構成の好例となっている．建築王とも称されたラメセス2世（第19王朝）による*アブ・シンベルの*岩窟神殿は，王自身の巨像を正面に四つ並べた遺構であるが，*ヌビアへの圧倒的な権威の顕示を狙ったものであり，その方法は*アメンヘテプ3世による建築作品からヒントを得たものと思われる．

　*王宮建築については*デル・エル＝バッラスの王宮，メディナト・グラブの王宮，*アクエンアテン王による*アマルナ（＝アケトアテン）の王宮，アメンヘテプ3世による*マルカタ王宮などが挙げられるものの，いずれも日乾煉瓦で建造されたために残存状況が劣る．多数の建物が集められた複合施設であり，居住施設だけではなく，祭祀施設としても重要な位置を占める建築であったろう．住居建築としては，王家の谷の造営に関わった労働者たちの集合住居である*デル・エル＝メディーナが知られている．隣接して設けられた墓域には，小さなピラミッド（ピラミディオン）を配した墓が造られた．

X-2-(3)-⑥　末期王朝以降

新王国時代を過ぎると政情は不安定となり，建築活動は全体として衰退するが，そうした中にあって第3中間期には*タニスの遺跡などが造営された．神殿域内に墳墓も設けられるように変化した点が目を惹く．

　末期王朝は復古主義が台頭した時期であって，第25王朝（*クシュ王朝）の*タハルカ王は*ゲベル・バルカルへの大がかりな増改築をおこない，またカルナクでも新たな建物を付設している．この時期，古王国時代の様式を真似る試みがおこなわれる一方，その後に続く第26王朝（*サイス王朝）では，新王国時代の様式を尊重することがなされた．

　第30王朝には*ネクタネボ1世によるカルナクの第一塔門の建設もおこなわれたが，それまでの輝かしい王朝時代の建築を凌ぐことはなく，やがて新たなヘレニズム様式の建築を迎えることとなる．　　　　　　　　　　　　　　　　　　［西本真一］

【参考文献】
Dieter Arnold, *Die Tempel Ägyptens : Götterwohnungen, Kultstätten, Baudenkmäler*, Zürich, 1992.
Alexander Badawy, *A History of Egyptian Architecture*, 1-3, Giza, Berkeley and Los Angeles, 1954-1968.
Barry J. Kemp, *Ancient Egypt : Anatomy of a Civilization*, London and New York, 1989.
Herbert Ricke, *Bemerkungen zur ägyptischen Baukunst des alten Reichs*, 1-2, Beiträge zur Ägyptischen Bauforschung und Altertumskunde, Heft 4-5, Zürich und Kairo, 1944-1950.
E. Baldwin Smith, *Egyptian Architecture as Cultural Expression*, New York and London, 1938.

X-3 古代後期の都市と建築

X-3-(1) ペルシア世界：アケメネス朝からサーサーン朝まで

　ペルシア世界とは，アーリア人の国を意味する「イーラーン」，あるいはイラン南西部のファールス地方に由来する「ペルシア」が指し示していた領域である．時代によって変動があるものの，現在のイラン共和国の国境線を超え，イラクやアナトリア，アゼルバイジャンあるいは中央アジアやアフガニスタンの一部までを含む広い地域をあらわしていた．この地域の大半は乾燥地帯であり，古くから土を捏ねて建築の素材とする日乾煉瓦（→煉瓦）が普及していた．インド・アーリア語族に属するイラン系の人々は，前2千年紀末から前1千年紀初めにかけて，南ロシアあるいは中央アジアからイラン高原に進入し，先住民と同化していったと考えられている．
　*アケメネス朝によって，ペルシア世界がオリエントの覇者となったことによって，中近東における勢力の均衡が崩れ，「古代後期」が始まる．そして，紀元後7世紀，*アラブから進行したイスラーム勢力の台頭によって画されるこの「古代後期」を，*メディア，アケメネス朝，*パルティア，*サーサーン朝の四つの時代に分けて，都市と建築を概観する．
　アケメネス朝に先んずる紀元前800年から550年までをメディアの時代とする．メディア人はペルシア人とほぼ同時期に，イラン高原の西部へと進入した民族であった．メディアの首都は，現在のハマダーンの一角にある*エクバターナにあった．メディア人たちは居住地の近くに堅固な城塞を築いたという．*テペ・ヌーシェジャーンはその好例で，高さ37mの丘の上に，日乾煉瓦を積み重ねた遺跡である．細長い部屋からなる*城塞，火を祀る宗教施設，そして木柱を並べた広間等がみられる．*ゴディーン・テペやババ・ジャン・テペからも列柱広間が発掘され，アケメネス朝の王宮に欠かせない列柱広間*アパダーナの原形の可能性が指摘されている．乾燥したイラン高原に根づいた日乾煉瓦の壁にトンネル状の屋根を架ける構法に，ザグロス山中（→ザグロス山脈）に根づいた木柱と梁を用いる構法を混入した時代である．
　アケメネス朝は，紀元前550年にメディアを破って世界帝国を築いたが，紀元前330年に*アレクサンドロスの遠征によって滅亡する．日乾煉瓦の伝統に切石造の新たな建築技法が混用された時代で，ギリシアからの影響に加え，建築の帝国性が指摘される．
　メディアおよび小アジアを征服した*キュロスは，首都を*パサルガダエに置いた．巨大な切石とそれを堅結する金属の使用など，パサルガダエには小アジアなど西方の影響が見られる．中でも，*ウラルトゥに先例をもつ盲窓を配した塔，整形に橋や水路を配した*庭園，庭園内に配された石製円柱を用いた*王宮，*ジッグラト風の基壇の上に木造家屋を石に置き換えたようなキュロスの墓など，帝国内の建築文化を折衷した様相を示している．
　インドからエジプトに至る世界帝国を構築した*ダリウス1世は，新都として*スーサと*ペルセポリスを建設した．前者は行政の中心，後者は儀式遂行の都市として別

191

な機能が目論まれた．スーサ周辺は，古くは*エラム王国の中心で，腰壁に用いられた彩釉煉瓦は，バビロンの影響を物語る．一方ペルセポリスはアケメネス王家の故地ファールス地方にあり，新年を祝う春分の日に，帝国の各地から拝賀のために朝貢者が集まる国威表象の場であった．これらの王宮域は，巨大な*門，アパダーナ，住まいの部分などいくつかの建築によって構成される．アパダーナと呼ばれる謁見の間は，巨大な正方形平面の多柱室が中心となり，四隅に部屋を置き，四辺に開放的な多柱室が設けられる形式である．壁体部分には日乾煉瓦が，柱は石製，屋根には木の梁が使われた．

アレクサンドロスの東征の後，イランは一時期シリアを中心とした*セレウコス朝の支配に入ったが，紀元前250年頃には，中央アジアのホラサーンや*バクトリアが独立し，アルサケス朝*パルティアの時代となった．同朝は，東イランの*ヘカトンピュロスを都とし，紀元前2世紀中葉には*セレウキアの対岸，*クテシフォンを都としたが，中央アジアでは，*ミスラダテスが建設した*ニサーが中心となった．ギリシア植民都市を起源とする*アイ・ハヌムやホラズム地方の旧コニヤ・ウルゲンチのような碁盤目状都市の他に，円城都市ダーラーブゲルド，火口湖に臨む楕円形の*タフテ・ソレイマーンなどは，パルティアの故地である中央アジアに起源をもつ円形要塞の影響を伝える都城遺跡である．

南イランに興った*エリュマイス王国のいくつかの遺構以外，この時代の建築遺構はイランには少ない．しかしながら，イラクの*ハトラからパキスタンのタキシラ，中央アジアのメルヴ，アフガニスタンの*スルフ・コタルを含む広い領域がパルティアの建築文化の基盤をなしていた．この時代の建築は，ギリシア的な*ヘレニズムの影響を説かれる場合と，続くサーサーン朝のペルシア的造形の発端を指摘される場合がある．前者はカンガーヴァルに見るような柱の造形に，後者はアッシュルの*イーワーン広間やニサーのドーム室に帰される．

紀元後224年，サーサーン朝がアルサケス朝を破り，ペルシア世界の覇者となり，大帝国を築いた．この時代は，イスラーム化以後のペルシア建築へと直接つながるペルシア建築の生成の時代と評価される．*フィールーザーバードのような真円の都市が設けられる一方，*ビーシャープールのような碁盤目状の都市も建設された点は，パルティア期を特徴づける都市理念を継承している．

サーサーン朝期の建築では，ドーム建築が愛好され，部屋の四隅にアーチを架けてドームを戴くスクインチ技法が成立する．ターキ・キスラーのようなイーワーン広間では，土着のトンネル状の天井が巨大なスパンに応用された．これらドームや天井断面のアーチは放物線を基本とする．また，ファールス地方の荒石積という技法が特筆できる．高品質のモルタルを用いて，小割り石を堅結し，ドームやイーワーンなど曲面架構を創出する．この時代には石造建築から煉瓦造建築へと傾き，太い円柱を用いた三廊形式の平面や煉瓦を覆うスタッコ浅浮彫装飾も発達する．

*ゾロアスター教の神殿は，聖なる火を保存するアーテシュ・カデーと聖火を祀るチャハル・タークからなっていた．後者は*クーヘ・フワージャやタフテ・ソレイマ

ーンのように，四方に開口するドーム建造物に回廊を回す形式を基本とする．王宮建築はビーシャープール，フィールーザーバード，*ガスレ・シーリーン，サルヴィスタンなどに残っているが，ドーム室とイーワーン広間を対称形に配することがテーマであった．

古代後期を通じて王たちが残したモニュメントも忘れてはならない．すでにメディア時代から帝王たちは墓を摩崖に建造するようになった．アケメネス朝の*ナクシェ・ロスタムやサーサーン朝の*ターゲ・ボスターンは建築的色彩の強い摩崖彫刻として位置づけられる． [深見奈緒子]

【参考文献】
ロマン・ギルシュマン（岡崎敬・糸賀昌昭・岡崎正孝訳）『イランの古代文化』平凡社，1970年．
G. Azarpay, "The Development of the Arts in Transoxina", in E. Yarshater (ed.), *The Cambridge History of Iran*, 3/2, Cambridge, 1983, 1130-48.
G. Herrmann, *The Iranian Revival*, Oxford, 1977.
D. Huff, "Architecture III. Sasanian", in E. Yarshater (ed.), *Encyclopedia Iranica*, 2, London, 1983, 329-334.
T. S. Kawami, "Architecture I. Seleucid", in E. Yarshater (ed.), *Encyclopedia Iranica*, 2, London, 1983, 288-296.
E. J. Keall, "Architecture II. Parthian", in E. Yarshater (ed.), *Encyclopedia Iranica*, 2, London, 1983, 327-329.
E. Porada, "Classical Arhaemenian Architecture and Sculpture" in E. Yarshater (ed.), *The Cambridge History of Iran*, 2, Cambridge, 1985, 793-827.
G. A. Pugachenkova, "Architecture IV", in E. Yarshater (ed.), *Encyclopedia Iranica*, 2, London, 1983, 334-339.
E. Schlumberger, "Parthian Art", in E. Yarshater (ed.), *The Cambridge History of Iran*, 3/2, Cambridge, 1983, 1027-54.
D. Shepherd, "Sasanian Art", in E. Yarshater (ed.), *The Cambridge History of Iran*, 3/2, Cambridge, 1983, 1055-1112.
D. Stronach, "Archaeology II. Median and Achaemenid", in E. Yarshater (ed.), *Encyclopedia Iranica*, 2, London, 1983, 326-327.

X-3-(2) アジアのヘレニズムとローマ

X-3-(2)-① アジアのヘレニズム

前331年末，ペルシアを破った*アレクサンドロスが*バビロンに入城する．彼はここを都と定めたが，ただちに東方遠征に向かい，ペルシアがかつて領土としていた地方を手中に収めることに成功する．前323年ようやく彼はバビロンに帰還し，伝来の主神*マルドゥックの聖塔や神殿の復興をつよく指示したものの，その年の内に病没してしまった．ギリシア人の入植がバビロンでも進められたことは，石材を焼成煉瓦に置き換えて市内に建てられた円形劇場のギリシア的造形からも明らかである．

アレクサンドロスがアジアにもたらしたヘレニズム文化の痕跡は，仏教彫刻のみならず，シルカップ遺跡の格子状町割りや*メガロン型を模した神殿のプロポーションなど，インダス川を東に越えた旧タキシラ国の都市や建築の意匠にまで及んだ．

アレクサンドロスの支配領域を継いで，臣下の一人が創始した*セレウコス王朝は，一時期シリアからイランまでを治め，オリエントにおけるギリシア系の人々の定住化はつづいた．中央アジア，オクソス河畔にあって*バクトリアの首都とされる*アイ・

ハヌム遺跡は，アジアのヘレニズム都市を代表する．遅くとも紀元前3世紀初めまでに建設され，約200年間存続したこの都市では，ギムナジウム，劇場，泉，さらに主街路に面するプロピライアに卓越したギリシアの伝統をみとめることができる．王宮建築には中庭と列柱を組み合わせた東西の伝統が混淆した様式が採用されたらしい．その中で，浴室の床を飾ったみごとな玉石モザイクは，遠くローマ期以前のマケドニアに普及していた技法として特筆される．他方，日乾煉瓦造の神殿建築では，高い基壇はアケメネス朝の伝統といえるが，外観や内陣の形式はバビロニアに範を求めたものであろう．

ティグリス河畔に建設された首都*セレウキアでは，アゴラを伴ったヒッポダモス式と通称される格子状の都市プランが復原されており，今後の建築遺構の発掘に期待がかかる．かつて古代文明を担ったバビロンの衰亡は決定的なものとなり，栄華は二度と蘇らなかった．その後セレウコス朝は徐々にその勢力を弱め，前130年ごろイラン系の民族*パルティアによってメソポタミアを追われ，セレウキアは隣接する*クテシフォンに都としての地位を譲った．さらに前64年には最後の国土シリアをローマに奪われて滅亡した．かつてギリシアと*アケメネス朝ペルシアが対峙した状況が，今度はローマとパルティア，後にはビザンティン帝国と*サーサーン朝との関係に置き代わる．

X-3-(2)-② ローマ文化とキリスト教

小アジアからシリア，パレスティナ，さらにエジプトまでの一帯は*ローマ，ないしその後のビザンティン帝国の属州となった．シリアの*アパメアや*パルミラ，ヨルダンの*ジェラシュなどに見る列柱道路を軸とする都市構成や石造の諸建築，彫刻美術などは，まさにローマ文化が西アジアに根を下ろした証左である．セレウコス期に起源を有する*ダマスクスや*ドゥラ・エウロポスも，ローマ時代に大いに発展した．

パルティア治下のユーフラテス川東方地域にも，いくつかの宗教建築にローマ世界の技術や意匠の影響が見られる．メソポタミアでは稀有の石造建築で聖域を造り上げた*ハトラや，同じ時代に復興を遂げた*アッシュルや*ウルクでも周柱式に準じた新様式の建築が生まれている．

また，これらの地方には初期キリスト教が広く浸透し，イスラーム以前の建築文化を彩った．ドゥラ・エウロポスの住宅を改変してチャペルとした事例が，ふつう最古のキリスト教会として紹介されるのだが，そのような例はきっと各地にあったにちがいない．5-7世紀には，切石積みで半円アプスを有する3廊式のバシリカ形式が通有だが，遺構はアナトリア南部やメソポタミア，さらにペルシア・アラビア湾岸地域にも広く及んでおり，建材の点でも形式の上でも多様な展開を見せる．ダマスクスでは，ジュピターの神殿聖域が後にキリスト教ヨハネの教会に転じ，さらに現在のウマイヤ・モスクへと転身を遂げた．

ローマ軍が破壊した*エルサレムのユダヤ教神殿については，旧約聖書が復原の手がかりを与える．ヘロデ王(前37〜34年)が精魂を傾けた最後の神殿は，外観をギリシア風に造り，内部の構成や規模はほぼソロモンの神殿に倣って前室，聖所，至聖所

という区分がなされていたという．旧聖域には現在，岩のドームやアクサ・モスクなどイスラームの建築が並び建ち，現在に遺るヘロデの神殿遺構としては，彼が拡充した神域を支える切石積みの擁壁のみであり，その南西側壁面はユダヤ人が集う「嘆きの壁」と通称されている．

以上のように，ヘレニズムからローマ，ビザンティン時代にかけてのオリエント世界は，ペルシア世界とギリシア世界，あるいは東西の伝統文化，さらには3大宗教があい接し，ときには混交し，めまぐるしい変化と多様で豊かな造形を当地にもたらした時代であったのである．　　　　　　　　　　　　　　　　　　　　［岡田保良］

【参考文献】
日本建築学会（編）『東洋建築史図集』彰国社，1995年．
Malcolm A. R. Colledge, *Parthian Art*, London, 1977.
Susan B. Downey, *Mesopotamian Religious Architecture, Alexander through the Parthians*, Princeton, 1988.
Oscar Reuther, "Parthian Architecture A. History", in A. U. Pope (ed.), *Survey of Persian Art*, Tehran, 1938.
Antonio Invernizzi, "Hellenism in Mesopotamia-a View from Seleucia on the Tigris", *Al-Rafidan* 15, 1994, 1-24.

X-3-(3)　北アフリカの古代後期

エジプト末期王朝時代末における*アケメネス朝ペルシアによるエジプト支配は，*アレクサンドロスの登場によって終焉を迎え，エジプトはここに新たな時代を迎えることになった．マケドニアのアレクサンドロスは父王の遺志を継ぎ，アケメネス朝ペルシアの最後の王であった*ダレイオス3世を滅ぼした後，すぐさま南下してエジプトへと向かい，ここで正式に王位を得た．エジプトは当時有数の穀倉地帯であり，この豊かな国を配下に治めることは，近隣諸国の長きにわたる願望でもあった．ただエジプトは西にはリビア砂漠が横たわり，東は紅海に阻まれていたため，それまで侵略し難い国であり続けたが，以後この国はヘレニズムやローマの影響を少なからず被ることになった．

アレクサンドロスは自分の名を冠した都市*アレクサンドリアをエジプトの地中海沿いの地に築いたが，この都市はヘレニズム文化の偉大な中心地となるほどの繁栄を見た．アレクサンドリアはその後のアレクサンドロスの東方遠征でいくつも設けられた同名の都市の嚆矢とされる．この都市は全体が碁盤目状に配された街路で覆われ，その中で目抜き通りとなるカノプス通りの両側には柱廊が設けられた．またそれまでのエジプトには見られなかった都市施設としての広場（アゴラ）および，その周囲の公共建築など，その装いはギリシアの色濃い影響を受けていることが明瞭である．一方で要所に*スフィンクスや*オベリスクが配されていたことも分かっており，エジプト人，ギリシア人，ユダヤ人などが分かれて平和に住まう国際的な都市であったことが知られている．

アレクサンドロスの没後，彼の築いた広範な版図は分割され，ついにおのおのの地域が複数の臣下たちによって統治されることとなった．エジプトは*プトレマイオス朝によって治められることとなり，およそ300年にわたり支配された．ギリシア人た

ちの入植は広くエジプト全土にわたり，現在まで伝えられている都市名などに，その影響の残滓を見ることができよう．

プトレマイオス朝の建築，とくに神殿建築は，従来のエジプト建築を踏襲し，その構成は大きく変わらなかったといってよい．建物の設計計画は王朝時代の尺度であるキュービット尺が引き続き用いられ，長軸を強調した平面の構成も同様である．ただネチェリケ(*ジェセル)王のピラミッド・コンプレックスに見られる建築に範をとった様式が発案され，円柱の間に薄い障壁を設けるものの，上部を開放するこの形式は，グレコ・ローマン時代に属する建築のファサードにおいて多用された．*デンデラの*ハトホル神殿，*エスナのクヌム神殿，*エドフの*ホルス神殿，また*フィラエ島にあるハトホル神殿やトラヤヌス帝のキオスク，カラブシャの神殿などが代表例として挙げられる．遥か昔にまで遡るファサード形式を尊重した点は特筆すべきであり，同時に新たな解釈を加えているところに意匠の工夫が見られる．*セベク神とハロエリス神の2神を祀るために造営された*コム・オンボ神殿は，祠室を最奥部に二つ並べ，2本の長軸を建物の基本構成として造られた特異な建築であり，創意がうかがわれる点で注目されよう．*誕生殿(マンミシ)と呼ばれる新たな形式の神殿が創案されたのもこの時期であり，これはイシス神がホルス神を産むために用意されたとする建物であったが，柱で小区画を囲い込みつつも，簡素な構成でまとめられた形姿が特徴的である．

最後の女王*クレオパトラ7世の死後，エジプトが*ローマの属州になってからも，建築の様相に大きな変化は見られなかったといってよい．しかし列柱を配することによって生じる建築作品の陰影の効果を意識していたことに疑いはなく，周柱式の構成がいくつかの神殿において見られる．列柱広間に立てられる柱の頭部には植物文様を複雑に混合する意匠が凝らされ，それぞれ異なったモティーフが与えられた．だがローマ本国の建築と比較するならば，古代エジプトにおける圧倒的な量塊性の強調という伝統を破るものではなく，そこにはやはり王朝時代の建築の姿が継続して保存されている点を見ることができる．エジプト建築がギリシアやローマの建築にどれだけの影響を及ぼしたかに関しては，いまなおあまり知られていない状況にあり，研究者によって検討がおこなわれている最中であるが，オーダーの粗型などは存在していた可能性が指摘されよう．

古代エジプトの多神教信仰は，キリスト教にも深い影響を与えずにおかなかった．イタリアのポンペイには小規模な*イシス神殿が残存するが，この神に対する信仰はローマ帝国にも伝えられて広く流布を見た．聖牛を崇める*アピス神信仰もまた，この時代に興隆している．父母とその子を三柱神として祀るという古代エジプトの神殿の伝統は，その後，キリスト教の三位一体の理念として引き継がれた．後に興ったイスラームは，この原理に対して激しい攻撃を加えることとなる． ［西本真一］

【参考文献】
Dieter Arnold, *Die Tempel Ägyptens: Götterwohnungen, Kultstätten, Baudenkmäler*, Zürich, 1992.
Dieter Arnold, *Temples of the Last Pharaohs*, New York and Oxford, 1999.
P. M. Fraser, *Ptolemaic Alexandria*, 1-3, Oxford, 1972.

Günther Hölbl, *A History of the Ptolemaic Empire*, London, 2001.
Richard H. Wilkinson, *The Complete Temples of Ancient Egypt*, London, 2000.

XI 技術と工芸

XI-1 はじめに

　早くから*都市文明が発達したオリエント地域は，自然界に存在するさまざまな素材を加工して利用するための技術が，早期に発達した地域でもあった．石材や木材の利用は旧石器時代に遡り，土を焼いて器を作る土器製作も今から1万年あまり前の続旧石器時代に始まった．前8千年紀の後半に人々は金属を加工する術を知るようになり，やがて前4千年紀後半に始まる青銅器時代以降には主要利器を金属で作るようになる．前7千年紀以降の新石器時代には繊維が，続いて前5千年紀後半にはガラス質の素材も用いられるようになって，前3千年紀以降のオリエント世界では，これらの多様な素材とその加工技術を駆使した工芸品製作の伝統が花開いた．

　自然界に存在する素材には，形，色，硬さ，重さ，融解温度，可塑性，産出地，調達の容易さ等々の点において大きな違いがあるが，古代オリエントの人々は各種素材の特性を経験的に認識しながら，特性に応じた加工技術を発達させてきた．硬く融点の高い石材は常に打ち割るか磨いて石器や石製品へと成形され，打ち割って作った石器の鋭い縁辺は長期間にわたって利器として使用された．水を加えると可塑性を持ち600度以上のやや低温で焼き固まる粘土は，器等の形を作ってから加熱して焼き固められた．また，比較的低温で熔解する金属やガラスは，加熱した柔らかい状態で変形・加工が試みられたのである．一方，例えば細長くしなやかで軽い繊維は衣服に，軽く柔らかく吸湿性に富み，加工しやすい木材は家具等の製品にといったように，素材の特性は常に製品の中で巧みに活かされてきた．こうした素材加工技術の発達過程は，人類が地球上の物質についてその物理的性質と化学的性質とを認識してきた歴史でもあったと言えるであろう．

　各種素材の加工技術とその発達過程は，オリエント世界において比較的小型の製品，すなわちいわゆる工芸品製作の中に最も明瞭にたどることができる．そこで本稿では，古代オリエントの生活と文化を構築するために不可欠であったおもな工芸技術について，その素材と加工技術の観点から概観する．　　　　　　　　　　　　［高宮いづみ］

XI-2 石器と石材加工技術

XI-2-(1) 西アジアにおける石器と石材加工技術

XI-2-(1)-① 打製石器

　石材を打ち割って製作された石器は打製石器と呼ばれる．打製石器の材料として西アジアで最も一般的だったのは*フリントである．アナトリア産の*黒曜石も利用されたが，それが広く流通したのは新石器時代（→新石器文化）以降である．ほかには，玄武岩や石灰岩も稀に用いられた．

　最初期の石器は，礫器あるいは小形の剝片類である．アフリカで進化を遂げた初期

ホモ属が北上し，故地の工芸技術を西アジアに持ち込んだと考えられる．現在のところ最古の発掘例は，140万年前頃のもの(*ウベイディヤ遺跡)だが，近年，同じく死海地溝帯にあるエルク・エル・アハマル遺跡で170万年を遡る石器が発見されている．

打製石器は*旧石器時代を通じて主要な利器であり続けたが，時期によって製法や形態に変化があった．前期旧石器時代には礫器や*ハンド・アックスなどの石核石器，中期には剝片製の尖頭器や削器，後期には石刃製の槍先や掻器，続旧石器時代には*コンポジット・ツールとして用いる細石器が流行した．この変遷は，アフリカやヨーロッパとほぼ一致しており，西アジア旧石器時代人がユーラシア西部の技術伝統を共有していたことがわかる．一方，新石器時代以降は地域による技術の変異が著しく，そのような一般化は難しい．石鏃やナイフ，あるいは穀物収穫用の*鎌刃，木工用のノミ，ビーズ加工用の錐などの刃先が必要な道具はほとんどすべてが石で製作された．

製作法の基本は打ち割りである．新石器時代以降には，これに押圧剝離が加わった．シベリア方面から伝播した技術とされる．ザグロス地域(→ザグロス山脈)を経由してメソポタミア，シリアにも伝わり，小形の石刃製作や尖頭器の二次加工に用いられた．押圧剝離時には，事前に石塊を熱して剝離を容易にする加熱処理が実施されることもあった．

打製石器は安価な刃物として歴史時代にも作り続けられた．*青銅器時代に発達した*カナン石刃と呼ばれる大型石刃は，先端に金属製のピンを装着した器具で剝離された．テコを用いて実施した職人芸であったとの説もある．金属器の普及とともに石器は徐々に廃れていくが，脱穀橇(だっこくぞり)の刃先としての利用は現代にまで受け継がれている．

XI-2-(1)-② 磨製石器

原石を粗割りした後，敲打や磨きを繰り返して製作したのが磨製石器である．打製石器と違い玄武岩や石灰岩，砂岩，蛇紋岩など貝殻状断口を示さない岩石が材料とされた．おそらく粗割りは原石産地でおこなわれ，最終整形が集落ないし工房でなされた．敲打や磨きは石屑を現場に残しにくいので，製作址が同定されることは稀である．

磨製石器は，磨石類，石斧類，そして容器に大別できる．最古の磨石類は後期旧石器時代にみられる．扁平ないし拳形の玄武岩やフリントをそのまま用いたもので，加工痕跡は判然としない．鉱物顔料の粉砕具だったらしい．穀物や木の実など植物調理具として明瞭に加工された磨石が出現するのは，*続旧石器時代以降である．とくに*ナトゥーフ文化期に発達し，主として石臼(→石皿・石臼)や石杵が作られた．*先土器新石器時代になると石皿と磨石が一般化し，その末頃に大形のサドルカーンが登場する．これは穀物調理具としては完成された形態を示しており，以降，歴史時代にいたるまで同様の道具が用いられている．

磨きによって刃をつけた磨製石器が出現するのは，先土器新石器時代A期である．蛇紋岩や緑玉などを擦り切り技法で整形し，砂岩などの砥石で刃先を整えて作った．おもに手斧，ノミ，クサビなど木工具として利用された．青銅器時代以降は金属器に

199

とってかわられる．

　石製容器が発達するのは先土器新石器時代である．大理石や雪花石膏など柔らかい石をフリント石器で加工して製作された．概して小形（径10 cm以内）で，原石のもつ模様を活かした審美的な作品が多い．土器出現後は一時，製作が衰退するが，青銅器時代・鉄器時代には奢侈品・交易品としての生産がさかんになる．粗整形した凍石などの塊に錐で凹みをつけ，周囲を磨き上げて制作された．錐には木製棒に半球状の石もしくは板状の金属を取り付けた道具が用いられた．周囲には金属製のノミで精緻な彫刻が施されることが多く，その製作には専業職人があたっていたと考えられる．

XI-2-(1)-③　その他

　彫刻，建材，装身具，*印章などの製作にも石は重用された．約30万年前の前期旧石器時代遺跡（ベレハト・ラム）から石灰岩製ビーナス像が出土したとの報告もあるが定かでない．明確な彫刻作品が現れるのは続旧石器時代以降である．とくに，ナトゥーフ文化期には*ガゼルなどの動物を象った作品が急増する．先土器新石器時代には女性像の製作も始まった．歴史時代の王宮浮彫りを彷彿とさせるような大形彫刻も出現し，トルコのギョベックリ遺跡では高さ3 mを越える石柱にライオンやヘビなどを彫り込んだ儀礼センターが見つかっている．

　建材用に大形石材の加工が始まったのも続旧石器時代以降である．それは定住生活の開始と軌を一にしている．初期に石灰岩や玄武岩を簡単に打ち割ったものが用いられたが，先土器新石器時代には打製石器の製作技術を応用してレンガ状に加工することもあった．現代に通じるドア・ソケットもこの時期に製作が始まった．　［西秋良宏］

【参考文献】
- F. d'Errico and A. Nowell, "A New Look at the Berekhat Ram Figurine : Implications for the Origin of Symbolism", *Cambridge Archaeological Journal* 10/1, 2000, 123-167.
- C. Holden, "Very Old Stone Tools", *Science* 295, 2002, 795.
- H. G. Gebel and S. K. Kozlowski (eds.), *Neolithic Chipped Stone Industries of the Fertile Crescent*, Berlin, 1994.
- S. Rosen, *Lithics after Stone Age*, Walnut Creek, 1997.
- K. Schmidt, "Göbekli Tepe, Southeastern Turkey : A Preliminary Report on the 1995-1999 Seasons", *Paléorient* 26/1, 2001, 45-54.

XI-2-(2)　エジプトにおける石器と石材加工技術

XI-2-(2)-①　旧石器時代

　砂漠環境が卓越したナイル川下流域では，建築材から日々の道具にいたるまで，資材として石材に重点がおかれた．ピラミッドの石積から王朝時代の神殿，墓などの建材として，また多くの彫像や容器が石材を基礎に製作され，卓抜した石工技術がさまざまに発揮された．ここでは主に利器，容器など，日常的な道具としての石器を取り扱う．

　カイロからルクソールにかけての上エジプト約500 kmの範囲では，ナイル川の両岸と台地上，および山麓部に夥しい数の中期旧石器遺跡が地表面上に広がり，流域に生存した中期旧石器時代人の生活痕跡を留める．ルヴァロワ技法に強く依拠し，ルヴァロワ・ポイント，両面加工の槍先，特殊な製法をもつ凹刃削器などが石器群を構成

する．各種スクレーパー類やムステリアン・ポイントは顕著でない．*ヌビア地域に展開した中期旧石器(ヌビア型ムステリアンA・B，鋸歯縁型ムステリアン，ヌビア中期石器時代文化)やコームサンなどとは性格を異にする．流域沿いに伝統を異にする石器群が鼎立していた様子が窺える．上エジプト南部のナズレット・カーター遺跡，ナズレット・サファーファ遺跡では，中期旧石器時代の石材採掘坑が発見された．礫層中から石器の素材であるチャートの円礫を抽出するために，堅掘りのシャフトを穿つ他に，トンネル法，溝掘り法によって礫層を横に掘りぬいたことが知られた．エジプト西部砂漠にはそれとは別にルバロワズムステリアンが分布する．F. ウェンドルフらが調査したBT14遺跡やBS11遺跡などでは，数万年前のムステリアン湿潤期に内陸部に進出した中期旧石器群が検出されている．

　端正な石刃技法による後期旧石器時代のバックド・ブレードやスクレーパー類が，BP18000年頃，突然にナイル川の沖積地に出現する．石器組成や製作技法などの違いによって，ルクソール周辺で，イドファン，ファクリアン，クッバニアン(→ワディ・クッバニーヤ)，アフィアン，シルシリアン，エスナン，インダストリーCなど，現在十数種類の石器群が知られる．それとは別にセビリアンやハルファン，カダン(→カダン文化)のように，円盤形石核や変則的な石核から剝離した剝片を素材にする石器群があり，錯綜した文化様相を物語る．

XI-2-(2)-②　続旧石器時代と新石器時代

　上エジプト南部から北部にかけて，続旧石器文化の*エル=カブ文化や*カルーン文化など，石刃技法とマイクロビュラン技法を基調に，バックド・ブレード主体の石器群が展開する．続旧石器文化の正確な系統関係と変遷については，いまだ不明の点が多い．

　新石器時代を迎えると，石器の系統は複雑さを増して，前代からの伝統から派生したものの他に，大型の横打剝片を用いた特殊な石器群が*カルガ・オアシスなどから知られている．長脚鏃や鎌刃で知られる*ファイユーム文化でも石器形態は特殊な変化を遂げ，両面加工の技術も洗練されたものになる．ナカダⅠ期(→ナカダ文化)に登場する長菱形ナイフ，魚尾形ナイフ，コンマ形ナイフ，円盤形*棍棒頭は発達して，以後初期の王朝時代にまで引き継がれる．優美な剝離技術は専業製作集団がいたことを暗示している．この他にカバなどの動物形を打製技術によって表現することも行われ，実質的な利器以外にも打製の剝離技術が用いられた．この時期には磨製技術も発達し，とくに緑色粘板岩製の化粧用パレットや石製容器において顕著な発達がみられた．玄武岩，角礫岩，斑岩，閃緑岩などを用いた石製容器は，土器の器形とも関連して独特の発達をみせた．

[高橋龍三郎]

【参考文献】
早稲田大学古代エジプト調査委員会編『マルカタ南[Ⅱ]　ルクソール周辺の旧石器遺跡』早稲田大学出版部，1986年.
B.G. Aston, J. A. Harrell & I. Shaw, "Stone" in P. Nicholson & I. Shaw (eds.), *Ancient Egyptian Materials and Technology*, Cambridge, 2000, 5-77.
Ali El-Khouli, *Egyptian Stone Vessels : Predynastic Period to Dynasty III*, 3 vols., Mainz, 1978.

F. Wendorf & R. Schild, *Prehistory of the Nile Valley*, New York, 1976.
P. M. Vermeersch, *Elkab II : L'Elkabien, Epipaléolithique de la Vallée du Nil égyptien*, Bruxelles, 1978.

XI-3 土器と土器製作技術

XI-3-(1) 起源

　前8千年紀にエジプトを含む北アフリカで，アフリカ大陸最古の土器が出現した．これがオリエント最古の土器であり，この地において独自に発生したと考えられる．北アフリカ最古の土器は，ナイル川とホガール山脈（アルジェリア）の間に広がる南サハラおよびサヘル地区で検出されており，エジプトではナイル川西方の砂漠中に位置する*ナブタ・プラヤやビール・キセイバ，および上流川沿いの*カルトゥームに近いサルラブにおいて，前8-7千年紀の土器の出土が知られている．北アフリカの土器は，農耕・牧畜および本格的な定住よりも古く，狩猟・採集を生業とし，基本的に遊動生活を営む続旧石器時代の人々によって作られ始めた．これらの土器は，地域で採取される粘土に砂粒や岩屑などを混和した胎土で成形され，器表面が魚骨などの工具を用いて付けられたジグザグ文様や，紐等を押捺して付けられた装飾で飾られていた．その後前6千年紀以降には，ナイル川流域に農耕・牧畜を生業とする人々が定着し，各地に地方色を持つ土器が発達していった（→ファイユーム文化，メリムデ文化，バダリ文化，ナカダ文化）．

　一方，西アジアにおける土器の出現はそれよりやや遅れて，前7千年紀末に年代付けられる．土器の出現に先んじて，*プラスター容器や未焼成の土製容器が存在することから，粘土を焼成して作られる土器の製作は，この地でも独自に発達したと考えられる．北アフリカとは対照的に，西アジア最古の土器は，すでに農耕・牧畜を主体とする生産経済を営み，定住する人々の間で始まった新石器時代の産物であるが，こうした生活様式の始まりと土器の出現の間には数千年の時間差があった（→先土器新石器時代）．また北アフリカとの中間地帯であるパレスティナでは，土器の出現が西アジアの他の地域よりも500年程度遅れた．

　西アジアにおける出現期の土器は，ユーフラテス川中流域を境として，その東方と西方で様相に大きな違いが認められ，胎土や器面調整を異にする土器群が共存していた．西側の土器は，*暗色磨研土器に代表されるような胎土に砂粒を混和し，器面が磨研される土器が主体であるのに対して，東側ではスサを混和する明色系の土器が主体となる．彩文土器が早くから発達するのも東側の地域である．このように出現期の土器が様相を大きく異にしているのは，土器に要請された役割が地域によって異なっていた可能性が考えられ，実際広大な西アジアの全域をひとまとめにして論じるのは困難である．

XI-3-(2) 彩文土器の普及

　前7千年紀以降の新石器時代には，オリエント地域にいく種類もの彩文土器が普及した．最古の彩文土器は，土器出現とあまり時を違えず，前6千年紀の前半に現れ，

その後西アジアにおいて，*ハッスーナ文化，*サマッラ文化，および*ハラフ文化という，各々彩文土器に特徴付けられる新石器文化が次々と起こった．これらの文化の彩文土器は，通常明るい色の下地の上に，赤褐色や黒褐色の顔料で装飾を描いていた．

新石器時代以降における彩文土器隆盛の風潮は，前4千年紀にエジプト・ナイル川流域でも見られる．前4千年紀の前半に*ナカダ文化の中で赤褐色の下地に白色の顔料を用いた土器が，後半にはクリーム色の下地に赤褐色の顔料を用いた彩文土器が製作された．

オリエント地域における新石器時代の彩文土器の隆盛は顕著であったが，西アジアにおいては前4千年紀中葉に，エジプトにおいても前4千年紀の終わりに一旦終息する．しかし，青銅器時代以降も，彩文土器は長期間にわたって断続的に現れ，美しく彩色された土器はオリエント世界の土器の一つの特徴をなした(→ハブル土器，スカーレット土器，ヌジ土器，青色彩文土器)．

一方，表面を磨研した土器も，西アジアでは出現期から見られ，北アフリカでも続旧石器時代の終わりあるいは新石器時代の初期から普及した．以降，歴史時代にも，磨研土器が継続的に製作された(→黒頂土器，メイドゥム土器)．

XI-3-(3) 土器製作技術の発展

出現期の土器はいずれも，手捏ね，紐作り，あるいは叩きなど，手で成形されたもので，特別な焼成施設を造らず，野焼き等の方法で焼成されていた．しかし，新石器時代の後半から，土器の効率的な生産を目的とする技術が開発された．

西アジアは土器の出現の時期こそ遅かったとはいえ，その後の技術的発展は急速であり，世界の最先端を進んだ．その主たる技術的発展の指標が，*土器焼成窯と*ロクロの導入である．最古の土器焼成窯は，西アジアにおける土器生産開始からわずか数百年後，前6千年紀半ばに年代付けられる*ヤリム・テペで検出されている．土器焼成窯の導入によって，土器の高温焼成と温度調節が可能になった．土器焼成窯は次第に周辺地域でも用いられるようになり，エジプトでは*ヒエラコンポリスにおいて前4千年紀前半に年代付けられる最古の窯が報告されている．

ロクロの導入については，考古学的資料から確証を得ることが困難であるものの，前6千年紀のサマッラ土器(→サマッラ文化)には回転台の使用が認められ，*ウルク期にはロクロが出現したと考えられている．ロクロの本格的導入は，都市化しつつある社会環境の中で発展した，効率的な土器生産や大量生産，および土器製作における専業生産と深く関連する．青銅器時代に入った前4千年紀の終わり頃に，土器の大量生産が広まって，無装飾の画一的で単調な土器が普及するようになった．

エジプトでは前4千年紀中頃，ナカダ文化の土器の一部に回転台の使用が認められ，大量生産を反映すると思われる無装飾で画一的な土器は前4千年紀末以降に普及する．しかし，ロクロを用いた水挽き成形は前3千年紀になってから導入され，本格的に使用が普及するのは前2千年紀になってからのことである．

次第にロクロ成形の土器が普及する中でも，手捏ね，紐作り，叩き，型起こし等の技法は，一部の土器に使用され続けた．

XI-3-(4) 歴史時代の土器製作

前3千年紀開始以降の歴史時代になると，土器のつくりは概して粗雑になる．金属製容器や石製容器など，他の素材を用いた容器が普及することがその要因の一つである．土器の用途は多岐にわたり，概して粗雑なつくりの日用の調理容器(パン焼き型など)，貯蔵容器，運搬容器(*アンフォラなど)等の他，祭儀用，副葬用，エリート層の食卓用には，精巧なつくりと華美な装飾を持つ土器も作られた(→ヌジ土器，青色彩文土器)．

粘土の胎の表面にガラス質の釉薬を施した施釉製品は，前2千年紀中頃の西アジアに初めて現れた．最古の施釉製品がミタンニ時代(→ミタンニ王国)のメソポタミア北部の*ヌジで検出され，*テル・エル＝リマでは*施釉陶器も出土している．地中海沿岸のシリア・パレスティナにおいても，前2千年紀中葉以降に施釉陶器が製作された．その後，施釉陶器は西アジアにおいて各地で生産され続けたが，常に少数に限られ，施釉陶器が隆盛を迎えるのはイスラーム陶器の出現を待たなければならない．

前1千年紀半ば頃に蹴ロクロが導入されたことは，土器生産に影響を与えた．この頃以降エジプトでは，高速回転のロクロ使用を示す明瞭かつ規則的な稜を器表面に持つ土器が頻出するようになった．

XI-3-(5) ヘレニズム・ローマ時代の土器製作

前4世紀以降，ヘレニズム化に伴って土器生産にも地中海世界の影響が大きくなってくる．とくに前1世紀以降，*シギラタ土器がローマ帝国内に普及し，アナトリアやシリアにイタリアと並ぶ生産拠点があった．こうした土器は広域に流通したが，さらにそれを模倣した土器がオリエント各地で製作されるようになり，食卓器を中心としてローマ色の強い土器が普及するようになる．ローマ・ビザンツ帝国時代の模倣品の地域的製作地として，*ペルガモン，エジプトの*アスワン等が知られている．この傾向は，7世紀中葉のイスラームの侵入まで継続した．一方，各地で地方特有の土器生産も継続した．　　　　　　　　　　　　　　　　　　　　　［三宅裕・高宮いづみ］

【参考文献】
近藤二郎「土器の使用のはじまり―エジプト―」『考古学ジャーナル』239, 1984年, 7-12頁.
高宮いづみ『エジプト文明の誕生』同成社, 2003年.
三宅裕「土器の誕生」『文明の原点を探る―新石器時代の西アジア』同成社, 1995年, 97-2115.
R. Amiran, *Ancient Pottery of the Holy Land*, Jerusalem, 1969.
D. Arnold (ed.), *Studien zur altägyptischen Keramik*, Mainz am Rhein, 1981.
D. Arnold & J. Bourriau (eds.), *An Introduction to Ancient Egyptian Pottery*, Mainz am Rhein, 1993.
J. D. Bourriau, P. T. Nicholson & P. J. Rose, "Pottery" in P. T. Nicholson, & I. Shaw (eds.), *Ancient Egyptian Materials and Technology*, Cambridge, 2000, 121-147.
C. Hope, *Egyptian Pottery*, Second edition, Alyesbury, 2001.
J. Mellaart, *The Neolithic of the Near East*, London, 1975.
P. R. S. Moorey, *Ancient Mesopotamian Materials and Industries. The Archaeological Evidence*, Oxford, 1994.
A. L. Perkins, *The Comparative Archaeology of Early Mesopotamia*, Chicago, 1949.

XI-4 金属と冶金術

XI-4-(1) 起源

　オリエント地域において，人類史上最も早く冶金術が発達した．なかでもバルカンを含むアナトリア，メソポタミア北部，イラン，パレスティナでは冶金術の開始はかなり古く，前8千年紀後半から金属としての銅の使用例が知られている．そして，前5千年紀末までに銅の利用はアフリカ大陸北東部のエジプトまで普及した．オリエント地域が最初に冶金術の発達を遂げ，その後も金属器文化の恩恵を被ることができたのは，黒海沿岸，コーカサス，カスピ海沿岸，パレスティナ地域において，鉱物資源と共に燃料となる森林資源が豊富に存在したことが要因の一つであったが，森林資源の乏しいメソポタミア南部やエジプトの例に見られるように，*都市文明の発達も金属器文化を促進させる要因となった．

　金属の特性は，硬質であるにもかかわらず，展性や延性があり，比較的融解温度が低く，変形しやすいことにある．古代オリエントでは，*銅，*鉄，*金，*銀などの金属が用いられたが，そのうちでも比較的加工が容易な銅や金の使用が早く始まり，鉄の本格的な利用はそれよりだいぶ遅れた．

XI-4-(2) 銅の利用と冶金術の発達

　金属利用の発展段階は，最初に冶金術が用いられた銅の利用を通じて，技術史的に以下のように考えられる．

　まず第1段階は，石材としての利用の段階である．オリエント地域において最古の銅製品は，マラカイトなどの銅鉱石をそのまま利用したもので，金属の特性が認識されないまま，石材の一種として銅が使用された．銅鉱石を磨研した後に穿孔したビーズやペンダントなどの装身具は，前9千年紀の*シャニダール洞窟から出土例がある．

　第2段階は，自然銅を鍛造して利用するようになった段階である．融解温度の比較的低い銅は，自然界にも金属の状態で存在することがあり，金属としての展性や延性を活かし，打ち伸ばしたり焼き鈍すことによって，自然銅を変形して製品が作られるようになった．これが銅の金属としての利用の第一歩であり，その最古の例が前8千年紀後半のアナトリアのチャヨニュなどに認められる．

　第3段階は，製錬技術が確立した段階である．製錬とは鉱石を熔かすことによって金属を抽出する方法で，アナトリア，パレスティナ，イランにおいて前5千年紀後半以降には銅製錬の証左があり，前4千年紀末頃にはエジプトまで普及した．一方，おそらくは製錬より先行すると思われる銅を溶かして加工する鋳造技術も，西アジアで前5千年紀に，エジプトでも前4000年頃にはその例がある．当初は製錬の容易な酸化銅の鉱石が使用された．後に高温と溶剤が必要なためにやや製錬が難しいが，埋蔵量が豊富な硫化銅の鉱石も利用されるようになって，銅の利用量が飛躍的に増大した．硫化銅の利用は，アナトリアのハジネビ遺跡の*ウルク期以前の層で古い例が確認されており，エジプトでもおそらく前3千年紀初頭には知られていた．

　銅の加工には，後述のような人工的な合金の技術も用いられるようになり，鑞付け

205

(錫と鉛の合金で金属を接合する), 熔接, 鋲打ち (リベットで金属をつなげる) 等の技法も開発された.

XI-4-(3) 青銅と銅合金の利用

青銅は, *錫と銅との合金を指す. 銅に錫を混ぜることによって, 純銅よりも硬度が増し, 融点が低下する他, 熔銅の流動性を高め, 気泡を減じる効果がある. こうした利点のために, 前3千年紀半ば以降, 青銅の利用が普及したが, それ以前から類似の効果を持つ砒素や鉛との銅合金も頻繁に用いられていた.

青銅やその他の銅合金を用いることによって, 鍛造以外の技法も発達した. とくに鋳造の分野における技術発展は顕著であったが, そのなかでも青銅を用いた脱蠟法の開発は重要である. 製品の原型を蜜蠟などの融点が低い素材で作製し, 上から粘土で覆って焼成すると, 蜜蠟は溶けだして鋳型ができる. そこに青銅を流し込むことによって, 製品の細部まで製作することが可能になった.

青銅製作の先進地域とされるアナトリアでは, 前期青銅器時代以降に青銅製品の増加が認められる. *アラジャ・ホユック出土のスタンダード, テル・ジュダイデ出土の人物もしくは神像はその好例である. 一方, 砒素や鉛との銅合金が普及していたエジプトでは, 青銅は古くから出土例があるものの, 前2千年紀後半から普及し始め, 前1千年紀になってようやく主流を占めるようになった. 末期王朝時代以降に頻出する脱蠟法によって製作された神像群は, その代表的な例である.

XI-4-(4) 鉄の利用

鉄は鍛造や製錬に特異な技術を必要とするため, 鉄利用の技術を単純に銅利用の延長線上には位置づけられない.

初期の鉄器は, ニッケルを含む隕鉄から鍛造されたもので, アナトリアのアラジャ・ホユックから前3千年紀に年代付けられる短剣の古い例が知られている. 隕鉄の利用はその後も継続するものの, 前2千年中頃にはアナトリアで鉄鉱石から製錬した鉄の利用も始まった. 製錬の最も基本的な技法は鉱石と燃料を交互に積み重ねて加熱し, 炉床に熔留した金属塊を採集する方式である. 初期の炉は地面に穴を掘っただけの簡単な構造であり, 後に本格的な高炉系のものへ移行していった. 今後こうした炉の確実な出土例が*ヒッタイトの遺跡から期待される.

鉄の加工に際して, 海綿鉄を加熱し, 繰り返し槌打ちすれば錬鉄を得ることができたが, これはまだ硬度に欠けた. しかし, 前2千年紀中頃までには, アナトリアで浸炭, 焼き入れ, 焼戻法といった高度な冶金術が知られるようになった. 木炭と接触させながら錬鉄を加熱し, 槌打によって炭素と化合させて鋼を得る浸炭技術は, これ以降に定着したと考えられるが, しばらくの間利用範囲は限られていた.

西アジアに鉄利用が本格的に普及するのは, 前8世紀頃のことであり, コルサバード (古代名:*ドゥル・シャルキン) などで備蓄された鉄塊が検出されている. 一方エジプトでは, 前6世紀頃には下エジプトの*ナウクラティスやダフネで製作所址の出土例があるものの, 鉄の本格的普及はそれよりもさらに遅れた.

前1千年紀初頭に, イラン北西部および西部において, 青銅と鉄を組み合わせて作

った「バイメタル」製品が製作された.

XI-4-(5) その他の金属利用

金は，古来より稀少性，耐久性，展延性等の特性のために特別な存在であった．自然金の主要産地は，西アジアではイラン高原とアルメニア周辺地域に，アフリカ大陸北東部ではエジプト東部砂漠とヌビアにあった．黒海沿岸，バルカン金石併用時代のヴァルナにおける大量の金の出土は驚嘆に値する．銀は前4000年頃から知られる．アルメニア，エラム周辺地域は銀の一大生産地域であった．また前3千年紀に入ると金と銀の合金であるエレクトラムが登場する．鉛はアナトリアでは既に新石器時代にその存在が知られていた．

XI-4-(6) 製作組織

金属を扱う生産組織は，製錬を必要とする金属の場合，しばしば鉱山付近の製錬所と，製品を製作する集落内もしくは集落近郊の工房とに分かれる傾向があった．鉱山付近の製錬所址の例として，アナトリアのギョルテペ等が知られている．一方，製品製作を行った工房址の例として，デイルメン・テペ，テペ・ガブリスタンが挙げられ，古代エジプトの壁画には，王宮，神殿あるいは貴族の所領に属す工房において，製錬された金属から製品を作る過程が描かれている．

産出地が限られる金属は交易の対象となった．金や銀などの貴金属は，早い時期から長距離にわたって交易された．銅に関しては，前4千年紀のウルク期の西アジアに銅交易のネットワークができていた．また，青銅生産に必要な錫は産出地が極めて限定され，イラン，アフガニスタンあるいはアナトリアのタウルス山脈中に産出地があったとする説があるが，いずれにしろ遠隔地交易の対象となったと考えられる．後期青銅器時代には，トルコ・カシュ沖（ウルブルン）で発見された銅や錫のインゴットを含む沈没船の積み荷が示すように，大規模で組織的な青銅製作のネットワークが成立していた可能性が高い．

金属からは多様な製品が製作されており，金や銀などの貴金属は装身具の素材や貨幣の代わりに用いられ，銅や鉄からは武具や道具などの実用品，神像や祭具のような宗教用具等が製作された．金属製品は，遺物として残されたものは限られるが，武具や道具として機能することを通じて，古代オリエントの文明を陰から支えてきたと考えられる． ［紺谷亮一・高宮いづみ］

【参考文献】
紺谷亮一・足立拓朗・大津忠彦編『古代イラン秘宝展』，2002年．
佐々木稔・津本英利・足立拓朗・上杉彰紀「特集　金属－素材と形－」『西アジア考古学』5，2004年，1-52頁．
西アジア考古学会編『古代オリエント世界への新視点－銅の文明・鉄の文明－』（日本西アジア考古学会第3回公開セミナー予稿集）2001年．
松丸道雄「青銅器文化の西と東」『すみとも』14号，2000年，6-9頁．
三宅裕「銅をめぐる開発と交流－新石器時代から銅石器時代まで－」『西アジア考古学』2，2001年，7-20頁．
三宅裕「西アジア・地中海域における銅の交流のかたち－銅インゴットを中心に－」『東京家政学院生活文化博物館年報』10，2001年，63-78頁．
K. Aslıhan Yener, *The Domestication of Metals*, Leiden, 2000.

P. R. S. Moorey, *Ancient Mesopotamian Materials and Industries*, Winona Lake, 1999.
J. Ogden, "Metals" in P. T. Nicholson, & I. Shaw (eds.), *Ancient Egyptian Materials and Technology*, Cambridge, 2000, 148-176.
B. Scheel, *Egyptian Metalworking and Tools*, Aylesbury, 1989.

XI-5 ガラスとガラス製品製作技術

XI-5-(1) 起源

珪酸を主成分とするガラス質を用いた製品(*ガラス，*ファイアンス，*施釉陶器，*エジプシャン・ブルーなど)は，オリエント世界において最も早く出現した．ガラス関連製品製作技術の起源については，施釉石とファイアンスが先行し，ウバイドIV期(前5千年紀後半)のテル・*アルパチヤなどメソポタミアに両者とも同時期に白色や青色の玉などとして出現する．初期の鋳造銅製品を製造する際，石型と砂型との2種類の鋳型に付着した原ガラス質の銅滓からヒントを得て，施釉石やファイアンスが生まれたとする説を実証する出土例といえる．凍石など，もともとは軟らかいが焼くと硬化する石を彫琢し，マラカイトなど銅鉱石の粉を付着させ青色の呈色剤として焼成した(これにカルシウムなどが作用すると白くなる)施釉石と石製鋳型とが対応し，精製した石英砂に焼結剤となるアルカリ溶剤を加えて焼成したファイアンスと砂製鋳型とが対応する．ファイアンスは続くウルクIV期(前4千年紀前半)に動物型形象玉(*護符・*印章)としてシリアにも展開，ウルクIII期(前4千年紀後半)にはシリアとメソポタミアとの双方でファイアンス容器も初現する．

エジプトでもバダリ出土施釉凍石玉(→バダリ文化)やナカダI期(→ナカダ文化)出土のファイアンス玉が確認されてはいるが，現在までのところ出土例に乏しく，先史時代のエジプトではあまり一般的ではなかったようだ．そのエジプトでも初期王朝時代第1-2王朝期には動物型ファイアンスが出現し，続く古王国時代第3王朝期には*ジェセル王の階段ピラミッドなどに建築用ファイアンス・タイルが用いられる．珪酸・銅・石灰にアルカリ溶剤を加え加熱し熔融してつくる人工のエジプシャン・ブルーは，これに続く古王国時代第4王朝期に初現する．

XI-5-(2) ガラス製品製作技術の発達

一方，前3千年紀初頭のシリアでは，ファイアンスの焼成温度が高くなりすぎるなどして胎部の珪酸分がある程度ガラス化してしまった，いわば不完全ガラス状態の扁玉がテル・ジュデイダG層などで出土し始め，*アッカド王朝時代の前2450年頃には，同時期の*円筒印章と*アッカド語の粘土板文書を伴って，メソポタミア北部の*ヌジIV層から銅製ピンの頭部に嵌め込まれて，原料の結晶構造が完全に熔けてガラス化した玉が出土する．単体としてのガラスの初現である．土の胎に施釉する施釉陶器はガラス関連製品中では出現が最も遅い．シリア，*アララハVI層出土のソーダ石灰釉の銅着色による青緑釉陶器断片で，*ミタンニ王国期の前16世紀第2四半期とされる．ガラス容器の初現も同一遺跡同一層である．

以上のように見てくると，施釉石とファイアンスに始まり，エジプシャン・ブルー，ガラス，施釉陶器とガラス容器へと続く，ガラスおよびガラス関連製品の展開過程は，

銅, 青銅合金, 鉄と展開する金属精錬過程と一致しており, これはすなわち人類の達成した窯の到達管理温度と密接に関連していることがわかる. 高温に耐える窯をつくるには, 珪酸を主成分とした耐火粘土を窯の内部に厚く張り巡らせる必要があり, 金属精錬の際には, 熱で熔け出たこの窯壁の珪酸分と, 鉱石から出る余剰成分と, 燃料の灰とが混ざり合い鉱滓となって流れ出るが, これはすでに原ガラスに近い成分をもっており, これに不足しているアルカリ分を加え, 当初から不純物を取り除いた原料を用いればガラスとなるわけで, ガラス製造技術の最初のヒントはこのあたりから, すなわち金属精錬の際の副産物から生まれたと考えられている. いずれにしても最初期のガラスおよびガラス関連製品の工房は, 金属精錬のそれと共用, あるいはその一部に付属していたとされる.

XI-5-(3) 製作技法

技法が確立されてから18世紀までのガラス製造法は基本的には同じで, (1)まず珪砂とアルカリとを摂氏750度前後で焼いて固体反応させ塊とし, これを冷却し砕いてまだ結晶構造の残るフリット原料化し, (2)これをさらに高温で熔かしてガラス化させ, 着色剤として銅を添加し酸化炎で加熱(無煙燃焼)して青の, 還元炎で加熱(有煙燃焼)して赤の, コバルト添加で紺ガラスのインゴットをつくるという2段階熔融法を用いていた. (その他, 時代と地域により使用が異なるが, マンガン添加の酸化炎で赤紫, 還元炎で無色, 鉄添加の酸化炎で黄褐, 還元炎で青緑, アンチモン酸カルシウムまたは酸化錫または未溶解石英の添加で白濁, アンチモン酸鉛添加で黄濁などさまざまの着色ガラスを製造した). この紺ガラスの円盤型インゴットと, キプロス産のオックスハイド型銅インゴットとを積載した前14世紀(エジプト王*アクエンアテンの妃*ネフェルトイティの銘入り金製指輪を伴出)の沈没船が, トルコ・カシュ沖のウルブルンで発見され, この時期の材料交易の実態の一端が明らかとなった. (3)こういったインゴットが各地の製品工房にもたらされ, 再熔解されて最終製品となったのである. 1世紀とされる*『エリュトラー海案内記』には, インドのバリュガサまでこのガラスインゴットが運ばれていた記述がある. この第2段階のガラスインゴット製造には, 高温を得るための大量の燃料としての木材や, 良質の珪砂, アルカリ, 窯・フイゴ等の高温技術が不可欠で, これらをすべて備えていたのはシリア(国名のシリアでなく地理上の大シリア)の地中海沿岸であった. 前25-7世紀のこの地域産のガラス原料は, 成分分析からアルカリ源に植物灰を用いていた可能性が高い. エジプトでも*マルカタ, テル・エル=*アマルナの宮殿域や*リシェト, メンシェーの民間居住域から新王国期の工房址が発掘されており, 前14世紀以降アマルナなどでは, すべての段階のガラスをつくるガラス工房が設立されたようである. ここでの原料は成分分析からすると, アルカリ源は植物灰と地中海産天然ナトロンとの併用であるかのように見える. 前6世紀からは, *フェニキア商人の活躍により, シリアでもアルカリ源を天然ナトロンに切り替えたようで後1世紀まではこれが続く. 以後地中海域では, 天然ナトロンの使用は天然原料の枯渇からか次第に減少する. これに対し*サーサーン朝とそれを引き継ぐ内陸イスラームでは, 依然として砂漠の植物灰をアルカリ源と

して使用している．ローマ時代のシリアにはジャラームなど第3段階のみの最終製品製造工房址だけでなく，ベイト・エリエゼルといった第2段階のガラスインゴットのみを専門に製造していた工房址が発掘されており，以後1402年のチムール侵入までこの地域が一貫してすべての段階のガラス製造の中心地であった．

最後にガラスの製品製造技法を概観する．前16世紀にシリア北部地域で片面だけの開放鋳型による鋳造玉技法，金属棒に耐火粘土で芯をつくりそれにガラスを巻付けさらにその表面に色ガラス紐を貼付け引っかいて施文し芯を抜いて容器とするコア技法，輪切りにした色ガラス棒などを鋳型に敷詰め加熱する鋳造モザイク技法が確立され，前8世紀末にはメソポタミアで鋳造剞抜き技法による容器(*サルゴン[2世]王銘壺)が登場したが，前1世紀中頃にシリアで吹きガラス技法が発明されると，ガラス容器の大量生産が可能となり，安価なこともあって他の技法を圧倒．高級品と日常品とに二極分化し，現在に至っている． 〔谷一　尚〕

【参考文献】
谷一　尚『ガラスの比較文化史』杉山書店，1993年．
谷一　尚『ガラスの考古学』同成社，1999年．
中山公男・谷一　尚『世界ガラス工芸史』美術出版社，2000年．
ビルギット・ノルテ著，(谷一　尚・近藤薫訳)『エジプトの古代ガラス』京都書院，1985年．
由水常雄・谷一　尚『世界ガラス美術全集第一巻　古代・中世』求龍堂，1992年．
山花京子「古代エジプトのファイアンス研究：現状と展望」『古代文化』52, 2000年, 39-44頁．
R. H. Brill, *Chemical Analyses of Early Glass*, Corning, 1999.
F. D. Friedman, *Gifts of the Nile : Ancient Egyptian Faience*, London, 1998.
P. T. Nicholson, *Egyptian Faience and Glass*, Aylesbury, 1993.
P. T. Nicholson & J. Henderson, "Glass" in P. T. Nicholson & I. Shaw (eds.), *Ancient Egyptian Materials and Technology*, Cambridge, 2000, 195-224.

XI-6　繊維と染織技術

XI-6-(1)　起源

植物性もしくは動物性の繊維を加工した織物製品は，新石器時代以降オリエント地域に普及した．織物は薄くてしなやかであり，主に衣服の素材として生活に不可欠であったが，腐食し易いために残存例は限られる．しかし，残存する実物繊維とともに，道具や特にエジプトに良く残る図像資料から，染織技術の発達が推測できる．

織物の原料はオリエント地域を通じて，主に植物性の麻と，動物性の羊毛であったが，ときに綿も用いられた．東方から伝来した絹の利用は，後3世紀まで時期が下る．

天然繊維を撚って糸にするときに用いられる紡錘車は西アジアにおいて新石器時代の早くから出土例があり，*ジャルモから圧痕が出土しているので，前7千年紀には繊維が用いられていたと思われるが，織物繊維として最も早い出土例は前6000年頃の*チャタル・フユックの麻である．羊の飼育は前9000年の*シャニダールに遡るものの，羊毛が織物の素材とされたのは何時からかわからない．しかし，カウナケス（IX-2参照）が見られる紀元前3千年紀には，明らかに毛織物が存在した．羊毛は*「ハンムラビ法典」に麦や油やナツメヤシなどとともに国の産物の一つとして挙げられている．一方エジプトでも，*ファイユームから前5000年頃の亜麻の織物が出土し

ており，以降，亜麻が繊維の主流となった．毛織物も前4千年紀には*ナカダ等から出土例がある．

XI-6-(2) 染織技術の発展

　西アジアではまず，前7000年頃のジャルモで，単純に経糸(たて)と緯糸(よこ)を交互に上下させる「平織」と，複数の糸を組にして扱うその変化形(経2緯2)の圧痕が見られ，次に前4,3千年紀にトルコのアリシャルで2/2の「斜文織(綾織)」が出土している．*スーサの地下墓地で発見された前4千年紀の金属製の斧に付着した織物に格子縞の痕跡があるので，糸の太さを工夫したかあるいはすでに染めた糸が使用されていたのかもしれない．時代が下って，前1-後3世紀頃の*パルミラやイラクのアッタール(アル=タール)で1/2，1/3，2/2の斜文織が出土している．斜文織は単色で文様が表されているが，多色で文様を表すのは，主として色糸を各文様ごとに往復させて文様を描き出す「綴織」である．ローマ時代のプリニウスの『博物誌』には「いろいろな色で文様を織り出すことは*バビロンで流行した」とあり，パルミラ，*ドゥラ・エウロポス，アッタールでは後1-3世紀頃の色彩豊かな植物文様を織り出した綴織が出土している．文書によると，前1000年頃からパイル織物も織り出されたらしい．パルミラやアッタールでは長いパイル糸を粗く結んだものや密にパイル糸を結んでカットしたものがある．長いパイル糸の織物は古くはカウナケスとして，後には敷物として利用された．

　一方エジプトでは，ファイユーム出土の布以来，常に平織が主流であり，その変化形の出土例は，多くが前1500年頃以降の新王国時代に年代付けられる．最も豊富に繊維製品を出土した第18王朝*アクエンアテン王治世の都*アマルナからは，多様な変化形(経2緯2，経1緯2，経2緯1)やそれらと平織との組み合わせが認められたが，斜文織は見つかっていない．繊維を染める技術はおそらく前4千年紀末の*アビュドス出土例まで遡り，*メイドゥムからは前2600年頃の赤く染められた織物が出土している．前1400年頃の第18王朝前半には，すでに染色した糸を用いた綴織が製作されるようになっていた．テーベ西岸*王家の谷の王墓からは，*アメンヘテプ2世，*トトメス4世および*トゥトアンクアメン王の王名や植物文を織り出した綴織が出土している．しかし，王墓以外からの染色糸や綴織の出土例は極めて限られ，「*コプト織り」の名称で知られる綴織が普及するのはローマ支配時代以降になってからであった．前2000年頃の中王国時代からは，緯糸を引き上げてループ状にしたパイル織物が製作されるようになり，*デル・エル=バハリの兵士の墓からの出土例に見られるように，ループで文様も描き出された．

　多色で文様を表す織り方に，緯糸で文様を織り出す「緯錦」がある．これは紀元1世紀頃，地中海東部で平組織の毛緯錦が生み出され，次第に東へ伝播した．ドゥラ・エウロポスから後3世紀頃の幾何学文様の杼二丁平組織緯錦が出土している．緯錦はシリアからペルシャに入り，*サーサーン朝の頃には絹の綾組織緯錦が織り出された．この緯錦は，さらに東方に伝播し，日本の織物技術にも影響を与えた．

　西アジアにおいて，毛織物の耳は，シンプルなものから，耳で緯糸を巻き付け保護

するもの，飾り耳とするものなど多様な手法が用いられ，織り始めや織り終わりはコード状に始末したり，飾り房とする手法がとられた．また，組織が変化する箇所では経糸を交差する手法がとられた．エジプトでも，ほぼ同じような耳の始末が知られていた．

XI-6-(3) 機と製作組織

古代オリエントでは古くから織物に機が使用され，糸を地面と水平に張る「水平機」と，垂直に張る「竪機」があった．西アジアでは，前4千年紀のスーサの機の図は水平機であるという．しかしそれは麻用で，*テローから垂直に糸を張るために使われたと思われる錘が出土しているので，羊毛は錘を用いて竪機で織られたらしい．紡ぎや織りは，はじめは女性が家で行ったが，紀元前2000年以前，すでに神殿でほとんど工場に近いシステムで行われ，男性も加わった．*ウル第3王朝では165人の女性と少女が一つの建物の中で作業し，*ラガシュの三つの町では6400人が織物製作に携わったという．

エジプトでは，機と工房の様子が図像資料に比較的良好に残されている．前4千年紀末の先王朝時代から水平機が使用されていたことが，*バダリ出土の土器に描かれた図から推測されている．その後も王朝時代の壁画や模型に水平機が表されている．当時の水平機は地面に杭で止め付けられ，棒を経糸の間に入れて糸を上下させて緯糸を入れる空間を作っていたらしい．前1500年頃の新王国時代初頭に西アジアから竪機が伝わり，両者が併用されるようになった．竪機は，しっかりした枠を持ち，経糸を定間隔に配置する原始的な筬を含む複雑な構造を備えていた．図像資料から当初は主に女性が家庭内や工房で織りを行っていたことがうかがわれ，*ハレムに機織り組織があったことも知られている．その後，竪機が導入された頃から，男性も機織りに携わるようになった．

繊維製作は，このように*都市文明の発達以降，家内生産と工房生産に分かれていたと思われる．製作に時間がかかり，ときに美しい仕上がりを見せる繊維製品は当時の貴重品であり，しばしば交換財として用いられ，長距離交易の対象ともなった．

[坂本和子・高宮いづみ]

【参考文献】
E. Barber, *Prehistoric Textiles*, New Jersey, 1991.
D. C. Carroll, *Looms and Textiles of the Coptos*, Seattle & London, 1988.
H. Fujii, K. Sakamoto & M. Ichihasi, "Textiles from At-Tar Caves Part I : Cave 12, Hill C", *Al-Rafidan* 10, 1989, 109-165, pls. 29-37.
H. Fujii & K. Sakamoto, "Textiles from At-Tar Caves Part II-(1) : Cave 16, Hill C", *Al-Rafidan* 11, 1990, 45-65, pls. 1-3.
H. Fujii, K. Sakamoto & M. Ichihasi, "Human-figured Emblems by Tapestry-weave Technique Unearthed from At-Tar Caves", *Al-Rafidan*, 1994, 77-89 pls. 1-10.
R. Hall, *Egyptian Textiles*, Aylesbury, 1986.
B. J. Kemp & G. Vogelsang-Eastwood, *The Ancient Textile Industry at Amarna*, London, 2001.
R. Phister, *Textile du Palmyre*, I-III, Paris, 1934-1940.
S. I. Rudenko, *Frozen Tombs of Siberia*, California, 1970.
M. L. Ryder, *Sheep & Man*, London, 1983.
G. Vogelsang-Eastwood, *Pharaonic Egyptian Clothing*, Leiden, 1993.

G. Vogelsang-Eastwood, "Textile", in P. T. Nicholson, and I. Shaw (eds.), *Ancient Egyptian Materials and Technology*, Cambridge, 2000, 268-298.

Y. Yadin, *The Finds from the Bar Kokhba Period in the Cave of Letters*, Jerusalem, 1963.

XI-7　家具・木工品の製作技術

XI-7-(1)　起源

　木材の利用と初歩的な加工は生活圏内の木を用いて旧石器時代からおこなわれてきたが，金属器の出現により，その製作技術は格段に進歩したといわれる．木材は生活をしていく上で基本的な素材となったことは確かではあるが，腐食しやすいため，石，土などとは異なり，証拠が損失している場合が多い．

　森林の伐採を裏付ける証拠は*先土器新石器時代のレヴァント地方やアナトリアの遺跡でみられるが，木工品等の確実な製品の証拠は前6千年紀の新石器時代になる．軽く，柔らかく，吸湿性に富み，加工しやすかった木材は建築材料としてはもちろん，家具などの調度品，家庭用品をはじめ，*車輪のある乗り物，*船，*棺，*楽器，彫像，模型，*ゲーム盤，道具の柄，また服飾品などにも使われた．なかでも生活と密着して使われた家具には，木工の代表的な技術が遺憾なく発揮されていた．

XI-7-(2)　原料

　西アジアで良質の木材を産出するのは，レバノン，アマヌス，タウルス，*ザグロス等の山脈に限られるため，メソポタミア平原や砂漠地帯での木材調達は，古くから湾岸交易を含む遠隔地交易に頼っていた．遺跡から同定されている木材の種類には，トネリコ，*レバノン杉，イト杉，ナラ，ツゲ，ネズ，*ナツメヤシ，マツ，プラタナス，ポプラ，クルミ，ヤナギ，ギョリュウ等がある．

　エジプトでも木材は稀少で，初期は木工用材に不向きな在地のアカシア，シカモアイチジク，ギョリュウ，ドーム・ヤシ等を工夫して用いていたが，古王国時代のとくに第4王朝，*ピラミッド建造の最盛期に入る頃には，西アジアからレバノン杉，トネリコ，ツゲ，ナラ等に代表される良材とその加工技術がもたらされた．さらにシリアからイナゴマメ，南方からアフリカコクタン(→黒檀)などの高級材が*象牙と共に輸入され，金箔や銀箔と併用した豪奢な意匠が生み出された．一方後期にはナイル河畔の葦や*パピルスも家具用材として用いられるようになった．

　その他，仕上材としてジェッソやワニスが，接着剤として蜜蠟や膠などが用いられ，西アジアでは*瀝青も接着剤として用いられた．

XI-7-(3)　家具

　オリエント地域では，前4千年紀，エジプトの*ヌビア出土の寝台枠を最初期の例として木製家具の使用が知られている．繊維方向に沿って耐荷重性を有するという木の材料特性を勘案して当初から箱・枠組・座家具の合理的な構法がみられる．前3千年紀以降には寝台，腰掛，椅子，足台，卓，壺立て，櫃，天蓋など，多様な家具が製作されるようになった．前3千年紀以降になると*ウル，*エブラなど西アジアの各地でも出土例がみられるが，技術的にはエジプトと西アジアはほぼ共通していると考え

213

られており，出土例の豊富なエジプトを中心として研究が進んでいる．
　木工具は，斧，手斧，鋸，オガ，鑿，錐，小刀など製材や木工の手作業で扱う道具がほぼそろっていた．ただしメソポタミアなどで認められる旋盤（ろくろ）はエジプトには存在しなかったと考えられている．接合に，留継，相欠継，蟻継，臍継，大入継，実継の継手仕口を駆使するのがエジプトの大きな特徴であり，さらに革紐や木ダボで補強された．「*太陽の船」では当時の紐を用いた接合技術の汎用性が看取される．家具にはこの他，曲木，寄木細工，化粧合板などの木工技術に加え，鍍金，*象嵌，籐細工，着彩，接着，蝶番の使用等の技術が駆使され，木材を扱う職人たちの英知が結集されていた．
　西アジアでは，*円筒印章やレリーフの図像，模型，*楔形文字資料などから家具の様子や種類を知ることができる．前6千年紀の*チャタル・フユックの木器，木製小箱は知られているが，家具として現存しているものは時代が下る．前期*青銅器時代では貝の*象眼細工を施した木製家具類が*エブラで，また中期青銅器時代には，*エリコやバグーズの墓から卓，寝台など多数の木製家具が出土している．エリコではさらに小箱や櫛，器など多彩な木工品が散見できる．象牙の飾りを施した木製家具類は中期青銅器時代以後好まれたようで，前期青銅器時代には既に*アジェムホユックやエル・ジスルなどで出現，前1千年紀にはニムルド（→カルフ）を代表例として西アジアのほぼ全域で家具を飾る象牙板が出土している．一方，*フリュギアの*ゴルディオン遺跡では複雑な幾何学文様の寄木細工や透かし彫りを駆使したついたてや卓が，またエリコから続く簡素な3本脚の卓などの木製家具がみられ，*ウラルトゥの遺跡では青銅の椅子，木製の足を持つ銀板の腰掛けなど豊富な家具類を提供している．
　他方エジプトでは，壁画などに木工品や木工房の有様が豊富に描かれているほか，乾燥した気候が幸いし，副葬された家具の完形品や日常生活風景を表わす模型などが多数残され，古代家具史にとって重要な資料を提供している．とくに，*ギザにある古王国時代の*ヘテプヘレス王妃墓，*デル・エル＝メディーナにある新王国時代の職長カーの墓，テーベ西岸*王家の谷にある第18王朝*トゥトアンクアメン王墓から出土した家具群などは卓越した資料である．家具は元来権力者の占有物として発達し，オリエントの椅子や寝台の4本脚には権力の表象として動物の足を象った例が散見されるが，とくにエジプトにおいては獅子脚が前後左右で写実的に彫り分けられるなど，高い木彫表現に一貫した自然主義が看取される．エジプトでは動物の体軀のごとく4脚を自立させようとしたことが結果的に構法の向上を促したと言えるかもしれない．中王国時代には木製家具の構造形式がほぼ完成し，動物を象る彫刻を省いた簡潔な家具も多くみられる．携行用の折畳み式腰掛もこの時期に発明された．貫やL型補強材による構造補強も知られるようになり，後代では斜材（ラチス）を使い，細い部材で大きな荷重を受けることを可能にする構造上の発明もなされた．中王国時代には*エリコの例と類似する寝台模型があり，意匠に関する交流史については研究が待たれている．侵入者*ヒクソスを駆逐し国を再統合した新王国時代には形態の洗練がみられ，やや技巧的ながら注目すべき華麗な家具が多数制作されている．しかしエジプト王朝

時代の末期には材の欠乏と共に急速に木工が衰退し，特筆すべき家具は少ない．

エジプト新王国時代の*アマルナ文書には，家具を西アジアの権力者に献上した記述があり，後期青銅器時代のシリアから出土した家具にはエジプトの影響が認められる．古代オリエント世界でエジプトの家具が広く認知されていたことがうかがわれる．

[小口和美・西本直子]

【参考文献】

シリル・アルドレッド（糸賀昌昭訳）「第25章：木工芸」チャールズ・シンガー，E.J.ホームヤード，A.R.ホール編（平田寛，八杉龍一訳）『技術の歴史2：原始時代から古代東方 下』筑摩書房，1978年，560-575頁．

西本直子「トゥトアンクアメン王の折り畳み式寝台」『地中海研究』23，2000年，17-44頁．

H. S. Baker, *Furniture in the Ancient World: Origins and Evolution 3100-475 B.C.*, London, 1966.

G. Herrmann (ed.), *The Furniture of Western Asia: Ancient and Traditional*, Mainz, 1996.

K. M. Kenyon, *Excavations at Jericho*, Vols. 1-2, London, 1960-1965.

G. Killen, *Ancient Egyptian Furniture*. Vols. I and II, Warminster, 1980 & 1994.

G. Killen, "Wood" in I. Shaw and P. Nicholson (eds.), *Ancient Egyptian Materials and Technology*, Cambridge, 2000, 353-371.

R. Meiggs, *Trees and Timber in the Ancient Mediterranean World*, Oxford, 1982.

R. Du Mesnil du Buisson, *Baghouz, l'ancienne Corsote, le tell archaique et la necropole de l'age du bronze*, Leiden, 1948.

P. R. S. Moorey, *Ancient Mesopotamian Materials and Industries*, Winona Lake, 1999.

Rondney, S. Young, *Three Great Early Tumuli, The Gordion Excavations Final Reports*, Vol. I, University Museum Monograph 43, Philadelphia, 1981.

E. Simpson, "Furniture in Ancient Western Asia", in *CANE*, III, 1647-1671.

J. Sliwa, *Studies in Ancient Egyptian Handicraft. Woodworking*, Cracow, 1975.

XI-8 装身具の製作技術

XI-8-(1) 起源

オリエント地域において，身体に装身具を帯びる習慣は先史時代の早くから認められるが，明確な例は前9000年頃*ナトゥーフ文化期のパレスティナにおける貝や骨角製の装身具まで遡る．その後，時期が下るにつれて，多様な素材や製作技術が開発されるとともに，華麗な装身具が作られるようになった．とくに，前3千年紀以降のエジプトやメソポタミアにおいて，発達した王朝文化の中で製作された装身具は，技術，デザインともに傑出しており，ヘアバンド，耳飾り，首飾り，襟飾り，胸飾り，腕輪，指輪，足輪など多種にわたる．貴重な素材を複数組み合わせつつ，精緻な技法を用いて製作された装身具は，審美的にも優れた製品であるだけではなく，技術の粋を集めて作られた工芸品の代表的な例である．

XI-8-(2) 原料

装身具の製作には，鉱物性，動物性，植物性，人工素材を含めた実に多様な素材が組み合わせて用いられた．

動物性の貝，角，牙，骨は，とくに初期には装身具の主要素材であった．ツノガイや子安貝は常に各地で愛好され，精緻な彫刻に適した*象牙やカバの牙，および珊瑚も頻繁に用いられた．

石材も装身具の原料として多用された．石灰岩，大理石，滑石，蛇紋岩，頁岩，ク

ロライト，石膏石，*アラバスター，石英，*紅玉髄，瑪瑙，碧玉，*ラピスラズリ，*トルコ石，凍石，紫水晶などが，頻繁に用いられた石材であった．これらの石材は，いずれも「貴石」あるいは「準宝石」に分類される比較的柔らかい石材で，硬度の高い「宝石」は用いられなかった．

　金属は，前4千年紀から前3千年紀にかけて，装身具の材料としても一般化した．最も好まれた原料は，*金，*銀および青銅などの*銅合金であり，とくに精緻な加工が可能な金からは，傑出した精巧な製品が作られた．

　植物性原料の使用例は比較的少ないが，*黒檀や埋もれ木などが用いられた例が知られている．

　珪酸を主成分とする人工素材として，*ファイアンス，*ガラス，および*エジプシャン・ブルーが挙げられる．ファイアンスは青みがかった色調が多いが，前2千年紀以降，多様な色調の釉薬がかけられたものが彩りを加えた．前2千年紀から普及したガラスも，さまざまな色に着色されて用いられた．

　これらの素材は概して稀少品として価値が高く，遠隔地交易や採掘遠征隊の派遣によって遠方から調達されたものも少なくない．インド産の紅玉髄やアフガニスタン産のラピスラズリは遠隔地交易品の代表例であり，ビーズのような半製品の形で流通することもあった．

XI-8-(3)　製作技法

　装身具の製作技法は素材の性質と製品に応じて異なり，複数の素材を組み合わせるために複雑な技法が用いられた．また，身体に装着できる小さな製品を作るために，精巧な技術が発達した．

　石材をはじめとする硬い素材は，単独で指輪や腕輪などに加工された他，ビーズや象眼部品に加工された．ビーズは，打ち欠くか砥石で擦り切っておよその形を作り，砥石や研磨剤を使って表面を磨く方法で作られた．紐を通す貫通孔を穿つために，初期には石錐あるいは先端に尖った石錐を付けた棒を手で回転させたと思われるが，やがて金剛砂などの研磨剤や，弦を棒に巻き付け，弓を前後させて効率的に棒に回転を与える「弓錐」が用いられるようになった．貫通孔はしばしば両端から穿たれ，直径1mm未満の極めて細い孔を穿つこともできた．こうして作ったビーズを，1本の紐に通して腕輪やネックレスを作っただけでなく，複数の紐を使って面的に綴り合わせ，幅の広い装身具を作る技術もあった．エジプトで前2千年紀前半の中王国時代以降に普及した襟飾りは，その秀逸な例である．

　展延性や柔らかさを特徴とする金属は，打ち伸ばしあるいは鋳造の技法によっておおよその形態が整えられたうえ，とくに前者の場合，しばしば型の上で敲いて文様を描き出したり，表面に文様を刻み出したり，透かし彫りを施して装飾されることがあった．また，金属を針金状に加工して組み合わせる「鎖細工」も用いられた．金の薄い板を細長く切り離し，転がして断面を丸くする，あるいは金箔を筒状に丸めるなどの方法で，細い金線が作られた．その金線を輪にして編み合わせた「兵庫鎖」などの複雑な鎖は，前3千年紀中葉メソポタミアの*ウルの王墓から最古の出土例があり，

エジプトでも中王国時代から普及した．さらに，細い金線や微細な金粒を地板にはんだ付けして文様を描き出す「細粒細工」の技法は，やはりウルの王墓にその原型が認められ，前2千年期前半のシリアの*エブラや中王国時代以降のエジプトからは，直径1mmに満たない微細な金粒を用いた精緻な製品の出土例がある．加えて，金に不純物を意図的に混じることによって，表面を着色する技法が，第18王朝*トゥトアンクアメン王のベルトをはじめとする前2千年紀後半のエジプトの遺物に確認されている．

*象嵌細工は，金属とその他の原料を組み合わせた装身具製作技法の代表的な例である．前3千年紀半ば以降，金属に貴石をはめ込んで装身具を製作する技法が見られ，ウルの王墓出土の装身具や前2500年頃のイラクの*テロー出土の象眼指輪のような精巧な製品が知られている．前2千年紀前半には，エジプトの*ダハシュールとエル=*ラフーンにある中王国時代の王女の墓から出土した装身具に代表されるような，完成度の高い製品も作られた．典型的な象眼細工の装身具では，金の地板表面に金の薄く細長い帯をはんだ付けして，文様の輪郭を描くように区画した後，それぞれの部位の形に細かく削り出した貴石を，区画した枠の中にはめ込んで接着する．表面を研磨して仕上げると，仕切りの金と貴石が密着して一体化したような外観になった．

着色や成形の自由度が高い*ファイアンスや*ガラスからは，腕輪や指輪などの装身具が作られた他，貴石の代わりに用いる色鮮やかなビーズや象眼部品が作られた．エジプト第18王朝トゥトアンクアメン王墓出土の装身具には，ガラス製のビーズや象眼部品が貴石の代わりに多用されていた．前2千年紀後半には多色のガラスを練り合わせた目玉文のビーズがエジプトで，前1000年頃には縞状のビーズがイランで製作された例がある．

XI-8-(4) 製作組織

上記のように古代オリエントでは，すでに多様な技術を用いて装身具が製作されていたが，貴重な原料を使用し，複雑な技法を駆使した最先端の装身具は，通常当時のエリートたちが管理あるいは所有する工房で専門的な職人たちの手によって製作され，限られた人々によって使用された．一方，入手しやすい原料と単純な技法のみを用いた装身具は，その他の工房あるいは個人によっても製作することが可能であったろうし，そのような装身具はいつの時代も庶民のものであり続けた．

[石田恵子・高宮いづみ]

【参考文献】
C. Aldred, *Jewels of the Pharaohs : Egyptian Jewellery of the Dynastic Period*, London, 1971.
C. Andrew, *Ancient Egyptian Jewellery*, London, 1990.
C. Andrew, *Amulets of Ancient Egypt*, London, 1994.
B. G. Aston, J. A. Harrell & I. Shaw, "Stone" in P. Nicholson & I. Shaw (eds.), *Ancient Egyptian Materials and Technology*, Cambridge, 2000, 5-77.
K. R. Maxwell-Hyslop, *Western Asiatic Jewellery c.3000-612 B.C.*, London, 1971.
H. W. Müller & E. Thiem, *The Royal Gold of Ancient Egypt*, London, 1990.
J. Ogden, *Jewellery of the Ancient World*, New York, 1982.
H. Tait, *Seven Thousand Years of Jewellery*, London, 1986.

XII 文字と文学

XII-1 文字と文書

XII-1-(1) 古代オリエントにおける文字の起源と発達

XII-1-(1)-① 文字とは何か

文字にはさまざまな定義があるが，本項では，P. ダニエルズにしたがい「文字とは，多少とも長持ちし，一連の発話を発話者が介在しなくても多少とも正確に再現できるような仕方で記す徴表の体系である」と定義する．この定義は文字の起源と発達を考える上で重要な主張を二つ含んでいる．一つは，話し言葉を書き表すのが文字だという主張である．もう一つは，話し言葉を100% 書き表さない文字もありうるという主張である．

XII-1-(1)-② 文字の類型

文字は，しばしば表意文字(ideogram)，音節文字(syllabogram)，*アルファベット(alphabet)の三つに分類されるが，この三分法にはいくつかの問題点がある．

まず，いわゆる表意文字が表すのは漠然とした「意」ではなく，特定の言語の「語」である．したがって，この種の文字は正確には表語文字(logogram)と呼ぶべきだとゲルプ(I. J. Gelb)は強く主張している．その結果，現在では古代オリエント学においても表意文字という用語はあまり使われなくなっている．

次に，音節文字とアルファベットはいずれも表音文字(phonogram)であるが，表音文字にはほかに子音文字(consonantary)がある．子音文字は母音字を欠くアルファベット，ないしは母音を特定しない音節文字とみなされることもあるが，厳密にはそのどちらでもない．

さらに，*楔形文字，エジプト文字，象形ルウィ文字には限定符(ないしは決定詞，determinative)と呼ばれる文字が存在する．限定符は後続ないしは先行する文字列がたとえば神なのか人なのか町なのか草なのかを分類するだけで，具体的な語や音を示さないため，表語文字と表音文字のどちらでもない．

これらの問題点をふまえ，本項では文字を表語文字，音節文字，子音文字，単音文字(狭義のアルファベット)，限定符の五つの類型に分類する．

XII-1-(1)-③ 古代オリエントの諸文字とその類型

メソポタミアとエジプトおよびその周辺地域は文字の宝庫である．紀元前4千年紀末から現在に至るまで文字資料がほぼ切れ目なく残っている地域は世界でもほかに例がない．文字の種類も豊富で，その中には現存する世界最古の文字や今日世界を席巻するアルファベットの起源となった文字も含まれる．表1はこの地域で前4千年紀前半から1千年紀までに書かれた主な文字体系の使用期間と使用地域をまとめたものである．系統関係(実線)と感化の関係(点線)も示してある．

これを見れば分かるように，古代オリエントの文字は，シュメール系，エジプト系，

XII 文字と文学

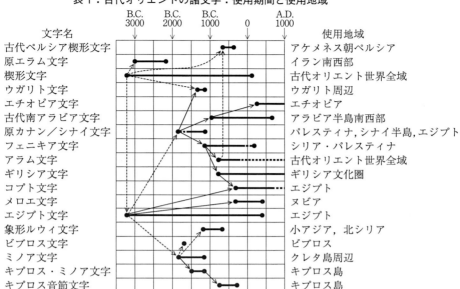

表1：古代オリエントの諸文字：使用期間と使用地域

西セム系，その他に大別される．シュメール系の文字は表中では楔形文字として一括してあるが，*ウルクの原楔形文字に始まり，諸民族によって受容され，*シュメール語，*エラム語，*アッカド語，*ヒッタイト語，*フリ語，*ウラルトゥ語などの表記に用いられた．エジプト系の文字としては*ヒエログリフ，*ヒエラティック，*デモティック（以下，エジプト文字と総称）のほか，*メロエ文字をあげることができる．西セム系の文字は*原カナン文字，*原シナイ文字に始まり，ウガリト文字，フェニキア文字，アラム系諸文字，*古代南アラビア文字，エチオピア文字，ギリシア文字等に受け継がれていった．コプト文字はエジプト系と西セム系の二つの流れをくむ文字と言えよう．これらの文字に感化されつつも上記3系統のいずれにも属さないのがその他の文字である．

XII-1-(1)-④　単一起源か多起源か

上記の諸文字は単一の文字から派生したのだろうか．それとも，それぞれ別個に成立したのだろうか．現存する資料から推測するかぎり，文字は最初に*シュメールで生まれ，古代オリエント世界全域に伝わっていったものと考えられる．ただし，そのプロセスは単純な派生ではなく，受容と感化によるゆるい連鎖である．もちろん文字がそのまま受容された場合もあるが，改良が加えられた場合も少なくない．改良は言語や筆記用具の違いに応じておこなわれ，文字数の増減にとどまる場合もあれば，類型的変化に及ぶ場合もあった．感化も幅広いプロセスである．文字を書くという発想を学ぶのも感化であり，既存の文字体系，筆記用具，ないしは字形を参考に新たな文字を考案するのも感化である．

原エラム文字（エラム絵文字とエラム線文字の総称）に関しては不明の点も多いが，

219

原楔形文字に少し遅れて使用が始まったこと，使用地域がシュメールに近いことから，シュメールの影響で文字の使用が始まったと考えてほぼ間違いないだろう．

エジプト文字は，最近の*アビュドスでの発見もあり，楔形文字と並ぶ古さを誇る文字であるが，楔形文字とは一つ大きな違いがある．楔形文字が表音文字のない原楔形文字の段階から数百年をかけて表語・音節文字体系を発達させていったのに対し，エジプト文字は現存する最古の文字資料においてすでに表語文字と子音文字を組み合わせた複雑な文字体系を呈している．一般に，複雑な体系をもった文字の使用が突然始まるのは，文字が借用された証拠である．実際，先王朝時代のエジプト文化にはメソポタミアからの影響が多数認められるという．ただし，エジプト文字と楔形文字とでは表音文字の類型が異なるため，エジプト人が楔形文字をそのまま借用したとは考えられない．エジプト人はおそらくシュメール文字を参考に表語文字と表音文字と限定符からなる新たな文字体系を短期間で創りあげたものと思われる．

西セム系の子音文字の起源に関しては諸説あるが，子音文字という類型と字形の面でエジプト文字の感化を受けているのは確実である．ちなみに，1998年にエジプトのワディ・エル＝ホルで最古の西セム系子音文字碑文が発見され，原カナン文字の成立年代は紀元前19世紀以前にさかのぼる可能性が出てきた．

古代ペルシア楔形文字は*アケメネス朝ペルシアで独自に創り出された文字であるが，やはり筆記用具の面で楔形文字の感化を受けている．また，古代ペルシア楔形文字は表語・音節・単音文字体系をもつが，この複雑な体系はアケメネス朝ペルシアで知られていた二つの文字，すなわち楔形文字とアラム文字の感化によるものであろう．

ミノア系の文字，象形ルウィ文字，*ビブロス文字の起源は不明であるが，エジプトのヒエログリフの影響を受けた可能性が指摘される．

このように，不透明な部分も残るが，感化を含めた単一起源説は無理のない推測と言える．したがって，古代オリエントにおける文字の起源は事実上，楔形文字成立の問題に行き着くことになる．

XII-1-(1)-⑤　楔形文字の成立

楔形文字の先駆的存在と言われるのが，メソポタミアとその周辺で発見されている*トークン(token)と数字粘土板(numerical tablets)である．トークンとは，粘土をちぎり，それを1〜3 cmの球や円錐や円盤の形にしたものである．これまでに，東は現在のイランから西は地中海沿岸にいたる100以上の遺跡で数千を越えるトークンが発見されている．シュマント・ベッセラ(D. Schmandt-Besserat)によると，最古のトークンは紀元前8000年頃までさかのぼるという．はじめは球，円錐，円盤など単純な形のプレーン・トークンばかりだったが，紀元前4千年紀にはいると，表面に線や模様をつけたり，動物や物品をかたどったコンプレックス・トークンも見られるようになる．

トークンの発見により，古代オリエントの人々がまだ文字のない頃から粘土片を使って計算をしたり，税や商取引の記録をつけていたことが明らかとなった．文字は紀元前4千年紀末に突然発明されたのではなく，まずトークンを編み出し，何千年もか

けてそれを発達させ，最後にそれを平面上に置き換えることにより文字が生まれたというのがシュマント・ベセッラの主張である．彼女は，楔形文字の成立過程に1)トークンを粘土の封筒に納める段階，2)トークンを印章のように封筒の表面に押す段階，3)プレーン・トークンを粘土板に押す段階(数字粘土板)，4)コンプレックス・トークンの図柄を粘土板の上に線で描く段階(原楔形文字)を想定する．細部に関してさまざまな批判もあるが，この想定は今のところ楔形文字の成立に関する最も有力な仮説である．

最古の原楔形文字はウルクのエアンナ神殿地区の第IVa層(ウルク後期，前3300-3100年頃)から発見されており，*ジェムデト・ナスル期(前3100-2900年頃)にはメソポタミア南部の北半分や*ディヤラ地域にまで普及している．原楔形文字は本項冒頭の文字の定義に照らして文字と呼ぶことができるが，おそらく話し言葉を100%書き表せる文字ではない．表音文字も行政経済に無関係な表語文字もなかったと推定されるからである．おそらく，原楔形文字の用途はそれまでトークンや数字粘土板が果たしていたような行政経済上の記録に限られており，その範囲内で一定のメッセージを「多少とも正確に」再現できれば十分だったのであろう．

初期王朝時代(前2900-2350年頃)には，この文字に六つの大きな変化が起こっている．1)曲線的な絵文字から直線の字画をもつ楔形文字へと変化した．2)縦書きから横書きに変わった．3)以前の文字を左回りに90度回転させた字形になった．4)表語文字の表音化が進んだ．表音化とは，表語文字を意味と無関係に音だけを表す文字として使うようになる現象である．5)文字数が大幅に減少した．原楔形文字には約1200の文字があったと言われるが，初期王朝時代には文字数が約800に減少している．6)限定符の使用が始まった．こうして，楔形文字は話し言葉を100%書き表せる表語・音節文字となったのである．

XII-1-(1)-⑥　文字の類型的発達

ゲルブは文字の発達に関し一方向発達説を唱えている．これは，文字は(借用を除き)すべて表語文字に始まり，必ず音節文字を経て，最終的に単音文字に至るという主張である．この順に文字数が減ってゆくため，この仮説は経済性の原理に裏打ちされているが，古代オリエントの諸文字に当てはまるのだろうか．

表2は古代オリエントの主な文字体系でどの類型の文字が用いられているかをまとめた一覧表である．なお，古代ペルシア楔形文字の表語文字は数が少ないため，一種の省略記号とも考えられる．また，メロエ文字と古代ペルシア楔形文字の単音文字は母音字が後続しない子音字に母音aをつけて読むこともできるため，厳密な意味で単音文字と呼べるかどうか議論の余地がある．

この表から一方向発達説に対するいくつかの問題点が浮かび上がる．最大の問題は子音文字の位置づけであろう．たとえば，エジプト文字には音節文字がないが，そこからメロエ文字の音節文字と単音文字が派生している．また，単音文字であるギリシア文字は音節文字からではなく子音文字から派生している．さらに，子音文字である古代南アラビア文字から音節文字であるエチオピア文字が派生している．子音文字を

表2：古代オリエントの諸文字と文字の類型

	表語文字	音節文字	子音文字	単音文字	限定符
古代ペルシア楔形文字	○	Ci(4字), Cu(7字)		○	
原エラム文字	○	CV, VC, CVC			
楔形文字	○	CV, VC, CVC			○
ウガリト文字		'a, 'i, 'u	○		
エチオピア文字		CV			
古代南アラビア文字			○		
原カナン/シナイ文字			○		
フェニキア文字			○		
アラム文字			○		
ギリシア文字				○	
コプト文字		ti		○	
メロエ文字		te, te		○	
エジプト文字	○		○		○
象形ルウィ文字	○	CV, CVC(V)			○
ミノア文字	○	CV			
キプロス・ミノア文字		CV			
キプロス音節文字		CV			

（母音字を欠く）単音文字とみなすと，これらの事例は明らかに一方向発達説に合致しない．そこで，ゲルプは子音文字を（母音を特定しない）音節文字とみなすに至った．しかし，子音文字は子音＋母音＋子音（C1VC2）タイプの閉音節を2文字（C1C2）で表記するため，ゲルプの解釈には無理があると言わざるを得ない．

また，古代オリエントには複数の類型の文字を用いる文字体系が少なくない．たとえば，古代ペルシア楔形文字は表語文字，音節文字，単音文字から成る文字体系である．このように複数の類型の文字が共時的体系をなす場合，それらの関係を通時的発達という観点から一元的に説明するのは乱暴であろう．

XII-1-(1)-⑦ 筆記用具

筆記用具は次の四つに大別される．(1)軟らかい表面（粘土板，蠟板など）に尖筆を押し付けて書くタイプ，(2)軟らかい表面を尖筆でひっかいて書くタイプ，(3)なめらかな表面（*パピルス，*オストラコン，動物の皮など）の上にインクで書くタイプ，(4)硬い表面（石，岩壁，金属など）を鋭利な道具で陰刻ないしは陽刻するタイプ．このうち，(4)は主に記念碑であり，日常的に使われる筆記用具ではない．日常的に使われたのは，エジプトからパレスティナにかけてはパピルスとオストラコン，それ以外の地域では粘土であった．アッシリアでは前9世紀頃からアッカド語だけでなくアラム語で文書を書くことが多くなり，それにともない動物の皮が筆記用具として普及している．

XII-1-(1)-⑧ 書字方向

書字方向は上から下（↓），左から右（→），右から左（←），→と←が1行ごとに交替

する牛耕式(boustrophedon)に大別される．文字が成立してしばらくの間は一定しないが，次第に一定の方向に収束してゆく．古代オリエントには最終的に↓方向に落ち着いた文字はない．石碑や印章の場合，装飾のために縦書きも見られるが，基本の書字方向は→方向，←方向，牛耕式に大別され，筆記用具と密接な関係が見られる．粘土に書く文字は一般に→方向(ウガリト文字の「鏡文字」テキスト，キプロス共通文字は例外)で，インクで書く文字は基本的に←方向である．牛耕式は象形ルウィ文字と初期の古代南アラビア文字の石碑に見られる． [池田潤]

【参考文献】
クリストファー・ウォーカー(大城光正訳)『楔形文字』學藝書林，1995 年．
河野六郎，千野栄一，西田龍雄(編)『言語学大辞典別巻世界文字辞典』三省堂，2001 年．
J. ジョン・チャドウィック(細井敦子訳)『線文字 B：古代地中海の諸文字』學藝書林，1996 年．
ヴィヴィアン・デイヴィズ(塚本明廣訳)『エジプト聖刻文字』學藝書林，1996 年．
ヨセフ・ナヴェー著(津村俊夫監訳)『初期アルファベットの歴史』法政大学出版局，2000 年．
ジョン・ヒーリー(竹内茂夫訳)『初期アルファベット』學藝書林，1996 年．
P. T. Daniels, "Writing and Writing Systems", "Writing Materials", in *OEANE*, 5, 352-361.
P. T. Daniels and W. Bright (eds.), *The World's Writing Systems*, New York, Tokyo, 1996.
I. J. Gelb, *A Study of Writing*, Chicago, 1963 (revised ed.).
J. M. Sasson (ed.), *Civilizations of the Ancient Near East*, I-IV, New York, 1995.

XII-1-(2) 文書の保存と伝承
XII-1-(2)-① 文字と書材
古代オリエントでは，文字の形態に関わりなく，王碑文のように支配者がその事績を誇示したり，後世に残すことを目的とする記念碑的文章は*石碑に刻むのが一般的であった．しかし，現実生活に関わる大半の文書には，それぞれの文字に適した書材が選ばれている．メソポタミアの*楔形文字は時代を通じて粘土板に刻まれた．エジプトの*ヒエログリフ(*ヒエラティック，*デモティック)にはひろく*パピルスが用いられたが，*コフィン・テキストなどは*棺の木板に記され，民間では費用のかからない*オストラコンも多用された．*アルファベットの場合，長い文章には羊皮紙(獣皮)やパピルスが用いられ，短い記録や書簡などにはオストラコンが簡便であった．

XII-1-(2)-② 文書の保管
文書の保存には，書かれた文書自体の保管とその内容の伝承とがある．

粘土板に刻まれた楔形文書を保管する場合，焼き固める処置が施された．焼き固めた粘土板は半永久的保存が可能になる．そうした文書は，記録類であれば主として籠や壺などに，書庫や*図書館などでは木製もしくは土製の書棚に保管されていた．しかし，その場合も，都市や建造物自体の破壊に伴う物理的損傷は避けがたい．発見された楔形文書の多くが破損しているのはそのためである．

他方，パピルスや獣皮は巻物にして木箱などに納めて保管されたが，それらは有機物であるがゆえに腐敗や劣化にさらされる．それゆえ，地中空間で気温や湿度の条件が理想的に保たれる場所でなければ，こうした文書が今日まで残ることはない．メソポタミアとは異なり，エジプトにおいて図書館が発見されない理由もここにある．

XII-1-(2)-③ 文書の流布
印刷術が未発達の古代において，文書を伝える最も有効な手段は写本の作成であっ

た．当時のオリエント世界にも口承文芸が存在したはずであるが，それらは古代言語の消滅と運命をともにした．今日に知られる古代オリエントの文学作品はそのほとんどが写本として残されたものである．

　複数の写本が作成されることで，文学作品の流布は可能になる．多数の写本の存在はその作品が好まれた証拠でもあった．だが，書材の劣化や損傷のゆえに，完全な写本が発見されることは稀である．それゆえ，異なる遺跡から同一作品の写本が発見されて，作品の全体像が判明する場合が多い．*『ギルガメシュ叙事詩』は，*ニネヴェの図書館に少なくとも四つの写本が所蔵されていたためにほぼ全体が判明したが，それでもなお，その他の諸遺跡で発見される写本によって補われる欠損箇所は少なくない．エジプトでも多くの作品は写本で残る．*『ウェンアメンの航海記』のように原本と思われる文書が発見されるのは例外的である．*『シヌへの物語』などは複数の写本だけでなく，その一部を抜き書きした複数のオストラコンも知られている．

XII-1-(2)-④　文書の伝承

　写本の作成は文書を流布させるだけでなく，文書の内容を後世に伝承する手段でもあった．古代オリエントの*書記たちは劣化や損傷しがちな文書を新たに書き写して，その内容を次世代へと伝えたのである．宗教書や*神話や文学はそのようにして世代をこえて伝承された．とくに祭儀的背景をもつ讃歌や祈禱書などはそうであった．したがって，古代オリエントの神話や文学は，今日に残る写本の作成年代と作品自体の成立年代とが一致しないことも稀ではない．たとえば『*メリカラー王への教訓』は内容からみて，前21世紀に成立した*知恵文学であるが，主要な本文は前15世紀の写本に残されている．*カッシート時代に成立したと考えられる*『エヌマ・エリシュ』は*新アッシリア時代の写本が主たる資料である．

　こうした文書の伝承過程で，作品は必然的に二様の変化をこうむることになる．文書を書写する際に起こる無意識の過誤がその一つ．異本（細部の異なる写本）がそこから生ずる．もう一つは作品の内容に重要な変化をもたらす意図的な改編や編集である．英雄神を*マルドゥクから*アッシュルに変えた『エヌマ・エリシュ』写本などの存在はその一例である．前1千年紀の写本と*古バビロニア時代の写本とが知られるアッカド語の神話や文学は，そこからある程度は作品の伝承の歴史を推定でき，たとえば*『ギルガメシュ叙事詩』の場合，前2千年紀末葉に大幅な改定がほどこされ，「標準版」が成立した．

XII-1-(2)-⑤　文書の翻訳

　古代オリエントにおいては，文学作品の翻訳はごく限られた範囲でしか行われなかった．一つは，メソポタミアにおけるシュメール語作品のアッカド語翻訳である．『*イシュタルの冥界下り』や標準版『ギルガメシュ叙事詩』の第12の書板などがよく知られる．また，バビロニアから楔形文字を受容した*ヒッタイト王国でアッカド語の作品のヒッタイト語訳が試みられた．また*『キックリの馬調教文書』はフリ語からヒッタイト語，さらにアッカド語に翻訳された．*アマルナ文書からは*『ネルガルとエレシュキガル』や*『アダパ物語』の写本が発見されているが，エジプト語とアッ

カド語の間で文学作品が翻訳された形跡はない．本格的な翻訳は前3世紀にアレクサンドリアでなされたヘブライ語聖書のギリシア語訳*七十人訳聖書であった．

[月本昭男]

【参考文献】
J. A. Black and W. J. Tait, "Archives and Libraries in the Ancient Near East", in *CANE*, IV, 2197-2210.
O. Pedersen, *Archives and Libraries in the Ancient Near East 1500-300 B.C.*, Bethesda, 1998.
W. Röllig, "Volksliteratur in mesopotamischer Überlieferung", in K. Hecker & W. Sommerfeld (Hrsg.), *Keilschriftliche Literaturen*, Berlin, 1986, 81-88.
J. H. Tigay, *The Evolution of the Gilgamesh Epic*, Philadelphia, 1982.
H. Vanstipout, "Memory and Literacy in Ancient Western Asia", in *CANE*, IV, 2181-2196.

XII-2　古代西アジアの神話と文学

XII-2-(1)　総説

XII-2-(1)-①　資料

　メソポタミアやエジプトの神話と文学は，部分的には，さまざまなかたちで*ヘレニズム・*ローマ世界に伝わっていた．バビロニアの*創成神話や洪水伝承などは**ベロッソスがギリシア語でこれを伝え，エジプトの*イシス・*オシリス神話などは*プルタルコスが書き留めている．しかし，メソポタミアやエジプトに伝わる文学作品の本格的な翻訳がなされることはなかった．それらが今日に知られるのは，19世紀以降の遺跡調査による文書群の発見と解読による．ヒッタイトの神話と文学などは，そもそも，*ハットゥシャの遺跡から出土した大量のヒッタイト語文書が解読されるまでは全く知られていなかった．カナンの神話と文学も*ウガリト文書の発見による．ウガリト神話は，*ビブロスのフィロンを介してヘレニズム・ローマ世界に紹介されていたフェニキア人の神話の先行形態をなす(→サンクニヤトン)．

　これらと事情を異にするのは古代イスラエルの文学，古代アジアにおけるキリスト教文学，古代イランの文学である．それらは基本的に教典として伝えられている．古代イスラエルの文学は今日なおひろく読まれる*『旧約聖書』(*ユダヤ教の聖書)を基礎とする．古代西アジアにおけるキリスト教文学には，*ナグ・ハマディ文書のように近年になって新たに発見された文書もあるが，その多くは写本としてキリスト教の修道院などに伝わった．古代イラン文学の基本資料も*ゾロアスター教，*マニ教，*マンダ教などで用いられた教典である．これらにはいずれも*アラム文字から発展したアルファベットが用いられている．

XII-2-(1)-②　多様性と共通性

　古代オリエントの神話と文学は民族，言語，地域によってさまざまである．なかには，*洪水伝説のようにメソポタミアから古代イスラエルに，さらにはギリシアにまで伝播した神話があり，*『ギルガメシュ叙事詩』なども広い地域に流布したが，総じていえば，地域間相互の影響は限定的であった．メソポタミアとエジプトには連綿と続く*書記の伝統があり，それぞれの*宇宙観に基づく神話を伝え，独自の文学形態を発達させたのである．エジプトでは，メソポタミアにみられるような物語性のつよい

神話を残すことはなかったし，*『ウェンアメンの航海記』のような紀行文学は逆にメソポタミアの文学には見出せない．

それゆえ，古代オリエントの神話と文学を統一的に理解しようとすることには無理が伴う．たとえば，「死と再生」を主題とする祭儀を中核に据えて古代西アジアの神話の統一的解釈を試みた「神話と祭儀学派」の研究などは今日では認めがたい．とはいえ，神話はもとより，世俗性のつよい文学においてなお，神々と人間との関係が何らかに意識されていることは認めてよい．またそこに，前1千年紀までの古代オリエントの文学全般に通底する特徴があるだろう．古代オリエントの人々にとって，自然の運行も社会秩序の根底も，また個々人の幸・不幸でさえも，神々の意思と無関係ではありえなかった．古代オリエント各地域の国家祭儀も民間信仰もこのような観念に根ざしている．

そうした宗教土壌から，イランでゾロアスター教が誕生し，*イスラエルで*ヤハウェ一神教が成立する．そして，前者の善悪*二元論はギリシア的霊肉二元論と共に*グノーシス，*マニ教，*マンダ教などの救済論に神学的枠組みを提供し，後者はその*終末論や*メシア思想と共に*ユダヤ教に引き継がれ，*キリスト教の誕生とその展開につながった．これらはいずれも個人の救済を唱えたが，その教えは多様な文学類型を用いた文書として伝えられたのである．なかでもキリスト教はその文書の翻訳を通して民族や言語の壁をこえてイスラム以前の西アジア全域にひろまった．

XII-2-(2) 古代メソポタミアの神話と文学

XII-2-(2)-① シュメールとアッカド

古代メソポタミアの神話と文学は言語的には*シュメール語と*アッカド語に大別される．*楔形文字を考案したシュメール人が経済活動をはじめとする社会のさまざまな記録とは区別される文学を粘土板に記しはじめたのは，*シュルッパクや*アブ・ツァラビーフ他の出土文書が示すように，前3千年紀中頃であった．そこには神話，讃歌，神名表，人生訓などがみられるが，概してそれらは短く，文学作品として論じるにはいまだ不明な点も多い．

文学作品として論じうるシュメール語の文献は*グデア円筒碑文(前3千年紀末)が最初であり，今日に知られるシュメール語文学作品のほとんどは，アッカド語文学が記されはじめる前2千年紀前半以降に記されたものである．つまり，アッカド語の神話や文学を残した書記たちが，同時に，もはや生活言語ではなくなっていたシュメール語の作品を伝えたのである．それはアッカド語文学にもシュメール文学の伝統が流れ込んでいることを示す．事実，アッカド語の神話と文学には，『*イシュタルの冥界下り』のようにシュメール語から翻訳された作品や，*『ギルガメシュ叙事詩』のようにその伝承がシュメール語作品に遡る作品があり，シュメール・アッカド両語で伝えられる神話や宗教文書も少なくない．

XII-2-(2)-② 文学類型

ふつう文学は形式の上から散文と詩文に区分される．しかし，古代メソポタミアの文学作品は一般に1行1文で構成されるため，物語などの場合も詩形をとることが多

く，散文と詩文の区分は必ずしも明確でない．他方，内容から文学を分類できるかといえば，その場合もつねに厳密な基準があるわけではない．とくに神話と伝説と叙事詩の区別は曖昧とならざるをえない．以下では，便宜上，神々を主な登場人物とする物語を神話，それ以外の作品を文学と呼ぶ．後者は叙事詩，詩歌，知恵文学，その他に分けて紹介する．ただし，王碑文と*祈禱は除く．王碑文のなかでもとくにアッシリアの王碑文は，その自然描写などに文学性に富む表現が用いられており，*サルゴン2世の第八回遠征碑文がそうであるように，神への*書簡という文学形式が採用されもするので，歴史文学とみられなくもない．また，一定の様式をそなえる祈禱は詩歌とみなされうる．

XII-2-(2)-③ 神話とその主題

メソポタミアの神話は主題により，世界や人類の起源神話，神々の抗争神話，冥界神話，洪水神話などに大別できる．ただし，複合的な神話もあり，起源神話が論争文学(後述)や卜占(→占い)文書の冒頭や*呪術文書中に挿入される場合もある．

まず，世界の起源を物語る*創成神話には天地分離，天地交合，天地創造の三つの型が認められる．天地分離型を代表するシュメール語の作品『鶴嘴讃歌』によれば，*エンリルが大地から天を引き離した後，「天地の結び目」において「鶴嘴」が造られ，人間が自生した．天と地の交合により世界が生み出される天地交合型の多くは呪術文書に短く記される．天地創造型はアッカド語の神話の主流となった．*『エヌマ・エリシュ』では，*マルドゥクが*ティアマトを撃破して，その屍体から天地を創造する．

人類の起源は自生型と創造型とに分かれるが，前者は『鶴嘴讃歌』などシュメール語の作品に限定され，創造型がより一般的である．神々は自分たちの労役を負わせるために人間を造ったといわれ，『エヌマ・エリシュ』や*『アトラ・ハシス』などでは，その際，殺された神の血を混ぜた粘土で人間が造り上げられる．こうした人間創造に携わる男神はエンキ(*エア)，女神は必ずしも一定しない．

世界の秩序維持を主題とする抗争神話には，*ニヌルタが世界を混乱させた勢力を撃破して世界秩序を回復する物語(『*アンズー神話』『ルガルエ』)，新世代による旧世代殺害神話(『ドゥンヌの神統譜』他)，怪物退治型(『ラブ神話』他)などがある．それに対して，世界の混乱を描く*『エラ神話』や神々が洪水を送って人類を滅ぼす洪水伝説などは一種の破壊神話である．

*冥界神話にはメソポタミアの冥界観が色濃く反映する．*ネルガルが冥界の女王エレシュキガルの夫となる*『ネルガルとエレシュキガル』，冥界をも支配しようとして逆に冥界に留められてしまう『イシュタルの冥界下り』などの物語がそれであり，死んだ英雄が冥界に赴く物語群(『*ウルナンムの死』『ドゥムジ(=*タンムズ)の死』他)は葬送儀礼を背景にもつ．人間を主人公とするが，神話性の強い物語として，永生獲得に失敗した*『アダパ物語』，子宝の草を求めて天に飛翔する*『エタナ物語』などがある．

XII-2-(2)-④ 叙事詩とその特質

シュメール語の叙事詩には，何ほどか神話化された*エンメルカルと*ルガルバンダ

を主人公とする作品群が知られる．イラン山岳地帯の都市アラッタとの間の交渉と交易をめぐる『エンメルカルとアラッタの主(*エン)』，アラッタ遠征と帰還(その間の病気と回復)を物語る『ルガルバンダ叙事詩(I, II)』がそれである．*ギルガメシュをめぐるシュメール語の叙事詩は5点知られている．そのなかで，キシュの王アッガとの抗争を主題とする『ギルガメシュとアッガ』は一種の歴史叙事詩である．『ギルガメシュの死』は上記の冥界神話に近く，『ギルガメシュとフワワ』と『ギルガメシュと天牛』は一種の英雄譚，『ギルガメシュ，エンキドゥ，冥界』は人間の死後の運命をめぐる対話に焦点が置かれている．これらの叙事詩の主人公がいずれも「ウルクの王」であることは，*ウルクにシュメール叙事詩の伝統が形成されていたことを思わせる．また，これらの作品には一方で人間の限界が，他方で神々の権能がさまざまに描き出されている．

アッカド語の作品ではシュメール伝承をふまえた*『ギルガメシュ叙事詩』が*古バビロニア時代から*ヘレニズム期まで広範に伝えられていた．洪水伝説などの神話をも取り入れたこの作品には，生と死，人間と神，友情などといった人生に関わる諸問題が折り込まれている．それに対し，*『トゥクルティ・ニヌルタ叙事詩』をはじめとする*英雄叙事詩はもっぱら王の事績を讃える歴史物語である．

XII-2-(2)-⑤　詩歌：讃歌と哀歌

シュメール語の詩歌は基本的に祭儀において*歌い手が朗唱した祭儀詩である．それは大きく*讃歌と*哀歌に分類される．

讃歌の対象はなによりも神々である．しかし，神々とならんで神殿や都市が讃えられる作品も数多く作られ，王の讃歌は*ウル第3王朝時代および*イシン・ラルサ時代の*聖婚儀礼を背景にする．哀歌のなかで都市の崩壊や衰退を嘆く作品は，*『ウル滅亡哀歌』に代表されるように，歴史的事件を前提にする．神々に捧げる一連の哀歌調の祭儀歌も残されている．内容的には哀歌と呼べない作品もそこには含まれるが，これらは伴奏に用いられる楽器などによって，当時すでにバラグ(balag「ハープ」)，エルシェンマ(eršemma, er「嘆き」, šem「太鼓」)などと呼ばれていた．なかでもイナンナとドゥムジ(→イシュタル，タンムズ)に捧げられた祭儀歌は*セレウコス朝時代まで伝えられた．

アッカド語の讃歌や哀歌で独立した作品として伝えられる作品は多くない．一つには，後々まで，宗教祭儀においてはシュメール語の祭儀歌が用いられたからである．アッカド語で記された神々讃歌は*祈禱に，哀歌も災厄を訴える個人の嘆きとして*治癒儀礼などに組み入れられていることが多い．王讃歌や神殿讃歌はアッカド語ではまとまった形では残されなかった．

XII-2-(2)-⑥　知恵文学とその主題

メソポタミアの*知恵文学を厳密に定義することは難しい．ここで紹介するのは博物誌に関わる文学作品と人生を語る作品にかぎられる．

前者の代表はいわゆる「論争文学」である．『木と葦』『鶴嘴と犂』をはじめとするシュメール語の作品群，『牛と馬』『ポプラと月桂樹』などのアッカド語作品が知られ

る．そこでは対となる登場者が互いに自己を主張し合う．しかし，そのいずれがより優れているかということよりも，論争を通じて開示される自然や文化の調和にその主眼はおかれている．

それに対して，社会や人生は矛盾に満ちている．格言はそうした矛盾を生き抜く知恵である．書記の練習帳に数多く残され，書簡や物語に引用されるメソポタミアの格言は，もう一方で，大小さまざまな格言集として編集された．これもまたシュメールにはじまり(*『シュルッパクの教訓』)，アッカド語世界に引き継がれた短詩形文学とみうる．そこには，ときに呟きや皮肉などを交え，ときに動物界に託して，社会や人間の観察がそこに綴られる(「犬にとって，夢は喜び」)．だが，人生や社会の観察は最終的には人間の苦難や人生の不条理の問題に行きつく．こうした主題は『われ知恵の主を讃えん』『バビロニアの神義論』『人とその神』『悲観主義者の対話』など，多くは論争形式で綴られるアッカド語作品に取り上げられた．旧約聖書の*「ヨブ記」の先駆けがここにある．

XII-2-(2)-⑦　その他の文学作品

アッシリアの王碑文が文学性に富むこと，一定の様式をふまえた祈禱が詩歌の一種とみうることなどはすでに述べた．この他にも，さまざまな形式の文学作品が古代メソポタミアの諸遺跡から発見されている．たとえば，書簡の形式をとる作品群(神への書簡[含シュメール語]，神からの書簡，『ギルガメシュの書簡』)は書簡文学と呼びうるだろう．自伝文学には，史実をふまえた自伝(『*イドリミ自伝』『*ナボニドス自伝』他)の他に，虚構性の強い伝説風の自伝(『*サルゴン(1世)伝説』他)とがアッカド語で残る．『マルドゥク預言』『王朝預言』など，神託としての*預言とは別に，しかし預言という形式をもって過去の時代を事後的に記す一連の「預言文学」もまたアッカド語文学の一分野をなす．

XII-2-(2)-⑧　まとめ

古代メソポタミアの神話と文学は，楔形文字文化の終焉と共に地中に埋もれ，ながらく忘れ去られていた．それが再び知られるようになったのは，遺跡の発掘調査により次々と文書が発見され，それが解読されはじめた19世紀中頃以降のことである．本章はそれらを概観するにすぎないが，それでもここに人類の古代精神史の一端を垣間見ていただければ幸いである．じつにメソポタミアは神話と古代文学の宝庫であるといってよい．ここには比較神話学や比較文学の豊かな資料が存在する．加えて，発掘を待つ遺跡には未知の文書がなお数多く埋もれている．　　　　　　［月本昭男］

【参考文献】

杉勇編訳『古代オリエント集』(筑摩世界文学大系1)筑摩書房，1978年．
月本昭男「古代メソポタミアの創成神話」月本昭男編『創成神話の研究』リトン，1996年，11-60頁．
月本昭男「古代メソポタミアにおける預言と預言文学」金井美彦他編『古代イスラエル預言者の思想的世界』新教出版社，1997年，43-64頁．
D. O. Edzard & W. Röllig, "Literatur", *RlA* 7, 35-66.
A. Falkenstein & W. von Soden, *Sumerische und akkadische Hymnen und Gebete*, Zürich, 1953.
B. R. Foster, *Before the Muses*, I-II, Bethesda, 1996.
J. Krecher, "Sumerische Literatur", in W. Röllig (ed.), *Altorientalische Literaturen*, Wiesbaden,

1978, 100-150.
T. Longman, *Fictional Akkadian Autobiography: A Generic and Comparative Study*, Winona Lake, 1991.
E. Reiner, "Die akkadische Literatur", in W. Röllig (ed.), *Altorientalische Literaturen*, Wiesbaden, 1978, 151-210.
M. E. Vogelzang & H. L. L. Vanstiphout (eds.), *Mesopotamian Poetic Language: Sumerian and Akkadian*, Groningen, 1996.

XII-2-(3) エジプトの文学

XII-2-(3)-① エジプトにおける文字資料の特質

＊トゥトアンクアメン(ツタンカーメン)王墓が発見された当初，当時の歴史文書が大量に出土すると考えられたが，現実にはほとんど発見されなかった．しかし，文字資料全体として見たときには，エジプトでは，あらゆるジャンルの文字資料が残されているという印象を受ける．

エジプトの文字資料は数量的に見たとき，大きな偏りを呈しており，現存する文字資料の大多数のものは＊供養文(Htp-di-nswt formulae)あるいは＊葬祭文書であって，社会経済文書や行政文書は，古王国時代の＊アブ・シール文書，中王国時代のカフーン・パピルス，新王国時代の＊デル・エル＝メディーナ出土の一連のオストラコン，＊ハリス・パピルスと＊ウイルボー・パピルス程度である．

科学的文書としては，中王国時代末から第二中間期にかけての時代の数学文書である＊リンド・パピルスや内科学を中心として扱った「エーベルス医術パピルス」や，外科学を扱った「＊エドウィン・スミス・パピルス」が知られる．とくにエドウィン・スミス・パピルスは非常に科学的な配列をもって記されているので有名である．

XII-2-(3)-② 葬祭文書

古代エジプトで，文字資料が見られるようになるのは初期王朝時代の直前であるが，まとまった文書が現れるのは古王国時代に入ってからのことである．古王国時代第5王朝になると，王の来世での生活を保障するための呪文が＊ピラミッドの壁面に刻まれるようになった．これらの呪文を集めたものが＊ピラミッド・テキストである．古王国時代の終焉と共に社会秩序が崩壊し，王以外の一部エジプト人も来世での生活を望むことができるようなった(いわゆる「死後の世界の民主化」)．こうした潮流の中で中王国時代に死後の生活を保障する呪文が主に棺(コフィン)に書かれるようになった．(これらの呪文にはピラミッド・テキストに含まれているものも多い)．＊コフィン・テキストとはこれらの呪文を集めたものをいう．こうした中で，死が人の生活の一局面であるという観念が生じ，むしろ現世と来世との密接な関係が重視され，＊死者への書簡も見られるようになった．

第12王朝時代半ばになると，新たな宗教文学を模索する動きが現れた．こうした動きが新王国時代に結実したものがいわゆる＊「死者の書」で，墓の壁面に書かれたり，パピルス(時には護符)に書かれて棺とともに埋葬されたりした．これは新王国時代の葬祭文学そのものといいうる．ピラミッド・テキスト，コフィン・テキストおよび「死者の書」はいずれも現代の研究者が編集したもので，遺存する多くの呪文から抜

粋されたものである．

　一方新王国時代には「死者の書」と並んで，「冥界の書」が描かれるようになる．「死者の書」が死者の来世での至福の生活を保障する実用的な呪文からなるのに対し，「冥界の書」は冥界の様子を描いたガイドブック的なものである．「冥界の書」は原則として王墓にのみ描かれ，王妃の墓であっても描くことは許されなかったといわれている．第18王朝時代には「冥界の書」として，*『アム・ドゥアトの書』と*『門の書』が編纂され，*アクエンアテンの宗教改革を経たあと，新たな「冥界の書」である「昼の書」「夜の書」(→『昼と夜の書』)および「大地(アケル)の書」などが加わった．宗教改革以前に編纂された二書は，*太陽神が聖船に乗って12に分けられた*冥界を渡っていく旅程が描かれているのに対し，アマルナ改革後の「冥界の書」は，太陽円盤そのものが冥界を渡っていく様子を全体として示している．第20王朝が崩壊後，王権は急速にその権威を失い，「冥界の書」はパピルスに記されるようになるが，これは「冥界の書」が王以外にも用いられたことを示している．

XII-2-(3)-③　歴史的史料

　歴史的な記述は，自伝碑文や神殿碑文などに見られる．自伝碑文は大きく三つに分類される．一つは，主に個人の称号や名前などを書き記したもので，古王国時代より見られる．墓碑に供養文とともに記されていたりする．二つめは，称号や名前のほかに個人の業績をも記したもので，古王国時代末から中王国時代にかけてと第18王朝初頭に見られる．古王国時代末の「*ウニ碑文」や「*サレンプウトの碑文」，中王国時代の*『シヌへの物語』の一部，第18王朝初頭の「イバナの息子イアフメス」の碑文や「*イネニの碑文」などがこれに入る．個人の自意識が重要視された時代を反映したものと見ることもできる．三つめは，第18王朝後半以降広く見られ，個人と特定の王や神との関係をことさらに強調するもので，「理想的自伝碑文」とも呼ばれる．決まり文句を繰り返す形式のものが多く，テーベの私人墓などでよく見られる．

　エジプト史叙述の基本となる史料は神殿碑文である．神殿の壁面に書かれた碑文や神殿に奉納された*石碑(ステラ)の銘文がこれに当たり，カルナク神殿の*トトメス3世遠征記録や*カーメスの*ヒクソス討伐を記した石碑などがある．こうした碑文には，王が何か大きな事を企て，重臣会議を開くが，重臣はこぞって反対する，しかし王は企てを実行に移し，大成功を収めるという，共通のパターンを有するものがあり，これらはとくに「王物語」と呼ばれる．当時の王権観を知る史料でもある．

XII-2-(3)-④　文学作品

　伝えられている最も古い文学作品は教訓文学(→知恵文学)の類である．この形式はローマ時代にいたるまでエジプトで広く見られ，*書記*学校でテキストとして用いられたものもあった．これらは伝承上では*イムヘテプが編纂したことになっているが，賢者あるいは父親などが子供や弟子などに語るという形式をもち，処世訓を含んでいる．古王国時代の作品としては「*プタハヘテプの教訓」などを挙げることができる．

　第一中間期にあっては，現実の世界とあるべき世界との矛盾をテーマにした一連の文学作品が見られるようになる．例として，「イプウェルの訓戒」「メリカラー王への

教訓」「ネフェルティの教え」「生活に疲れた者と魂との対話」『雄弁な農夫の物語』などを挙げることができる．

　第12王朝になると，政治的な宣伝を目的とした作品が書かれるようになった．第12王朝の創始者*アメンエムハト1世の正統性を主張する「ネフェルティの教え」やアメンエムハト1世の暗殺による政治的混乱から政情を正そうとした「アメンエムハト1世の教え」などがその例であるが，『シヌへの物語』をこれに加える研究者もいる．

　中王国時代の文学作品には，*『難破した水夫の物語』や*『ウェストカー・パピルスの物語』があるが，これらは口承で伝わっていたものが，パピルスに書き留められて残ったものである．これらの物語は，そのなかにさらに別の物語がはめ込まれているタイプで，前者は難破した船員が神性を持った蛇と対話する物語で，枠物語の中の一つがたまたま書き留められて残ったものであろうといわれる．後者は退屈した王を楽しませるために王子たちが一人一話ずつ話をするという設定で書かれている．特に最後の話は，第5王朝最初の3人の王子の誕生にまつわる伝承を述べており，父親は太陽神*ラー自身で母親はラーの神官の妻であったと主張しており，王は神の子という考え方を伝える最も早い伝承の一つである．これは第5王朝最初の王の正統性を主張する文学でもあり，政治的宣伝の色彩を帯びている．

　新王国時代にはいると，神話的・寓話的要素を持った文学も見られるようになる．「二人兄弟の物語」や「ホルスとセトの争い」「運命の王子の物語」や恋愛歌などもあり，*『ウェンアメンの航海記』のように，現実の旅行記に似せたフィクションなども知られるようになる．エジプトでは神話はほとんど書き残されていないといわれている．*オシリス神話は，有名であるが*プルタルコスが伝えたものであり，唯一神話らしい物語は，「天の雌牛の書(人類絶滅の神話)」と呼ばれるもので，第19王朝以降王墓にのみ見られる広義の「冥界の書」の一つであるが，これによると，その昔，ラーと人類は共に平和に暮らしていたが，ラーが老いてきたので人類はその言うことを聞かなくなった．そこで，ラーは人類を滅ぼそうと思ったが，ある神が血に似せたワインを飲ませてラーを酔わせて，人類を救ったという．現存のものとしては，最も神話らしい物語であろう．

[秋山慎一]

【参考文献】
杉勇他編『古代オリエント集』(筑摩世界文学体系1)筑摩書房，1978年．
H. Brunner, *Grundzüge einer Geschichte der altägyptischen Literatur*, Darmstadt, 1978.
M. Lichtheim, *Ancient Egyptian Literature*, 1-3, Berkeley, Los Angeles and London, 1978-1980.
A. Loprieno, *Ancient Egyptian Literature : History and Forms*, Leiden, 1996.
W. K. Simpson (ed.), *The Literature of Ancient Egypt*, New Haven, 2003 (3rd ed.).
B. Spuler (Hrsg.), *Handbuch der Orientalistik* I-I-2-2, Leiden, 1970 (2 Aufl.).

XII-2-(4) ヒッタイトの神話と文学

　*アナトリアを中心として栄えた*ヒッタイト王国(紀元前1600年頃～1200年頃)の領域内では，首都*ハットゥシャの遺跡ボアズキョイをはじめいくつかの遺跡から*楔形文字で記された粘土板文書がみつかっている．これらは公用語であった*ヒッタイ

ト語と楔形文字の前提となる*シュメール語と*アッカド語の他,ヒッタイト語と同じ印欧アナトリア語派に属する*ルウィ語や*パラ語あるいはアナトリアの先住民の言語ハッティ語で書かれ,またシリアやメソポタミア北部にも広がりを見せる*フリ語で書かれたものもあった.その中にはさまざまなジャンルのものがあるが,*神話や伝説,叙事詩,物語などの文学に属すると考えられるものも少なくない.それらは系統的に 1. アナトリア系(*ハッティ・ヒッタイト系)のものと,2. フリ系のもの,それに明らかに外来のもの,3. シュメール・*アッカド(メソポタミア)系のもの,4. *カナン系のものに分けられる.

XII-2-(4)-① アナトリア系

印欧系のヒッタイト人が到来する以前からアナトリアに居住していたハッティ人は政治的にはヒッタイト人の支配下に入ったが,文化的にはむしろ多くを与えることになった.純粋なヒッタイト系の神話や物語といったものはほとんどなく,ハッティ人か何らかの先住民から受け継いだものばかりである.その代表例が,*プルリヤ祭の中で演じられた『*イルヤンカ(蛇)神話』(ラローシュによる整理番号 CTH 321),と姿を隠す神の神話群(穀物神*テリピヌが姿を隠す『テリピヌ神話』[CTH 324]の他,さまざまな*天候神[CTH 325-7, 671]や*太陽神[CTH 322-323]や*母神*ハンナハンナ[CTH 334]あるいは*イナル神[CTH 336]が姿を隠すものなどがある)である.これにさらに加えるとすれば,もともとハッティ語で書かれた『天から落ちる月の神話』(CTH 727)を挙げることができよう.アナトリア系の神話の特徴としては,儀礼(→VI-2-(2)-②)と密接な関係にあり,散文的である点が挙げられる.なお,やや歴史的核を含んでいると思われる*カニシュと*ザルパの両市をめぐる『二つの町の物語』(CTH 3)も神話性が強い.ヒッタイト語版で伝わる『アップ物語』(CTH 360)と『太陽神,牝牛,漁師』(CTH 363)はフリ的背景等が推測されながらも,むしろ数少ないヒッタイト系作品とみなすことができる.

XII-2-(4)-② フリ系

フリ系の神話はたいてい「歌」(シュメログラム SÌR で表記される)と呼ばれ詩文的であることを特徴とし,多くはヒッタイト語訳でしか伝わっていないが,一部フリ語との対訳版やフリ語のみのものも伝わる.フリ系神話の中核をなすのは天上の王位継承争いをめぐる 1)*クマルビ神話群に属する作品で,『クマルビの歌』(CTH 344『天上の王権』または『神統譜』とも呼ばれる),『ランマ神の歌』(CTH 343),『銀の歌』(CTH 364),『*ウリクンミの歌』(CTH 345),『ヘダンムの歌』(CTH 348)が知られる.アラル→*アヌ→クマルビ→*テシュブと交代する天上の神々の王権とクマルビによるその子孫(ウリクンミ,銀,ヘダンム)を使った王権奪還の試みとその失敗が詠じられている.これに対して 2)『解放の歌』(KBo 32. 11 他)はフリ語及びその中期ヒッタイト語訳で伝わり,内容は,天候神テシュブが北シリアの町*エブラの王メギに捕虜になっていたイギンガリシュ市の人々を解放するよう要求したのに対し,メギはエブラ市の長老たちの抵抗に遇い,解放を断念し,その結果エブラ市の滅亡を招いてしまい,最後にテシュブは冥界へ行きその女主人アラニを訪問する,といった原因譚的神話で

ある．この『歌』に属するとされることの多い*知恵文学的な3)『寓話集』(KBo 32. 12)はたぶん別作品であろう．フリ系の文学作品としては，この他，フリ語版とヒッタイト語版の両方で伝わり，美しい妻に溺れた狩人ケッシが母親を蔑ろにしたことが狩りの獲物を失わせる結果を招くという4)『狩人ケッシ物語』(CTH 361)や5)『グルパランザフ物語』(CTH 362)や6)*ギルガメシュ関連作品群(CTH 341. 15, 17, 18)などがある．これに，フリ語版のみが断片的に伝わる作品が加わる(CTH 775-776)．

XII-2-(4)-③　シュメール・アッカド系

1)*『ギルガメシュ叙事詩』はアッカド語版が伝わるほか(CTH 341Ⅰ；→XII-2-(2)-④)，ヒッタイト語版(CTH 341)とフリ語版(CTH 341Ⅱ)の『ギルガメシュ叙事詩』が作られた．ヒッタイト語版はアッカド版の古バビロニア語版をもとに翻訳・翻案した縮約版である．2)*『アトラ・ハシス』神話は*洪水伝説の一つであり(→XII-2-(2)-③)，ヒッタイト語版の断片が伝わる(CTH 347)．この他，3)『戦いの王』(CTH 310)や4)『小アジアの*ナラム・シン』(CTH 311)のような古*アッカド王朝時代の支配者たちに関する伝説もヒッタイト語版をもつ．さらにアッカド語の*讃歌類がヒッタイト語の讃歌・祈禱に大きく影響を与えていることも見逃せない(CTH 312-314, 792, 794, 795, 371-389)．

XII-2-(4)-④　カナン系

『エルクニルシャとアシェルトゥ』(CTH 342)は神エルクニルシャ(「地の創造者*エル」)の妻アシェルトゥ(*アシェラ)が若い天候神(*バアル)を誘惑しようとし拒まれる神話で，*ウガリトで同一の神話は知られないものの，登場人物等からカナン系神話のヒッタイト語訳であることは明らかである(→XII-2-(5))．

XII-2-(4)-⑤　その他

上述のもののほか，内容はあまり理解できないが，ルウィ語(CTH 764, 768)やパラ語(CTH 752)の作品もある．また，史的文書(CTH 1-216)や儀礼中の歌や呪文のなかには文学的要素を含んでいるものが少なくない． 　　　　　　　　　　　［中村光男］

【参考文献】

杉勇他訳『古代オリエント集』(筑摩世界文学大系1)筑摩書房, 1978年.
月本昭男訳『ギルガメシュ叙事詩』岩波書店, 1996年.
中村光男「フリ語版ギルガメシュ叙事詩断片について」『オリエント』41/1, 1998年, 157-162頁.
F. Pecchioli Daddi & A. M. Polvani, *La mitologia ittita*, Brescia, 1990.
H. A. Güterbock, "Hethitische Literatur", in W. Röllig (Hrsg.), *Neues Handbuch der Literaturwissenschaft* 1, Wiesbaden, 1978, 211-253.
H. A. Hoffner, Jr., *Hittite Myths*, Atlanta, 1998 (2nd ed.).
E. Laroche, "Textes mythologiques hittites en transciption", *RHA* 77, 1965, 61-178；*RHA* 82, 1969, 25-90.
E. Laroche, *Catalogue des textes hittites*, Paris, 1971 (=CTH).
M. Salvini, "Sui testi mitologici in lingua hurrica", *SMEA* 18, 1977, 73-91.
G. Wilhelm, "Die Könige von Ebla nach der hurritisch-hethitischen Serie Freilassung", *AoF* 24, 1997, 277-293.

XII-2-(5)　カナンの神話と文学

*カナンの神話は，ヒッタイトからのエルクニルシャ(「地の造り主エル」)神話以外

は，ほとんどすべてシリアの都市国家*ウガリトから出土した粘土板文書によって知られるようになった．言語的にはカナン語とは異なる言語で書かれたウガリト文書は，カナンの文化・宗教を知るうえでの，現在手にしうる唯一のまとまった文献資料である．南方の「カナン」がエジプト文化の影響下にあって，文学作品がすべてパピルス等に記されたため，腐敗してしまったと考えられるからである．

XII-2-(5)-①　*『バアル神話』

嵐の神バアルは，海の神*ヤムと戦い，混沌の力（ヤム）に対して勝利をおさめ，その結果秩序をもたらし王権を樹立する．しかし，バビロニアの*創成神話『エヌマ・エリシュ』の神*マルドゥクと海の女神（*竜神）*ティアマトの戦いの場合とは違い，その勝利の結果が「創造」に結びついてはいない．*「創世記」の創造物語には，このような海/水との戦い・勝利・創造の図式は見られない．

豊饒の神バアルは，死の神*モトと戦って敗れ，一旦は*冥界に下るが，*死んで甦る神として生還する．これは，ギリシアの*アドニス神話等のモティーフと似ているが，バアルが7年間死ぬと言われていることから，毎年起こる季節的なものではないと考えられる．

XII-2-(5)-②　豊饒の神々の誕生

神々の父*エルは2人の女性又は女神（*アシェラと*アナト）と交わり，はじめに「シャハル（夜明）とシャリム（黄昏）」という一対の天体神，次に，7柱の*豊饒神「良き神々」を産む．この神々の誕生が7年間の飢饉を克服する印であると考えられた．

XII-2-(5)-③　*月神*ニッカルの結婚

「私は歌う」で始まる歌．月神ヤリフとメソポタミアの月の女神ニッカルとの結婚が述べられている．*フリ語の神話に起源があるとも言われる．

XII-2-(5)-④　王家の叙事詩

古代オリエントの王にとって世継ぎがいないことは，たとえ金銀財宝が多くあっても，王家の断絶を意味する．7人の息子（又は，妻）を失ったケレト王は，エル神による夢の中でのお告げに従って正妻フラヤを娶り，王家の世継ぎとしての息子を得る（*『ケレト物語』1.14-16）．*『アクハト物語』（1.17-19）の場合，ダニエル（又は，ダニル）王の世継ぎアクハトは，長子として，王家の「ご先祖」を祀り，老父の世話をし，その家を守る．しかし，アクハトは，自分の弓をアナト女神に与えることを拒否したために殺害される．英雄の死は，自然界に7年間の飢饉をもたらす．

XII-2-(5)-⑤　詩歌

旧約聖書以外，カナンの詩歌は，少ししか残っていない．ウガリト文書では，*讃歌や祈りはしばしば儀式文書（1.23 表面）やリスト（1.113）の中に組み込まれている．例えば，バアルに町の防衛を願う祈り（1.119）．また，呪文（1.100）や，前兆（1.103, 1.145；1.140）や*内臓占いの文書（1.141-44），*葬祭文書（1.161）も詩文体（並行法）で書かれている．ウガリトの詩と古代イスラエルの詩の類似性が，発見（1929年）後早くから認められてきたが，詩篇29篇やハバクク書3章をカナンのバアル讃歌の翻案であるとする考え方は今や修正を余儀なくされている．両者の類似は先史時代以来の

カナンの文学的伝統の中での慣用表現やメタファーの例として説明することができるからである. 　　　　　　　　　　　　　　　　　　　　　　　　　　　　　　　　　　　［津村俊夫］

【参考文献】
P. C. クレイギー(津村俊夫監訳)「ウガリトと旧約聖書」教文館, 1990年.
津村俊夫「ウガリト語研究(3): ケレト叙事詩のプロローグについて」「文藝言語研究」(言語篇)9, 筑波大学文芸言語学系, 1984年, 51-78頁.
W. G. E. Watson and N. Wyatt (eds.), *Handbook of Ugaritic Studies*, Leiden, Boston, Köln, 1999, 193 ff.
D. Pardee, "Ugaritic Myths" and "Epic", in W. W. Hallo (ed.), *The Context of Scripture*, I, Leiden, New York, Köln, 1997, 241-83 ; 333-56.
C. H. Gordon, "Poetic Legends and Myths from Ugarit", *Berytus* 25, 1977, 5-133.
D. T. Tsumura, "Ugaritic Poetry and Habakkuk 3", *Tyndale Bulletin* 40, 1988, 24-48.

XII-2-(6)　古代イスラエルの文学

イスラエルは古代オリエントの中でも最も活発に文学的活動が行われた地域の一つであり, その所産の多くが*『旧約聖書』に収録されて現在まで伝えられている. ヘレニズム期以前のもので『旧約聖書』以外の文字資料として現在知られるものは, 主として石碑やオストラカ(→オストラコン)に記された短い文章や手紙であるが, いずれも残念ながら「文学」の名前に値するものではない.

『旧約聖書』の内容は, *ユダヤ教では伝統的に「律法」(トーラー), 「預言者」(ネビーイーム), 「諸書」(ケトゥービーム)の三つに区分される.

「律法」(「モーセ五書」とも呼ばれる)は, 神話的な原初史を導入部とするイスラエル民族の歴史の叙述と法的伝承の独特の融合体であり, イスラエル民族の太祖たちを扱う族長物語(創世記)から, 出エジプト, シナイ契約(出エジプト記, レビ記), 荒野放浪(民数記)の物語を経て, イスラエルがカナンの地(現在のパレスティナ)に到着するまで(申命記)を扱う. この文脈中に, 「十戒」, 「契約の書」, 種々の祭儀律法, 「神聖法典」, 「申命記法」等の法文集が挿入されている. この「律法」は, 現在に至るまで, 「戒律の宗教」としてのユダヤ教の最高の規範文書をなしている.

「預言者」はさらに二つに分かれ, 「前の預言者」(ヨシュア記, 士師記, サムエル記, 列王記)は内容的には「律法」の続きをなす歴史記述で, そこではカナン定着から王国建設, 王国分裂を経て, イスラエル・ユダ両王国の滅亡までの歴史が辿られる. なお, 「律法」と「前の預言者」は, 古い口頭伝承に基づきつつ, 複雑な編集過程を経て, バビロニア捕囚後の時代に(前6-5世紀)ほぼ現在の形になったものと考えられる. 「後の預言者」は狭義の預言書であり, そのうち浩瀚な*イザヤ書, *エレミヤ書, *エゼキエル書はとくに「三大預言」と呼ばれる. *預言者たちの活動期は王国時代後半(前8世紀)から*アケメネス朝ペルシア時代前半(前5世紀)頃までである. ただし, 預言書は単なる預言者の語録ではなく, 最近の研究ではそこに大幅に編集者の手が加わっていることが指摘されている.

「諸書」は比較的後期に成立した文書を集めたものであり, その内容は歴史記述(歴代誌, エズラ・ネヘミヤ書), 教訓的物語(ルツ記, エステル記, ダニエル書前半), *知恵文学(*ヨブ記, コヘレトの言葉, 箴言), 詩歌(詩編, 哀歌, 雅歌), *黙示文学

(ダニエル書後半)と多彩である.

『旧約聖書』の大部分は*ヘブライ語(極く一部は*アラム語)で書かれたが,ヘレニズム時代になるとユダヤ人のギリシア語圏への移住(→ディアスポラ)が進んだので,前3世紀頃にはエジプトの*アレクサンドリアで「*七十人訳聖書(セプチュアギンタ)」と呼ばれるギリシア語版『旧約聖書』が成立した.これにはヘブライ語聖書にあるものの他,ギリシア語で伝えられていた比較的新しい文書も収録された.後のユダヤ教ではこれらの文書は正典から除外されたが,キリスト教の一部(カトリック教会等)ではそれらを旧約聖書の一部として認めたので,それらは旧約聖書「外典」ないし「続編」,あるいは「アポクリファ」などと呼ばれている.内容的には「マカバイ記」等の歴史記述,「トビト記」,「ユディト記」などの教訓的物語,「シラ書」,「知恵の書」等の知恵文学,エステル記,ダニエル書への補遺等からなる.

1947年の春,死海に近い荒野の洞穴からヘブライ語で書かれた大量の写本が発見され,それが前2世紀-後1世紀頃,当時のエルサレム神殿の正統性を認めず,死海近くのクムラーン(→クムラーン宗団)に独自の共同体を作っていたユダヤ教の分派的集団の文書であることが判明した(それゆえ「*死海文書」ないし「クムラーン文書」と呼ばれる).多くの『旧約聖書』諸文書の写本(現存する最古のものということになる)と共に発見されたこの宗団独自の文書(「宗規要覧」,「会衆規定」,「戦いの書」等)からは,彼らが閉鎖的な共同体で財産共有制を伴う厳格な禁欲生活を営みつつ,複数のメシア的存在の観念を伴う独特の黙示思想(→黙示文学)を奉じ,世の終わりを待望していたことが明らかになった.死海文書の発見は,終末論的宗教としてのキリスト教の成立の背景を考えるうえでも重要な示唆を与えるものであった.

後70年のいわゆる第一次ユダヤ戦争(→ユダヤ戦争)の敗北とローマ軍によるエルサレム神殿の破壊以降,ユダヤ教はますます日常生活における律法遵守を中心とする「戒律の宗教」としての性格を強めた.しかし,「律法」(トーラー)にある戒律(成文律法)の一つ一つを具体的に日常生活の中で完璧に実行していくためには,有力なラビ(律法教師)たちの律法解釈(口伝律法)が必要となった.後2世紀の末になると,ユダヤ教の指導者(ナーシー)であったラビ・ユダの手により,そのような口伝律法を文書化して集大成した「*ミシュナ」がまとめらた.その後,「ミシュナ」の個々の内容に対して後代の律法学者たちによる注釈が加えられるようになり,それらの注釈は「ゲマラ」と呼ばれた.ミシュナにゲマラを加えたものが「*タルムード」である.「タルムード」には450年頃ガリラヤでまとめられた「パレスチナ・タルムード」と,東方ディアスポラの中心であったバビロニアで550年頃にまとめられた「バビロニア・タルムード」の2種の形が存在するが,後者の方が内容が豊富であり,またより大きな権威をもつものとされるようになった.「タルムード」はあくまで補助的文献であり,(旧約)聖書(とくにトーラー)と並ぶ権威をもつものではないが,ユダヤ人の実践的な宗教生活の指針として,今日に至るまで大きな影響力をもっている. [山我哲雄]

【参考文献】
石田友雄他『総説旧約聖書』日本基督教団出版局,1984年.

木田献一『旧約聖書の概説』リトン, 1995 年.
関根正雄『旧約聖書文学史』(上・下)岩波書店, 1978-1980 年.
W・H・シュミット(木幡藤子訳)『旧約聖書入門』(上・下)教文館, 1994-2003 年.
E. Zenger (u. a.), *Einleitumg in das Alte Testament*, 4. Auflage, Stuttgart, 2003.
B. S. Childs, *Introduction to the Old Testamant as Scripture*, Philadelphia, 1979.

XII-2-(7)　古代アジアにおけるキリスト教文学

　古代オリエント学の領域にかかわる初期キリスト教文学としては，もちろん当初はセム語であったと思われる新約聖書の福音書伝承があげられよう．しかし現存するものはすべてがギリシア語であるので，ここでは除外する．また，シリア，エジプトなどにおけるギリシア語・ラテン語の資料も除く．それ以外の言語で著された，古代オリエント学の空間で登場する作品としては，まず何よりも（新約）聖書の翻訳があげられよう．その中でも「*シリア語訳」が代表的である．さまざまな「古シリア語訳」の校訂を通して5世紀初め頃完成されたのが公認訳「ペシッタ」である（新約聖書は22の文書のみを含む）．ただしその中の福音書は，主にビザンティン型ないしコイネー型（折衷型）のギリシア語写本の傾向を示し，本文批評的価値はさほど高くない．これら以外のシリア語訳としては，「フィロクセヌス訳」や「ハルクレア訳」，そして「パレスティナ・シリア語訳」が知られている．またこの関連で，タティアノス（120 年頃—?）の『ディアテッサロン』（170 年頃）にも言及すべきであろう（原本はシリア語であった可能性が高い）．これは四福音書の異同をできるだけ「調和」させて編集したもので，後代まで（そしてそのアイディア自体は現代まで！）広い範囲にわたって影響を及ぼした．

　*コプト語は，古代エジプト語の中でも最後期の言語であり，*アレクサンドリアがギリシア語圏であるのに対し，いわば地方の言葉である．しかし4世紀までにはこれらの地方にもキリスト教は伝播した．それのみならず，むしろこれらエジプトの地方型キリスト教こそ，もっとも強靭な反骨精神を示すことになるのである（ドナティズム論争参照）．コプト語の中でも「サヒド方言」によって，まず3-4世紀頃新約聖書の翻訳がなされ，やがてその後「ボハイル方言」による翻訳もでき上がった．

　*エチオピア語訳に関しては，紀元後350年頃アビシニアがキリスト教化されてから聖書翻訳が成立する．これが何よりも特筆に値するのは，今では原本が失われている『旧約聖書偽典』のうち，「第一エノク書」，「ヨベル書」，「イザヤの殉教と昇天」などの全文をその中に含んでいることにある．その中でも「第一エノク書」（エチオピア語のエノク書）は，*黙示文学の宝庫の観をなしており，初期ユダヤ教思想の研究のためにも不可欠である．

　その他，アルメニア語訳，グルジア語訳，ゴート語訳，古代スラブ語訳等の古代語訳聖書が存在する．

　また，聖書翻訳以外の古代キリスト教文献をあげれば，再びシリア語圏に戻る．ここでは，シリア東部のとりわけ*エデッサにおける文学潮流が注目される．エデッサには，2世紀はじめにはキリスト教が伝えられたと想定されるが，100年も経たずしてシリア東部のキリスト教の一大中心地になった．ただし，混交的・*グノーシス的

傾向を示し，同じシリアでも西側の正統派的*アンティオキアとは対照的である．エデッサで成立した代表的作品の一つが，2世紀後半の『トマス福音書』である．これは，後述する「*ナグ・ハマディ文書」の一つとしてコプト語で現存するが，元来はシリア語であり，それがエデッサから流出する過程でギリシア語に訳され，さらにコプト語に重訳されたものと思われる．この「福音書」は，正典福音書にはないイエスの語録を含んでいるため，コプト語版の発見当時から大きな問題となった．全体として，グノーシス主義の編集がなされている．また，エデッサの地において3世紀半ば頃までには成立していたと考えられているのが，新約外典中の『トマス行伝』である．この作品は，グノーシス的な「真珠の歌」を含んでいることでも有名である．上記二作品からもわかるように，古代キリスト教の「トマス伝承」は，主にこのエデッサの地を中心に形成されたものである．

これ以外にも，そもそもシリア（東部）地方は，ユダヤ人キリスト教の強力な潮流に被われていたと言ってよい．彼らがシリアのベレアで書いた『ナゾラ人福音書』(2世紀前半)は有名である．なお，ユダヤ人キリスト教ではないが，『使徒たちのディダスカリア』のシリア語訳(4世紀前半)も，初期キリスト教運動を知る上で重要な文献である．

最後に，既に名をあげた「ナグ・ハマディ文書」に言及しておく．これは1945年にエジプト南部，ナイル河畔の町ナグ・ハマディ近郊で発見されたグノーシス主義のコプト語文献群である．キリスト教とは無関係なグノーシス文書も多いが，キリスト教的文書も頻出し，上記の『トマス福音書』はその代表である．もっとも，多くはギリシア語原本からの翻訳である(有名な『フィリポ福音書』や『真理の福音』など参照)．しかしながら，2世紀のキリスト教的グノーシス主義，ひいてはその当時のキリスト教全般を観察するためには，これらコプト語翻訳文献は必須の資料であると言わねばならない．

〔佐藤　研〕

【参考文献】
荒井献・大貫隆・小林稔・筒井賢治訳『ナグ・ハマディ文書』I-IV，岩波書店，1997-98年．
日本聖書学研究所編『聖書外典偽典』I-VII，別巻I-II，教文館，1975-82年．
B.M.メッツガー(橋本滋男訳)『新約聖書の本文研究』日本基督教団出版局，1999年．
H. J. W. Drijvers, *Cults and Beliefs at Edessa*, Leiden, 1980.
A. Vööbus (ed.), *The Didaskalia Apostolorum in Syriac*, Louvain, 1979.

XII-2-(8)　古代イランの文学
XII-2-(8)-①　イラン・ゾロアスター教系

王や高官の碑文は，歴史記述の一部であるが，*アケメネス朝ペルシアの*クセルクセス1世が*ペルセポリスに刻ませた*ダイヴァ崇拝禁止碑文は当時の宗教事情を語る．また，*サーサーン朝初期の高僧*キルデールがサレ・マシュハドに中世ペルシア語で刻した碑文には，彼の冥界巡りの体験が語られている．

*ゾロアスター教文献は，前1千年紀に次第に成立していった*アヴェスターと，サーサーン朝期およびイスラーム時代に書かれた*パフラヴィー語文献とに大別される．『アヴェスター』の中でも最古層に属し，ゾロアスターの作品ともされる『ガーサ

ー』では，善悪が対立する二元論の世界が描かれる．神話としてより重要なのは，神々(*ヤザタ)への讃歌である『ヤシュト』で，ミトラ神や*アナーヒター神が讃えられる．『ウィーデーウダード』は除魔について詳細に記す儀礼書であるが，ヤマなどの神話的要素も多く含んでいる．

　パフラヴィー語文献(以下，アヴェスター文字で転写されたパーザンド版のみが残るものも含む)の中でゾロアスター教の神話，創造から善悪の対立，そして終末と悪の絶滅まで包括的に扱うのが*『ブンダヒシュン』である．霊感や予言が中心となる作品では，地獄についてきわめて詳細に描写する『アルダー・ウィーラーズの書』や終末時を描く『ワフマン・ヤスンのザンド』などがある．教訓文学は非常に重要な分野で，*『デーンカルド』第6書，『ウズルグミフルの回想』，『カワードの子*ホスローの教訓』，『英知の精霊の審判』など多くの作品が残されている．叙事文学としては，ゾロアスター教神話の英雄伝説に題材をとった叙事詩『ザレールの物語』やサーサーン朝*アルダシール1世の主として即位にいたる経緯を語る『パーパグの子アルダシールの行伝』が存在する．またこれらの英雄伝説と諸王の事績は，サーサーン朝時代に「フワーダイ・ナーマグ」としてまとめられ，これがイスラーム時代の近世ペルシア語による*『王書』のもととなった．シュメール以来の文学ジャンルである論争詩も『アスールの木』という1作品のみ伝えられているが，これは*パルティア語で作られた詩である．その他小編として『チェスの解き明かしの書』などがある．

　反ゾロアスター教の立場から書かれた作品では，たとえば，5世紀初の*アルメニア人エズニク・コルバツィによる論駁書は，*ズルワーン主義神話観の貴重な証言となっている．

XII-2-(8)-② マニ教系

　*マニ教文献は，*マーニー自身の方針により諸言語に翻訳されて伝えられた．現存するテキストは，東トルキスタンのトルファンを中心とする地から出土したパルティア語，中世ペルシア語，*ソグド語，ウイグル語，漢語文献とエジプト・北アフリカに由来する*コプト語，ギリシア語文献が主なものである．漢語を除く東トルキスタン出土文献の多くはマニ教文字で記されている．その他マニ教を攻撃する立場から書かれたイスラーム文献やパフラヴィー語文献，キリスト教文献などからもその神話観を一部窺うことができる．マーニー自身の著作題目として，『シャーブフラガーン』(これのみ原作中世ペルシア語)，『巨人の書』『生ける福音書』『書簡集』など(原作*アラム語からの各国語訳)が知られている．創造から*グノーシスによる善の要素の救出に至る神話を直接に，あるいは*『新約聖書』のようにたとえ話を多用して，語っている．その他重要なマニ教文献として，マーニーの伝記集でギリシア語版で残る『ケルン写本』，教義注釈書としてコプト語版で残る『ケファライア』，各国語版による讃歌集などがある．ただし，とくに東トルキスタン出土テキストは断片がほとんどで，マーニー自身の著作であることは想定できても，どの著作からの訳なのか同定できない場合が多い．

XII-2-(8)-③　マンダ教系

　ペルシア湾頭から南西イランにかけてマンダ教(→マンダ教徒)と呼ばれるグノーシス主義の教団が紀元後 2, 3 世紀頃から存在した．マンダ文字というアラム文字の一種で書かれた教典(言語もマンダ語というアラム語の方言)は，現存最古の写本が 16 世紀のものであるが，成立時期は遥かに古い時代に遡る作品である．重要な教典として以下が挙げられる．『宝蔵』は神学，神話，宇宙論などの集成である『右の宝蔵』と死後の魂の讃歌である小編『左の宝蔵』からなる．8 世紀には他教徒によって引用されている．神話集成である『ヨハネの講話』，ほかに『祈禱書』，儀礼の手引き『1012 の問い』，*占星術についての『十二宮の書』，数少ない教団史の史料『内の*ハラン』，その他多くの詩集がある． 　　　　　　　　　　　　　　　　　　　　　　　　　　　　　[春田晴郎]

【参考文献】
ジャーレ・アームーズガール，アフマド・タファッゾリー(山内和也訳)『パフラヴィー語』シルクロード研究所，1997 年．
ミシェル・タルデュー(大貫隆・中野千恵美訳)『マニ教』白水社，2002 年．
Kurt Rudolph, *Mandaeism*, Leiden, 1978.

総論

XIII 美術

XIII-1 イラン

XIII-1-(1) 新石器時代からメディア朝まで

　前7000年頃から前6世紀半ばの*メディア朝までのイラン美術は多様性，地方性に富んでおり，統一した様式の存在は見られない．新石器時代には農耕に関係した地母神像などの丸彫土偶が作られたが，人体の一部を強調した素朴な造形である．一方，彩文土器には草食獣をたくみに図案化した洗練された造形感覚が見られる．これは二次元のシルエットのような文様であるが，装飾デザインとしてはすぐれ，以後のイラン美術の本質を暗示している．つまり，イラン美術は立体的な丸彫ではなく，二次元的な絵画と浮彫りに卓越し，工芸感覚にすぐれているということである．

　絵画遺品はほとんど知られておらず，メソポタミア美術の影響を強度に受けた*エラム美術の場合を除くと大半の遺品は工芸品である．浮彫りは摩崖浮彫がエラム古王国時代に制作されている．例えば，クラングーンの作品は主題は国王の豊穣の儀式であるが，線描を主体に図像の外観を詳細に描写している．それに比べて，人体の量感や立体感，各部分の連続性など，総体的に見て造形が貧弱である．また，丸彫でも，例えばエラム王国の首都*スーサから発掘された《ナルンデ女神石製座像》は前23世紀頃の作であるが，人体の立体的な形に石のブロックを整形し，その表面に線で細部を刻んだようなものである．これらはいずれも，メソポタミアの彫刻の影響を受けた地方作の域を出ていない．

　メソポタミアの影響を超克したのはエラム中王国時代で，まだ古拙な人体表現であるが，顔貌表現に写実性が増し，メソポタミア美術に見られない独自性が見られる．一方，イラン西北部の*ルリスターンやアゼルバイジャンではアッシリア，新バビロニア，*ウラルトゥなどの美術の影響を受け入れてさまざまな様式の工芸品が制作されていたが，これをメディア朝が継承発展させ，装飾性と写実性を基本とするイラン美術が生まれたと推定される（ただし遺物は極めて少ない）．（→ルリスターン青銅器文化）

　これを基礎に，古代西アジア，エジプト，ギリシア美術を総合し集大成したのが次の*アケメネス朝の美術である．そして，それ以後の美術はすべて王家に関する世俗的美術であって，*ゾロアスター教などの宗教美術は生まれなかった．それゆえ，各時代の美術の栄枯盛衰は王朝のそれと軌を一にしている．

XIII-1-(2) アケメネス朝

　この王朝はエジプト，西アジア，中央アジア，インドを含む広大な地域を支配したので，その美術は各地の既存の美術を折衷融合したものである．とくに，アッシリア帝国，新バビロニア王国の美術の影響が強く，それにエジプト，ギリシア（小アジア西部），ルリスタンの金属工芸美術（→ルリスターン青銅器文化），エラム新王国の美

術が付加されて創られた．その作品は王朝に関係するものにほぼ限定され，様式も適度の写実性と装飾性のバランスがとれた王朝様式に統一されている．また，ほぼ300年間に様式の変化がほとんど見られないのも特色である．現存する作品の代表的なものは王宮や王墓の浮彫り，王宮の壁を装飾したタイル（絵画に相当），金属，ガラスなどの工芸品である．

　王朝美術を代表するのは彫刻であるが，*パサルガダエ，*ペルセポリス，*スーサの王宮，パサルガダエと*ナクシェ・ロスタムの王墓，*ベヒストゥーンの《*ダレイオス1世戦勝図》に残る．これらは基本的に王宮や墓などの建物の表面を飾る浅浮彫りで，エジプトで制作された丸彫の《ダレイオス1世立像》（スーサ出土）などは例外的存在である．様式の特色は線の美しさを強調し，図柄の細部を明白，克明に描写して厳格な造像を行う手法であり，それによって画面ないし図像全体に厳粛かつ崇高な印象を醸成する点に特色がある．これはアッシリア美術の写実性をギリシア美術の理想的写実性やイラン民族の伝統的な装飾本能によって和らげたものである．浮彫りは側面観を原則とする．人体表現は頭部，胴部，下半身を複数の視点から描写している．多数の人物を描写する場合は，近くの人物は下段に遠方の人物は上段に配する上下遠近法を用いている．表現された人物の身分の高低は図像の大小で示す．人物表現には個性を表現しようとする意図は乏しく類型的である．民族及び身分の差違は被り物，衣服，持物などで区別している．細部（衣服の文様，髭，頭髪など）を克明微細に再現しているが，それは装飾的効果をねらったものである．衣の襞にも同様な配慮がみられるが，これはとくに裾のΩ型襞が示唆するようにギリシア美術の襞の影響であろう．画面や図柄の構成には，装飾性に適した紋章型構成（左右対称）が見られる（一対の有翼人物像）．

　この王朝様式の彫刻には象徴的図像が多い．被征服民（属国の民）が大王が坐す玉座を担いだり，玉座が載る大きな台座を担ぐ「玉座担ぎ」は，アケメネス朝の統治の正統性，合法性，平和を象徴する．また王権の正統性は*アフラ・マズダー神から大王が授与される環によって示される．さらに国王（英雄）と怪獣の*闘争図は自然の災害から人民を守る国王の役割を，獅子と牡牛の闘争図は春分の日（新年）を象徴しているといわれる．以上の特色は絵画（実際には彩釉タイル装飾）にも当てはまる．（→王権叙任図，怪物）

XIII-1-(3) アルサケス朝

　アケメネス朝が滅びるとともにイラン美術の伝統は一旦，歴史の表舞台から姿を消し，代わって*アレクサンドロス大王及びその後継者の*セレウコス朝が導入したギリシア美術（ヘレニズム美術）がイランに伝播した．その遺物はほとんど存在しないが，このギリシア美術の伝統は*アルサケス朝の宮廷によって継承された．それゆえ，アルサケス朝の美術はギリシア美術のオリエントにおける変遷の歴史でもある．元来遊牧民であった*パルティア族には固有の美術はなく，征服した西アジアやイラン高原の都市に住んでいたギリシア人芸術家を積極的に利用した．その美術は西暦前後を境に二つの時期に分割できる．この時代区分はアルサケス朝が発行した銀貨の図像（国

王胸像)の様式分析に基づいている．前期はギリシア美術を取り入れ，パルティア族の理想的写実主義の美術を完成した．後期はギリシア美術の衰退とイラン美術(土着)の復興の時代である．

〔前期(前3世紀半～前1世紀末)〕

アルサケス朝の最も古い都の一つ，旧*ニサーの遺跡(前2世紀後半)からは，ギリシア愛好を実証する大理石，金属，*象牙，粘土製の彫刻，*壁画断片が発掘されている．青銅製アテナ女神，大理石製アプロディーテー女神などは写実的で，象牙の*リュトンの主題もディオニューソス神に関係しており，粘土製の兵士像もその顔貌表現は写実主義の頂点を示している．ベヒストゥーンのヘーラクレース神座像(前148年作)及びアルサケス朝の*ミスラダテス1世(前171-138年)，フラアテス2世(前138-127年)，アルタバノス1世(前127-124年)の4ドラクマ銀貨の胸像の写実主義表現と軌を一にしている．*ミスラダテス2世(前123-91/87年頃)の時代にはパルティア族の民族的特色が徐々に採用され，ギリシアの理想的写実主義に代わって，アケメネス朝由来の厳格な形式美と装飾性を重視する様式へと移行する過渡期となっている．その後，フラアテス3世(前70-57年)からフラアテス4世(前38-4年)の時代にこの新しい美術様式が完成したが，これはギリシアとイランの両要素が融合しているので，グレコ・イラン式という．残念ながら，首都*クテシフォンの王宮美術遺品は知られていないが，その好個の例はトルコ東南部の*コマゲネ王国の彫刻に見ることができる．この時期に属す大型の彫刻としては，イラン南西部のシャーミー神殿からA. スタインが発掘した《青銅製貴人像》(テヘラン，考古博物館蔵)を挙げることができよう．絵画の遺例はイランからは発見されていない．

〔後期(後1世紀初め～3世紀前半)〕

ギリシアの神像は土着の神(ゾロアスター教)と習合して残存している場合があるが，ギリシアの彫刻技術や美の理想は衰退の一途をたどった．しかし，前1世紀に現れたグレコ・イラン式美術の特色が発展し，それに新たな特色が加わり，美術史でいうパルティア様式が完成した(シリアの*パルミラ，*ドゥラ・エウロポス，イラクの*ハトラなど)．その特色は，厳格な正面観描写，細部の克明な再現，動勢を排除した硬直した人体，類型的な人物表現，立体感が希薄な線描主体の絵画的浮彫，図式的構成などにある．それはタンギ・サルワークなどイラン南西部のマーラーミール地方に残る幾つかの摩崖浮彫に見られるが，正面観(身分の高さを示す)と側面観(身分の低さを示す)の併用も存在することを特筆しておこう．その主題は*エリュマイス国の国王に関する王権神授(国王と女神の聖婚)，騎馬戦勝，獅子狩り，饗宴などアケメネス朝以来の伝統的なものである．

XIII-1-(4) サーサーン朝

サーサーン朝美術はほぼ3期(前期，中期，後期)にわけることができる．その代表作品は摩崖浮彫と銀製容器で絵画遺品はほとんどない．前期は写実性と立体感に富んだ彫刻の最盛期で，中期はそれが衰退した時代，後期はやや復活した時代である．このような様式と技術の変遷は，摩崖浮彫，銀製容器の他に，歴代の国王が発行した銀

貨の国王胸像の様式分析に基づいている．以下，彫刻について述べる．

　前期(3世紀半ば～4世紀初期)の作品は王朝の発祥地ファールス地方に集中しているが，*アルダシール1世，*シャープール1世，*バフラーム1世，*バフラーム2世，*ナルセフ，オルムズド2世の摩崖浮彫である．まずアルダシール1世の時代に，パルティア後期の平板的な彫刻から立体的で写実的な彫刻への発展が行われた．そして，この傾向は次のシャープール1世時代にローマ美術の写実的様式を導入することによって一層確実なものになり，バフラーム1世時代に頂点を迎えた．かくしてイラン美術の復興が完成したが，以後，バフラーム2世，ナルセフ，オルムズド2世時代には，徐々に下降していった．

　中期(4世紀後半～5世紀後半)の作品はイラン北西部の*ターゲ・ボスターンのシャープール2/3世，*アルダシール2世の彫刻である．前期の様式が衰退し，アルサケス朝後期の様式に類似するものになった．浮彫りは板をえぐり抜いたようになり，その結果人体や動物の立体感，写実性が希薄となった．その代わりに，頭髪，髭，衣服の文様など外観を克明微細に再現する傾向が顕著となった．

　後期(6世紀～7世紀半ば)は銀器，銀貨の図像では中期とほとんど変化がないが，彫刻には立体的な彫刻(丸彫に近い高浮彫り)の復活があったので，このように区分している．ターゲ・ボスターンの大洞窟の彫刻は*アルダシール3世から*ヤズドギルド3世時代にかけて制作されたが，国王像や神像，馬像は恐らくビザンティン美術の影響を受け立体的となり，写実性もやや見られる．しかしながら，立体感描写ではなく，中期と同じく形式美の尊重，細部の克明微細な描写が主流であることは，側壁の帝王猪狩図と帝王鹿狩図の浮彫りの絵画的な様式によって判明しよう(→狩猟図)．

　以上前期から後期の浮彫りの主題は国王の正統性に関するもので，*アフラ・マズダー神や*アナーヒター女神による王権神授与図，騎馬戦勝図(対ローマ戦)，*狩猟図(猪，鹿，獅子狩り)などである．構図は左右対称性が好まれた．絵画的な浮彫りでは，俯瞰法，上下遠近法，重層法など古代西アジアの古い手法が用いられている．人物表現は側面観を原則としているが，正面観(国王)と側面観(臣下)を併用している例もある(バフラーム2世謁見図)．特筆すべきはゾロアスター教の神が国王や王妃の姿で描写されていることであろう．これはギリシア(ローマ)の擬人像の影響による．

[田辺勝美]

【参考文献】
ロマン・ギルシュマン(岡谷公二訳)『古代イランの美術』I，II，新潮社，1965/66年．
田辺勝美・松島英子編『世界美術大全集東洋編16 西アジア』小学館，2000年．
深井晋司・田辺勝美『ペルシア美術史』吉川弘文館，1997年．

XIII-2　メソポタミア

XIII-2-(1)　概説

　先史時代のメソポタミア美術は，土器の装飾や粘土像に代表される新石器時代に始まる．*ハッスーナ期(紀元前6千年紀前半)では土器表面に単彩色や線刻で簡単な装飾が施された．同時期のジャルモ遺跡から出土した土器には，幾何学文の装飾が彩色

で施されている．また同遺跡からは，動物や女性の粘土像が5千点以上出土した．
*サマッラ期(前6千年紀後半)の土器には，彩色や線刻により複雑な幾何学文が施されたほか，人物と動物の意匠がはじめて装飾デザインとして登場する．この時代の粘土像は焼成され，作例の大部分は女性像である．*ハラフ期(前5千年紀前半)の土器には，赤，黒，白などの多彩色により，幾何学文や鳥文を組み合わせた繊細なデザインが描かれた．幾何学的な意匠は*スタンプ印章や*護符にも見られたほか，動物をかたどった容器が製作されるなど，芸術作品におけるイメージの柔軟な適用が顕著となる．ウバイド期(前5千年紀)になると，土器の装飾は単彩色の単純な幾何学文にかわる．粘土像としては，爬虫類のような頭部を有する独特の人物像が焼成粘土で製作された．

先史から歴史時代に移行する過渡期には，社会形態の変化と技術の革新に伴って，芸術活動も飛躍的な発展を遂げる．*ウルク期から*ジェムデト・ナスル期(前4000-2900年頃)にかけて，彫刻は丸彫り，浮彫りともにはじめて本格的な芸術作品としての様相を帯びる．この時期，社会に台頭した権力者がはじめて視覚芸術に登場する．網状のスカートを身に着け，頭部にヘアバンド状のものを着用した姿で表現される男性は，一般に「祭司王」と呼ばれる．またこの時代は，多様な幾何学文や自然主義的なモティーフがスタンプ印章のデザインに適用されたほか，*円筒印章に表現される図像が，美術史をたどる上ではじめて重要な役割を担うようになった．

続く初期王朝時代は，大きく3期に区分される．第1期(前2900-2750年)は依然として過渡的な状況にあり，この時期に製作された美術作品を特定するのは難しい．第2期(前2750-2600年)は，宗教的場面に王や神官のみならず，一般の男女の姿も表現されるようになる．この時期の彫刻や印章のモティーフには，様式化された一定のスタイルが認められる．彫像では「礼拝者像」と呼ばれる石製像が製作され始め，浮彫りでは*饗宴図など祭儀的場面を描いた正方形の*奉納板が知られる．第3期(前2600-2340年)になると，記念碑的芸術の製作が開始される．戦勝を記念する石碑のほか，権力者の丸彫像が製作され，典型的なシュメールの衣装とアルカイック・スマイルと呼ばれる微笑をたたえた表情を特徴とする．初期王朝時代を通じて，人物表現は様式化され，一定の範型が踏襲された．また*ウルの王墓からは，夥しい数の貴金属や貴石を使った副葬品が発見され，すでに高度な貴金属工芸の技術が発達していたことが認められる．

前2340年頃，アッカドの王*サルゴンが最初の統一国家を樹立すると，芸術は帝国のイデオロギーを伝達する有効な手段として機能し始める．アッカド時代の芸術は，従来のシュメール美術の伝統を継承しながらも，*セム語族の特色とされる自然主義的な表現形態をあわせ持つ．残存する彫像の大部分は王像であり，王権の強化に伴って，王の理想的な姿を視覚的に表現することが重視された．また人物の容貌には個性的な要素が加わり，従来の範型とは異なる表現が実現された．*ナラム・シンの治世には生存中の王が神格化され，神であることを示す*角冠が王の頭部に表現されている．また，この時代の円筒印章には，神話のエピソードを描いたデザインが多く，叙

事的な画面構成を特色とする.

　*アッカド王朝の滅亡後,南部の*ラガシュ,続いて*ウル(→ウル第3王朝時代)を中心にシュメール文化が再興する.この時代は古典的なシュメール芸術の様式に,新たにアッカド時代に達成された芸術的技巧が融合される.この様式は一般に「新シュメール様式」と呼ばれ,つぎの*イシン・ラルサ時代にも,各地で範型として継承される.続く古バビロニア時代には,ハンムラビ王の法典碑など公的な芸術のほかに,素朴な粘土製飾り板(テラコッタ)などの庶民芸術の作例が増加する.*バビロン第1王朝の滅亡後,バビロニアはカッシート時代に入る.この時代に特徴的な遺物は,黒色の石碑に神々のシンボルを浮彫りした*クドゥルである.

　前14世紀後半から勢いを増し始めたアッシリアは,前1千年期の新アッシリア時代に全盛期を迎える.この時代を代表する芸術は王宮や神殿の建立に伴って製作された建築装飾であり,なかでも王宮の内装に使われた石製浮彫は,その精密な描写と繊細な表現力において類例を見ない.アッシリア滅亡後のバビロニアでは,*ネブカドネツァル2世の治世にバビロンの建造物が大規模に修復された.その際,イシュタル門などの外装に使われた彩釉レンガは,色鮮やかなまま今日に伝わっている.バビロニア美術は宗教的な主題を扱ったものが多く,表現は因襲的で様式化の傾向にある.

XIII-2-(2)　彫刻・塑像

　最古の彫像の作例は前6千年紀に遡り,テル・エス=*サワンから副葬品として納められた女性像が出土している.ウルク期中～後期には丸彫りの人物像が製作され始め,鈍重な脚部と単純な肉体表現を特色とする.浮彫りでは「祭司王」が祭儀や狩猟の場面に登場するほか,家畜の群れや捕虜の図柄なども表現され,社会秩序の確立される過程で統治者の権威が高まり,近隣都市との闘争が日常化する社会情勢が芸術に反映されている.同じ頃,テル・*ブラクでは「眼の偶像」と呼ばれる平たい石製の像が数多く製作された.初期王朝時代の礼拝者像は,立像ないしは座像で表され,両手を胸の前で組み,巨大な目は象嵌で表現された.この時代は宗教的主題に加えて現実的主題を扱った記念碑がはじめて製作されるが,なかでもラガシュ王*エアンナトゥムの戦勝を記念した《禿鷹の碑》が代表的である.

　芸術表現が写実的な傾向に向かう流れは,アッカド王の青銅製頭部やナラム・シンの戦勝記念碑において一層顕著となる.とくに後者は,浮彫芸術に新しい構図を導入した点で革新的である.この時代は近隣国から硬質の石材が輸入され,彫刻技術が高度に発達した.続く新シュメール様式の作品は,古典的な主題と様式化された表現を特徴とするものの,グデア像の肉体表現には,初期王朝時代とは明らかに異なるリアリズムの影響が認められる.この後古バビロニア時代を経て,丸彫りによる作例は減少する.

　新アッシリア時代初頭(前9世紀)には,丸彫りの王像がごく数例知られるが,その後の主要な彫刻作品はすべて浮彫作品である.アッシリアの浮彫りは,機能上,1)建築装飾に使用されたもの,2)記念碑的性格を有するものとに大別される.建築装飾には,王宮の主要な入口に置かれた巨大な有翼人面牡牛像や獅子像が含まれ,巨大な石

塊の正面と側面にそれぞれ高浮彫りで彫られている．そのほか，広間の内装に使われた浮彫りは圧倒的な数にのぼり，その主題は，1)戦闘，2)朝貢，3)狩猟，4)建築や輸送などの公共事業，に分類される．現存する作品の多くは，*アッシュル・ナツィルパル2世の北西王宮(ニムルド=*カルフ)，*サルゴン2世の王宮(コルサバード=*ドゥル・シャルキン)，*センナケリブの南西王宮(*ニネヴェ)，*アッシュルバニパルの北王宮(ニネヴェ)から出土し，その一部には彩色の跡も認められる．一方，記念碑的な浮彫りには，王の石碑や四角柱の石製オベリスクが含まれ，王宮装飾とともに，見る者にアッシリアの国力の偉大さを伝える機能を果たしている．バラワトからは前9世紀に製作された青銅製の門扉装飾帯が発見された．その装飾帯には軍事遠征や狩猟などの情景が打出し技法によって表現されている．また，ニムルドの王宮や*シャルマネセル3世の城塞からは大量の*象牙細工が発見された．それらは戦利品や朝貢品としてシリアやレヴァントからもたらされ，家具調度品の装飾に使われた．象牙板は浮彫りや透彫(すかし)の技法で彫刻され，混在する異なる様式は，それぞれ製作地の違いを反映すると考えられている．(XIII-4-(3)参照)

動物や人間をかたどった粘土像は，あらゆる時代を通じて製作された．神や神殿に奉納する目的で使われた例には，礼拝者や神の像のほか，神の*聖獣とされる動物像が含まれ，とくにイシンのグラ神殿から発見された多数の犬の塑像が知られる．先史時代より頻繁に作られた女性裸像は，性器の模型や寝台に横たわる男女の塑像などとともに，豊饒信仰に関わるとされる．呪術的な目的に使われた作例としては，建物の入口に埋め込まれた守護像や悪霊祓いの儀礼に使われた塑像などがある．また墳墓から出土した像は，被葬者の従者や犠牲獣などの身代わりとして埋葬された可能性も指摘されている．

XIII-2-(3) 壁画

先史時代より*壁画は建築装飾の手段として使われた．前6千年紀の遺跡*ウンム・ダバギヤでは，オナガー狩りや鳥を描いた壁画が住居跡から発見され，前4千年紀のテル・アル・ウカイルの神殿からは，ヒョウや人物の行進を基線上に描いた壁画が発見されている．前2千年紀以降，壁画は主に王宮装飾に使用され，*王権叙任図で知られる*マリのほか，*ヌジ，*カール・トゥクルティ・ニヌルタ，アカル・クフ等の王宮跡からも作例が出土している．前1千年紀のアッシリアでは，彩釉レンガによる装飾を王宮の外壁に用いた一方，内壁には漆喰の地に顔料をのせる乾式フレスコ画法によって壁画が描かれた．*ティグラト・ピレセル3世の治世に帰属する*ティル・バルシプの王宮からは，守護*精霊や戦闘，獅子狩りなどを描いた壁画がまとまって発見されたほか，*アルスランタシュ，*アッシュル，ニムルド，コルサバード，ニネヴェ等における多くの王宮で，壁画は浮彫りとともに主要な装飾手段として使われた．バビロンでは*ネブカドネツァル2世の時代に，王宮の「玉座の間」入口の壁面やイシュタル門および門に至る行進路両側の壁面に彩釉レンガの装飾が施され，濃い青色の背景に*ライオン，牡牛，ムシュフッシュ(*竜神)の図像が描かれた．(→怪物)

XIII-2-(4) 印章

スタンプ印章と円筒印章に表現されたデザインは，時代の推移とともに異なった主題や様式を示し，美術史の流れをたどる上で重要な資料となる．幾何学や動物，植物などの文様は，先史時代から常にデザインとして使われてきたが，ウルク期後期には，各モティーフが画面の中で語られるストーリーの構成要素としてはじめて表現されるようになる．代表的な主題には，動物や英雄の*闘争図，*饗宴図，*礼拝図，*紹介図などが挙げられる．図柄の題材に取り上げられた神話のエピソードには，アッカド時代の*『エタナ物語』や新アッシリア時代の*ニヌルタ神と*アンズーの戦闘場面などが知られるが，文献で今日に伝わらない神話に題材を得ている図柄も多い．

XIII-2-(5) 象徴図像・構図

神の概念を表現する手段として，象徴図像が頻繁に用いられた．神は一般に人間の姿で表されるが，その神性は頭部の*角冠によって示された．神々の図像の特定には，神の像に添えて描かれる武器や道具，および*侍獣が重要な手掛かりとなる．また神をシンボルに置き換えて表現する場合は，太陽，月，星などの天体が各々の神を象徴するほか，*クドゥルにはさまざまな神のシンボルが用いられている．

シュメール美術に顕著な構図は，画面を上下数段に区分する手法で，各段にそれぞれ異なる空間や時間帯を設定することにより，複数のストーリーを伝えることができる．以来，この画面構成は前1千年紀まで継承される．一方，画面をひと続きの空間として扱った最初期の記念碑として，ナラム・シンの戦勝記念碑が挙げられる．この石碑は，叙事的主題を「勝利」の一点に集約し，画面の中に左下から右上へと向かう構図の流れを作り，その頂点に王の英雄的な姿を描き出すことで，それまでにない劇的効果の実現に成功した．また，異なった瞬間に生じた出来事を同一画面に描写する「異時同図」の手法は，《*トゥクルティ・ニヌルタ1世の祭壇図》や*アッシュルバニパルの狩猟および戦闘場面の浮彫図に認められる．左右対象の構図は，シュメールの芸術をはじめ，円筒印章などの紋章的な図像表現に好まれたほか，*アッシュル・ナツィルパル2世の玉座の間から出土した浮彫りの一部にも使われている．同一画面における遠近関係は，見る者に近い空間を画面の下方，遠い空間を画面の上方に描く「上下法」，ならびに図像の重なり具合によって空間の位置関係を示す「遮蔽法」が併用された．典型的な人物描写は，頭部と下半身を側面観で描き，そこに斜め正面から見た眼と上体を組み合わせる手法で表現された．　　　　　　　　　　［渡辺千香子］

【参考文献】
新規矩男編『大系世界の美術2 古代西アジア美術』学研，1975年．
D. コロン（久我行子訳）『円筒印章―古代西アジアの生活と文明』東京美術，1996年．
田辺勝美・松島英子編『世界美術大全集東洋編16 西アジア』小学館，2000年．
P. Amiet, *L'art antique du Proche-Orient*, Paris, 1977.
A. Moortgat, *The Art of Ancient Mesopotamia, the Classical Art of the Near East*, London, 1969.
W. Orthmann, *Der Alte Orient*, Propyläen Kunstgeschichte 18, Berlin, 1985.
E. Porada (ed.), *Corpus of Ancient Near Eastern seals in North American collections, the collection of the Pierpont Morgan Library*, Washington D.C., 1948.
A. Spycket, "Reliefs, Statuary, and Monumental Paintings in Ancient Mesopotamia", in *CANE*, IV, 2583-2600.

I. J. Winter, "Royal Rhetoric and the Development of Historical Narrative in Neo-Assyrian Reliefs", *Studies in Visual Communication* 7, 1981, 2-38.
I. J. Winter, "The Affective Properties of Styles : an Inquiry into Analytical Process and the Inscription of Meaning in Art History", in C. A. Jones & P. Galison (eds.), *Picturing Science Producing art*, New York, 1998, 55-77.

XIII-3　アナトリア

XIII-3-(1)　概説

　古代アナトリアの美術(ヘレニズム以前)は時代を追って大きく3グループに分けることができる．1)先史時代の美術：新石器時代の*チャタル・フユックや*ハジュラルの母神信仰や豊穣祈願に関連した多数の女性像や壁画と，前期青銅器時代の特に前3千年紀後半の*アラジャ・ホユックの王侯墓から出土している象徴的な太陽円盤や動物像に代表される美術．2)前2千年紀の美術：印欧語族の移動と交替，ヒッタイト帝国の成立と崩壊を中心とする時期の美術．アナトリアが歴史時代に入り，メソポタミアから大きな影響を受けながら，独自のヒッタイト美術を成立させていく過程でもある．3)前1千年紀の美術：ヒッタイト帝国崩壊後*フリュギア，後期ヒッタイト，*ウラルトゥ，*リュディア等の諸文化が分立した時代の美術．ギリシア・エーゲ世界，新アッシリア(→新アッシリア時代)，*アケメネス朝ペルシア等との関わりの中で，ヒッタイトの伝統を一部保持しながらも，それぞれが独自の美術を残した．

XIII-3-(2)　彫刻・塑像

　モニュメンタルな浮彫りの彫刻はヒッタイト帝国時代に始まる．それは王に属する芸術であり，宗教的意味をも持っていた．その代表が*ヤズルカヤの岩面浮彫や*アラジャ・ホユックのオルトスタット(→オーソスタット)である．ヤズルカヤの岩面浮彫の一つ，*テシュブと*ヘパトに従う63の男女神のフリーズは，新年の儀礼もしくは王の葬送儀礼に際して使用されたと考えられる．アラジャ・ホユックのオルトスタットには，暴風神の象徴である牡牛に対する儀礼場面が刻まれている．その他にも王が南下の際に使用した道沿い(フラクティン，タシュチュ，イマムクル等)，水源のそば(エフラトン・プナル)，あるいは王墓のそば(ギャヴルカレシ)等の岩面浮彫が残されている．ボアズキョイ(→ハットゥシャ)の城壁の主な門にはライオン，スフィンクス，戦いの神，またアラジャ・ホユックの主門にはスフィンクスの像が，丸彫りに近い高浮彫りで刻まれている．大きな目，鼻，膨れた頬，鬚やその他の細部に見られる渦巻き文等の表現，舌を出したライオンのモティーフ，ずんぐりしたモデリング等はヒッタイト美術の典型を示す．帝国期には水晶，*ラピスラズリ，青銅(→青銅器)，*鉛，*金，*象牙等で製作された男女神の小像も残されている．これらに先立ちアッシリア商業植民地時代には，鉛製の小神像やその石製鋳型が東はシリアから西はエーゲ海沿岸地域にまでわたって確認されているが，とくにキュルテペ，*アリシャル，ボアズキョイ等から多く出土している．この時期の鉛その他の小像やアナトリア様式の*印章に見られる大きな鼻，アーモンド形の目，膨れた頬，女神の円い頭冠，男神の先の尖った三角帽形の頭冠等はヒッタイト美術の萌芽を示し，古ヒッタイト時代の浮彫り

付き土器や印章，ヒッタイト帝国期から後期ヒッタイトの彫刻，岩面浮彫等に引き継がれる．

前1千年紀の後期ヒッタイトの*カラテペ，*カルケミシュをはじめとする都市では多くの浮彫りや丸彫彫刻が残されているが，ヒッタイト美術の伝統を色濃く残しているもの（アルスランテペ），アッシリアの影響の大きなもの（ジンジルリ），アラム（→アラム人）や*フェニキアの影響を受けているもの（イヴリズ）等，多様である．トプラクカレ，アルトゥンテペ等で発見された青銅や象牙製の*ウラルトゥ彫刻は，とくに先端に曲線を好み，細部に入念に施された文様等の装飾性を特徴とする．フリュギアではアフヨン・カラヒサルの埋葬碑等のモニュメントの浮彫りに後期ヒッタイトとの関連が見られる一方，*キュベレ像などボロスのようにイオニアやエーゲ海沿岸の女神像等との関係を示す要素も見出される．

XIII-3-(3)　壁画・象牙

人造の壁面に描かれた壁画として，新石器時代のチャタル・フユックの壁画が挙げられる．多くは豊穣や狩猟儀礼に関わる壁画で，白色漆喰に赤色ベンガラで描かれている．また当時の鳥葬の様子を描いているとされる黒色線描画も出土している．この後，アナトリアで取り上げるべき壁画が現れるのは前1千年紀で，アッシリアの影響が強いアルトゥンテペの王宮址（ウラルトゥ）で発見された壁画や，パザルルの壁画（壁面装飾タイル，フリュギア）が特筆される．

輸入品である象牙が使用された遺物の数は少ないが，主に前2千年紀以降，彫刻材，印章材として使用されている．前2千年紀の象牙製品としてはアジェムホユック出土の化粧箱が特筆に値する．前1千年紀ウラルトゥでは丸彫に近い動物像が，フリュギアでは板状の装飾板が多く，いずれも家具等の装飾品であったと考えられる．リュディアでは象牙製の神像等が多く残されている．

XIII-3-(4)　印章

アナトリアの*印章形式は本来*スタンプ印章であるが，前3千年紀末から前2千年紀初頭に粘土板文書と共に*円筒印章がメソポタミアからもたらされた．アッシリア商業植民地時代（→アッシリア商人）のアナトリアとくにキュルテペ（＝カニシュ・カールム）（→キュルテペ文書）からは，ウル第3王朝様式，バビロニア様式，古シリア様式，古アッシリア様式，古アナトリア様式（アナトリア・グループ）と大別される膨大な数の円筒印章の印影が出土している．この後再びスタンプ印章が主となるが，円筒印章の使用を経て，スタンプ印章のモティーフや様式も大きく変化し，従来幾何学文様を主としていた印面意匠にも，円筒印章の場面から一部写し取られたと考えられる神像や動物像を主題とするものが多くなる．また古ヒッタイト時代には五つの印面をもつ印章（タルスス出土）も出現した．ヒッタイト帝国時代にはヒエログリフの刻まれた印章が多くなる．前1千年紀には新アッシリアやアケメネス朝ペルシアの搬入印章も多く出土するが，ウラルトゥのスタンプ—円筒印章，フリュギアの2段式基部のスタンプ印章，リュディアの円錐形印章等，独特の形をした印章も見られる．

251

XIII-3-(5) 構図

前2千年紀の美術における基本的な構図は，前2千年紀初頭にメソポタミアから搬入された円筒印章の影響を受けている．それらは次の構図に分かれる．1)玉座に座る神に対して礼拝(謁見)する構図，2)神々もしくは神と神格化された王が相対して立つ構図，3)神々の行列の構図，などである．なかでも画面の一端に座しているか立っている神を配し，その前に他の神々や礼拝者を描く構図が好んで用いられた．多くは単一場面からなるが，2場面構成の印象も少なくない．これらの構図はヒッタイト時代の岩面浮彫に受け継がれており，フラクティン，タシュチュ，イマムクル等の岩面浮彫には2場面構成の例も見られる．後期ヒッタイトのマラティヤから出土しているオルトスタット(オーソスタット)には異時同図的な2場面構成の浮彫りも見られる．また古ヒッタイト時代には，多面印章やイナンドゥックテペの浮彫り付き壺に見られるように，幾つかの場面を異なる印面や異なるフリーズに描き並列することによって，場面展開を描写する試みが行われている．前1千年紀の浮彫りや壁画の多くは建築に関連したモニュメンタルなもので，シンメトリカルな構図のものが多い．〔大村正子〕

【参考文献】
E. Akurgal, *Die Kunst der Hethiter*, München, 1961.
U. B. Alkım, *Anatolie* I, Geneva, 1968.
K. Bittel, *Les Hittites. L'Univers des Formes*, Paris 1976.
R. M. Boehmer, "Kleinasiatische Glyptik", in W. Orthmann (ed.), *Der Alte Orient*, Propyläen Kunstgeschichte 14, Berlin, 1975, 435-437.
M. Darga, *Hitit Sanatı*, Istanbul, 1992.
W. Orthmann, "Hethitische Rundplastik, Hethitische Reliefkunst, Hethitisches Kunsthandwerk", in W. Orthmann (ed.), *Der Alte Orient*, Propyläen Kunstgeschichte 14, Berlin, 1975, 419-435.

XIII-4　シリア・パレスティナ

XIII-4-(1)　概説

シリア・パレスティナ美術の特色は，この地が古くから文明の十字路と言われてきたように，先行する近隣の文明・文化を吸収し，それらを自ら独自のものに発展させていったところにある．土偶や土器装飾など，芸術作品の端緒はすでに新石器時代に求められるが，本格的な芸術活動は青銅器時代以降に始まったと言えよう．

作品の主題や様式に着目すると，前3千年紀にはシュメールの文化的影響が優っていたが，前2千年紀に入るとエジプト的要素が優勢となってくる．また，前2千年紀半ばには*ヒッタイトやフリ(→フリ人)の要素も混在し，遠くエーゲ海からはクレタやミケーネ(→ミケーネ土器)の文化的影響も及んでくる．ここにいたって，シリア・パレスティナの美術は，まさに国際化の様相を呈した．前1千年紀には何よりもエジプトの影響が顕著になったが，ペルシア時代を経て新しくギリシア的要素も導入された．

歴史的には，シリア・パレスティナが政治的に一つの統合体を形成することは決してなかったが，文化的には驚くほど同質のものを共有していた．また，大王朝の出現がなかったように，権力を志向するような大芸術は生み出されなかった．彼らの能力

が発揮されたのは，威圧するような支配者の巨像や王宮建築などの壮大な建造物よりも，むしろ武器や日用品の類にいたるまで華麗に飾り立てられた装飾芸術の分野であった．＊象牙細工や金属細工，ガラス工芸にその作品の粋がよく表れている．

XIII-4-(2) 彫刻・塑像

建築装飾としては，門の守護神としての動物像が前2千年紀半ばより出現する．とくに等身大のライオン像はアナトリアの影響を受けており，胴体部分は浅浮彫り，正面の頭部と前足は丸彫されるのが特徴である．この技法は，＊ビブロスの＊アヒロム王の石棺にも認められる．プロト・アイオリス様式と呼ばれる渦巻き型の柱頭文様は，公的建造物の他に象牙細工や家具にも広く応用された．一方で，記念碑的彫刻として，支配者や神の像も丸彫で製作された．＊アララハの＊イドリミ王の坐像は，メソポタミアの影響を受けながらも土着の様式が当時確立していたことを示す好例である．宗教的主題を伴った浮彫りは，とくに石碑において前2千年紀中葉から現れ始め，そこにはエジプト的様式で神の姿が描かれている．

前2千年紀後半以降，石材を用いた丸彫は減少するが，＊ウガリトやビブロスからは，神の姿を象ったブロンズ製の小像が数多く発見されている．おそらく神殿に奉納するためのものであろう．このような金属加工技術は，武器，装身具，皿などの日用品にいたるあらゆる分野に及んでおり，彫込みや打出しの技法で豪華に装飾された．前1千年紀は，フェニキア美術を代表する象牙彫刻や金属細工が円熟期を迎えた．これらの奢侈品は朝貢品や戦利品として，＊アッシリアの王宮跡から出土するものも多い．ペルシア時代，＊フェニキアでは輸入された大理石を利用して，外観はエジプト的であるが，顔の表情や髪型は明らかにギリシア的様式を取り入れた石棺が登場する．(XIII-6-(1)参照)

地母神信仰と結びつく女性裸像や動物像は先史時代に遡るが，鉄器時代のテラコッタ製の女性小立像は，奉納品や副葬品として庶民芸術を代表するものであった．

XIII-4-(3) 象牙

前14世紀に入ると，化粧小物や宝石箱，動物や人物を象ったものなど，洗練された作品が生み出されるようになった．とくにウガリトでは，この時代の歴史を反映するように，エーゲ海の要素を取り入れた国際色豊かな作風が見られる．前1千年紀には，象牙彫刻は玉座や寝台，テーブルなど家具調度品の装飾として盛んに用いられ，技法としては，浮彫りや透彫，さらに一部には金箔が施され紅玉髄などの貴金属で象嵌される場合もあった．神殿娼婦を表わした「窓辺の女」や有翼の＊スフィンクス，怪物退治や戦闘場面，あるいは＊命の木など，その主題はさまざまである．

象牙彫刻は従来，作風の違いにより，フェニキア様式とシリア様式の大きく二つに分類されてきたが，前者はエジプトの影響を色濃く受け，後者にはヒッタイトやフリ，さらにはミケーネの影響も認められる．ふくよかで，写実性に富む描写に優れるフェニキア様式に比べ，やや硬直観は見られるものの，画面一杯に繰り広げられる表現の力強さはシリア様式の特徴である．なお近年，エジプト的主題を持ちつつもシリア的技法を応用した作例に対し，新たに南シリア様式を設定する学説も注目される．また，

製作地と出土地は，必ずしも一致するとは限らない．シリア様式が前9世紀から8世紀前半にかけて，ハマやジンジルリを中心としながらもやや広範な範囲の出土地を含むのに対し，フェニキア様式は，それより遅れて前8世紀から7世紀にかけて，*サマリアや*アルスランタシュ，*カルケミシュを中心に出土している．なお，フェニキア本土からはわずか数例を除いて出土例はない．この出土時期の違いは，おそらくシリアとフェニキアに対する，アッシリアの支配政策の違いに由来するものと考えられている．つまり，領土の再編とそこに住む住民の入れ替え政策により，製作活動そのものが破壊あるいは中断されてしまったシリアに対し，経済的利益の温存を最優先されたフェニキアでは，アッシリアの支配のもとでその作品は生き残ることができたのである．前8世紀以降，象牙細工の技術は西方に伝播され，前7世紀の*カルタゴからは透彫（すかしぼり）の装飾板が出土している．(XIII-2-(2)参照)

XIII-4-(4) 印章

*円筒印章は前3千年紀末より頻繁に用いられるようになるが，描かれた主題は*礼拝図，*闘争図などメソポタミアの伝統を強く受け継いだものであった．前1千年紀に入ると，*スカラベ風の*スタンプ印章が主流になり，モティーフにも従来の要素に加えエジプト的要素が顕著に認められるようになった．

XIII-4-(5) 象徴図像・構図

メソポタミアの伝統を受け継いだ神を象徴した天体のほか，牛に代表される象徴動物の存在が挙げられる．(XIII-2-(5)参照)

右腕を高く振り上げ，左足を前方に踏み出す《打ち負かす神》のポーズは，青銅製の小立像や石碑の神像に多く認められる．また，人物や動物，植物などの左右対象の構図は，象牙板に好んで用いられた．　　　　　　　　　　　　　　　　　[佐藤育子]

【参考文献】
青柳正規編『世界美術大全集西洋編5 古代地中海とローマ』小学館，1997年.
田辺勝美・松島英子編『世界美術大全集東洋編16 西アジア』小学館，2000年.
R. D. Barnett, *A Catalogue of the Nimrud Ivories in the British Museum*, London, 1975 (second ed.).
A. M. Bisi, "Le Smiting God dans les milleux phéniciens d'Occident : un réexamen de la question", *Studia Phoenicia* 4, 1986, 169-187.
A. Caubet, "Art and Architecture in Canaan and Ancient Israel", in *CANE*, IV, 2671-2691.
G. Carbini, *The Ancient World*, Landmarks of the World Art, London, 1966.
D. Collon, "The Smiting God", *Levant* 4, 1972, 111-134.
E. Gubel, "Art in Tyre during the First and Second Iron Age", *Studia Phoenicia* 1, 1983, 23-52.
I. J. Winter, "Phoenician and North Syrian Ivory Carving in Historical Context : Questions of Style and Distribution", *Iraq* 38, 1976, 1-22.
I. J. Winter, "Is there a South Syrian Style of Ivory Carving in the Early Millennium B.C.?", *Iraq* 43, 1981, 101-130.

XIII-5 エジプト

XIII-5-(1) はじめに

エジプト美術は，国王*ファラオを現人神と仰ぐ宗教美術で，その基準となる原則は，王権の確立と共に形成され，美術の盛衰は各時代の王朝のそれと軌を一にする．

「美術」に該当する語はなく，美術作品は，神々の創造とされた宇宙の秩序を永遠に維持する明確な機能を持つ．それゆえうつろい易い現実を否定し，永遠の理想像の表現に努める．例えば人物は常に若々しい姿をとり，年齢差をつけない．人体表現は目に見える姿ではなく，肩は正面から，胴体や足は側面からといった具合に複数の視点から描かれた各部分の組み合わせによる．身体各部分の比率も，格子状に区切られた升目を利用して規則的に割り振る．このような概念的形体表現に加えて，彩色もまた自然な色合いでなく，男は赤褐色を女は黄色を肌の色と定めたように，専ら概念の伝達のための色使いであった．

彫刻師や絵師は，ロクロで人間を作った*クヌム神に等しい創造者で，同神の創造を繰り返しているとみなされた．造型作品と文字との区別はなく，作品に名をそえれば呪術により作品に生命が与えられ現実のものになると考えられていた．そこで*ミイラに対して挙行された*開口の儀式は，作品に命を宿すために彫像に対しても行われた．像はこの儀式終了までは完成し得ない．

XIII-5-(2) 新石器時代から初期王朝時代まで

最古の美術は，獣や狩を線刻した南部に残る岩壁画で前8000年頃までさかのぼる．前5000年頃の初期の新石器文化「ファイユームA文化」(→ファイユーム文化)が確認されているが，美術の萌芽を示す装身具などは次段階のメリムダ，ベニ・サラーマなどから出土している(→メリムダ文化)．

王朝時代に継承された美術は，ナカダI期とナカダII期とに大別される先王朝時代(前4000-3100年頃)に整備される(→ナカダ文化)．遺物は，象牙製小像，化粧板，フリント製ナイフ，石製容器，土器などの儀式用工芸品である．とりわけ土器製造は最盛期を迎え，ナカダII期には，狩猟，戦闘，船旅，舞踏などの図柄の彩文土器が出現するが，図柄は，後のファラオの儀式を暗示する．浮彫技法は，ゲベル・エル=アラク出土のナイフの柄や化粧板のように，不揃いな構成ではあるが，王朝時代の完成度に近付く．ナカダII期の最末期にメソポタミア美術の影響が突然出現するが，間もなく消え，その後は逆にエジプト美術が古代オリエントに影響を与える．(→ナカダ文化)

初期王朝時代に入ると，前時代の浮彫りに見られた未熟な構成は消え，人物像を水平の基線の上に整然と配置する王朝時代の絵画・浮彫りの原則が整う．《*ナルメル王の化粧板》が好例で，基線上のナルメルは，重要度の表現として大きく描かれ，人間姿の人体表現の諸原則も遵守され，王名も記され正統エジプト美術の開始を示す．象牙の丸彫技術は向上するが，真のエジプト様式の彫像は，初期王朝末の《カセケムウイ王座像》に見られ，王像の原則が成立する．

XIII-5-(3) 古王国時代

人民はファラオを精神の中心と仰ぎ，結束して中央集権国家に発展させ空前の繁栄期の古王国時代(前2686-2181年頃)を築く．美術も躍進し，特有の表現に加えて壮大な規模を合わせ持つ．この傾向は，やや生硬だが等身大の《*ジェセル王座像》に明白に表れる．古王国時代の最高傑作は，《*カフラー王の閃緑岩座像》である．王は生

ける*ホルス神として人間姿をとるが,隼姿のホルスが,王の後頭部を庇護する.南北エジプトを象徴する2種類の植物の茎を結び,王国の統合を意味する*ヒエログリフが玉座の側面を飾るので,神王支配下統一エジプトの崇高な権威の具象表現に成功している.《村長像》など私人像にも秀作が多い.

浮彫りも,当時の巨大建造物に相応しい大型浮彫として神殿やマスタバ墓の壁面を飾る.エジプトの浮彫りは,絵画を補強した形式で,立体造形とみなすべきではない.浮彫・絵画は,主題別に表現されたが,同一場面に,ある出来事の異なる場面が時間的流れや場所の違いを考慮せずに同時に描かれたり,主題に共通性があっても,まったく異なる場面が並列して展開する.というのも,浮彫りは,視覚的に納得させるためのものではなく,専らどこかに図示されていることが求められたからだ.例えば種蒔き,収穫の農耕場面は,神または死者が生存に不可欠な食料確保を,船旅場面は,神の加護を願っての配慮から発した聖地巡礼を暗示しての,いわば神や死者の「生活保障」として彫られたのである.また主要人物や重要な事柄が,拡大表現された理由も,人物の社会的地位の高さや尊重すべき事柄の重要度を考慮に入れたからである.従って表現法は,近代的遠近法を無視して図像を拡大・縮小したり,等距離の図像を並列した.要するに構図は,予め限定された空間を満たし,予定したすべての図像を納めるように描かれたわけである.浮彫り・絵画を彩る顔料は,黒,白,黄,赤,緑,青の6色だけだが,《メイドゥームの鴨》図のように複雑な色彩を巧みに捉えたものもある.以上のように,美術の基準・原則は,先王朝・初期王朝時代に形作られ,古王国時代に,実作を続ける過程で完成し,その後の全ファラオ時代を通して踏襲された.

この中央集権国家は,前2160年頃には破局を迎え,政治の実権は地方の実力者の手に握られる.不安定な地方分権の第1中間期に入ると,エル=モアラや*ゲベレインなどの地方都市の工房が独自の主題を取り上げ,旧套を刷新する装副葬品を製作する.

XIII-5-(4) 中王国時代

前2125年頃エジプト再統一が,南部の*テーベの新王朝によって達成されて,中王国時代が開始すると,テーベに特有の写実重視の美術が出現する.《*メンチュヘテプ2世の座像》のようなプロポーションの崩れた粗野な技法ながら写実に貫かれた像である.同王の妃達の石棺の沈み浮彫りも,生硬な形体ながら生命力のある造形を見せる.

やがて同王朝の宰相であったらしい*アメンエムハト1世は,政権を握ると都を古王国時代の都*メンフィスに近い*ファイユーム地方に移し,*ピラミッドを始め古王国時代の美術を復活させる.このような後代にもしばしば見られる復古主義は,過去の栄光の時代とのつながりを強調することで,その栄誉を自己に反映させようとする欲求の表れである.この時代の初期には古王国時代の復古主義が発展し,後期には復古調の理想化された身体に写実的表現の頭部を組み合わせた様式が確立する.王像は,*センウセレト3世治下に激変する.かつての神としての理想的容姿ではなく,老年の風貌をも捉え,限りある命を生きる人間的側面が強調される.私人の彫像は古王国

時代の水準に達しない．彫像に刻まれる銘文が増えて，文字情報に頼って形体追求が後退したらしい．この時代に*方形彫像が考案された理由も銘文用スペースの確保と無関係ではない．

浮彫り・絵画の主題は以前と変わらないが，地方特有の表現の加味や，伝統的主題の一部を拡大表現するなどの刷新が目立つ．*ベニ・ハサンの岩窟墓の狩猟，スポーツ，遊牧民を描いた壁画がこの傾向を示す．工芸活動も活発で，とくに宝飾品の製造技術は最高水準に達する．この時代の遺跡からはメソポタミアの円筒印章などが出土し，また東地中海地域でもエジプト風遺物が発見されているので，この地域一帯で文化交流が盛んであったことがうかがわれる．

XIII-5-(5) 新王国時代

第2中間期の後期にエジプトは，馬を導入した*ヒクソスと呼ぶアジア系遊牧民に支配されるが，前1550年頃テーベの新王朝によりこの異民族支配に終止符が打たれ，新王国時代を迎える．王はヒクソス追放後に領土拡張と富の増大を図り，「帝国」へと発展する．「帝国」の繁栄は，美術に反映するが*トトメス3世治下までは中王国時代の簡素な美術を模倣した復古様式であった．その後に諸国征服によって導入された西アジア風の豪華さが上積みされて，被征服国の影響を受けた戦闘，狩猟などの場面では多彩色で構図を大型化する傾向が生じる．*アメンヘテプ3世治下に文化が爛熟期を迎えると，動植物や生活場面の自然描写と同時に，人体表現の伝統的均衡が破れ，肢体美を求め四肢が引き伸ばされて，写実性が薄らぎ，顔面も美化され理想主義に向かう．

王を太陽神の化身とみなす太陽信仰の隆盛は，新王国時代の美術を特徴付ける．その最たる例は，太陽円盤で表された*アテンを唯一神とする*アメンヘテプ4世による宗教改革に伴い生じた*アマルナ美術と言えよう．自然の摂理に謙虚に従うことが求められ，写実に徹することが推奨され，理想化傾向の強い形式主義が退けられた．かくして現代にも通じる見事な写実主義の傑作を残した．

美術はファラオたちにより宣伝活動に使われるようになる．例えば，トトメス3世の摂政役の*ハトシェプスト女王は，男性に限られていたファラオの地位に就き西テーベに大神殿を築いて自己の王位簒奪行為の正当化に努めたが，そこでは自身をツケヒゲをたくわえた男性姿で描かせた．*ラムセス2世も数々の神殿に勝敗の微妙な*カデシュの戦いの戦勝図を繰り返して刻ませた．このような行為は，国民を欺くためではない．描かれた事象は呪術によって実在に変じると考えられていたので，王たちの政治体制の公的表明に他ならない．

葬祭美術に関しては，従来の死者の住居としての家形の*棺は，新王国時代の宗教観の変化から使用されずに，*ミイラを象った人形棺に代わる．

XIII-5-(6) 末期王朝時代からギリシア・ローマ時代

王国に南北の二朝並立の第3中間期の末，前730年頃ヌビア系王朝が樹立し，美術は，古王国，中王国，新王国の古き良き時代への復帰の傾向を示す．とくに*タハルカ王治下には，第3中間期以来中断していた神殿，墓が再び造営されて，続く*サイ

ス期の美術を用意する．彫像では新王国時代の複雑精緻な形体は一掃され，古王国・中王国の簡素でモデルに忠実な写実主義が際立つ．

前7世紀にサイスの王が，エジプトに侵入したアッシリアに取り入りエジプト独立を達成しつつ，ギリシア人傭兵を使って国内統一を果たす．以後急速に地中海世界との交わりを深める．しかし文化面では古い時代の伝統への回帰が求められる．神官は古王国時代の宗教書を掘り起こし，彫刻師は古王国・新王国の墓壁浮彫を新たな墓のために模写し，彫像も方形彫像などの諸形式の像が復活する．彫像は単なる模倣を超えて，サイス期特有の優雅な輪郭，柔和な表情をたたえた顔など新たな創造となっている．このサイス・ルネッサンスの復古主義美術は，エジプト美術に最後の光彩を添え，*プトレマイオス朝時代まで持続する．

宗教美術であるために，古代エジプトの全時代を通じて主題や作品製作に用いた素材や技法は変わらない．エジプト美術の変遷は，各時代の社会状況に応じた主題の選び方と扱い方の推移によるところが大きい．

前4世紀の*アレクサンドロス大王のエジプト征服後のギリシア・ローマ時代には，異国の王たちによるファラオ文化の延命策によって，以前と同様の伝統的図像が神殿壁面を飾るが，新美術を生むには至らない．しかし葬祭美術は，ローマ期に人形棺の延長としての俗称「ファイユームの肖像画」で名高いミイラ肖像画という，王朝美術が外来美術を受け入れた成功例を見せる． ［鈴木まどか］

【参考文献】
鈴木まどか『エジプト美術の謎』(丸善ライブラリー043)，丸善，1992年．
ヤロミール・マレク(近藤二郎訳)『エジプト美術』(岩波世界の美術)，岩波書店，2004年．
Lawrence M. Berman, *Catalogue of Egyptian Art : The Cleveland Museum of Art*, New York, 1999.
William C. Hays, *The Scepter of Egypt. A Background for the Study of the Egyptian Antiquities in the Metropolitan Museum of Art*, 2 vols., New York, 1953-59 (rev. ed. : 1990).
T. G. H. James & W. V. Davies, *Egyptian Sculpture*, London, 1983.
Gay Robins, *The Art of Ancient Egypt*, Cambridge, Massachusetts, 1997.
Christiane Ziegler, *The Louvre : Egyptian Antiquities*, Paris, 1990.

XIII-6　ヘレニズム・ローマ時代，初期キリスト教，ビザンティン

これに先立つ諸項は，通時的に各地域の美術を概観した．それに対して本項は共時的に，とくに西洋オクシデントとの関わりにおいてオリエントの美術を俯瞰するものである．

XIII-6-(1)　オリエントにおけるヘレニズム

*アレクサンドロス大王の東征を契機として，ギリシア文明がオリエントにもたらされた．美術に関して言えば，*ヘレニズムの文明論的な意義は二点ある．現代の我我から見れば，ギリシア美術はヘレニズムにいたる以前に，アルカイック(前6世紀)，クラシック(前5〜4世紀)の様式を経ている．人体造形は，アルカイックの図式的な把握に始まり，クラシックにおいて再現性と理想的な美を両立させ，ヘレニズムはそこに極端さや誇張を導入する．クラシックの美を規範と考える西洋は，「アルカイック―クラシック―ヘレニスティック」の様式変化を，必然的，自立的発展ととらえ，そこに「成長，成熟，衰退」という生物的循環とのアナロジーを見た．しかしこのよ

うな「様式の自立的な発展」という理念はきわめて西洋的なもので，オリエント諸地域には当てはまらない．「オリエントにギリシア美術がもたらされた」ということは，従って単に異なる様式の導入，あるいは未知の図像の紹介にとどまらず，まったく別の原理原則をもつ文明が衝突したことを意味する．

　もう一点，ギリシア美術は伝統的に森羅万象に人間の姿を与える人間中心的(アントロポモルフィック)な性格を有していた．オリンポスの神々は言うに及ばず，泉や木々の精，曙や夜といった時間概念までも擬人化して，人間の形象をとらせた．「人間中心的な美術」の導入は，東方諸地域の美術に新たな可能性(たとえば仏像の誕生)をもたらすとともに，本来の性格を変化させる側面をもっている．ヘレニズムからローマ時代にかけてのオリエント美術は，異文明と衝突した土着の美術が，新しいものに対して反発し，受容し，また反動が来る，といった相克の過程ととらえることができる．

　ヘレニズム期のもっとも重要な都市は*アレクサンドリア，ついで*アンティオキアであるが，いずれにおいてもヘレニズム時代の建築や美術作品は，コインを例外としてほとんど残っていない．

　アレクサンドリアで制作された《ファルネーゼの皿》と呼ばれるカメオ(ナポリ国立博物館，前175年頃)には，*イシスに見立てた*クレオパトラや，*オシリスの*スフィンクスになぞらえた*プトレマイオス5世の浮彫りが見られる．エジプト神を採用しながら，その表現はまったくギリシア的である．パレスティナの*シドンで発見された，通称《アレクサンドロス石棺》(イスタンブール考古学博物館，前305年頃)も，純粋にギリシア的様式からなる．絵画においては，アレクサンドリアは独特の風景表現によって地中海世界に名高かったが，作例は現存しない．*ネムルト・ダーには*コマゲネの王アンティオコス1世の墳墓があり，ヘレニズムの造形を消化し，イラン風の単純な重厚さを備えた巨大な神像頭部が多数残っている．小アジアの西海岸には*ペルガモン，*エフェソスを始めとしてギリシア都市が軒を連ねるように並ぶ．

XIII-6-(2)　ローマ帝国下のオリエント

　アクティウムの海戦(前31年)を機に，地中海世界の覇権はギリシアから*ローマに移った．人体をその理想的な相でとらえるギリシア美術に対して，ローマ美術はきわめて写実的な様式によって個人の特徴を冷徹に表現した．しかし支配者がギリシア人からローマ人に代わったことは，オリエントの美術に明らかな変化をもたらすものではなかった．オリエント諸地域の美術は本質的に二次元性の強いもので，独特の図式化によってデフォルメされた人体を表現した．これに較べればギリシア・ローマの美術は，自然主義的，写実的な範疇に収まり，ヘレニズム・ローマ時代を通じてオリエントの美術は一貫性をもっている．この期間の美術をしばしば「グレコ・ローマン様式」と総称する．写実性の追究によって人物の個性を表すようなローマ美術の性格は，オリエントの図式的な表現と相容れるものではなかった．

　ローマ帝国の諸制度は，むしろオリエントに生活様式の変化をもたらし，新たな美術の場を生み出すことになった．ローマ都市は碁盤の目状に整備された都市計画を採用し，要所には広場(アゴラ)，劇場，公共浴場があり，重要な街路には列柱廊が設けられた．

皇帝を讃える記念門(四面記念門テトラピュロンが多い)や記念柱,ニンファエウム(都市のシンボルである公共の泉のモニュメント),カリベ(外観はニンファエウムと類似するが,泉の機能をもたない記念建築物)等には,いずれも皇帝や神々の丸彫彫刻や浮彫りが設置された.

ギリシア・ローマ時代のオリエントから出土する彫刻は,支配者のマケドニア人,ローマ人によって本国から輸入されたもの,現地でギリシア・ローマ系の工人によって制作されたもの,現地の工人がギリシア・ローマの作品に影響されて制作したもの,等に区分することが可能である.グレコ・ローマン様式からの影響の度合いは,地域や時期によってそれぞれ異なる.様式から工人の出自を推測することは,多くの場合困難である.

絵画はフレスコ*壁画,*モザイク(壁画,床)の他,蜜蠟を媒剤にした顔料で板に描く蜜蠟画(エンコースティック)が行われたが,ほとんど現存しない.蜜蠟画による肖像画は,ローマ支配下のエジプトで*ミイラ棺桶用に転用されたせいで,*ファイユームを中心に多数出土している.後1〜3世紀のローマ絵画を今日に伝える,貴重な作例群である.

ローマ時代の建造物や彫刻が多数発見されている都市は少なくない.*ヘリオポリス(*バアルベック),*ペトラ,*ルサファ,カエサレア,デカポリス(フィラデルフィア[アンマン],ゲラサ[*ジェラシュ],ペッラ[タバカト・ファール]等の都市同盟),*ダマスクス,*ボスラ,*ペルセポリス等がとりわけ重要である.*パルミュラは前1世紀以降隊商路の要衝として栄えた.平行線を主体とした図式化した衣褶,大きな眼,正面性の強い造形をもつ,稜線を強調する様式の墓像彫刻が多数出土している.アンティオキア博物館には,近郊のローマ貴族の別荘から出土した床モザイクが多く展示され,後1〜6世紀にいたる様式の変遷を見せてくれる.

XIII-6-(3) 初期キリスト教時代

帝政ローマ期(後1〜3世紀)はすなわち,禁令下ながらもひそかにキリスト教が拡大した時代であるが,この時期のキリスト教美術の痕跡はほとんど現存しない.例外がシリアの*ドゥラ・エウロポスである.前300年頃に*セレウコス1世によって,マケドニア軍の軍事拠点としてつくられたこの町は,256年にイラン軍の攻撃を受けて滅んだが,3世紀の状況を奇跡的によく保存している.パルミュラ神の神殿,ゼウス神殿,*ミトラス(ミトラ)教神殿,*シナゴーグ(*ユダヤ教教会),*キリスト教の私宅聖堂等が軒を並べるように建ち,壁画で装飾され,ローマ世界の多様性の縮図となっている.とくに*シナゴーグとキリスト教洗礼室の壁画が重要である.ユダヤ教徒は『旧約聖書』の説話的な絵画をもたないと考えられていたが,*モーセの生涯を始めとする多くの聖書場面のフレスコが出土した.また313年のミラノ勅令以前は,地上にキリスト教建築物は存在しなかったと信じられていたが,ドゥラ・エウロポスで発見された裕福な個人の家は,洗礼室を備えた私宅聖堂として機能し,聖書場面のフレスコまで存在したものである.

シリアには4,5世紀にバシリカ式聖堂が多く造営され,床はモザイクで飾られた.

キリスト教主題であることを除けば，その様式は古代ローマと基本的に変わらない．＊カラアト・セマンは柱上行者聖シメオン（459年没）の修行の地で，巨大なバシリカ複合体が建てられ，多くの巡礼を集めた．巡礼の最大の目的地は無論聖地＊エルサレムで，巡礼者が持ち帰った聖油瓶などは，キリスト伝図像をヨーロッパに広めた．

後4～6世紀はまた古代末期（後期古代）とも言われ，古典古代の写実的，自然主義的様式が，中世の二次元的，抽象的な様式に変容してゆく過渡期である．時代の不安を反映するような表情の彫像が多く制作され，その衣襞にはドリルによる線刻を用いて絵画的な平面性が追求された．こうした古代末期様式の形成には，オリエントの美術が少なからぬ役割を果たした．

XIII-6-(4) ビザンティン時代

ローマ皇帝コンスタンティヌスは東方統治を射程に入れて，324年に帝都をビザンティオンに遷都して，コンスタンティノポリス（コンスタンティノープル）と名を改めた．これを現代の史家はビザンティン帝国と呼ぶが，当時の住民の認識においてはあくまでも「ローマ帝国」の連続であった．6世紀のユスティニアヌス帝治下に帝国は最大の版図をもち，オリエント諸地域にまで及んだ．この時期，ビザンティン美術は15世紀まで変わることのないその本質を確立するにいたるが，それにあずかって力があったのはオリエントの二次元的な様式である．聖なるもの，人間を超えた存在を表現するためには，ギリシア・ローマ由来の自然主義的様式だけでは十分ではなかった．線描を主体とする東方の二次元的，抽象的な表現を摂取することによって，ビザンティン独特の様式が成立する．初期のビザンティン・イコン（聖像画）は，シナイ山の聖エカテリニ（カテリナ）修道院にのみ数点現存し，それはいずれもローマ以来の蜜蠟画によって描かれている．（→コンスタンティノープル）

エジプトのキリスト教徒は＊コプトと呼ばれて，独自の美術を生んだ．彫刻はパルミュラの墓像をさらにデフォルメしたような大きな眼と鋭い稜線をもつ．＊サッカラやバウイトの修道院に描かれたフレスコは，太い輪郭線と短い体軀，正面性の強い厳格な様式が特徴である．コプト織りと呼ばれる麻や毛による織物は日本にもファンが多く，キリスト教主題とともに，異教のモティーフが描かれることもあった．

イスラームの勃興によって，シリア，小アジアからビザンティン帝国は撤退する．726年には東方出身の皇帝レオン3世が，キリスト等を描く宗教美術を禁ずる勅令を発布して，イコノクラスム（聖像破壊運動）を開始する（843年に終結）が，この背景には偶像崇拝を禁止するイスラームの思想が影響を及ぼしたと言われる． ［益田朋幸］

【参考文献】
A・グラバール（辻佐保子訳）『キリスト教美術の誕生』（人類の美術）新潮社，1967年．
A・グラバール（辻佐保子訳）『ユスティニアヌス黄金時代』（人類の美術）新潮社，1969年．
R・ビアンキ＝バンディネルリ（吉村忠典訳）『ローマ美術』（人類の美術）新潮社，1974年．
R・ビアンキ＝バンディネルリ（吉村忠典訳）『古代末期の美術』（人類の美術）新潮社，1974年．
J. Boardman, *The Diffusion of Classical Art in Antiquity*, Princeton, 1994.

付編 I　日本隊によるオリエント地域発掘概観

はじめに

　近年，日本人による海外での考古学的発掘調査は目ざましい．なかでもオリエント地域への派遣は群を抜いており，2002年をみても10以上のミッションが現地で調査に従ってきた．こうした情況を受けて，1997年には日本西アジア考古学会が設立されるに至った．この学会では，毎年行われた現地調査の報告会を開催し，情報交換を行っている．また，同年古代オリエント博物館において，『海外発掘展——日本隊による海外調査のあゆみ——』が開催された．このような隆盛は50年前にはとうてい予想すらできなかった．日本オリエント学会の50年間を回顧するとき，日本の研究者による発掘調査展開の過程は看過できない大きな一つの柱といえよう．だが，最初の一歩を踏み出すのは大仕事であった．[1]

1　江上波夫の東大調査団

　1953年2月，イラクの古物局長ナジ・アル=アシルより大阪市立大学の角田文衞宛に一通の手紙がとどいた．それには，日本が遺跡の発掘に従事する意図があれば，その希望に応じる用意があると述べられていた．この情報をかれは東京大学の江上波夫に伝えた．連絡を受けた江上は，実現に向けて活動をはじめ，まず日本オリエント学会の三笠宮殿下と朝日新聞社の笠信太郎に協力を依頼し，文部省との折衝を開始した．はじめは日本オリエント学会が事業の主体となる予定であったが，結果的には，国費をもって事業を行うには，一学会より国立大学である東京大学の方が望ましいということになった．

　それを受け，東京大学では1955年に総長を委員長とする「イラク・イラン遺跡調査委員会」を学内に設置した．またその下に，調査団派遣計画の審議に必要な研究者をすべて網羅する専門学者よりなる「専門委員会」が置かれ，調査団の編成と団員の選考を行った．こうした全学的なとりくみのもとに，12名よりなる調査団が結成された．

　この調査事業は，朝日新聞社の援助を受けるばかりではなく，日本考古学協会，日本人類学会，日本民族学協会からの強い支持も受けた．文部省の予算では必要経費の4分の1しか認められなかったため，残額は民間からの寄付に頼らざるをえなかった．民間からの寄付は現金のみならず，トヨタのランドクルーザー5台をはじめ，必要な調査器具，野営用具，食料品も含まれた（江上波夫「緒説」『テル・サラサートI』1959年）．

　戦後初めての海外発掘隊であった東京大学の調査団は，いわば国をあげての応援を受けて可能となったのである．1956年8月には先発隊が，ついで9月に本隊が出発し，イランでの踏査が始まった．イランでは当初の計画にはなかったタレ・バクーン

の発掘がイラン考古学局からの提言により実現した．10月8日，本格調査のイラクのテル・サラサート遺跡での発掘が三笠宮殿下の鍬入れによって開始する．12月29日までの第1シーズンの発掘をしたのち，翌1957年3月1日から4月26日までの間，第2シーズンが実施された．発掘の合間には，イラン，イラク両国はもとより，シリア，ヨルダン，レバノン諸国の遺跡踏査が行われた(江上波夫編『オリエント』1958年，朝日新聞社)．1957年8月19日に最後の隊員が帰国し，この記念すべき戦後初の海外調査は1年近くを費やしてようやく終えた．江上を団長とするこの調査団は，その後，1965年までの間に5回現地調査を行った．

1963年度には，文部省の科学研究費補助金に海外学術調査の枠が新設された．江上の第4次(1964年)の調査以降は，この補助金を受けて実施した．いうまでもなく，海外調査の補助金は，考古学的発掘のためにのみ設けられたものではなかった．だが，調査を計画する側にとっては，格好な足がかりを提供するものとなった．

一方，京都大学では，水野清一が代表者となり，1959年からアフガニスタン，パキスタンを中心に，仏教遺跡にねらいを定め，両国で6ケ所の発掘を行った．この調査団は，1967年まで続いた．

2 1960年代に開始された調査団

1961年には鈴木尚を長とする東京大学西アジア洪積世人類遺跡調査団がイスラエルのアムド洞窟で保存の良いネアンデルタール人の成人男性の埋葬人骨を掘り当て，話題をよんだ．この調査団はのちにレバノン，シリアでも発掘を継続している．

日本オリエント学会では，その設立10周年を記念して1964年から大畠清を団長として，イスラエルのテル・ゼロールの発掘を1966年まで3回にわたって行った．

1960年代までの発掘は，その調査主体がごく一部の機関に限られていたという特色がある．だが一方では，将来の調査に向けて準備が着々と進められていた．その一つが，川村喜一による早稲田大学の動きである．1966年9月から翌5月まで，古代エジプト調査隊はエジプトの遺跡のジェネラル・サーベイをしている．このときの情報をもとに，1970年代以降の早稲田大学のエジプト調査が計画され，実現していくことになる．[2]

3 1970年代

早稲田大学は，1971年12月からマルカタ南遺跡で発掘調査を開始し，1980年代までの10年間毎年調査を継続した．これはその後今日まで続く同大学のエジプト調査のさきがけとなるものであり，フスタート(1978-85)，クルナ村墓群(1980-85)などへと発展していく．

ほかにもいくつかの大学が調査団を組織した．イランへは東京教育(筑波)大学，広島大学，京都大学が，イラクへは国士舘大学が，シリアへは上智大学が調査隊を送った．また，発掘ではないが，日本オリエント学会は中日新聞社の協力を得てイラクの古物局との共同事業として，1971年10月から翌1月まで同国でクルナ水没文化財引

き上げ調査(団長,江上波夫)を行っている.

1970年代以降,顕著にみられる特色は,ダム建設など開発に伴う遺跡破壊の緊急発掘への参与である.ダムの建設によって水没する遺跡の調査に外国調査隊の参加を求め,その発掘許可を優先したのであった.1970年代後半にイラクのいくつかの遺跡を掘った国士舘大学の仕事や1974年から1980年まで続いたシリアでのユーフラテス川流域の調査などは,その典型である.

1978年のイラン革命,1979年のイラン・イラク戦争は考古学の世界にも甚大な影響をおよぼした.日本だけではなく,外国からの調査隊は両国での調査を継続するのは困難となった.そのため,今まで両国で活動していた外国のミッションはほかの国へとそのフィールドを変えざるをえなかった.1930年代以降イラクやイランは諸外国の調査隊を多く招き,それらを受け入れる体制も整えていた.そのおかげで,両国が今日占めている地域からの発掘調査によって得られる情報量は他の地域からのそれよりは圧倒的に多く,その知見によって,過去をつなぎ合わせ,先史・歴史時代を再構成する試みがなされたのが現実の姿であった.これからは,両国以外の地域からの新しい情報や知見が得られるにちがいない.今までにつくりあげられてきた歴史像(概説書に書かれているようなもの)は,大層偏った資料に基づいて構築されたといわざるをえない.将来,広い地域から新たに得られるであろう新知識によって,今までとは全く違った歴史像,さらには歴史観が生まれるであろう.大きな期待を寄せている.

さて,国内に目を転じると,いくつかのオリエント地域を主たる研究対象とする考古学の研究機関が,1970年代に設立されている.1976年には国士舘大学にイラク古代文化研究所が設立され,1979年には古代オリエント博物館,岡山市立オリエント美術館,さらには中近東文化センターが開館した.これらの研究機関は,調査隊の派遣主体となったり,考古学研究者の活動拠点となっている.また,それぞれ紀要などを発行し,研究者に発表の場を提供しつづけてきた.

4 1980年代以降

1970年代末の国際情況を反映して,イラク,イランでの調査件数は減っている一方,1980年代に入ると,調査主体や調査そのものの数が増し,シリア,トルコ,エジプトさらには湾岸諸国へと調査対象国がひろがっていった.またのちには,サウジ・アラビアやソ連崩壊によってウズベキスタンにまで調査地がおよんでいる.

一つには,文部省の科学研究費補助金の国際学術研究(かつての海外学術調査)の予算増に伴い採択件数が飛躍的に増大したためである.いうまでもなく,その背景には日本の経済的発展があった.円建てでみれば,1ドル360円時代の3分の1の額で調査が行えるようになった.もう一つには,この間に研究者層が厚くなったことがある.研究代表者の年齢が低くなるばかりではなく,調査に参加するメンバーの中には学部学生もみられるに至った.団員の選考を全学的な委員会のもとで行った最初の調査団形成時代には考えもおよばなかった事態が現実となっているのである.質的転換をと

げたといっても過言ではなかろう．

　研究対象にも変化がみられる．はじめの頃はどちらかといえば，先史時代遺跡が中心であったが，今日では歴史時代遺跡にとりくむ調査が目につく．こうした対象の多様性も発展の一側面ととらえることができる． 　　　　　　　　　　［松谷敏雄・西秋良宏］

【参考文献】
(1) 初めての海外調査以前の日本の西アジアに関する考古学的研究史については，共著者のひとりがまとめたものがある．西秋良宏「日本の西アジア考古学調査小史」『日本考古学』6, 1998年, 170-181.
(2) エジプトの調査歴に関しては，以下を参照．近藤二郎「ヨーロッパ，アフリカにおける考古学調査―エジプト，スーダンを中心として―」『日本考古学』6, 1998年, 182-190.

付編 I 日本隊によるオリエント地域発掘概観

日本隊による主なオリエント地域発掘調査〔1956-2002 年〕*

年代　機　関〔調査代表者〕　国〔遺跡〕（備考）

1956　（戦後日本初の海外発掘・第二次中東戦争）
　　　東京大学〔江上波夫〕　イラン〔タレ・バクーン A, B〕
　　　東京大学〔江上波夫〕　イラク〔テル・サラサート II〕
1957　東京大学〔江上波夫〕　イラク〔テル・サラサート I, II, III〕
1959　東京大学〔江上波夫〕　イラン〔タレ・ギャプ, ジャリ A, B, ファハリアン〕
　　　京都大学〔水野清一〕　パキスタン〔チャナカ・デリー〕
1960　東京大学〔江上波夫〕　イラン〔ガレクティ, ラスルカン, ノールズマハレ, ホラムルード〕
　　　京都大学〔水野清一〕　パキスタン〔チャナカ・デリー〕
1961　東京大学〔鈴木尚〕　イスラエル〔アムド〕
1962　京都大学〔水野清一〕　パキスタン〔チャナカ・デリー, メハサンダ〕
1963　（科研費に海外調査種目設置）
　　　京都大学〔水野清一〕　パキスタン〔チャナカ・デリー, メハサンダ, タレリ〕
　　　京都大学〔水野清一〕　アフガニスタン〔ドゥルマン・テペ〕
1964　東京大学〔江上波夫〕　イラン〔タレ・ムシュキ, ガレクティ, ハッサニマハレ〕
　　　東京大学〔江上波夫〕　イラク〔テル・サラサート II〕
　　　東京大学〔鈴木尚〕　イスラエル〔アムド〕
　　　日本オリエント学会〔大畠清〕　イスラエル〔テル・ゼロール〕
　　　京都大学〔水野清一〕　パキスタン〔チャナカ・デリー, タレリ〕
　　　京都大学〔水野清一〕　アフガニスタン〔ドゥルマン・テペ, チャカラク・テペ〕
1965　東京大学〔江上波夫〕　イラン〔タレ・ムシュキ〕
　　　東京大学〔江上波夫〕　イラク〔テル・サラサート I, V〕
　　　日本オリエント学会〔大畠清〕　イスラエル〔テル・ゼロール〕
　　　京都大学〔水野清一〕　アフガニスタン〔ドゥルマン・テペ, チャカラク・テペ, ラルマ〕
1966　日本オリエント学会〔大畠清〕　イスラエル〔テル・ゼロール〕
1967　（第三次中東戦争）
　　　京都大学〔樋口隆康〕　パキスタン〔チャナカ・デリー, メハサンダ, タレリ〕

付　編

　　　　 京都大学〔樋口隆康〕　アフガニスタン［チャカラク・テペ］
1970　東京大学〔鈴木尚〕　シリア［ドゥアラ］
　　　　 東京大学〔鈴木尚〕　レバノン［ケウエ］
1971　東京教育大学〔増田精一〕　イラン［タペ・サンゲ・チャハマック］
　　　　 広島大学〔松崎寿和〕　イラン［タペ・サンゲ・チャハマック西］
　　　　 クルナ水没文化財引き上げ調査団〔江上波夫〕　イラク［クルナ］
　　　　 国士舘大学〔藤井秀夫〕　イラク［アル=タール］
　　　　 早稲田大学〔川村喜一〕　エジプト［マルカタ南］
1972　国士舘大学〔藤井秀夫〕　イラク［アル=タール］
　　　　 早稲田大学〔川村喜一〕　エジプト［マルカタ南］
1973　（第四次中東戦争・円変動相場制導入）
　　　　 東京教育大学〔増田精一〕　イラン［タペ・サンゲ・チャハマック］
　　　　 国士舘大学〔藤井秀夫〕　イラク［アル=タール］
　　　　 早稲田大学〔川村喜一〕　エジプト［マルカタ南］
1974　東京大学〔埴原和郎〕　シリア［ドゥアラ］
　　　　 上智大学〔江上波夫〕　シリア［ルメイラ・ミショルフェ地区］
　　　　 日本オリエント学会〔後藤光一郎〕　イスラエル［テル・ゼロール］
　　　　 早稲田大学〔川村喜一〕　エジプト［マルカタ南］
1975　筑波大学〔増田精一〕　イラン［タペ・サンゲ・チャハマック］
　　　　 国士舘大学〔藤井秀夫〕　イラク［アル=タール］
　　　　 上智大学〔江上波夫〕　シリア［ルメイラ・ミショルフェ地区］
　　　　 早稲田大学〔川村喜一〕　エジプト［マルカタ南］
1976　東京大学〔深井晋司〕　イラン［ハリメジャン］
　　　　 東京大学〔深井晋司〕　イラク［テル・サラサート I, II］
　　　　 古代オリエント博物館〔江上波夫〕　シリア［ルメイラ・ミショルフェ地区］
　　　　 早稲田大学〔川村喜一〕　エジプト［マルカタ南］
1977　筑波大学〔増田精一〕　イラン［タペ・サンゲ・チャハマック］
　　　　 国士舘大学〔藤井秀夫〕　イラク［アル=タール，テル・ソンゴル B, テル・グッバ］
　　　　 古代オリエント博物館〔江上波夫〕　シリア［ルメイラ・ミショルフェ地区］
　　　　 早稲田大学〔川村喜一〕　エジプト［マルカタ南］
1978　東京大学〔深井晋司〕　イラン［ラメ・ザミーン］
　　　　 国士舘大学〔藤井秀夫〕　イラク［テル・ソンゴル A, B, C, テル・ハメディヤート，テル・グッバ］
　　　　 古代オリエント博物館〔江上波夫〕　シリア［ルメイラ・ミショルフェ地区］
　　　　 早稲田大学〔桜井清彦〕　エジプト［エル=フスタート］
1979　（イラン革命）
　　　　 国士舘大学〔藤井秀夫〕　イラク［テル・ソンゴル A, B, テル・ハメディ

付編I　日本隊によるオリエント地域発掘概観

　　　　　　　　　　　　　ヤート，テル・グッバ]
　　　古代オリエント博物館〔江上波夫〕　シリア［ルメイラ・ミショルフェ地区]
　　　早稲田大学〔桜井清彦〕　エジプト［エル=フスタート，マルカタ南]
1980　(イラン・イラク戦争)
　　　国士舘大学〔藤井秀夫〕　イラク［テル・ソンゴルA，テル・グッバ]
　　　古代オリエント博物館〔江上波夫〕　シリア［ルメイラ・ミショルフェ地区，
　　　　　　　　　　　　　　テル・マストゥーマ]
　　　早稲田大学〔桜井清彦〕　エジプト［エル=フスタート，マルカタ南]
1981　国士舘大学〔藤井秀夫〕　イラク［テル・アブ・ソール，ライヤーシ]
　　　古代オリエント博物館〔江上波夫〕　シリア［テル・マストゥーマ，クミナ
　　　　　　　　　　　　　　ス]
　　　早稲田大学〔桜井清彦〕　エジプト［エル=フスタート，マルカタ南]
1982　国士舘大学〔藤井秀夫〕　イラク［オウシーヤA，B]
　　　古代オリエント博物館〔江上波夫〕　シリア［テル・マストゥーマ]
　　　早稲田大学〔桜井清彦〕　エジプト［エル=フスタート，クルナ村墓群]
　　　古代学協会〔角田文衞〕　エジプト［アコリス]
1983　国士舘大学〔藤井秀夫〕　イラク［テル・フィスナ，テル・デル・ハル，テ
　　　　　　　　　　　　ル・ムシャリファ，オウシーヤA，B]
　　　早稲田大学〔桜井清彦〕　エジプト［エル=フスタート，クルナ村墓群]
　　　古代学協会〔角田文衞〕　エジプト［アコリス]
1984　国士舘大学〔藤井秀夫〕　イラク［テル・フィスナ，テル・ジガーンA，B]
　　　東京大学〔赤澤威〕　シリア［ドゥアラ]
　　　古代オリエント博物館〔江上波夫〕　シリア［テル・マストゥーマ]
　　　早稲田大学〔桜井清彦〕　エジプト［エル=フスタート，クルナ村墓群]
　　　古代学協会〔角田文衞〕　エジプト［アコリス]
1985　(ドル安プラザ合意)
　　　国士舘大学〔藤井秀夫〕　イラク［カッスル・バナート，テル・ジェッサリ
　　　　　　　　　　　　ー，テル・ソエイジ]
　　　シリア沖沈船学術調査運営委員会〔江上波夫〕　シリア［タルトゥース]
　　　早稲田大学〔桜井清彦〕　エジプト［クルナ村墓群]
　　　早稲田大学〔渡辺保忠〕　エジプト［マルカタ王宮]
　　　古代学協会〔角田文衞〕　エジプト［アコリス]
1986　国士舘大学〔藤井秀夫〕　イラク［アイン・シャーイア遺跡群，ドゥカキン]
　　　古代オリエント博物館〔江上波夫〕　シリア［テル・マストゥーマ]
　　　シリア沖沈船学術調査運営委員会〔江上波夫〕　シリア［タルトゥース]
　　　中近東文化センター〔三上次男〕　トルコ［カマン・カレホユック]
　　　中近東文化センター・出光美術館〔三上次男〕　エジプト［トゥール]
　　　早稲田大学〔桜井清彦〕　エジプト［クルナ村墓群]

269

付 編

早稲田大学〔渡辺保忠〕　エジプト［マルカタ王宮］
古代学協会〔角田文衞〕　エジプト［アコリス］
1987　国士舘大学〔藤井秀夫〕　イラク［ドゥカキン］
東京大学〔松谷敏雄〕　シリア［テル・カシュカショクⅡ］
シリア沖沈船学術調査運営委員会〔江上波夫〕　シリア［タルトゥース］
ならシルクロード博財団〔樋口隆康〕　シリア［パルミラ］
天理大学〔金関恕〕　イスラエル［エン・ケヴ］
中近東文化センター〔護雅夫〕　トルコ［カマン・カレホユック］
大阪大学〔辻成史〕　トルコ［ゲミレル島］
金沢大学〔佐々木達夫〕　アラブ首長国連邦［ジュルファル］
立教大学〔小西正捷〕　カタール［ウンム・エル＝マア］
中近東文化センター・出光美術館〔川床睦夫〕　エジプト［トゥール］
早稲田大学〔桜井清彦〕　エジプト［クルナ村墓群］
早稲田大学〔渡辺保忠〕　エジプト［マルカタ王宮］
古代学協会〔角田文衞〕　エジプト［アコリス］
1988　（イラン・イラク戦争終結）
国士舘大学〔藤井秀夫〕　イラク［アイン・シャーイア遺跡群，ドゥカキン，キシュ］
東京大学〔松谷敏雄〕　シリア［テル・カシュカショクⅡ］
古代オリエント博物館〔江上波夫〕　シリア［テル・マストゥーマ］
中近東文化センター〔護雅夫〕　トルコ［カマン・カレホユック］
立教大学〔小西正捷〕　カタール［ウンム・エル＝マア］
金沢大学〔佐々木達夫〕　アラブ首長国連邦［ジュルファル］
中近東文化センター・出光美術館〔川床睦夫〕　エジプト［トゥール］
早稲田大学〔桜井清彦〕　エジプト［クルナ村墓群，マルカタ王宮］
古代学協会〔角田文衞〕　エジプト［アコリス］
1989　国士舘大学〔藤井秀夫〕　イラク［アイン・シャーイア遺跡群，ドゥカキン］
東京大学〔赤澤威〕　シリア［デデリエ］
中近東文化センター〔護雅夫〕　トルコ［カマン・カレホユック］
金沢大学〔佐々木達夫〕　アラブ首長国連邦［ジュルファル］
中近東文化センター・出光美術館〔川床睦夫〕　エジプト［トゥール］
早稲田大学〔桜井清彦〕　エジプト［クルナ村墓群，王家の谷］
古代学協会〔角田文衞〕　エジプト［アコリス］
1990　（湾岸戦争）
国士舘大学〔藤井秀夫〕　イラク［アイン・シャーイア遺跡群，ドゥカキン］
東京大学〔赤澤威〕　シリア［デデリエ］
筑波大学〔岩崎卓也〕　シリア［テル・アレイⅡ］
ならシルクロード博財団〔樋口隆康〕　シリア［パルミラ］

付編I　日本隊によるオリエント地域発掘概観

　　　　天理大学〔金関恕〕　イスラエル［エン・ゲヴ］
　　　　中近東文化センター〔護雅夫〕　トルコ［カマン・カレホユック］
　　　　大阪大学〔辻成史〕　トルコ［ゲミレル島］
　　　　立教大学〔小西正捷〕　カタール［ウンム・エル＝マア］
　　　　金沢大学〔佐々木達夫〕　アラブ首長国連邦［ジュルファル］
　　　　中近東文化センター・出光美術館〔川床睦夫〕　エジプト［トゥール］
　　　　早稲田大学〔吉村作治〕　エジプト［王家の谷］
　　　　古代学協会〔角田文衞〕　エジプト［アコリス］
1991　筑波大学〔岩崎卓也〕　シリア［テル・アレイI, テル・アブド・エル＝アジズ］
　　　　ならシルクロード博財団〔樋口隆康〕　シリア［パルミラ］
　　　　天理大学〔金関恕〕　イスラエル［エン・ゲヴ］
　　　　中近東文化センター〔護雅夫〕　トルコ［カマン・カレホユック］
　　　　大阪大学〔辻成史〕　トルコ［ゲミレル島］
　　　　金沢大学〔佐々木達夫〕　アラブ首長国連邦［ジュルファル］
　　　　立教大学〔小西正捷〕　バハレーン［アイン・ウンム・エス＝スジュール］
　　　　中近東文化センター・出光美術館〔川床睦夫〕　エジプト［トゥール］
　　　　早稲田大学〔吉村作治〕　エジプト［王家の谷, アブ・シール南］
　　　　古代学協会〔角田文衞〕　エジプト［アコリス］
1992　筑波大学〔岩崎卓也〕　シリア［テル・アレイI, テル・エル＝ケルク］
　　　　ならシルクロード博財団〔樋口隆康〕　シリア［パルミラ］
　　　　天理大学〔金関恕〕　イスラエル［エン・ゲヴ］
　　　　大阪大学〔辻成史〕　トルコ［ゲミレル島］
　　　　中近東文化センター〔護雅夫〕　トルコ［カマン・カレホユック］
　　　　金沢大学〔佐々木達夫〕　アラブ首長国連邦［ジュルファル］
　　　　早稲田大学〔吉村作治〕　エジプト［王家の谷, アブ・シール南］
　　　　古代学協会〔角田文衞〕　エジプト［アコリス］
1993　東京大学〔赤澤威〕　シリア［デデリエ］
　　　　古代オリエント博物館〔脇田重雄〕　シリア［テル・マストゥーマ］
　　　　ならシルクロード博財団〔樋口隆康〕　シリア［パルミラ］
　　　　天理大学〔金関恕〕　イスラエル［エン・ゲヴ］
　　　　大阪大学〔辻成史〕　トルコ［ゲミレル島］
　　　　中近東文化センター〔護雅夫〕　トルコ［カマン・カレホユック］
　　　　金沢大学〔佐々木達夫〕　アラブ首長国連邦［ジュルファル］
　　　　立教大学〔小西正捷〕　バハレーン［アイン・ウンム・エス＝スジュール］
　　　　中近東文化センター〔川床睦夫〕　エジプト［トゥール］
　　　　早稲田大学〔吉村作治〕　エジプト［王家の谷, アブ・シール南］
1994　東京大学〔赤澤威〕　シリア［デデリエ］

付　編

　　　　東京大学〔松谷敏雄〕　シリア［テル・コサック・シャマリ］
　　　　ならシルクロード博財団〔樋口隆康〕　シリア［パルミラ］
　　　　古代オリエント博物館〔脇田重雄〕　シリア［テル・マストゥーマ］
　　　　大阪大学〔辻成史〕　トルコ［ゲミレル島］
　　　　中近東文化センター〔護雅夫〕　トルコ［カマン・カレホユック］
　　　　金沢大学〔佐々木達夫〕　アラブ首長国連邦［ハレイラ］
　　　　立教大学〔小西正捷〕　バハレーン［アイン・ウンム・エス＝スジュール］
　　　　中近東文化センター〔川床睦夫〕　エジプト［トゥール］
　　　　早稲田大学〔桜井清彦〕　エジプト［王家の谷，アブ・シール南］
1995　東京大学〔赤澤威〕　シリア［デデリエ］
　　　　東京大学〔松谷敏雄〕　シリア［テル・コサック・シャマリ］
　　　　ならシルクロード博財団〔樋口隆康〕　シリア［パルミラ］
　　　　古代オリエント博物館〔脇田重雄〕　シリア［テル・マストゥーマ］
　　　　筑波大学〔常木晃〕　シリア［オンム・クセール］
　　　　愛知教育大学文学部〔浅野和生〕　トルコ［ゲミレル島］
　　　　中近東文化センター〔護雅夫〕　トルコ［カマン・カレホユック］
　　　　金沢大学〔佐々木達夫〕　アラブ首長国連邦［ハレイラ］
　　　　立教大学〔小西正捷〕　バハレーン［アイン・ウンム・エス＝スジュール］
　　　　中近東文化センター〔川床睦夫〕　エジプト［トゥール］
　　　　早稲田大学〔桜井清彦〕　エジプト［王家の谷，アブ・シール南］
1996　東京大学〔赤澤威〕　シリア［デデリエ］
　　　　東京大学〔松谷敏雄〕　シリア［テル・コサック・シャマリ］
　　　　ならシルクロード博財団〔樋口隆康〕　シリア［パルミラ］
　　　　愛知教育大学文学部〔浅野和生〕　トルコ［ゲミレル島］
　　　　中近東文化センター〔護雅夫〕　トルコ［カマン・カレホユック］
　　　　金沢大学〔佐々木達夫〕　アラブ首長国連邦［ハレイラ］
　　　　早稲田大学〔吉村作治〕　エジプト［王家の谷，アブ・シール南］
　　　　古代オリエント博物館〔田辺勝美〕　ウズベキスタン［ダルヴェルジン・テペ］
1997　東京大学〔赤澤威〕　シリア［デデリエ］
　　　　東京大学〔西秋良宏〕　シリア［テル・コサック・シャマリ］
　　　　筑波大学〔常木晃〕　シリア［テル・アイン・エル＝ケルク］
　　　　ならシルクロード博財団〔樋口隆康〕　シリア［パルミラ］
　　　　国士舘大学〔大沼克彦〕　シリア［テル・タバン］
　　　　金沢大学〔藤井純夫〕　ヨルダン［カア・アブ・トレイハ西］
　　　　愛知教育大学文学部〔浅野和生〕　トルコ［ゲミレル島］
　　　　中近東文化センター〔大村幸弘〕　トルコ［カマン・カレホユック］
　　　　金沢大学〔佐々木達夫〕　アラブ首長国連邦［ハレイラ］

付編I　日本隊によるオリエント地域発掘概観

　　　早稲田大学〔吉村作治〕　エジプト［アブ・シール南，ダハシュール北，王家の谷］
　　　中近東文化センター〔川床睦夫〕　エジプト［トゥール］
　　　筑波大学〔川西宏幸〕　エジプト［アコリス］
　　　古代オリエント博物館〔田辺勝美〕　ウズベキスタン［ダルヴェルジン・テペ］
　　　東京国立博物館〔西岡康宏〕　パキスタン［ザールデリー］
1998　国際日本文化研究センター〔赤澤威〕　シリア［デデリエ］
　　　東京大学〔西秋良宏〕　シリア［テル・コサック・シャマリ］
　　　筑波大学〔常木晃〕　シリア［テル・アイン・エル＝ケルク］
　　　ならシルクロード博財団〔樋口隆康〕　シリア［パルミラ］
　　　国士舘大学〔大沼克彦〕　シリア［テル・タバン］
　　　金沢大学〔藤井純夫〕　ヨルダン［カア・アブ・トレイハ西］
　　　天理大学〔金関恕〕　イスラエル［エン・ゲヴ］
　　　中近東文化センター〔大村幸弘〕　トルコ［カマン・カレホユック］
　　　金沢大学〔佐々木達夫〕　アラブ首長国連邦［ハレイラ］
　　　早稲田大学〔吉村作治〕　エジプト［アブ・シール南，ダハシュール北］
　　　中近東文化センター〔川床睦夫〕　エジプト［フスタート，ラーヤ］
　　　筑波大学〔川西宏幸〕　エジプト［アコリス］
　　　古代オリエント博物館〔田辺勝美〕　ウズベキスタン［ダルヴェルジン・テペ］
　　　東京国立博物館〔西岡康宏〕　パキスタン［ザールデリー］
1999　国際日本文化研究センター〔赤澤威〕　シリア［デデリエ］
　　　筑波大学〔常木晃〕　シリア［テル・エル＝ケルク］
　　　国士舘大学〔大沼克彦〕　シリア［テル・タバン］
　　　金沢大学〔藤井純夫〕　ヨルダン［カア・アブ・トレイハ西］
　　　立教大学〔月本昭男〕　イスラエル［エン・ゲヴ］
　　　中近東文化センター〔大村幸弘〕　トルコ［カマン・カレホユック］
　　　愛知教育大学文学部〔浅野和生〕　トルコ［ゲミレル島］
　　　早稲田大学〔吉村作治〕　エジプト［ダハシュール北，アブ・シール南，王家の谷］
　　　中近東文化センター〔川床睦夫〕　エジプト［ラーヤ］
　　　筑波大学〔川西宏幸〕　エジプト［アコリス］
　　　古代オリエント博物館〔田辺勝美〕　ウズベキスタン［ダルヴェルジン・テペ］
　　　東京国立博物館〔西岡康宏〕　パキスタン［ザールデリー］
2000　国士舘大学〔松本健〕　イラク［キシュ］
　　　国際日本文化研究センター〔赤澤威〕　シリア［デデリエ］

273

付編

   東京大学〔西秋良宏〕　シリア［テル・セクル・アル=アヘイマル］
   筑波大学〔常木晃〕　シリア［テル・エル=ケルク］
   金沢大学〔藤井純夫〕　ヨルダン［カア・アブ・トレイハ西］
   立教大学〔月本昭男〕　イスラエル［エン・ゲヴ］
   中近東文化センター〔大村幸弘〕　トルコ［カマン・カレホユック］
   愛知教育大学文学部〔浅野和生〕　トルコ［ゲミレル島］
   金沢大学〔佐々木達夫〕　オマーン［ルリーヤ砦］
   早稲田大学〔吉村作治〕　エジプト［ダハシュール北，アブ・シール南］
   中近東文化センター〔川床睦夫〕　エジプト［ラーヤ］
   筑波大学〔川西宏幸〕　エジプト［アコリス］
 2001　国士舘大学〔松本健〕　イラク［キシュ］
   国際日本文化研究センター〔赤澤威〕　シリア［デデリエ］
   東京大学〔西秋良宏〕　シリア［テル・セクル・アル=アヘイマル］
   筑波大学〔常木晃〕　シリア［テル・エル=ケルク］
   ならシルクロード博財団〔樋口隆康〕　シリア［パルミラ］
   金沢大学〔藤井純夫〕　ヨルダン［カア・アブ・トレイハ西］
   立教大学〔月本昭男〕　イスラエル［エン・ゲヴ］
   中近東文化センター〔大村幸弘〕　トルコ［カマン・カレホユック］
   愛知教育大学文学部〔浅野和生〕　トルコ［ゲミレル島］
   金沢大学〔佐々木達夫〕　オマーン［ルリーヤ砦，コールファッカン砦］
   早稲田大学〔吉村作治〕　エジプト［ダハシュール北，アブ・シール南］
   中近東文化センター〔川床睦夫〕　エジプト［ラーヤ］
   筑波大学〔川西宏幸〕　エジプト［アコリス］
 2002　中近東文化センター〔大津忠彦〕　イラン［ジャラリィ・テペ］
   国際日本文化研究センター〔赤澤威〕　シリア［デデリエ］
   東京大学〔西秋良宏〕　シリア［テル・セクル・アル=アヘイマル］
   筑波大学〔常木晃〕　シリア［テル・エル=ケルク］
   ならシルクロード博財団〔樋口隆康〕　シリア「パルミラ］
   奈良大学〔泉拓良〕　レバノン［ティール］
   金沢大学〔藤井純夫〕　ヨルダン［カア・アブ・トレイハ西］
   中近東文化センター〔大村幸弘〕　トルコ［カマン・カレホユック］
   愛知教育大学文学部〔浅野和生〕　トルコ［ゲミレル島］
   金沢大学〔佐々木達夫〕　アラブ首長国連邦［ジュメイラ，コールカルバ］
   早稲田大学〔吉村作治〕　エジプト［ダハシュール北，アブ・シール南］
   中近東文化センター〔川床睦夫〕　エジプト［ラーヤ］
   筑波大学〔川西宏幸〕　エジプト［アコリス］

  ＊1996年までに関しては西秋が作成した。97年以降は日本西アジア考古学会の資料に基づ

いた。表示したのは発掘調査のみであり，予備調査，分布調査，保存・修復作業等は割愛した。

付編

付編 II 古代オリエントと東洋

我が国は西アジアから遠く離れているので，古代西アジアの文化とは無縁の国と見なされがちである．しかしながら，古代西アジアの動物やそこで創造された造形モティーフが長い年月をかけて東漸し，我が国の古文化にまで影響を及ぼした例が幾つか存在するのも事実である．以下において，その実例を若干挙げて解説しよう．

1 獅子肩毛渦文

メソポタミアをはじめ西アジアには，今は絶滅してしまったが獅子が野生していた．それは多くの美術品にも描写されているが，中国の皇帝に献上されたことも知られている．西アジアの美術に描写された獅子像の特色の一つに，肩の部分につけられた渦巻き状の文様が存在する．これは野生の獅子(雄雌)をはじめネコ科の動物一般の両肩に存在する毛渦を図化したものである．その最古の例は前23世紀のエラム王国の女神座像(ナルンデ女神座像，スーサ出土，ルーヴル美術館蔵)に描写された獅子像に見られる．その後，古バビロニアを経てアッシリア帝国の帝王獅子狩図に描写された獅子像(大英博物館蔵，*アッシュル・ナツィルパル2世，前9世紀や*アッシュバニパル，前7世紀)に見られる．この文様はその後イランにも伝わり，*アケメネス朝，*アルサケス朝時代の美術を経て*サーサーン朝に継承された(例，サル・マシュハドのワフラーム2世獅子狩図浮彫)．一方，これはガンダーラの仏教彫刻に描写された獅子像の両肩にも見られるが，更に尻にもついた獅子像が制作されている．このように肩と尻に1点ずつ(丸彫の場合は2点)毛渦文をつけた獅子像は3-4世紀のサーサーン朝美術にも伝播している(サーリー出土，帝王騎馬獅子狩文鍍金銀製皿，テヘラン，考古博物館蔵)．一方，ガンダーラの獅子像は中国にも仏教と共に伝播し，体に数個の毛渦文を施した獅子像が交脚菩薩の台座の両脚を飾っている(5世紀，雲岡石窟)．しかしながら中国ではこの文様は愛好されなかったようで，それが復活したのは明末清初である．それが我が国に伝えられ，江戸時代の獅子舞のかぶる緑色の布の文様に用いられ，現在では神社の狛犬の体や，獅子舞の布に多数あらわされているのである．ただし，本来は両肩に1個ずつあったことは完全に忘れられ，その起源についても知る人は殆どなく，学名も存在しない(獅子毛文，水車文，獅子文等と適当に呼ばれている)．

2 獅子座

西アジアでは獅子は人間に敵対する自然の猛威を象徴する悪魔的存在であったが，一方，百獣の王としての威力は魔除けにもなり，*イシュタル女神の眷属(→侍獣)ともなる二重性を有していた．このようなわけで，獅子は神や国王を守護する*聖獣として，その玉座の脚の装飾獣として用いられるに至った(例，上述したナルンデ女神座像)．アッシリア帝国やアケメネス朝では，獅子の全身像ではなく，足が脚の一部

をなすに過ぎなかったが，アルサケス朝やサーサーン朝ではギリシア美術の影響を受け獅子の座像(前躯)が脚の装飾に用いられるようになった．かくして獅子を玉座の脚の装飾に用いることは，そこに座す人物が世界ないし宇宙の支配者であることを象徴するようになった．そのような意味を持つ「獅子座」がガンダーラやマトゥラー(インド)の仏教文化に採り入れられ，釈迦如来が座す台座の両脚に獅子座像が用いられるに至った．これは釈迦如来がこの世界を統治する理想的な君主たる「転輪聖王」に匹敵する超絶的存在であることを明示しようとしたためである．これを仏教では獅子座とよんでいるが，それは中国の仏教美術に採り入れられている(北魏)．

一方，*イシュタル女神などは獅子の背に乗っている姿で描写されている．これはやがてギリシアの大地の女神レアー，メソポタミアのナナイア(→ナナヤ)女神像に応用され，獅子の背に腰掛けた女神像が生まれた．その一つ，獅子の背に腰掛けたナナイア女神像がクシャーン朝で愛好され，更に中央アジア西部のソグド美術(6-8世紀)でも流行した．ただし，我が国の仏教美術でも文殊菩薩が獅子の背に乗っているが，これは獅子に乗るナナイア女神像に直接影響されたのではなく，インド中世の密教美術の影響による．

3 帝王獅子狩文

メソポタミアでは既に*ウルク期の作品に国王らしき人物の獅子狩りが描写されているが，以後，この地域の典型的なモティーフとなった．その代表的な作品はアッシリア帝国のアッシュル・ナツィルパル2世とアッシュルバニパル王の獅子狩図で，戦車，騎馬，徒歩での獅子狩りが見られる(→狩猟図)．アケメネス朝では*ダリウス1世の騎馬獅子狩りを刻んだ*円筒印章が知られている(以上，大英博物館蔵)．これらの獅子狩りは国王が神に匹敵する英雄的存在であることを明示しようとした儀式的狩猟と考えられている．アルサケス朝時代にも王侯の獅子狩りの例が存在するが，その場合，獲物の獅子は1頭である(タンギ・サルワーク)．サーサーン朝時代になると，獲物の獅子は2頭となるが，これは国王の即位に際して獅子2頭を殺害する儀式があったからである(ワフラーム2世獅子狩図，サル・マシュハド)．このような国王獅子二頭狩文は，サーサーン銀器では騎馬獅子狩りとなり，中央アジアでは獅子に代わって虎や猪が用いられた．更に，それは絹織物のデザインとして用いられ，イスラーム時代の例が残っているが，一方，中国(唐)を経由して正倉院(緑地狩猟文錦)や法隆寺(四騎獅子狩文錦)の織物にまで続いている．

4 床几・胡床・交椅

アッカド時代の円筒印章には王侯たちの酒宴図(→饗宴図)が描写されているが，王侯たちはしばしば腰掛け(背もたれと肘掛けのない座具，stool)に座っている．そして，その腰掛けの脚を見ると，X字形に交叉している(脚は直線)．このような形式の腰掛けは以後，バビロニア時代，アッシリア帝国時代を経てメソポタミアに存続した．一方，それは前15世紀頃にエジプトや*クレタ島に伝播し，以後地中海世界(ギリシ

ア,エトルスク,ローマ)の典型的な座具の一つとなり,ギリシアでは「折り畳み式腰掛け」(diphros okladias),ローマでは「戦車に乗せる腰掛け」(?)(sella curulis)と呼ばれた(英語では folding stool)(交叉した脚は獅子,山羊,牛の足を模倣しているが,S字形にやや湾曲した例が多い).一方,アルサケス朝時代にもこのタイプの腰掛けが用いられたことが知られているし(*ドゥラ・エウロポス,ユダヤ教会堂出土の壁画),サーサーン朝時代の*スタンプ印章にもこのタイプの腰掛けに座す人物(神)が刻印されている(脚は直線,ルーヴル美術館,パリの国立図書館蔵).ただし,これらの例がメソポタミアのX字形脚の腰掛けの伝統に属するのか,あるいはローマ帝国から伝播したのか判然としない.というのは,パキスタン北部のガンダーラのシルカップ遺跡からはローマ製の鉄製"sella curulis"が発掘されているし,またクシャーン朝のクジュラ・カドフィセス王の銅貨には,表にローマ皇帝(アウグストゥス)胸像,裏面にローマ製"sella curulis"に座す国王が刻印されているからである(脚はS字形に湾曲).更に,ガンダーラ(スワート)の仏教彫刻にも,"sella curulis"が描写されている(X字脚には直線型とS字型の2種あり).しかしながら,ガンダーラに伝播した"sella curulis"は中国やインド本土にに伝播しなかった.極東に伝播したのは,サーサーン朝系の腰掛けで,それはソグド文化を経由して北魏時代に中国に伝わった.通説では,後漢の霊帝が胡服,胡座などと共に好んだ「胡床」を「脚がX字型の腰掛け」と推定しているが,考古美術資料によっては証明されていないので,筆者は通説を採用せず,『後漢書』をはじめとする漢文史料にいう「胡床」とは脚が垂直の普通の椅子ないし腰掛けで,中国に"sella curulis"(床几)が西域(中央アジア,イラン)から伝播したのは6世紀前半頃と推定している.その後中国では,唐から宋時代にかけて床几が徐々に都市で用いられるようになり,やがて背もたれと肘掛けのある交椅(folding chair)へと発展していった.我が国へは古墳時代に腰掛けが中国から伝播したが,"sella curulis"の初現は高松塚古墳の西壁に描かれたもので,それは明らかに唐の床几(例,李寿墓壁画,651年)である.中国の交椅は仏僧の座す曲彔(きょくろく)として我が国では現在でも制作され,使用されている.

5 駝鳥と駝鳥卵

西アジアには20世紀はじめまでは駝鳥が生息していたことが知られているが,アッカド語では gassir-mušen と呼ばれていた.古代においては国王の騎馬駝鳥狩りが行われていたことが円筒印章の図柄,アッシリアの国王の銘文などによって判明している.サーサーン朝のワフラーム5世は「野生ロバ」と綽名されるなど「狩り名人」と史書に記されているが,国王騎馬駝鳥狩りを描写した銀製皿が知られている.一方,駝鳥の卵は10人のオムレツができるほど大型なものであったので珍重された.そして,駝鳥及び駝鳥卵は中央アジアや中国に貢物として運ばれたことが知られている.中国の正史西域伝には西域諸国(安息=パルティア,波斯=サーサーンを含む)から中国の漢から唐にかけて皇帝へ駝鳥(大鳥,安息雀)と駝鳥卵が献上されたことが記されている(『冊府元亀』外臣部朝貢篇).その一例が西安の郊外にある乾陵の浮彫りに見ら

れるが，駝鳥の特色を的確に描写している．また，容器(リュトン)として加工された卵がアフガニスタンのベグラムから発掘されている．

　以上の他，東西南北の守護者たる四天王の観念(四方世界の統治者)，パルティアン・ショット(→パルティア式射法)，馬などの空中飛行形式，*連珠文，聖樹文(→命の木)，石榴，日傘，馬の房飾りなどの起源も西アジアに求めることができる．

〔田辺勝美〕

【参考文献】

田辺勝美「所謂大鳥，大鳥卵に関する西アジア美術史的考察」『東洋文化研究所紀要』第89冊，1982年，1-47頁．

田辺勝美「獅子舞とツタンカーメン王の枕」『オリエンテ』第1号，古代オリエント博物館，1990年，4-9頁．

田辺勝美「アッシリアと東アジア」『大英博物館アッシリア大文明展』(カタログ)朝日新聞社，1996年，25-31頁．

田辺勝美「ガンダーラの床几に関する二，三の考察」『古代オリエント博物館紀要』第22巻，2001/2002年，33-62頁．

前田龍彦「獅子座」(世界美術大全集東洋編15 中央アジア)小学館，1999年，305-310頁．

■岩波オンデマンドブックス■

古代オリエント事典 1
　総論・付編

　　　2004年12月10日　第1刷発行
　　　2019年10月10日　オンデマンド版発行

編　者　日本オリエント学会
　　　　（にっぽん）　　　　　（がっかい）

発行者　岡本　厚

発行所　株式会社　岩波書店
　　　　〒101-8002　東京都千代田区一ツ橋2-5-5
　　　　電話案内　03-5210-4000
　　　　https://www.iwanami.co.jp/

印刷／製本・法令印刷

Ⓒ 日本オリエント学会 2019
ISBN 978-4-00-730930-4　　Printed in Japan